주얼리 디자인과 Jewel CAD

남궁 영임 저

(주)북스힐

Preface

머리말

JewelCAD가 우리나라에 소개되어 CAD로 강의하고 교육 자료를 만든 지가 오래지 않은 것 같은데 벌써 5.1 버전의 업그레이드9를 소개하게 되었다.

우리나라의 귀금속 업계가 디자인에서 생산에 이르기까지 빠르게 변모하면서 귀금속 주얼리를 디자인하려는 사람들에게는 CAD라고 하는 프로그램을 숙지하지 않으면 안 될 여건이 마련된 것 같다. 주얼 캐드라는 소프트웨어가 학생에서부터 주얼리 업계에 입문한 디자이너들에게까지 독창적이며 빠르고 섬세한 디자인을 할 수 있도록 새로운 장을 열어 주었다고 생각할 수 있다.

이미 주얼리에 관련된 CAD 프로그램이 다양하게 선을 보이고 있으며 컴퓨터로 디자인하려는 업계의 호응도 날로 인기가 더할 것으로 보이고 있어 귀금속 디자이너들에게는 컴퓨터 디자인이 필수적이라고 할 수 있겠다. 다양한 제품을 디자인하면서 모델링할 수 있다는 것은 CAD의 큰 장점이며 모델링의 원본 제작은 자동화 시스템으로 이루어지기 때문에 디자이너들의 역할이 점점 더 커지고 있다.

귀금속 디자이너 누구든 어렵지 않게 배울 수 있다는 것이 주얼 캐드의 큰 장점이라고 할 수 있다. 주얼 캐드는 단순한 프로그램은 아니지만 디자이너 자신의 것으로 만들기 위해서는 지속적인 관심과 반복 연습 그리고 많은 활용만이 새로운 디자인을 창출해 내게 되는 최선의 길일 것이다.

앞으로도 귀금속 디자이너들은 주얼 캐드라는 프로그램을 통해 디자인하면서 제품화하는데 있어서 많은 것을 배워야할 것이다. 《예제로 배우는 Jewel CAD》, 《귀금속 디자이너를 위한 Jewel CAD》, 《귀금속 실무디자인과 Jewel CAD》, 《주얼리 디자인과 Jewel CAD》를 이어 집필하면서 계속 업그레이드 되고 있는 프로그램의 활용법이 여러분의 디자인 작업에 도움이 되었으면 한다.

벌써 주얼 캐드가 몇 번의 버전 업을 거쳐 화면과 아이콘이 많이 편리해 졌으나 현재 사용 중인 데모 CD가 낮은 버전이라면 버전 업을 하기 위해서는 주얼 캐드 홈페이지(http://www.jcadcam.com)에 접속해서 다운로드를 받아야 한다. 그리고 주얼 캐드의 최신 정보도 함께 얻을 수 있을 것이다.

끝으로 이 책이 여러 분의 캐드 작업에 도움이 되고 또한 멋진 주얼 캐드 디자이너로 거듭나기를 바란다. 아울러 이 책이 나오도록 도움을 주신 북스힐 사장님과 가족에게 감사를 드리고 싶다.

2008년 1월

남궁 영임

Contents
목차

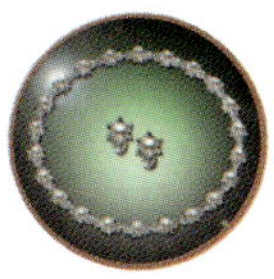

chapter 01
JewelCAD와 Jewelry Design

chapter 02
JewelCAD 프로그램 설치 및 실행

chapter 03
JewelCAD의 기본 툴바

Contents

chapter 04
JewelCAD 2.1 (update 9)의 매뉴얼

chapter 05
예제

chapter 06

01 Chapter

JewelCAD

JewelCAD와 Jewelry Design

1. JewelCAD와 Jewelry Design

우리나라 귀금속 산업은 컴퓨터 프로그램의 등장으로 주얼리 디자인의 새로운 혁신을 가져왔으며 생산의 고도화 및 신속화의 새로운 장을 열었다. 즉 이미 CAD가 주얼리 업계에 정착화 되어 수작업의 어려움에서 벗어나 다양하게 디자인 변화를 시도하고 있다. 또한 독창적인 아이디어를 가상적 이미지나 직접 실물 제품으로 만들고 있으며 수작업의 번거로움을 덜 수 있게 되었다.

현대의 기술에서도 재현하기 어려운 작업의 공예품에서 장신구를 만들기까지 많은 시간과 노력이 필요하다. 오늘날은 하나의 물체를 대량으로 복제하는 기술이 뛰어나지만 원본을 만들기까지는 어려움이 많다.

그러나 JewelCAD는 디자인과 생산의 어려움을 뛰어넘을 수 있는 새로운 메커니즘(mechanism)으로 등장하였기 때문에 우리가 표현하고 싶은 독창적이면서 개성적인 디자인을 쉽게 주얼리에 응용 또는 변화를 시도할 수 있게 되었다.

현대의 첨단 장비와 디자인을 새로운 방법으로 접목시켜 보다 능률적이며 편리하게 다양한 디자인을 추구할 수 있도록 CAD를 활용하는 방법은 주얼리를 디자인하는 디자이너들에게는 반드시 필요한 부분이라고 할 수 있다.

1-1 JewelCAD와 RP장비

오늘날은 컴퓨터의 보급과 활용으로 설계 및 모형을 제작해 주는 자동화설비라는 컴퓨터 제어기가 등장하면서 디자인과 생산의 여러 가지 제약에서 벗어나 빠르게 발전하고 있다. 이미 주얼리 업계에서도 CAD를 폭넓게 활용하고 있는 추세이다. 이처럼 CAD의 이용은 복잡한 작업과정에서부터 쉽고 편리하게 주얼리 상품에 적용할 수 있는 길을 제시하고 있다.

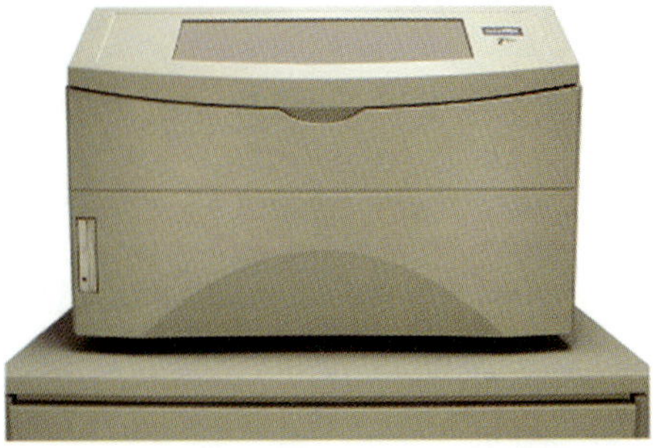

The easy-to-use system operates in an office environment and turns your CAD files into 3D thermoplastic models suitable for molding and casting.

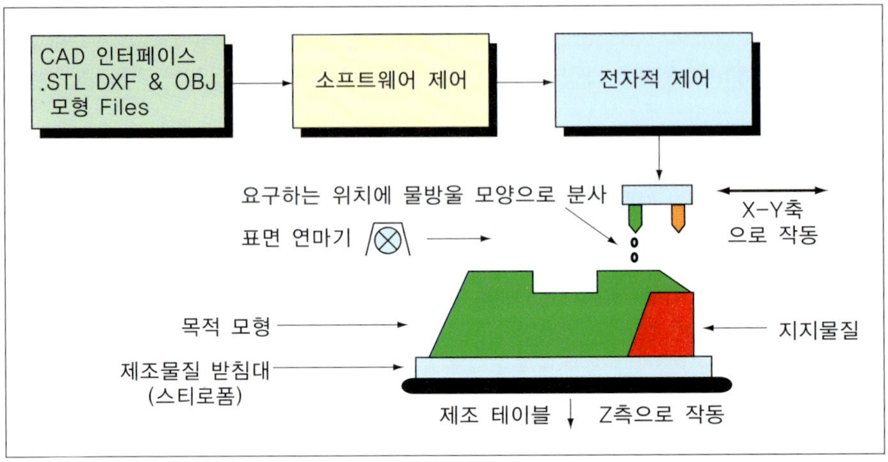

컴퓨터의 CAD 모델링 제작기는 수작업의 모형제작을 3차원 CAD 데이터를 이용하여 신속하고 정밀한 실제 모형으로 만들어 주는 고속 삼차원 원형제작시스템(RP-Rapid Prototyping)이다. 이것은 고속원형제조설비로 잉크젯 테크놀러지(Ink-Jet Technology)를 이용한 시스템이다.

작업과정은 두 개의 잉크젯 헤드를 이용하여 열가소성 제조물질(왁스와 플라스틱의 중간 성질/용융점: 94~106℃)과 지지물질(천연 왁스와 합성 왁스 그리고 지방(脂肪) 에스테르의 혼합물/용

융점: 54~76℃)을 분출하면서 0.0005~0.001 inch 에서 0.003 inch 까지의 다양한 두께를 가진 슬라이스(Slice)들을 만든다.

즉 잉크젯으로부터 액체 상태로 분출되어 모형 표면에 닿아 굳어지면서 하나의 층에 제조물질과 지지물질(솔벤트 등의 화학약품으로 녹여 없앰)이 각각 부착하게 된다. 그런 다음에 연마기가 각층들을 매끄럽게 깎아 다음 층을 부착할 준비를 하게 되면서 다양한 슬라이스를 만들기 때문에 부드러운 표면처리, 굴곡이 진 표면처리와 같은 정밀한 형태가 가능하다.

실제 CAD로 제작된 한 개의 모델은 동시에 대량으로 제작할 수가 있고 수축이나 비틀림 등의 변형이 없다. 원형은 바로 정밀주조에 사용되었고 주조(Casting) 시에 잔여물은 남지 않는다. 실제 제품이 되었을 때의 상태도 상당히 양호하며 정교한 부분까지 제품이 세밀하게 나오는 것을 확인할 수 있다.

이러한 실제 제품의 수축은 주조 전 보다 3~4%정도의 오차를 보인다. 따라서 반지를 디자인하는 경우라면 호수를 오차 범위에서 조절하면서 모델링해야 한다.

물체의 표면에 있는 얇은 슬라이스 층은 실제 제품의 표면에 미세하게 나타남으로 표면을 정리하는 일이 남지만 기술력이 빠르게 발전하고 있어 이러한 슬라이스 층이 계속 얇아질 것으로 보이며 표면의 질은 개선될 것이다.

컴퓨터 CAD는 시간적인 절약과 디자인 변형의 자유로움, 새로운 아이디어 창출이 가능하고 이미지 작업만으로도 가상의 제품 완성을 확인할 수 있어 앞으로 귀금속 산업에 기여하는 바가 크다고 할 수 있으며 이것은 현대 첨단 기술의 결과이기도 하다.

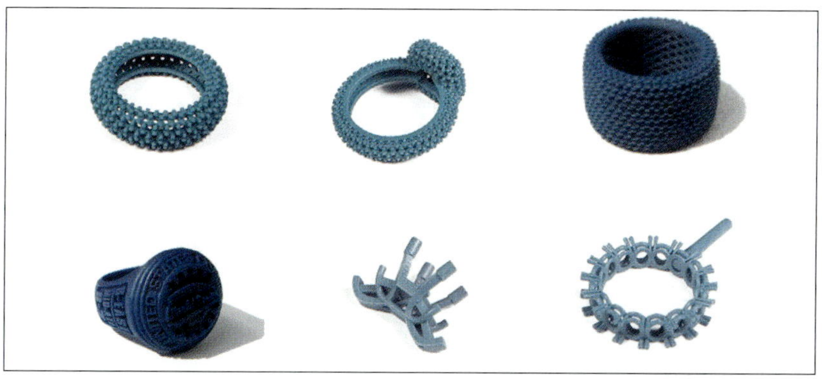

1-2 JewelCAD와 Jewelry Design

이미 우리나라 귀금속 주얼리 업계에서는 컴퓨터 CAD 프로그램의 붐으로 주얼리 디자인의 혁신과 생산의 새로운 장을 열고 있다. 기존에 직접 핸드 드로잉 하여 채색하는 렌더링과정을 컴퓨터를 통하여 다양한 변화의 시도와 독창적인 아이디어를 가상의 이미지로 디자인 할 수 있다. 또한 제품을 제작할 수 있기 때문에 주얼리 디자이너에게는 빠르고 손쉬운 렌더링과 모델링, 실물제작을 동시에 이루어 낼 수 있다.

주얼리 디자이너를 희망하는 사람들이나 주얼리 업계에 종사, 귀금속 쪽으로 사업을 희망하는 사람들에게 조차도 주얼리의 생산방식 중 이미 하나가 되어버린 CAD에 대해서는 충분한 이해와 관심을 기울여야하는 시대이다.

우리나라 귀금속 업체들 가운데에도 이미 상당수가 CAD 프로그램을 이용해서 새로운 디자인과 원본작업을 통하여 제품생산을 하고 있음을 알 수 있다. 주얼리 업계의 호응과 인기로 계속 성장을 하고 있는 JewelCAD는 다양한 제품시도와 독창적이며 트랜드에 맞는 디자인을 어렵지 않게 창출해 낼 수 있다.

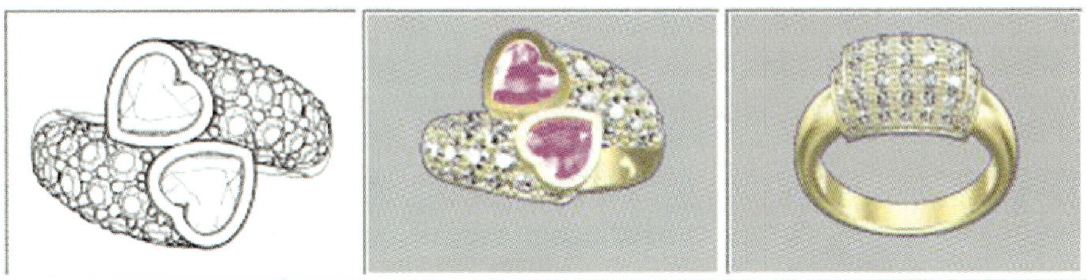

02 Chapter

JewelCAD

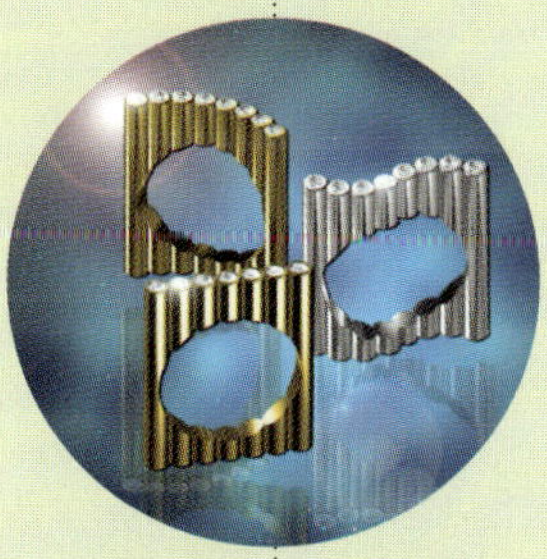

JewelCAD 프로그램 설치 및 실행

2. JewelCAD 프로그램 설치 및 실행

컴퓨터로 주얼리 디자인을 하고 싶다면 개인 컴퓨터 하드디스크에 JewelCAD를 설치하여 프로그램으로 디자인을 하면 된다. JewelCAD는 사업용(일반인)과 교육용(학생)을 위한 2개의 프로그램으로 되어 있지만 정식 제품을 구입하지 않은 사용자라도 JewelCAD사에서 1년간 사용이 가능한 Evaluation Version을 제공하고 있으므로 인터넷에서 다운로드 받거나 책 속의 CD로 이용 가능하다. 일부 중요한 기능은 사용에 제약을 받고 있으므로 샘플과 실무 작업을 해야 하는 사용자는 Jewel CAD인증키(Hardlock)가 들어 있는 정식 제품을 사용하는 것이 바람직하다.

2-1 JewelCAD의 프로그램 설치 (Install JewelCAD)

JewelCAD를 효율적으로 사용하기 위한 컴퓨터의 사양은 다음과 같다.

하드웨어	최소 사양	권장 사양
운영체제	MS Windows 95, 98, 2000	MS Windows 98, 2000, Windows NT, Windows XP, Windows Vista
CPU	133MHz이상	PentiumⅢ 이상
RAM	32MB	128MB
Monitor	800 × 600 해상도 이상 (16비트 칼라)	1024 × 768 해상도 이상 (24비트 혹은 32비트 칼라)
CD-ROM	Yes	Yes

▶ **JewelCAD 5.1(Update9) :** 프로그램을 설치하는 방법은 다음과 같다.

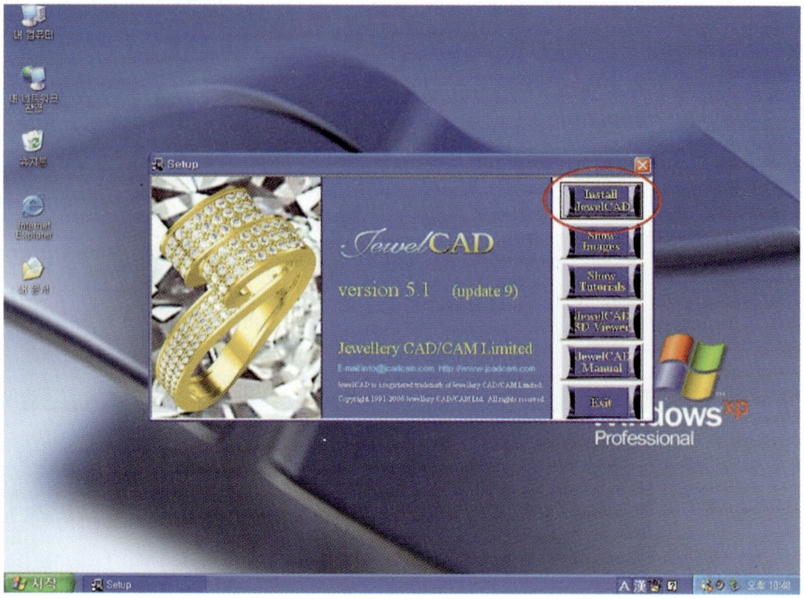

① JewelCAD 책에 포함되어 있는 CD를 CD-ROM에 넣으면 화면과 같이 초기 설치화면이 자동으로 나온다. (자동실행이 안 되면 내컴퓨터에 있는 CD 드라이브의 Setup을 실행 시킨다.)

② 오른쪽 나열된 버튼 중에서 **"Install JewelCAD"**를 선택하여 누른다.

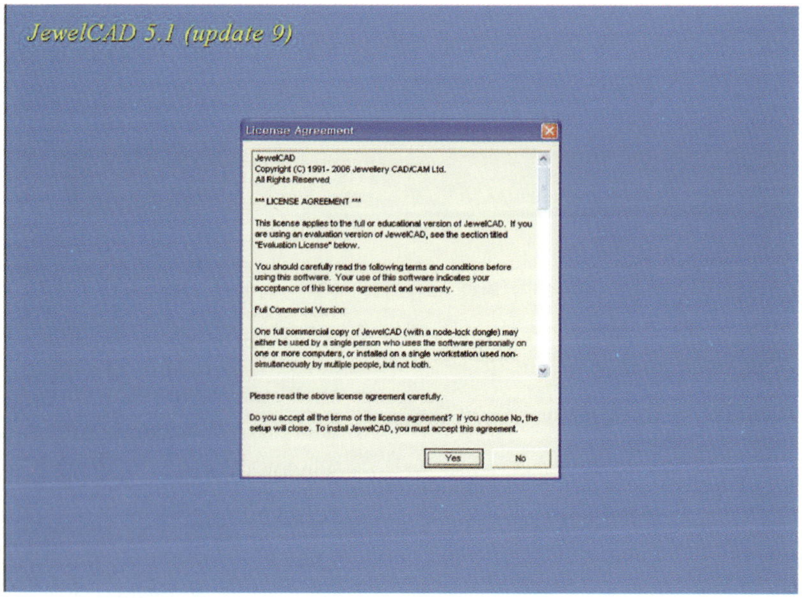

③ 저작권 알림 대화상자가 나타나면 저작권 관련사항을 자세히 읽어 보고 **"Yes"**를 클릭하면 다음으로 설치가 진행된다.

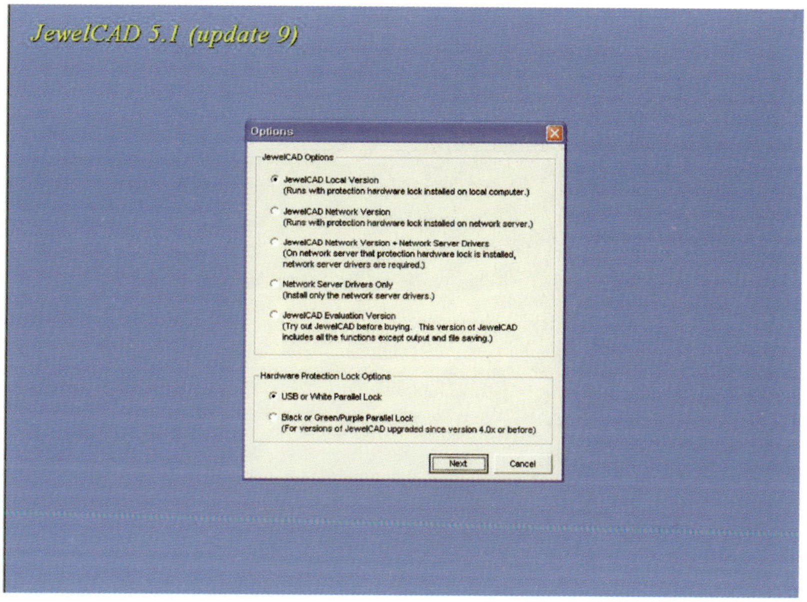

④ 설치할 종류에 따라 대화상자의 옵션을 선택하면 된다.

⑤ 정식제품 외에는 Evaluation Version을 선택하고 "**Next**"를 클릭하여 다음으로 설치를 진행시키면 된다.

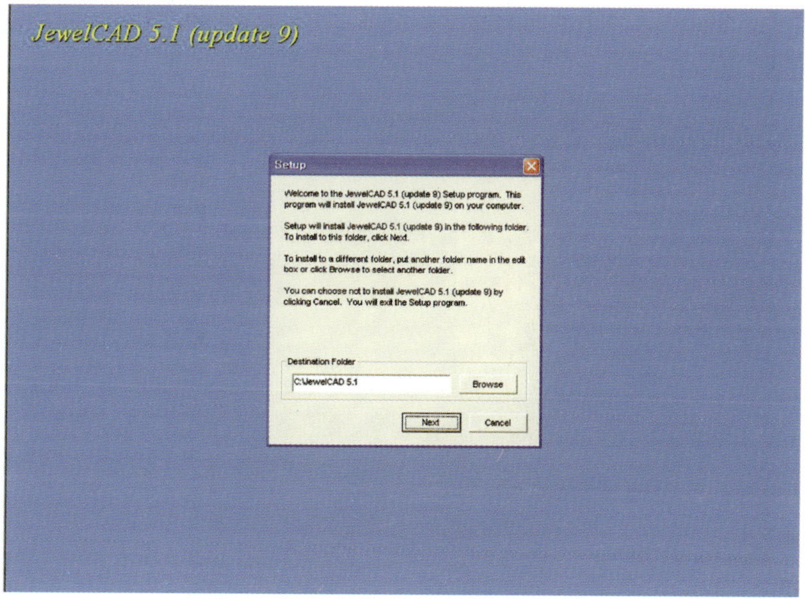

⑥ 프로그램 설치경로를 지정하는 대화상자가 나타나면 원하는 위치를 지정해 주는 것이 좋으며 따로 지정할 위치가 없다면 기본경로로 두고 "**Next**"를 클릭하여 진행시킨다.

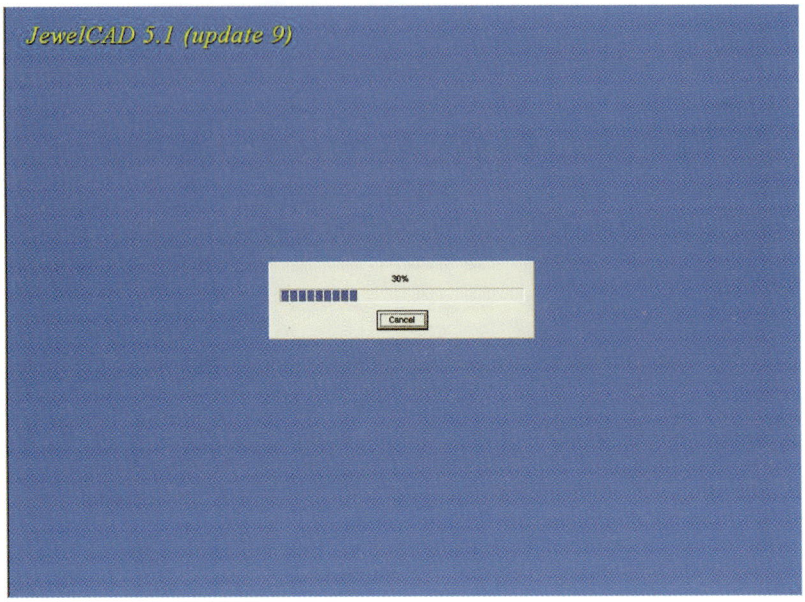

⑧ JewelCAD 프로그램이 자동으로 설치된다.

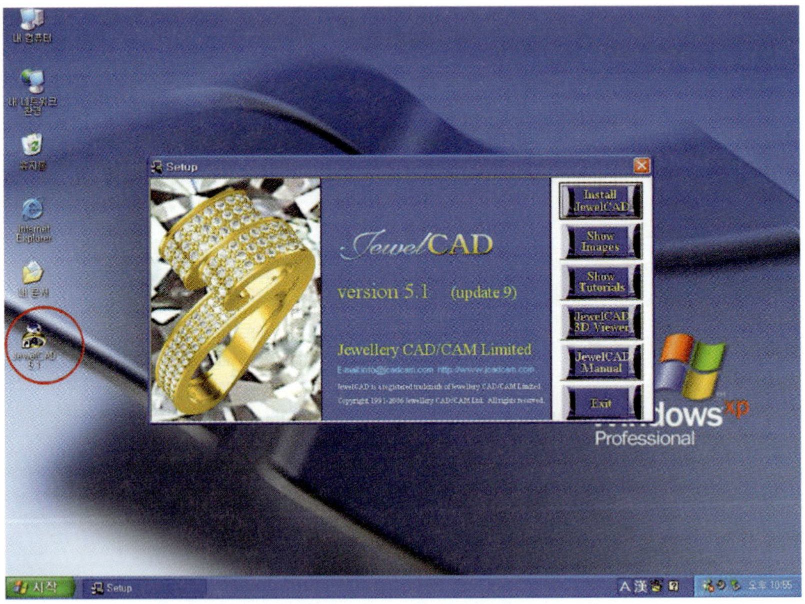

⑨ 프로그램 설치가 종료된 후에는 바탕화면에 JewelCAD 5.1 아이콘이 생성된다.

⑩ 아이콘을 더블클릭하여 바탕화면에 JewelCAD 프로그램이 나온다.

2-2 JewelCAD의 Show Images

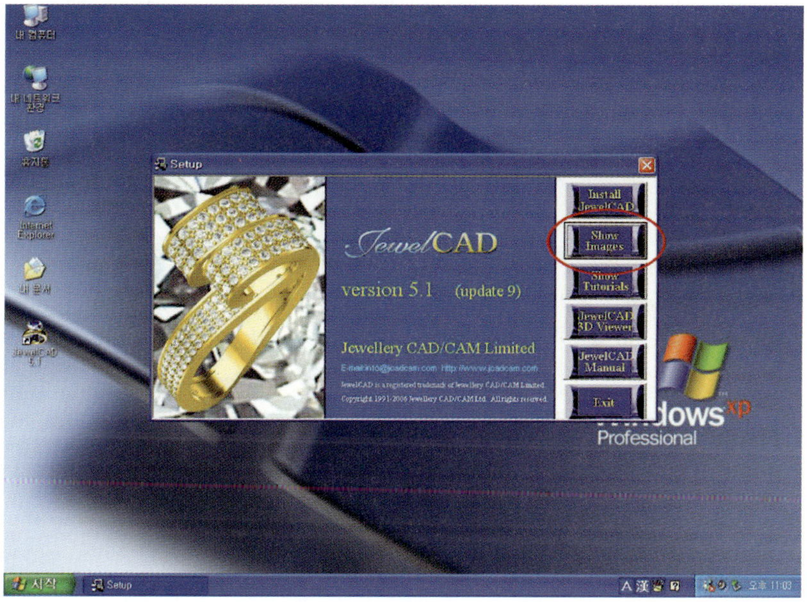

① Show Images는 저장된 이미지 그림을 Show Slide 형식으로 보여준다.

② 사용자가 보기에 편리하고 쉽다.

③ JewelCAD로 제작된 이미지를 볼 수 있다.

④ 다양한 이미지의 제품을 볼 수 있다.

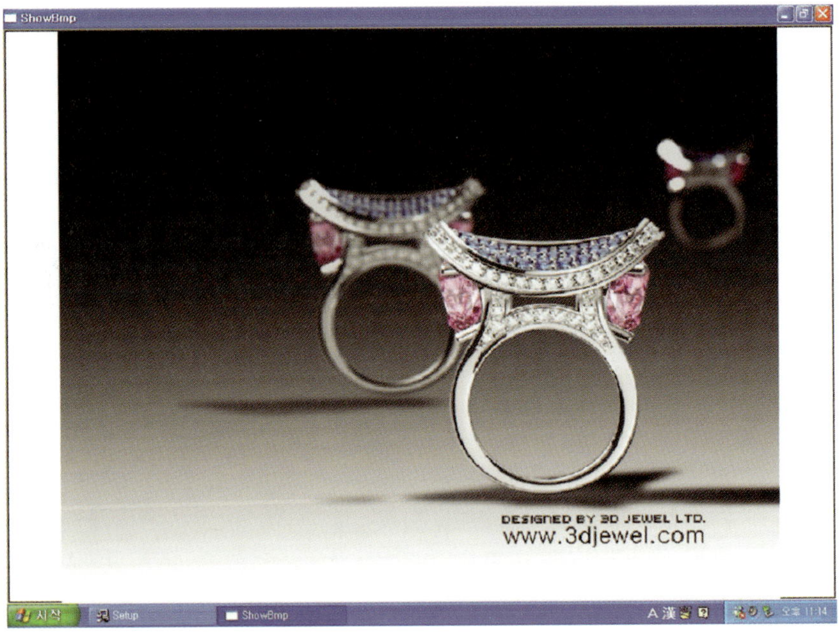

⑤ 이미 상용화 되어 있는 이미지와 BMP 그림 파일을 볼 수 있다.

2-3 JewelCAD의 Show Tutorials

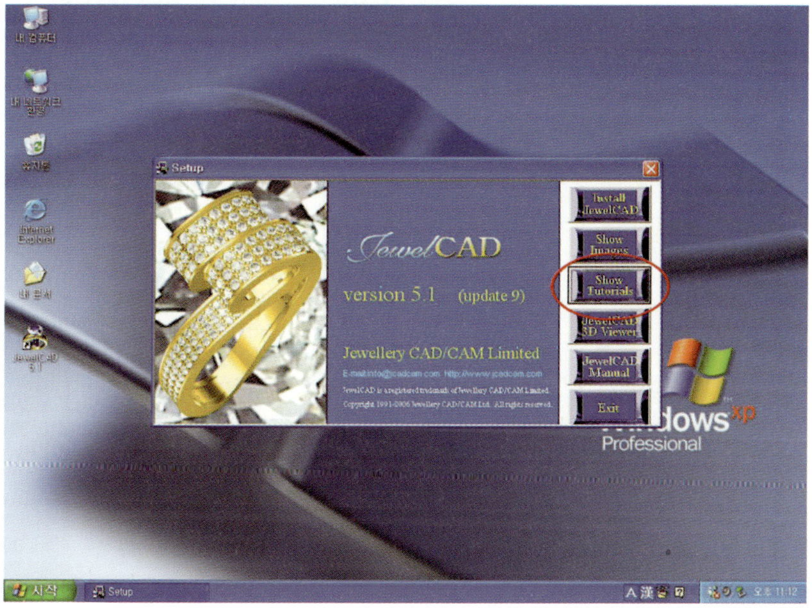

① Show Tutorials 메뉴기능과 작업 샘플을 볼 수 있도록 되어 있다.

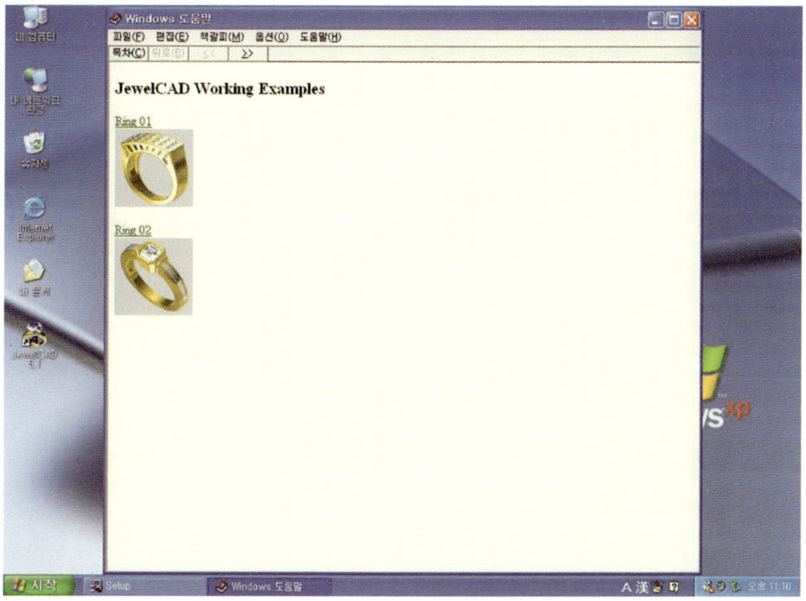

② JewelCAD 화면에 나오는 메뉴를 탐색하고 샘플 작업과정을 연습해 볼 수 있다.

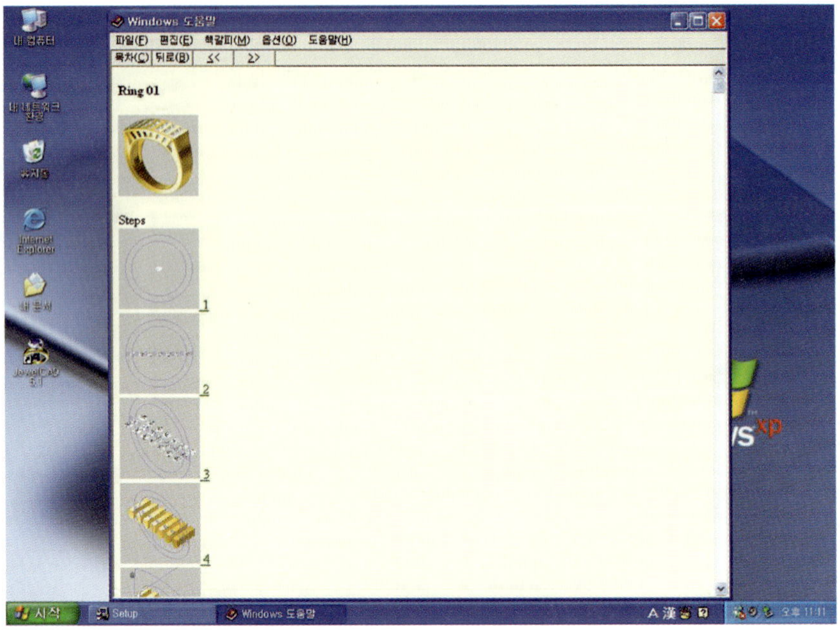

③ 하나의 완성된 디자인을 작업 순서대로 보여준다.

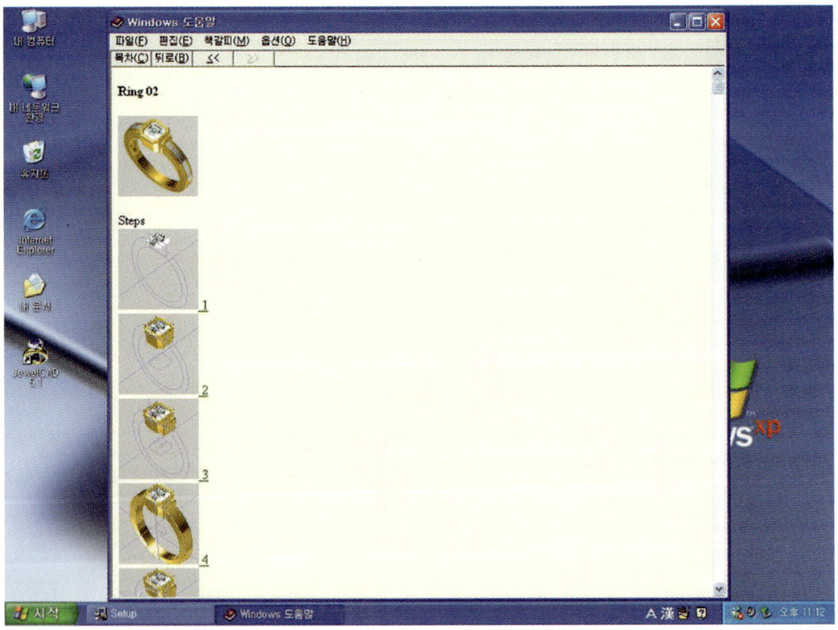

④ 다른 이미지 디자인 작업과정을 볼 수 있다.

2-4 JewelCAD의 3D Viewer

① JewelCAD 3D Viewer는 예제 샘플이 들어 있다.

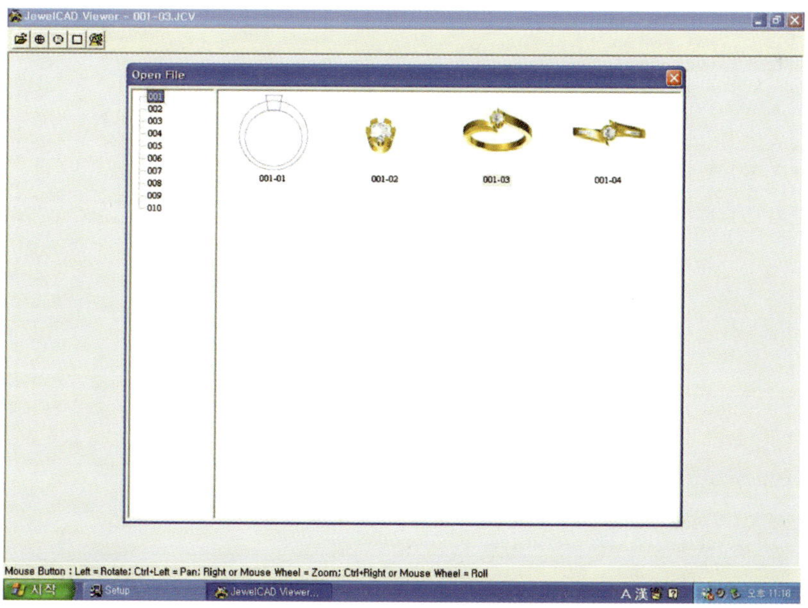

② 기본 샘플을 선택하면 간단한 작업과정을 볼 수 있다.

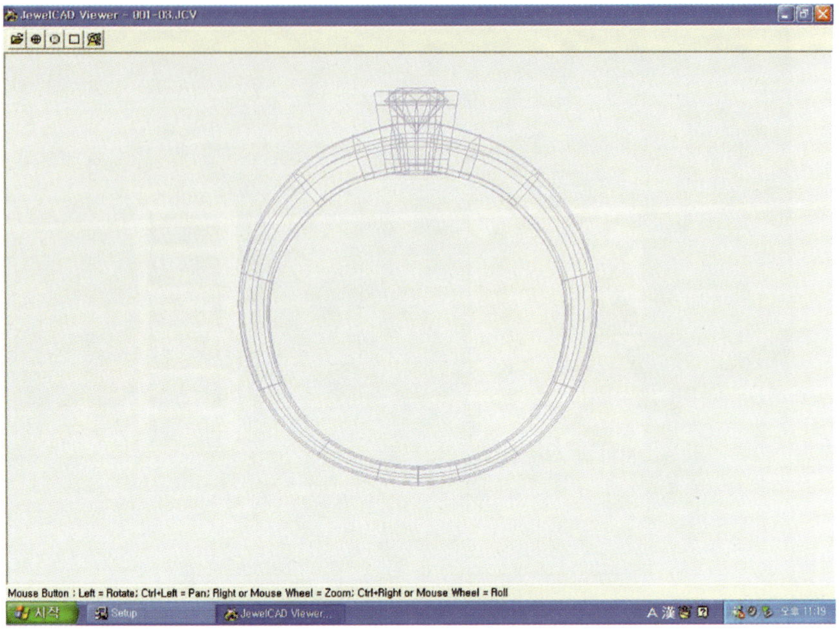

③ 작업된 반지의 이미지를 Normal Wire Mode(선구조 형식)로 볼 수 있다.

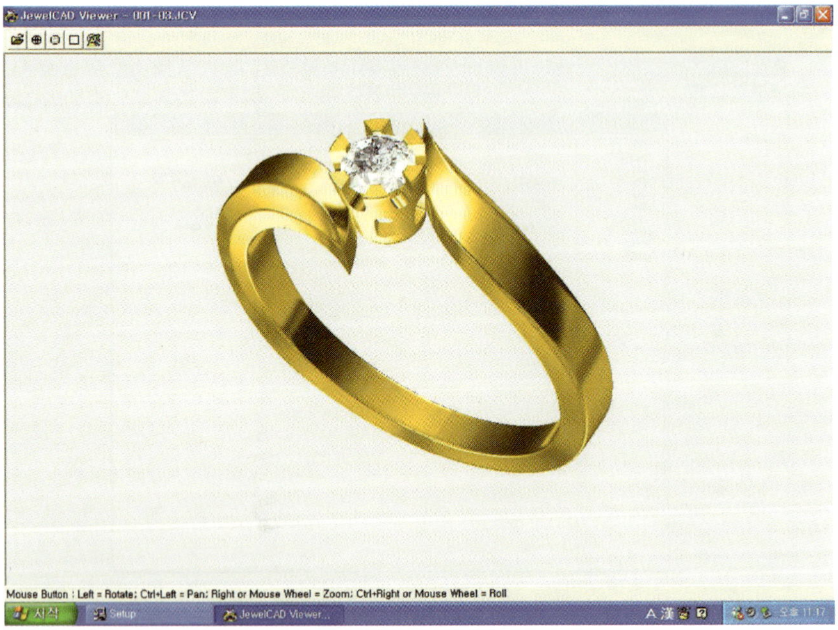

④ 작업된 반지 이미지를 렌더링 모드로 볼 수 있다.

⑤ 화면에다 마우스를 드래그하면 이미지의 위치를 변화시킬 수 있다.

2-5 JewelCAD의 Manual

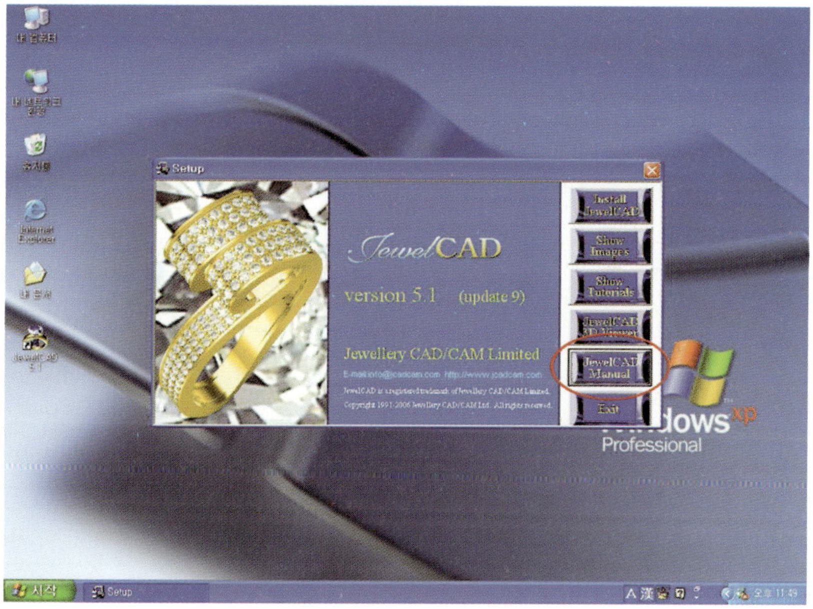

① JewelCAD의 Maunal은 프로그램에 나오는 모든 실행명령의 설명을 읽어 볼 수 있도록 되어 있다.

② 매뉴얼은 Adobe Reader로 읽을 수 있다.

③ Adobe Reader가 설치되어 있지 않으면 컴퓨터에 설치해야 한다.

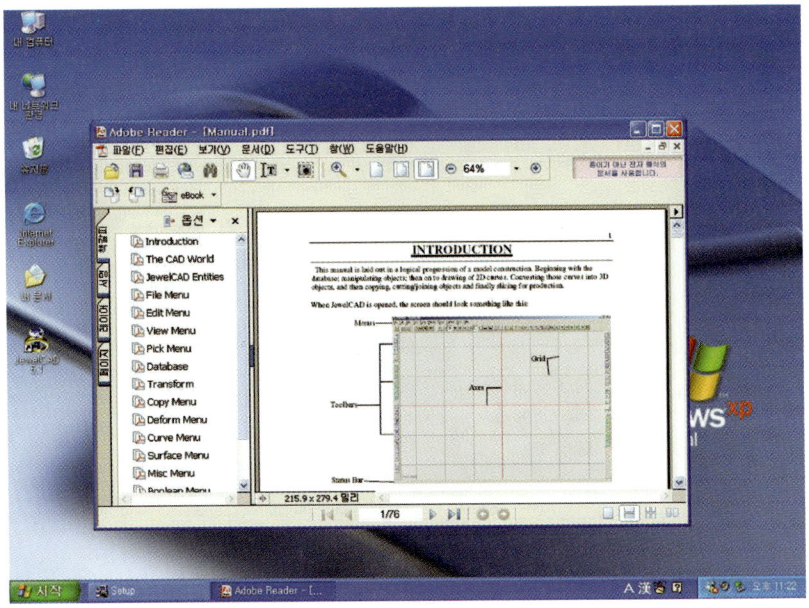

④ 화면에 Adobe Reader로 사용 설명이 나타난다.

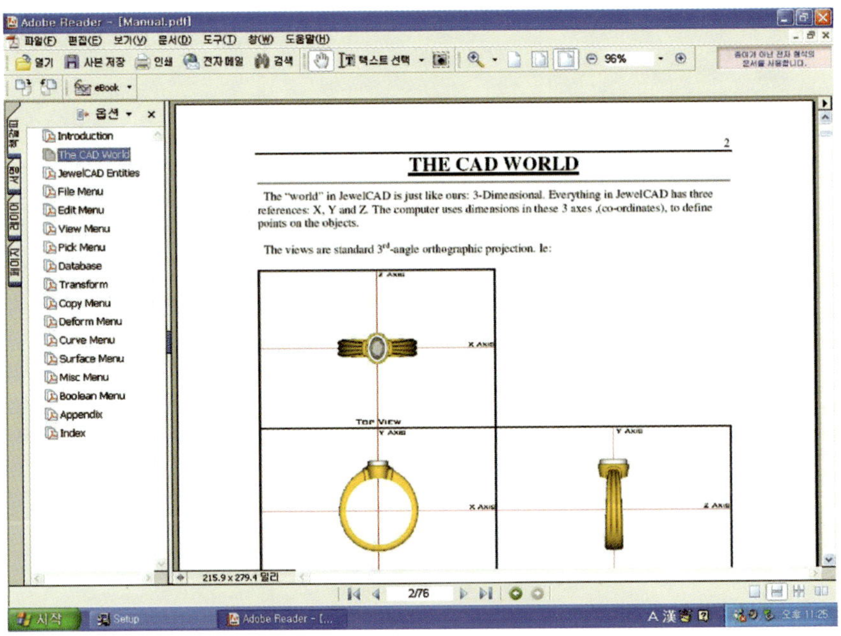

⑤ 각각의 매뉴얼을 살펴보면서 프로그램을 숙지할 수 있다.

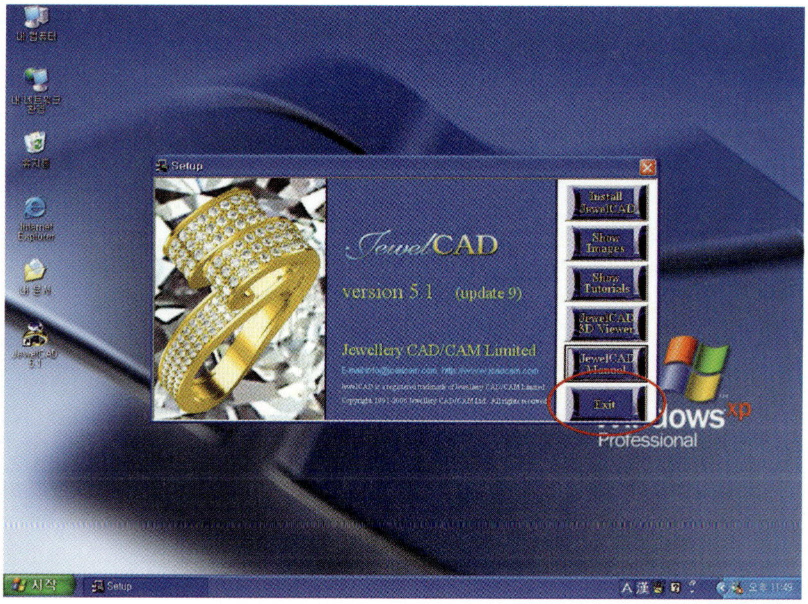

⑥ CD-ROM에 있는 CD로 JewelCAD 프로그램을 설치하고 도움 매뉴얼을 살펴본 다음에는 "**Exit**" 버튼을 눌러 종료한다.

03 Chapter

JewelCAD

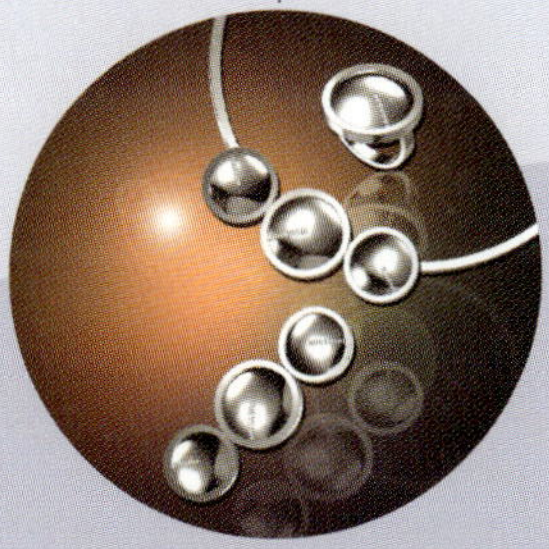

JewelCAD의 기본 툴바

3. JewelCAD의 기본 툴바

JewelCAD의 기본적인 툴(도구)은 각 기능별로 세분화되어 있으며 파일(File)툴바, 일반(General)툴바, 카피(Copy)툴바, 트랜스폼(Transform)툴바, 디폼(Deform)툴바, 커브(Curve)툴바, 서페이스(Surface)툴바, 불린(Boolean)툴바 등으로 나뉘어져 있다. 각각의 기능 툴바(도구상자)에서 사용 빈도수가 높은 아이콘들은 프로그램 화면으로 나와 있지만 기능에 비해 사용이 적은 아이콘은 오히려 없어졌다. JewelCAD가 버전업이 될수록 사용하기 편리하도록 변화되고 있다는 것을 알 수 있다. 매뉴얼 상에 있는 기능 중에서도 실제로는 자주 쓰이지만 화면 밖으로 아이콘이 나오지 못한 것도 많이 있다. 이럴 경우에는 사용자가 단축키 버튼을 임의로 만들어 사용하면 편리하게 작업할 수 있다.

아이콘을 마우스로 클릭하게 되면 아이콘과 똑같은 그림이 마우스에 따라다니고 있으므로 사용자가 현재 사용하는 기능을 편리하게 식별할 수 있다. 또 데이터베이스에 있는 자료도 충분히 늘어나 있는 것을 볼 수 있으며 재질 대화상자도 그림으로 되어 있어 사용하기 쉽게 되어 있음을 알 수 있다. 앞으로도 버전업이 될 때마다 편리한 작업 기능이 추가 될 것으로 보이며 좋아질 기능들을 더욱 기대해 본다.

3-1 파일 툴바 (File Tool)

화면을 초기화하여 새로운 작업을 할 수 있게 하고 이미 만들어진 물체를 화면에 불러들인다. 화면 상에 작업 중인 것을 하드나 디스켓에 저장시킬 수 있는 기능으로 각각의 기능은 다음과 같다.

▶ **New :** 새로운 디자인을 할 수 있도록 화면상의 모든 물체를 지우고 화면을 깨끗하게 한다. 기존에 작업 중인 것이 있다면 저장을 해야 하며 한번 삭제되면 되살릴 수가 없다. 아이콘을 누르면 초기 화면이 나타나고 시점은 바로 전에 작업했던 시점의 화면이 나오게 된다.

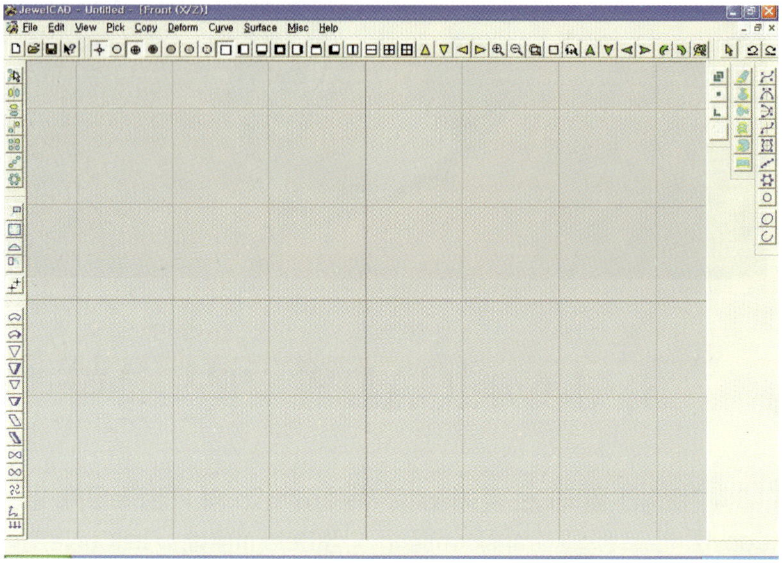

▶ **Open :** 저장된 파일을 열어 화면에 원하는 파일을 지정해 불러들일 때 사용한다.

▶ **Save :** 현재 작업 중인 화면의 물체를 JewelCAD 파일로 저장시킬 때 사용한다. 이미 저장된 파일을 열어 작업한 파일이라면 기존의 작업을 보존하기 위하여 반드시 Save As를 선택하여 새로운 이름으로 저장해야 덮어쓰지 않게 된다.

▶ **Help :** 각각의 아이콘에 대한 궁금증을 설명해 준다. Help를 누르고 원하는 아이콘을 선택하면 원문으로 된 설명문을 볼 수 있다.

3-2 일반 툴바(General Tool)

일반적으로 많이 사용하는 툴로 물체를 변화시키기 위해 물체를 선택된 상태나 선택되지 않은 상태로 구분한다. 작업을 하면서 작업과정을 뒤로 되돌리거나 다시 되돌리는 기능은 작업 단계에서 수정을 요할 때 사용할 수 있는데 각각의 기능은 다음과 같다.

▶ **Pick :** 물체를 선택되거나 선택되지 않은 상태로 바꾸는 기능이다. 이것은 다음 작업을 진행시킬 수 있게 하거나 작업을 중지시킬 때 사용하게 된다. 왼쪽 마우스로 선택(물체가 하얗게 됨)하면 다음 작업으로 진행시킬 수 있고 다시 한 번 왼쪽 마우스로 선택하거나 바탕화면에서 오른쪽 마우스를 클릭하면(물체가 파랗게 됨) 더 이상 진행을 시킬 수가 없다.

▶ **Undo :** 현재 시점에서 이 아이콘을 누르면 마지막 작업 명령을 기준으로 한 단계씩 전 작업단계로 되돌리면서 보여 준다.

▶ **Redo :** 현재 시점에서 이 아이콘을 누르면 Undo 명령으로 되돌린 작업 단계를 다시 한 단계씩 되돌리면서 보여 준다.

3-3 뷰 툴바(View Tool)

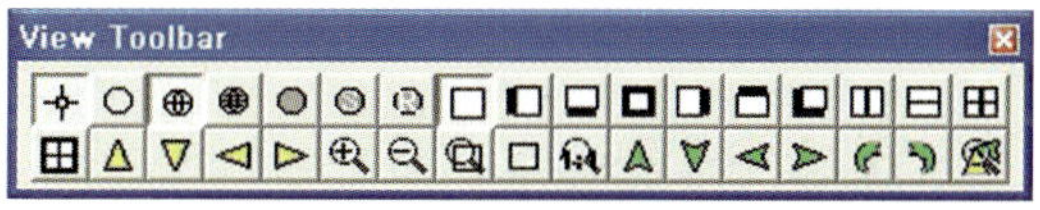

화면에서 물체를 다양하게 볼 수 있으며 상, 하, 좌, 우로 혹은 확대 축소 등 화면을 작업하기 편한 상태로 선택해서 정교한 작업이 될 수 있도록 화면을 자유롭게 움직여 가면서 물체를 파악할 수 있다. 각각의 기능은 다음과 같다.

▶ **Fine Snap :** 화면 안에는 그리드 간격으로 인하여 물체의 움직임을 부드럽게 혹은 그리드 간격에 비례하여 약간 딱딱한 움직임을 줄 수 있다. 좀더 섬세한 작업을 하기 위해서 부드러운 움직임과 딱딱한 움직임을 이 아이콘을 사용하여 정한다.

▶ **Quick Wire Frame :** 물체를 가장 간단한 선의 구조로 보여 준다.

▶ **Normal Wire Frame :** 물체를 표준적인 선의 구조로 보여 준다.

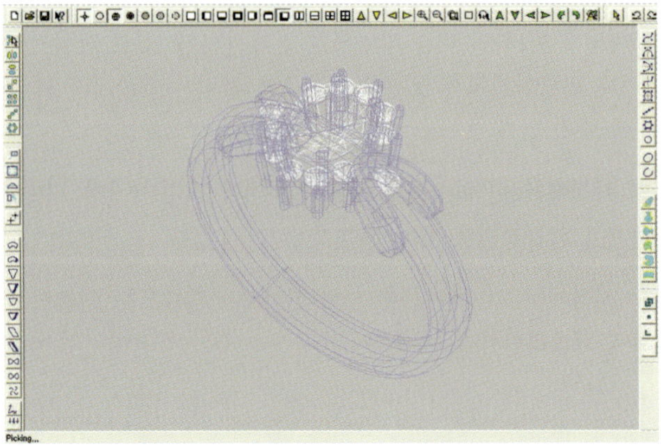

▶ **Mesh Wire Frame :** 물체를 복잡한 덩어리 형태인 선의 구조로 보여 준다.

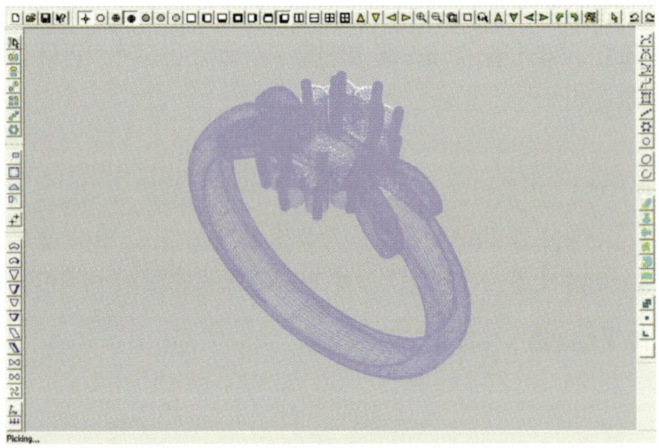

▶ **Fast Shading :** 물체를 빠른 명암처리 모드로 보여 준다.

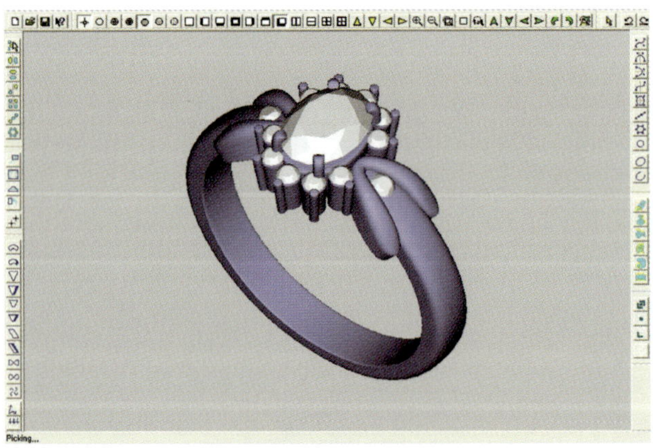

▶ **Shading in Color :** 물체를 칼라 명암처리 모드로 보여 준다.

▶ **Rendering :** 물체를 실물과 비슷하게 표현한 렌더링 모드로 보여 준다.

▶ **Front View(X/Z) :** 물체를 정면에서 바라본 모습이다.

▶ **Right View(Y/Z) :** 물체를 오른쪽 측면에서 바라본 모습이다.

▶ **Top View (X/Y) :** 물체를 평면(위쪽)에서 바라본 모습이다.

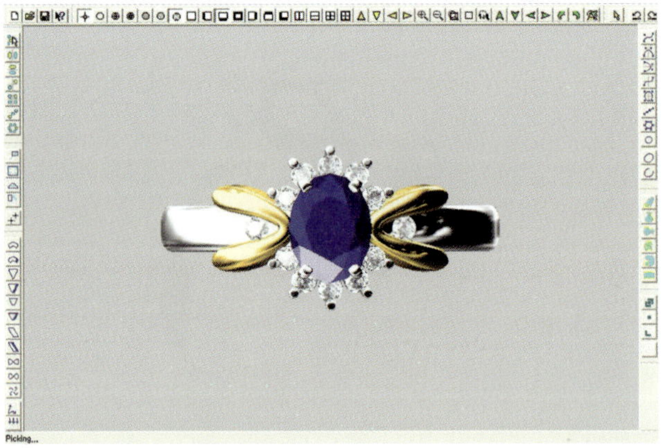

▶ **Back View (X/Z) :** 물체를 후면(뒤쪽)에서 바라본 모습이다.

▶ Left View (Y/Z) : 물체를 좌측면에서 바라본 모습이다.

▶ Bottom View (X/Y) : 물체를 배면(아래쪽)에서 바라본 모습이다.

▶ 3 Dimensional View : 물체를 3차원의 입체로 바라본 모습이다.

▶ **Front and Right Views :** 정면과 우측면으로 화면을 나누어 바라본 모습이다.

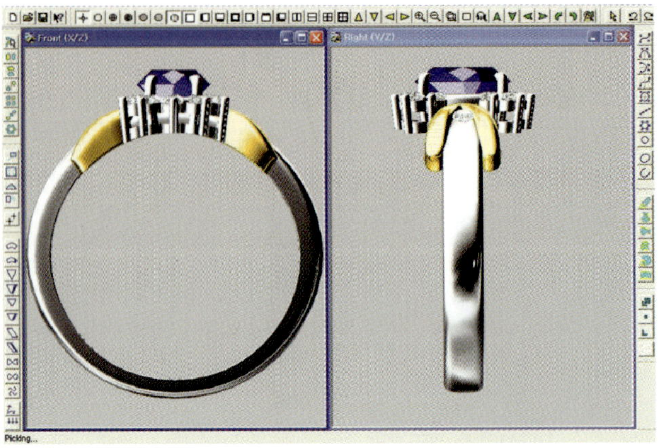

▶ **Front and Top views :** 정면과 평면으로 화면을 나누어 바라본 모습이다.

▶ **Four Views : Front/Right/Top/3D :** 4면으로 화면을 나누어 바라본 모습이다.

▶ **Four Views : Back/Left/Bottom/3D :** 4면으로 화면(반대편)을 바라본 모습이다.

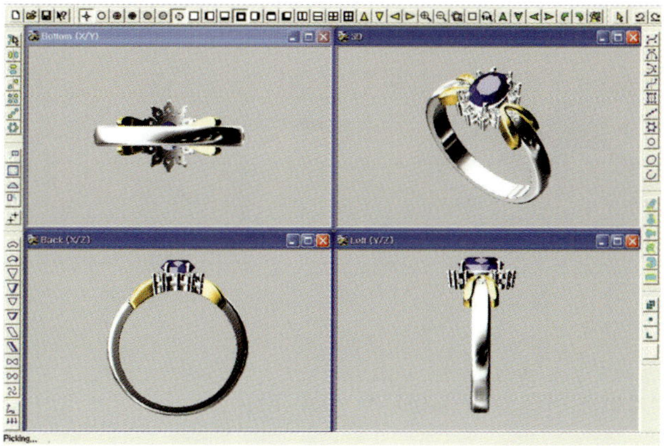

▶ **Pan Up :** 현재의 화면을 위로 이동시킨다.

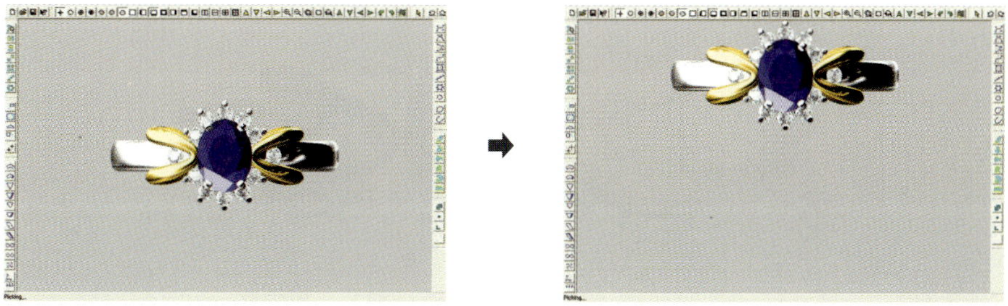

▶ **Pan Down :** 현재의 화면을 아래로 이동시킨다.

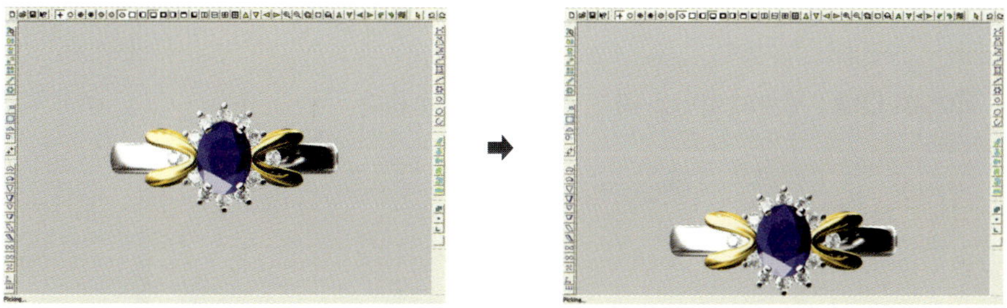

▶ **Pan Left :** 현재의 화면을 왼쪽으로 이동시킨다.

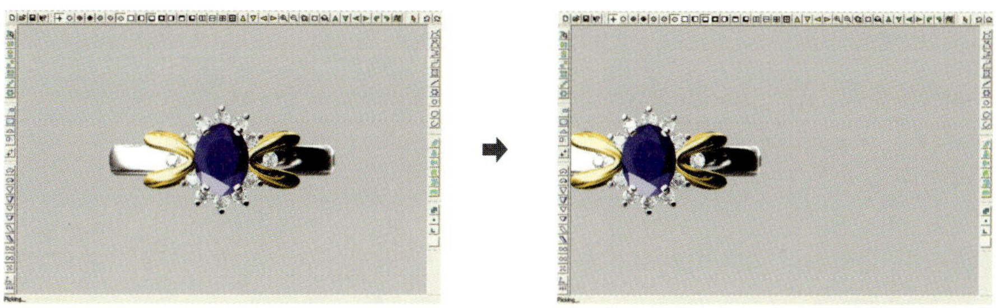

▶ **Pan Right :** 현재의 화면을 오른쪽으로 이동시킨다.

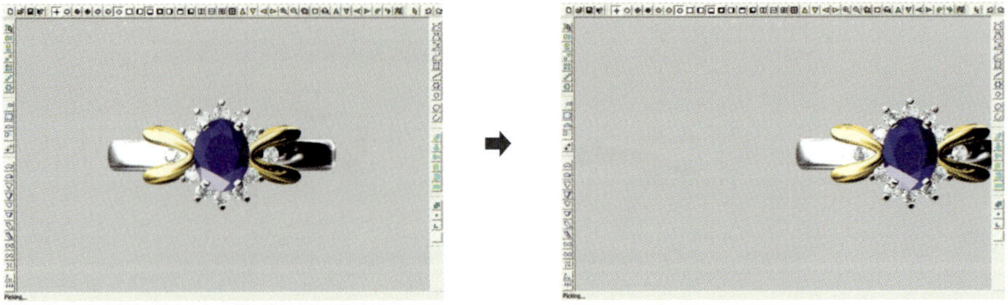

▶ **Zoom In :** 현재의 화면을 크게 확대시켜 보여 준다.

▶ **Zoom Out :** 현재의 화면을 작게 축소시켜 보여 준다.

▶ **Zoom Box :** 현재의 화면에서 선택된 곳만 부분 확대시켜 보여 준다.

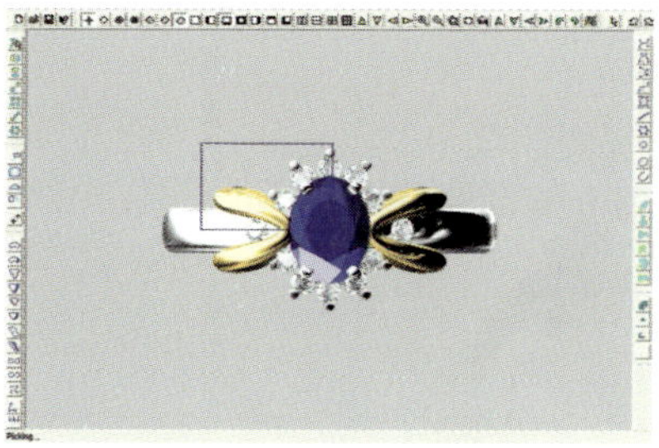

▶ **Zoom 1:1 :** 현재의 화면을 1:1 크기로 물체를 보여 준다.

▶ **Zoom All :** 현재의 화면크기에 맞게 모든 물체를 보여 준다.

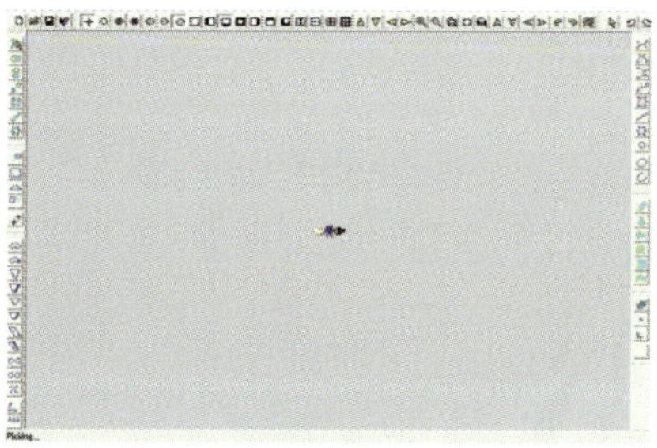

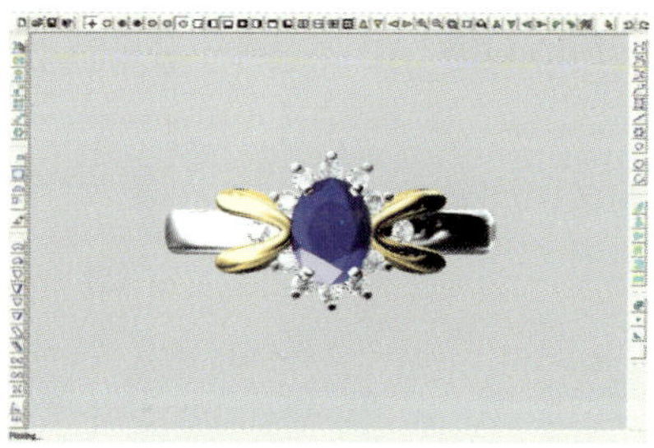

〈Zoom 1:1〉 〈Zoom All〉

▶ **Flip Up :** 3D 화면에서 물체를 위로 회전시킨다.

▶ **Flip Down :** 3D 화면에서 물체를 아래로 회전시킨다.

▶ **Flip Left :** 3D 화면에서 물체를 왼쪽으로 회전시킨다.

▶ **Flip Right :** 3D 화면에서 물체를 오른쪽으로 회전시킨다.

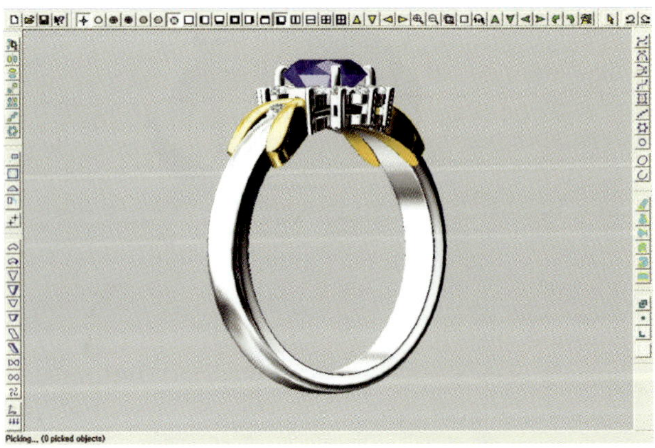

▶ **Roll Left :** 3D 화면에서 물체를 반시계 방향으로 회전시킨다.

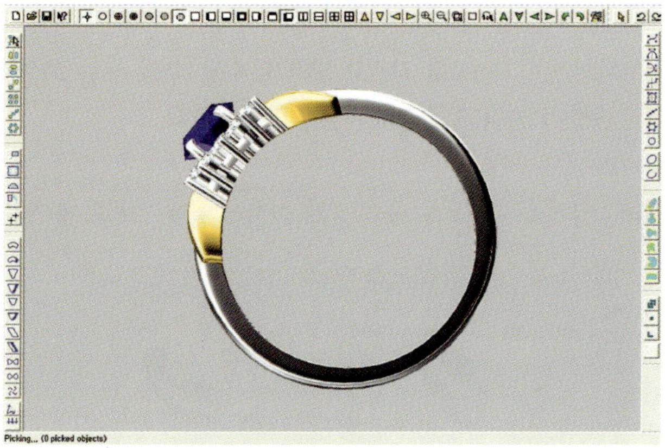

▶ **Roll Right :** 3D 화면에서 물체를 시계방향으로 회전시킨다.

▶ **Reset View :** 3D 화면에서 여러 각도로 움직인 물체를 처음의 위치로 되돌려 준다.

3-4 카피 툴바(Copy Tool)

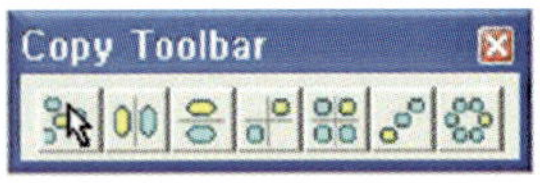

물체를 다양하게 복사시키는 기능으로 자르고 붙이기, 수직, 수평, 또는 회전시키면서 복사하는 등 여러 가지 복사시킬 수 있는 기능이다. 각각의 기능은 다음과 같다.

▶ **Cut & Paste :** 물체를 대량으로 혹은 쉽게 원하는 곳에 자르고 붙여 복사시킨다.

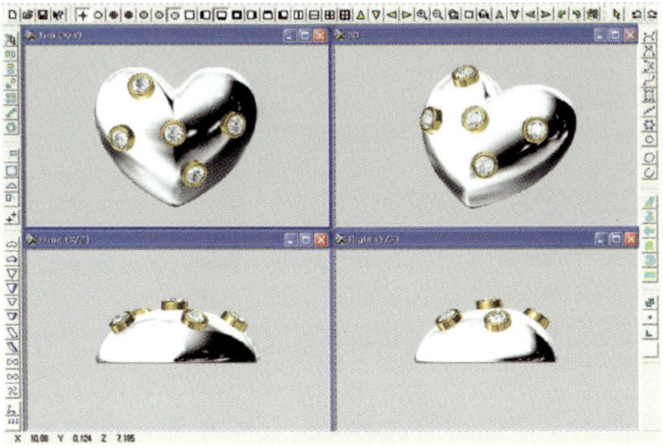

▶ **Vertical Mirror Copy :** 현재 화면에서 수직축에 대하여 대칭의 복사물을 만든다.

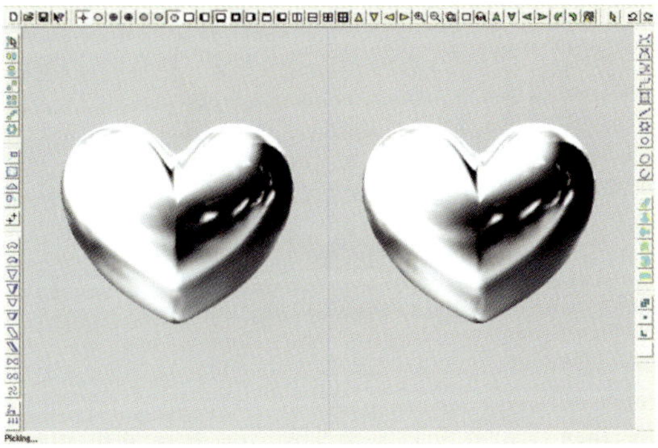

▶ **Horizontal Mirror Copy :** 현재 화면에서 수평축으로 대칭의 복사물을 만든다.

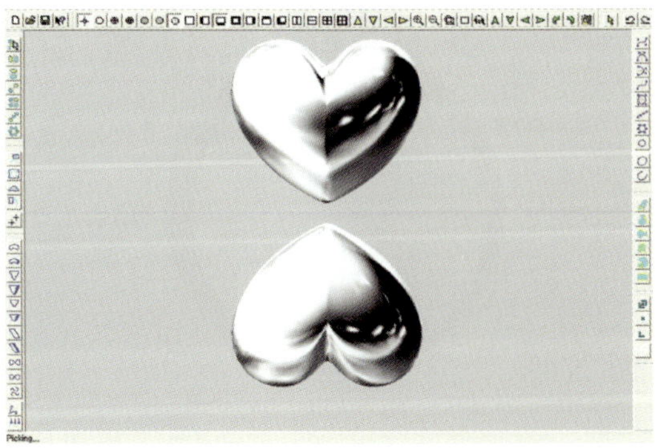

▶ **Revolve 180 Copy :** 현재 화면에서 180도 회전하여 복사물을 만든다.

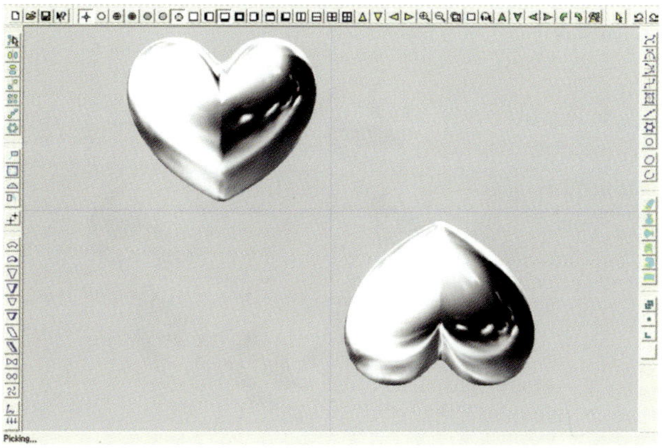

▶ **Cycle Copy :** 현재 화면에서 수직축과 수평축에 대하여 대칭의 복사물을 만든다.

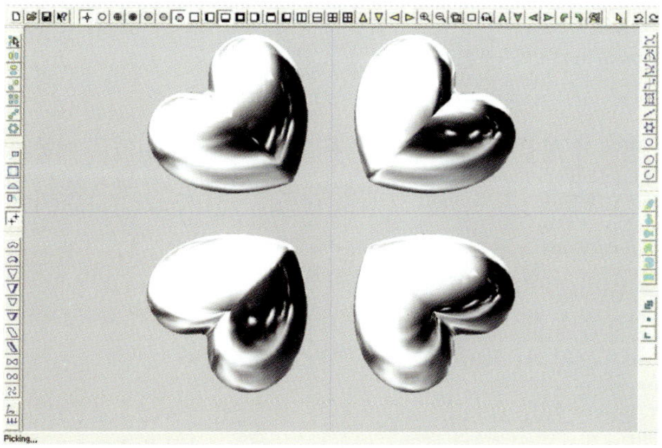

▶ **Extend Copy :** 현재 화면에서 선의 경로를 따라 원하는 만큼의 복사물을 만든다.

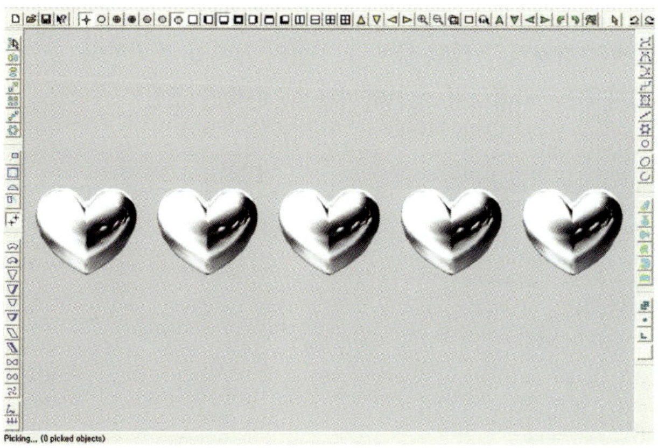

▶ **Revolve Copy :** 현재 화면에서 원의 경로를 따라 원하는 만큼의 복사물을 만든다.

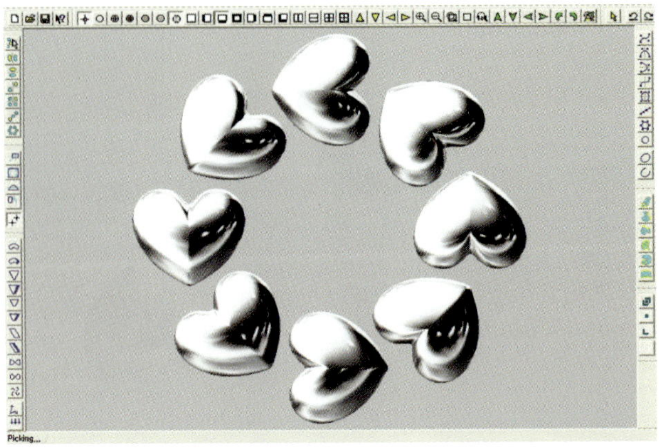

3-5 트랜스폼 툴바(Transform Tool)

기본적인 변화를 줄 수 있는 기능으로 화면에서 물체를 변화시킨다. 물체의 이동, 크기조절, 회전시킬 수 있으며 각각의 기능은 다음과 같다.

▶ **Move :** 화면에서 하얗게 선택된 물체나 정점을 새로운 위치로 이동시킨다.
(왼쪽마우스- 수직 혹은 수평이동, 오른쪽마우스- 자유이동)

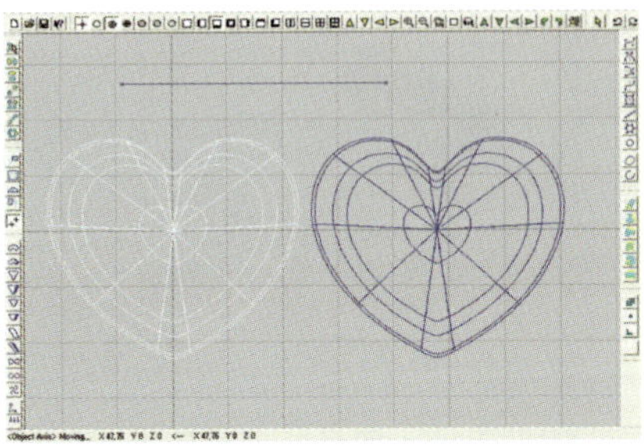

▶ **Size :** 화면에서 하얗게 선택된 물체나 정점의 크기를 조절한다.
(왼쪽마우스- 비례조절, 오른쪽마우스- 한쪽만 조절)

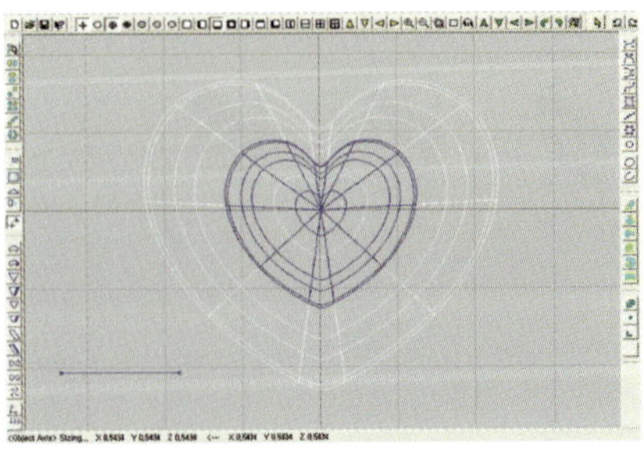

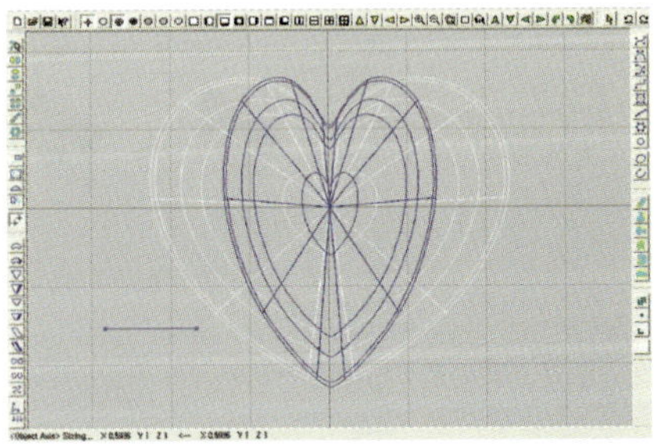

▶ **Flip :** 화면에서 하얗게 선택된 물체나 정점을 상, 하, 좌, 우로 회전시킨다.

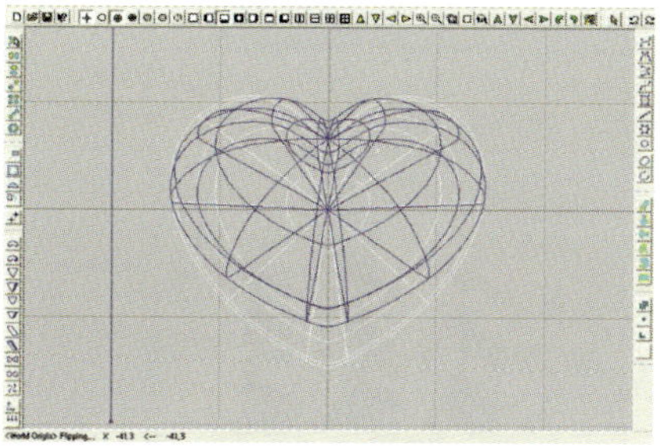

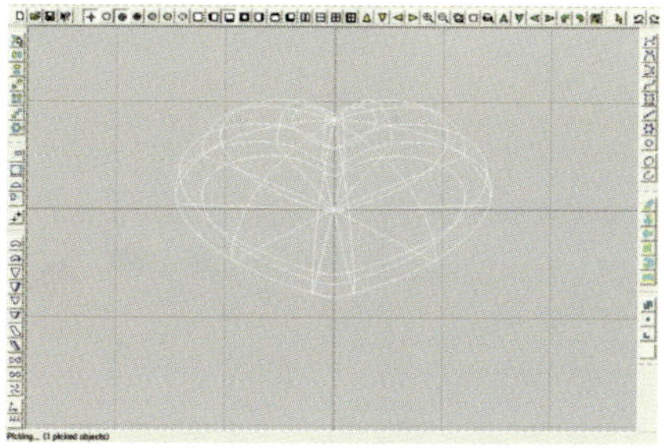

▶ **Roll :** 화면에서 하얗게 선택된 물체나 정점을 시계방향, 반시계방향으로 회전시킨다.

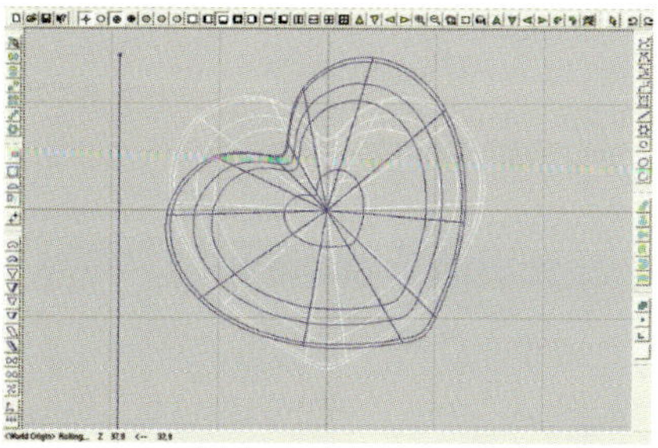

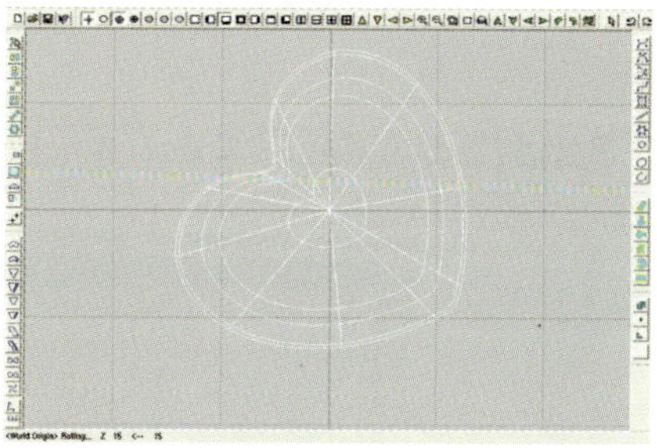

▶ **Object Axis :** 절대좌표와 축을 중심으로, 물체 자신의 좌표와 축을 중심으로 변화시킨다.

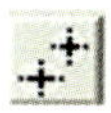

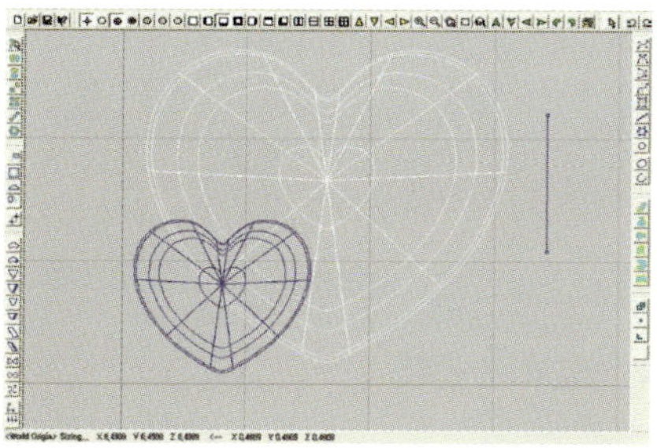

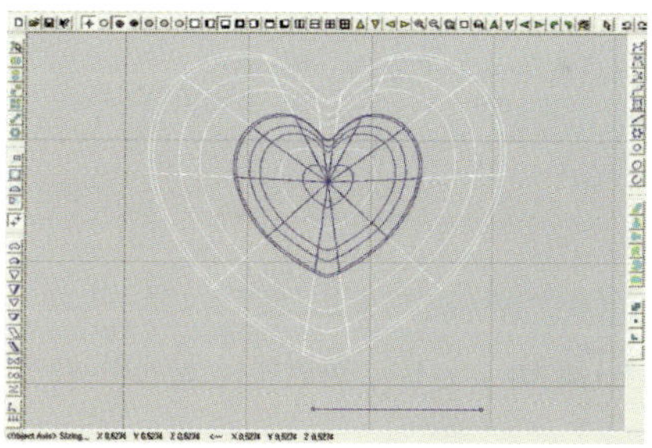

3-6 디폼 툴바(Deform Tool)

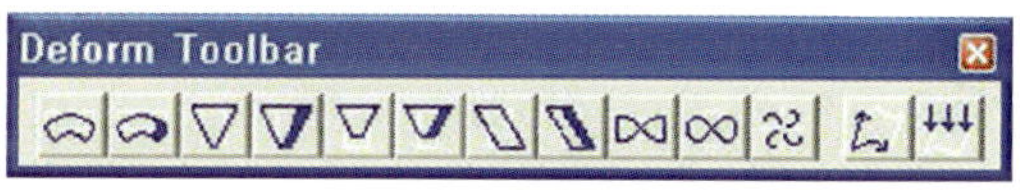

작업 화면에서 물체를 변화시킬 수 있으며 구부리거나, 휘거나, 꼬는 등 자유롭게 형태를 변형시키는 기능으로 각각의 기능은 다음과 같다.

▶ **Bend :** 현재의 화면에서 물체를 구부려 준다.

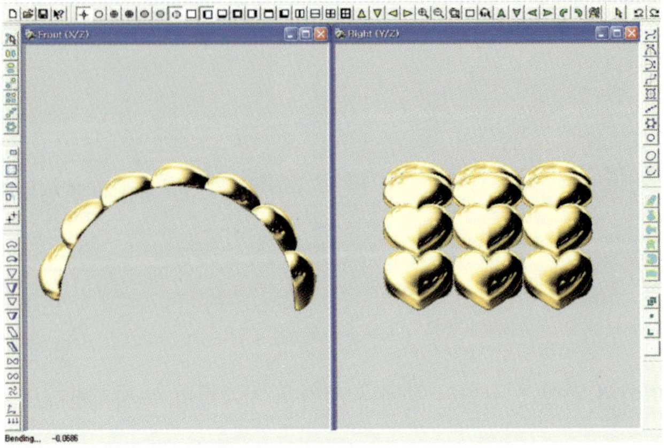

▶ **Bend (Two sides) :** 현재의 화면에서 두 방향으로 물체를 구부려 준다.

▶ **Taper :** 현재의 화면에서 물체의 한쪽 끝을 가늘게 만든다.

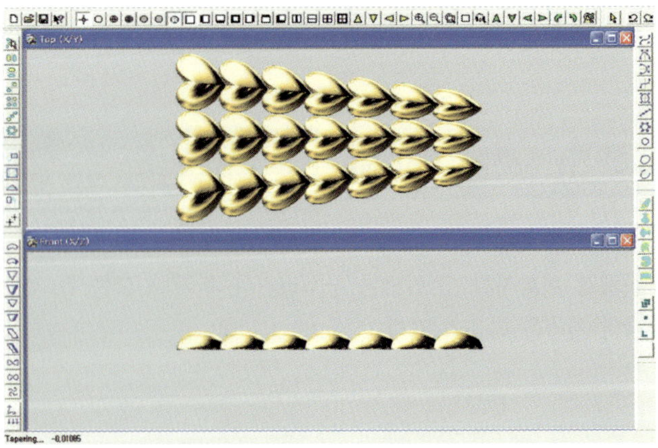

▶ **Taper (Two sides) :** 현재의 화면에서 두 방향으로 물체의 한쪽 끝을 가늘게 만든다.

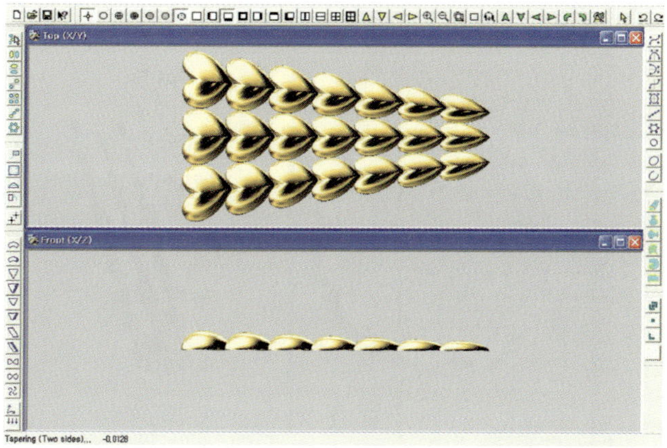

▶ **Scaled Taper :** 현재의 화면에서 물체의 한쪽 끝을 비례적으로 축소·확대시킨다.

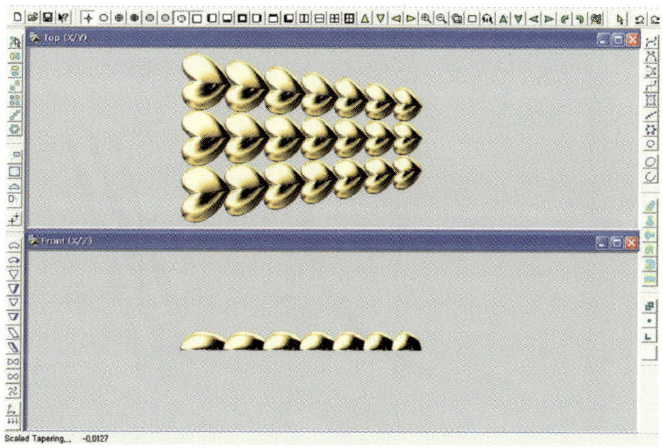

▶ **Scaled Taper (Two sides) :** 현재의 화면에서 두 방향으로 물체의 한쪽 끝을 비례적으로 축소·확대 시킨다.

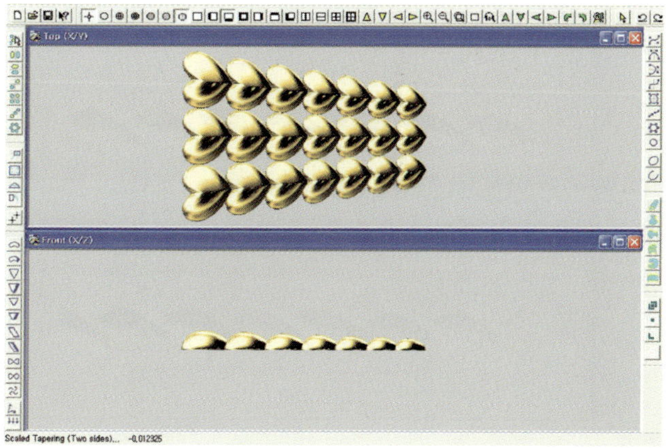

▶ **Skew :** 현재 화면에서 물체를 비스듬하게 기울여 준다.

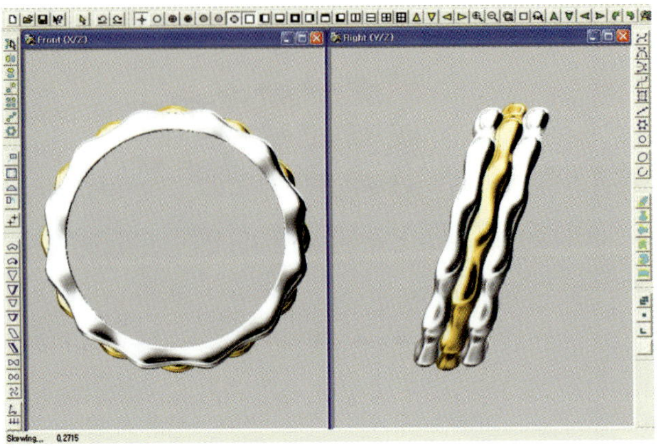

▶ **Skew (Two sides) :** 현재 화면에서 두 방향으로 물체를 비스듬하게 기울여 준다.

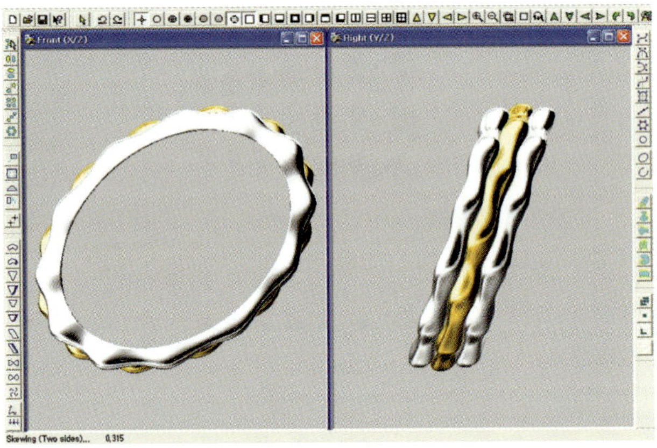

▶ **Twist :** 현재의 화면에서 물체를 꼬아 준다.

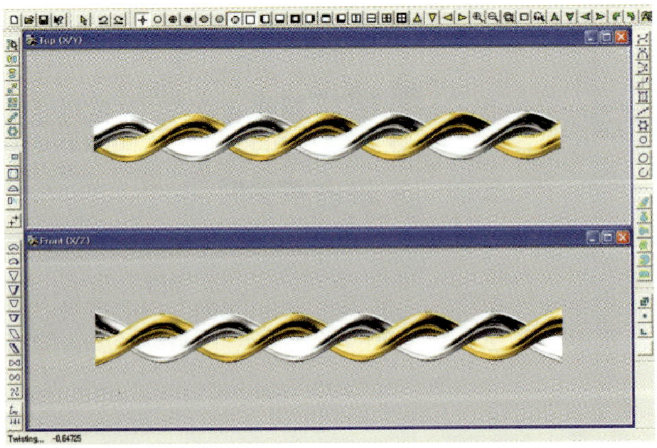

▶ **Skew Twist :** 현재의 화면에서 물체를 비스듬히 꼬아 준다.

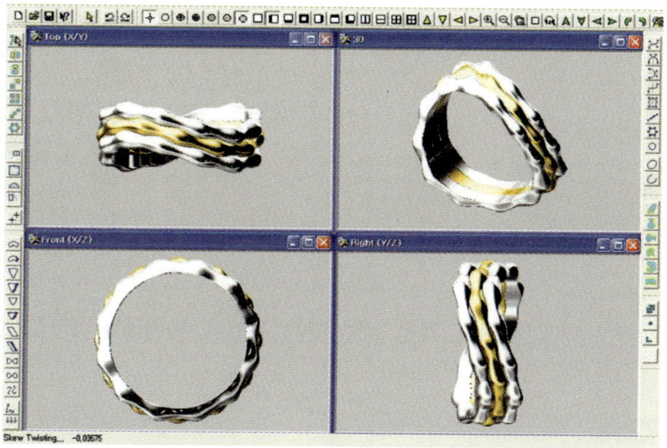

▶ **Whirl :** 현재의 화면에서 물체를 소용돌이치는 모양으로 만든다.

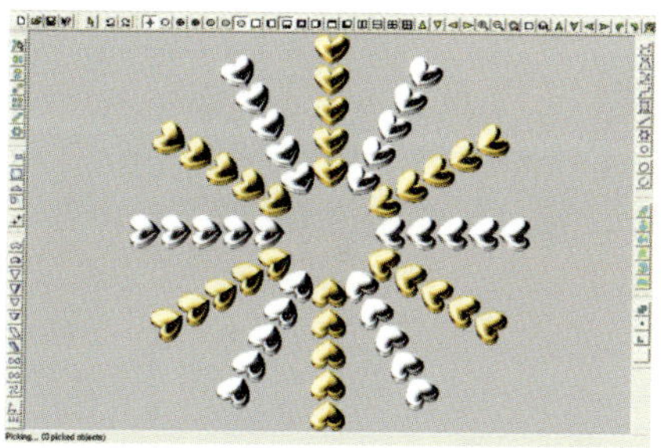

▶ **UV-Map :** 현재의 화면에서 물체를 한 개나 다수의 커브와 서페이스에 붙여 변형시킨다.

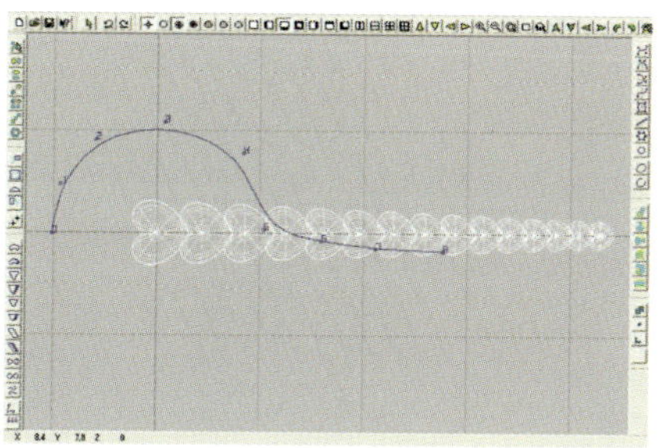

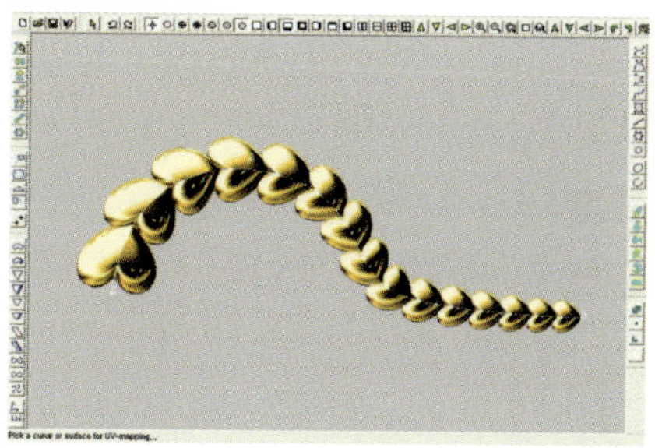

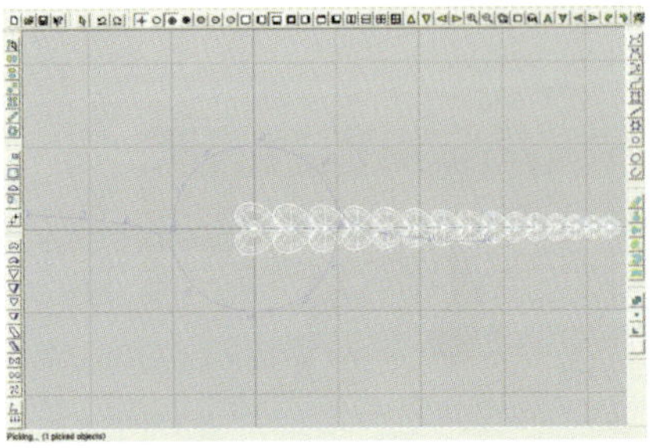

▶ **ProjMap :** 커브나 서페이스 위에 물체 또는 정점을 돌출하게 하여 변형시킨다.

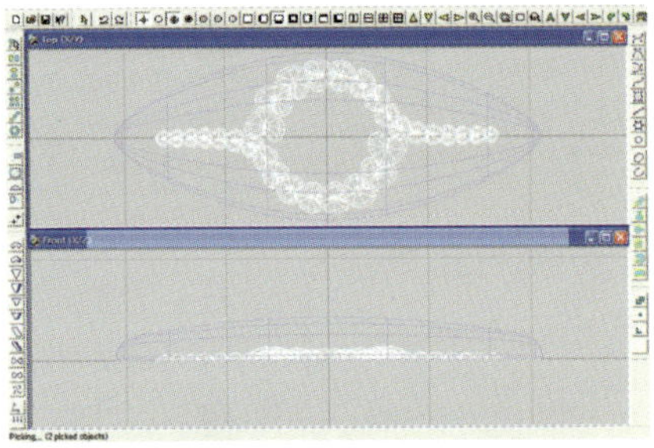
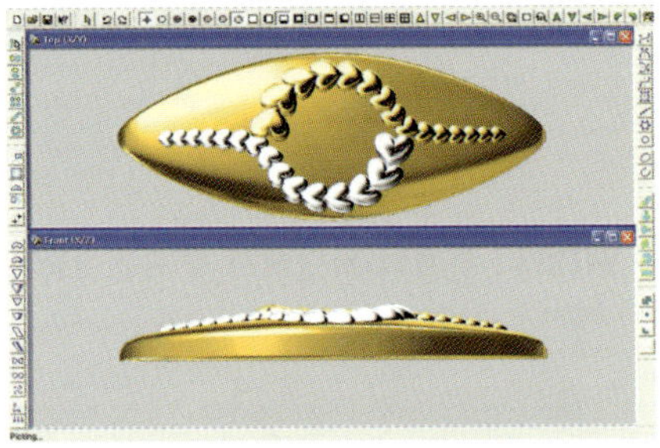

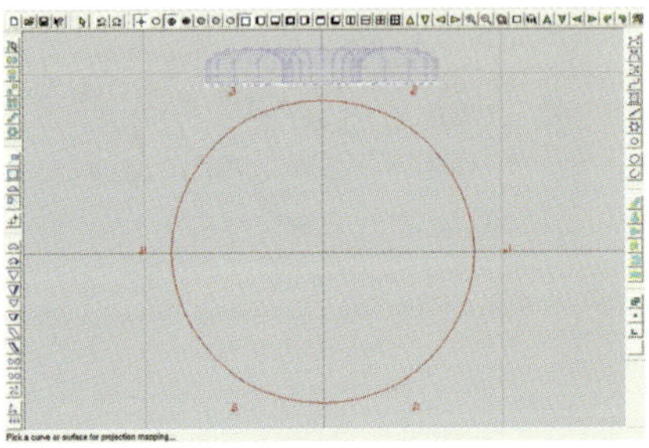
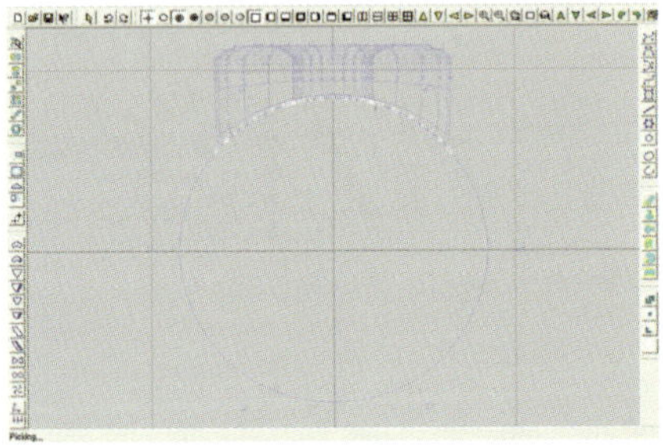

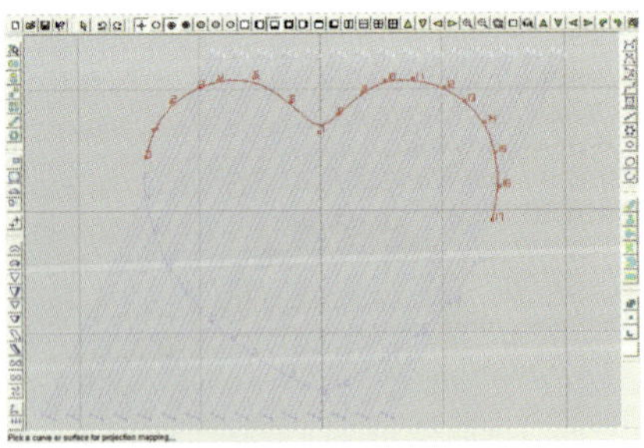
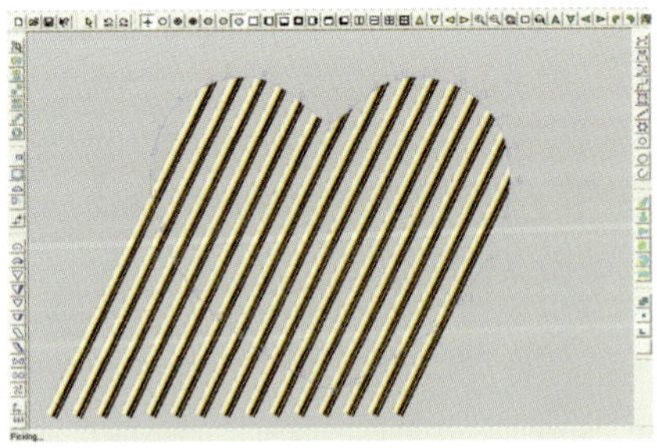

3-7 커브 툴바(Curve Tool)

물체를 만들기 위한 기본 단계인 다양한 선을 그리는 기능으로 정점을 한 번에 한 개, 두 개, 네 개, 혹은 그 이상 원하는 수만큼 설정하여 그린다. 각각의 기능은 다음과 같다.

▶ **Simple Curve :** 현재의 화면에서 단순하게 한 점씩 찍어 커브를 그린다.

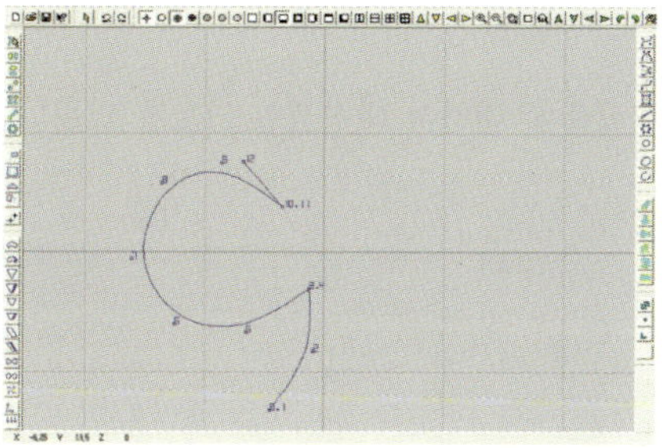

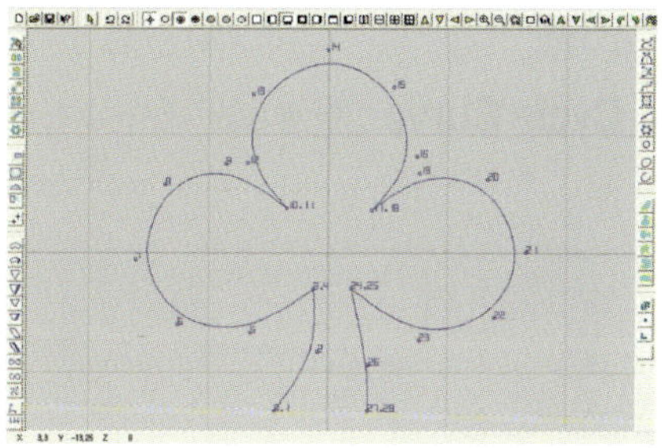

▶ **Vertical Mirror Curve :** 현재 화면에서 수직축에 대하여 대칭적인 커브를 만든다.

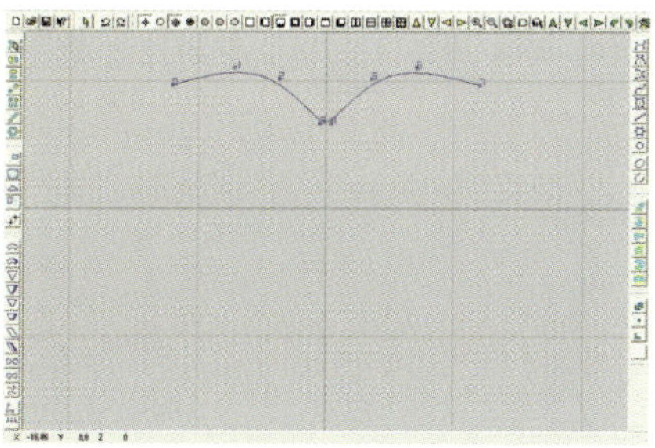

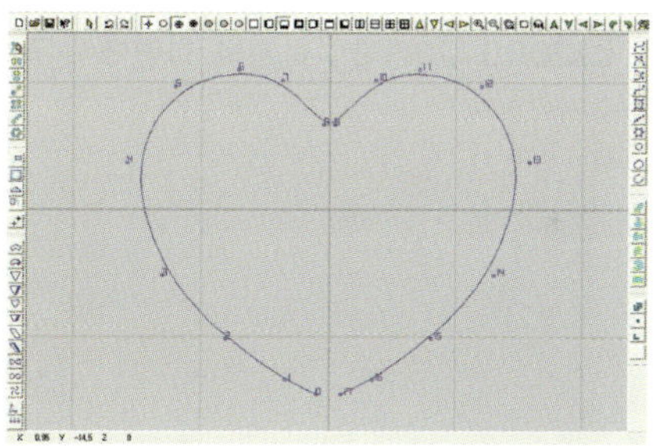

▶ **Horizontal Mirror Curve :** 현재 화면에서 수평축에 대하여 대칭적인 커브를 만든다.

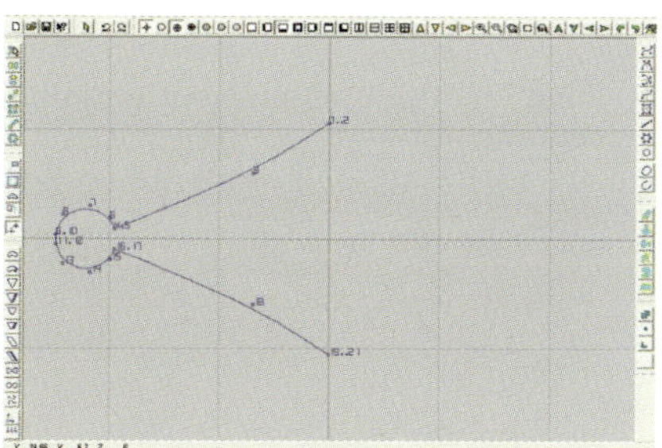

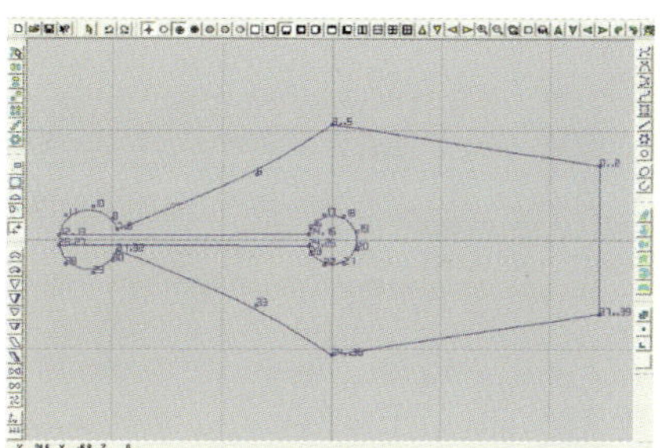

▶ **Revolve 180 Curve :** 현재 화면에서 두 점씩 찍어 180도 회전하여 커브를 만든다.

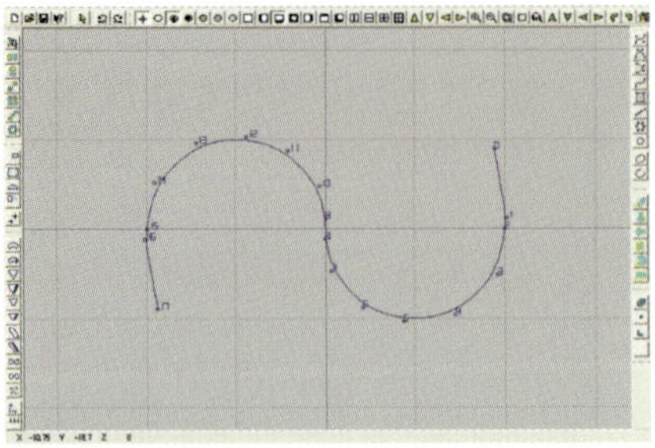
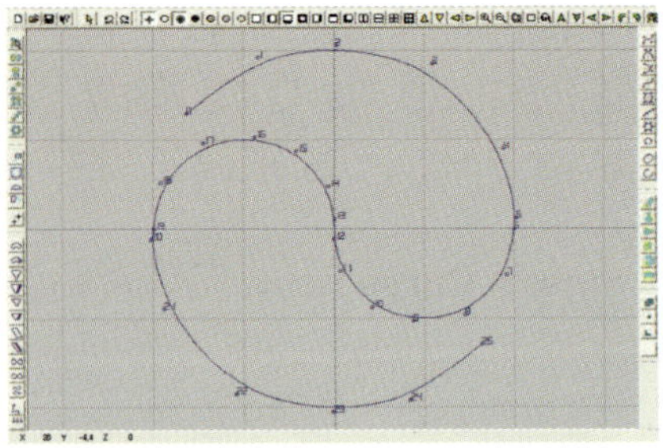

▶ **Cycle Curve :** 현재 화면에서 수직축과 수평축에 대하여 대칭적인 커브를 만든다.

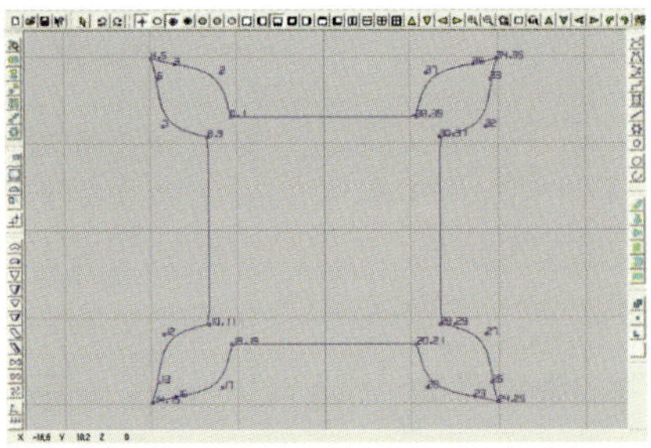
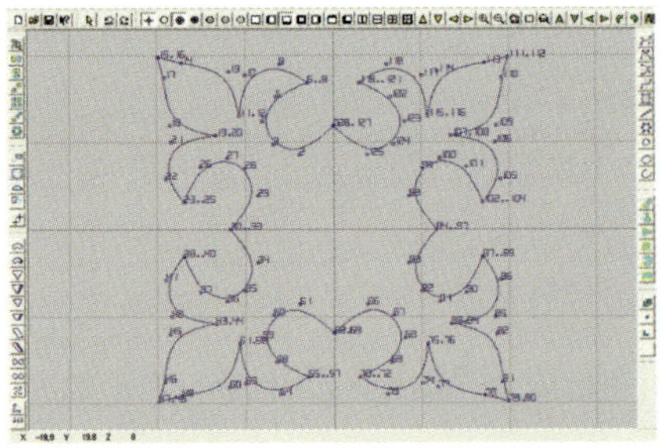

▶ **Extend Curve :** 현재의 화면에서 직선방식에 의해 반복되는 새로운 커브를 만든다.

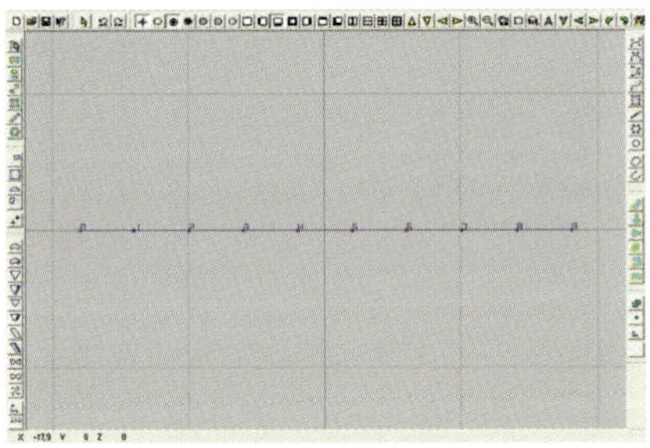
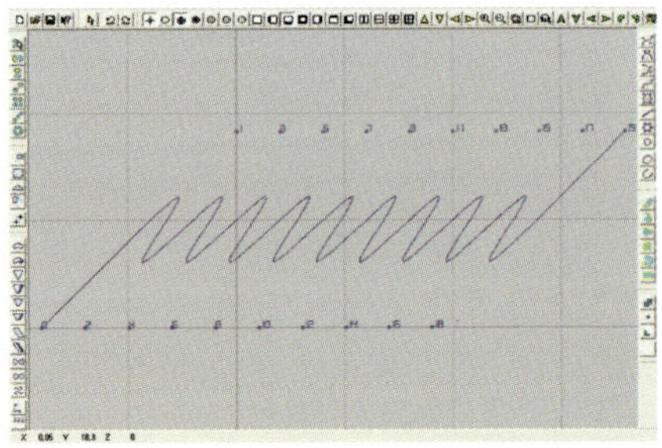

▶ **Revolve Curve :** 현재 화면에서 원의 방식에 의해 반복되는 새로운 커브를 만든다.

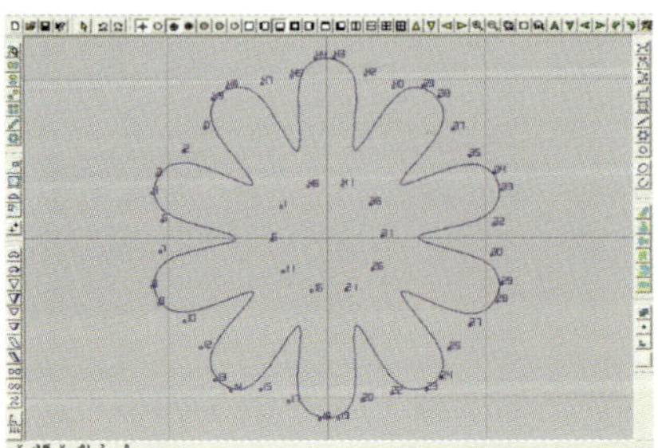
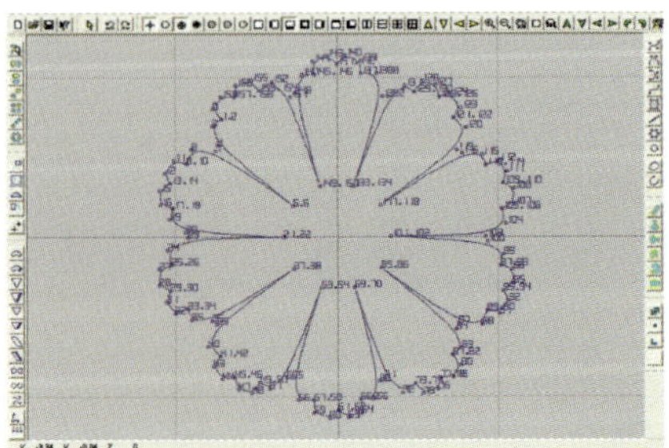

▶ **Circle Curve :** 현재의 화면에서 원의 방식에 의해 커브를 만든다.

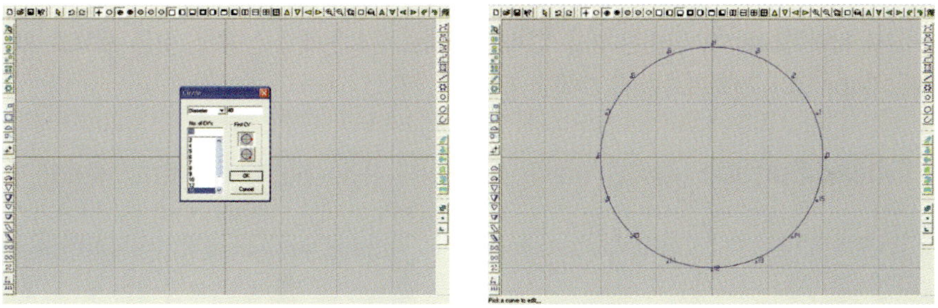

〈정점CV "0"의 위치가 3시 방향〉

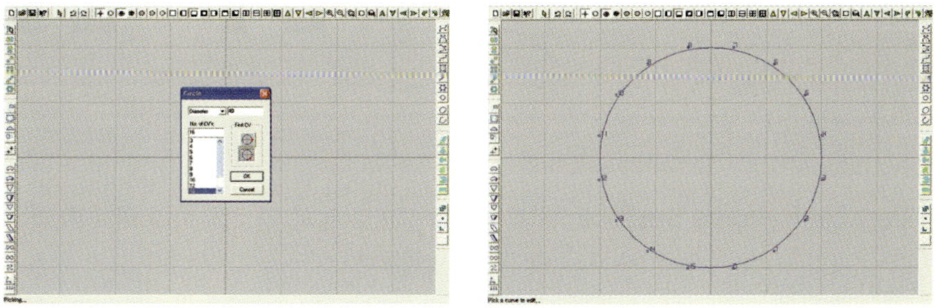

〈정점CV "0"의 위치가 5~6시 방향〉

▶ **Close Curve :** 현재의 화면에서 열려진 커브를 닫힌 커브로 만든다.

▶ **Open Curve :** 현재의 화면에서 닫힌 커브를 열린 커브로 만든다.

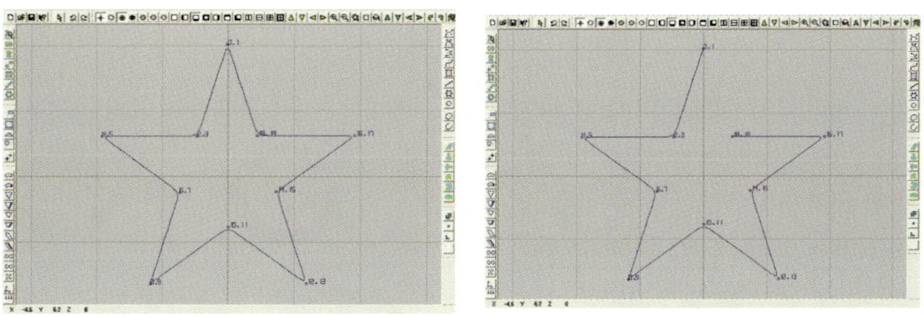

3-8 서페이스 툴바(Surface Tool)

커브에서 서페이스로, 즉 단순한 선을 입체인 물체로 만드는데 직선방식, 회전, 로프트, 파이프, 레일 등의 기능이 있다. 각각의 기능은 다음과 같다.

▶ **Extend Surface :** 선택된 커브를 직선방식의 선을 따라 밀어 서페이스 물체를 만든다.

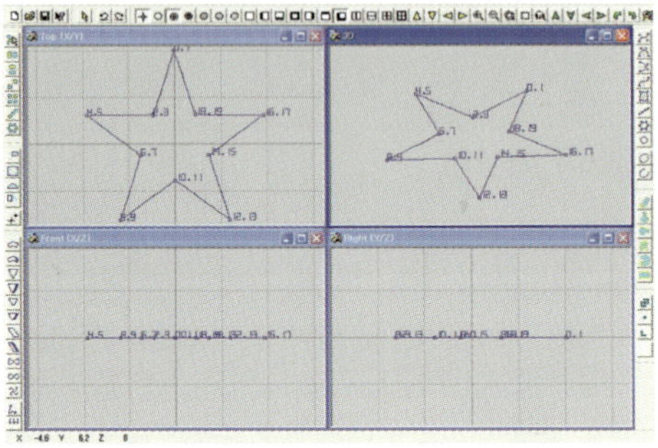

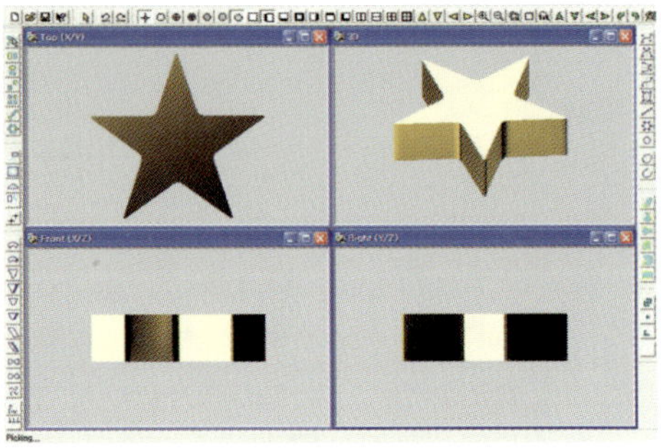

▶ **Vertical Revolve Surface :** 수직축을 중심으로 원의 경로를 따라 커브를 밀어 서페이스 물체를 만든다.

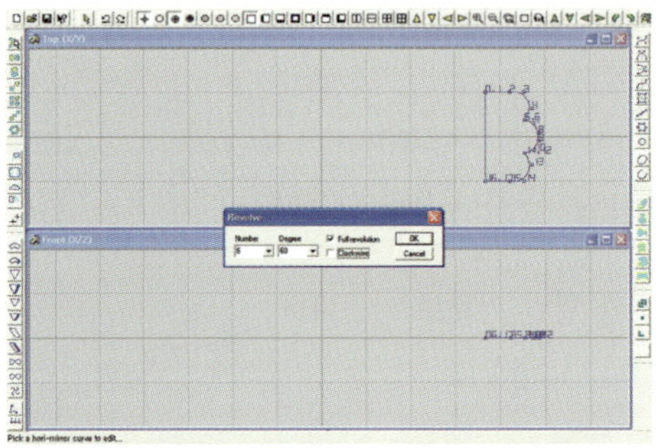

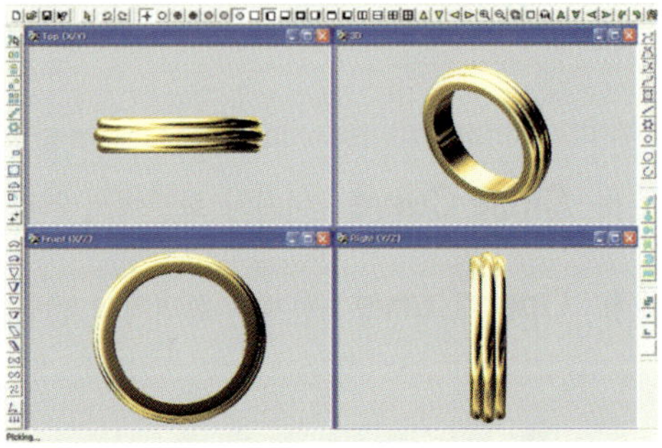

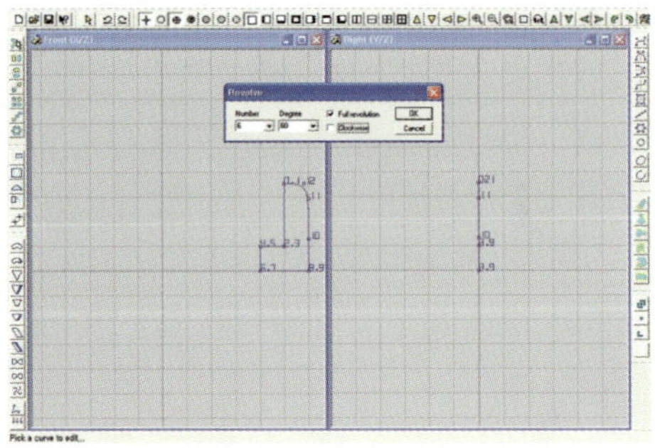

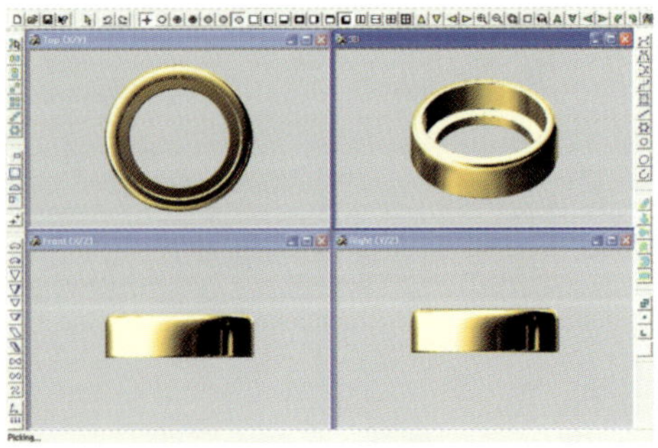

▶ **Horizontal Revolve Surface :** 수평축을 중심으로 원의 경로를 따라 커브를 밀어 서페이스 물체를 만든다.

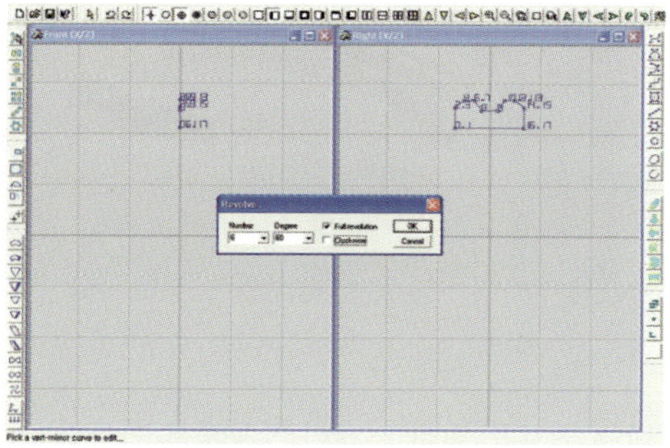

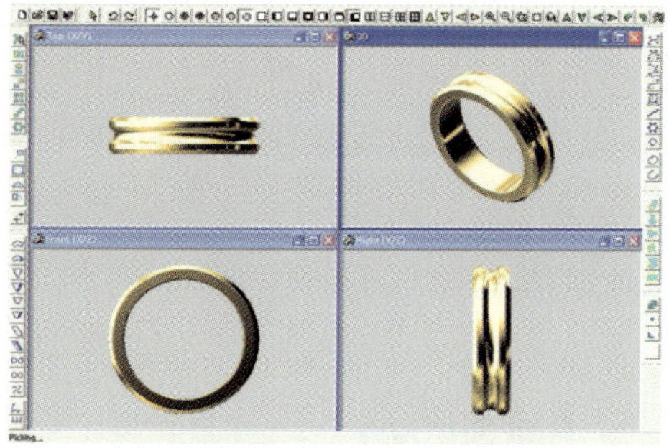

▶ **Loft Surface :** 다수의 커브나 서페이스를 모아서 서페이스 물체를 만든다.

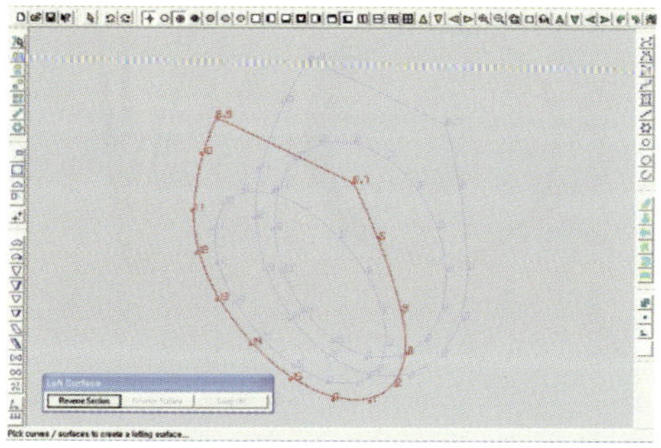

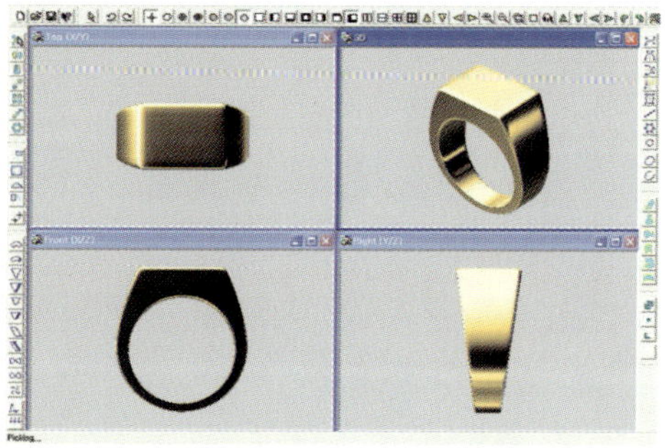

▶ **Pipe Surface :** 선택된 커브를 따라 단면 커브를 밀어 서페이스 물체를 만든다.

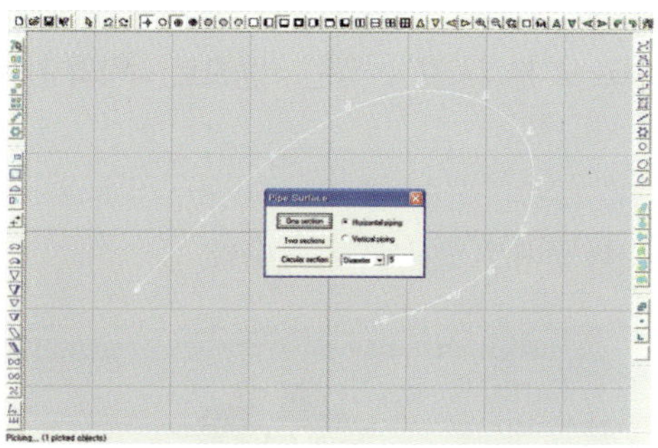

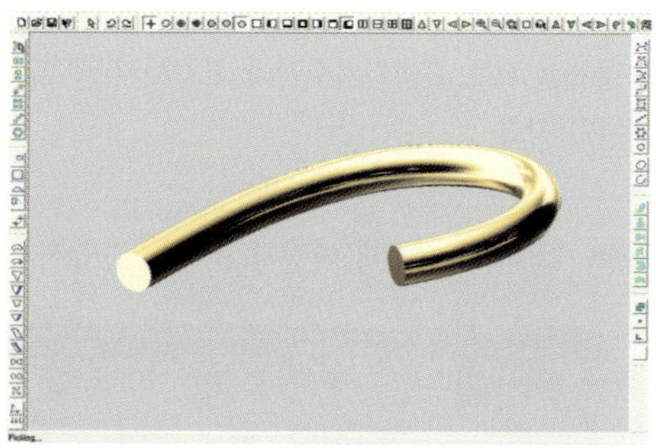

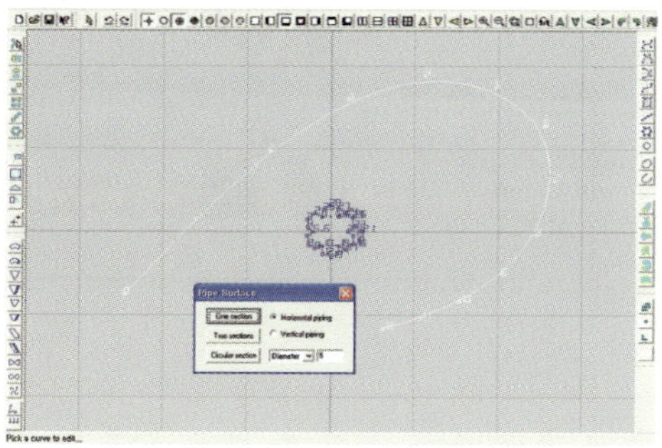

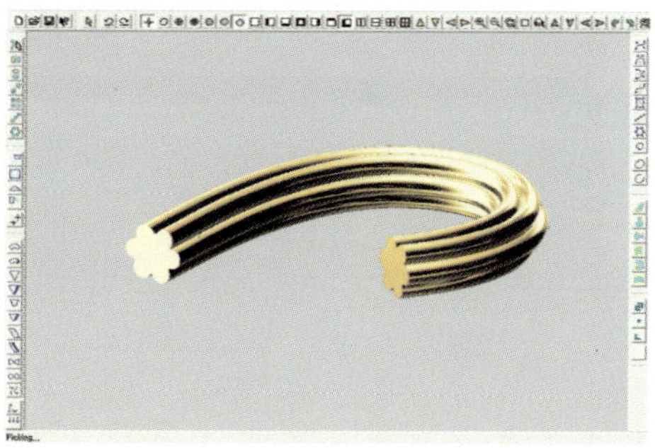

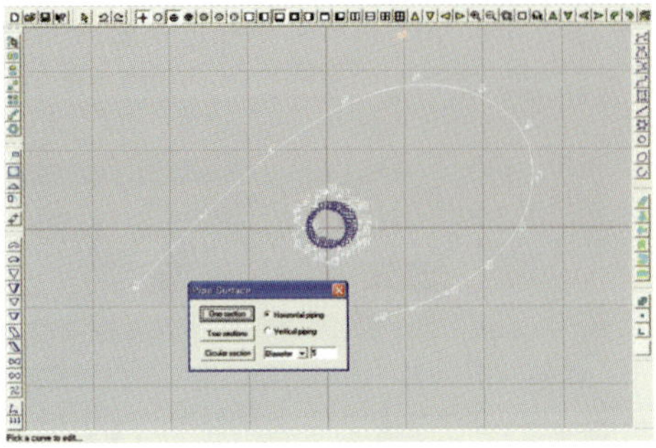

▶ **Rail Surface :** 다수의 레일 커브를 따라 단면 커브를 밀어 서페이스 물체를 만든다.

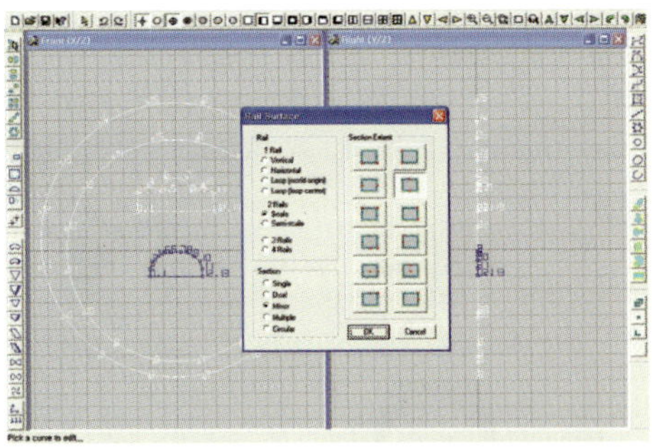

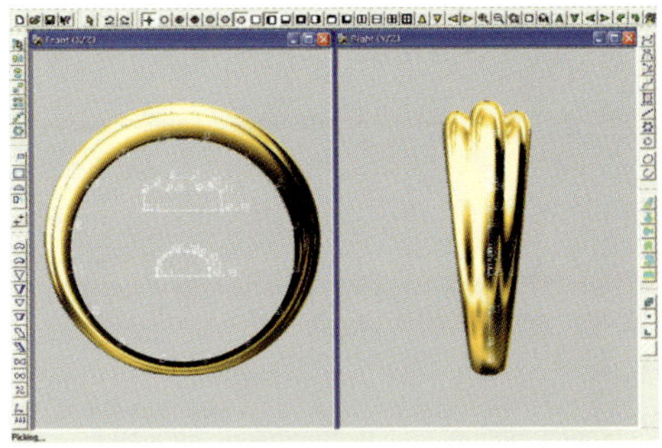

3-9 불린 툴바(Boolean Tool)

물체를 서로 결합시켜주거나 교차시켜 남기기도 하고 또 분리시킬 수 있는 기능으로 각각의 기능은 다음과 같다.

▶ **Union :** 두 개 이상의 물체를 결합시켜 하나의 물체로 인식하도록 만든다.

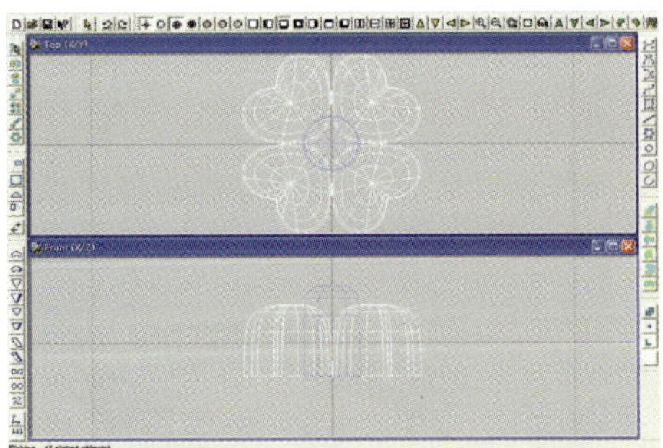

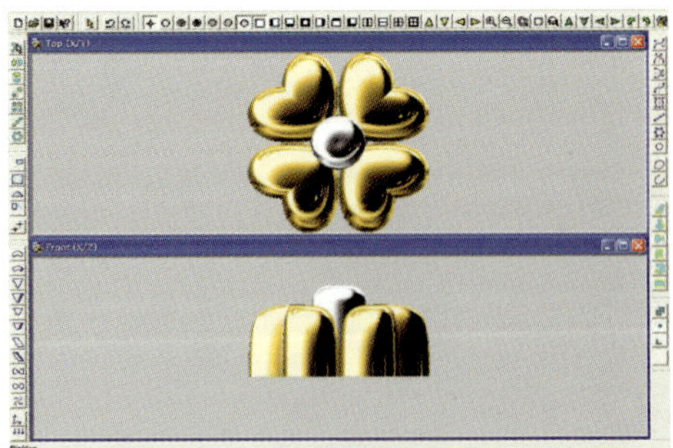

▶ **Intersect :** 두 개 이상의 물체를 서로 교차시켜 교차된 부분만 남긴다.

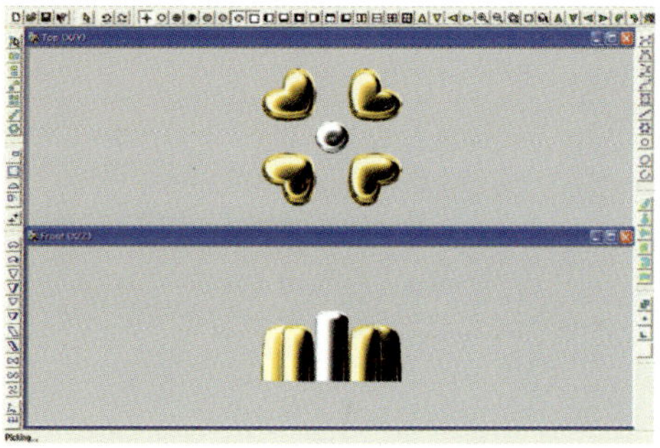

▶ **Subtract :** 서로 교차된 물체에서 선택된 물체를 빼고 남겨 준다.

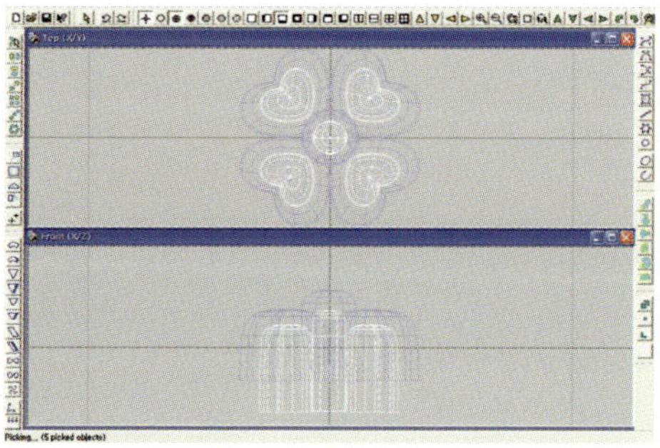

▶ **Dis-Boolean :** 두 개 이상의 결합된 물체를 각각 분리시켜 원래의 객체로 독립시킨다.

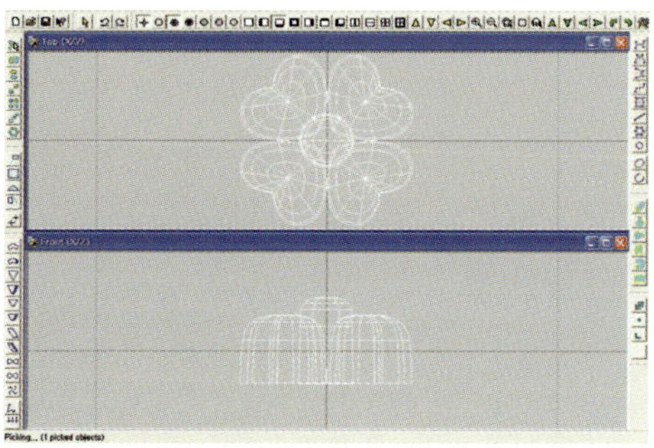

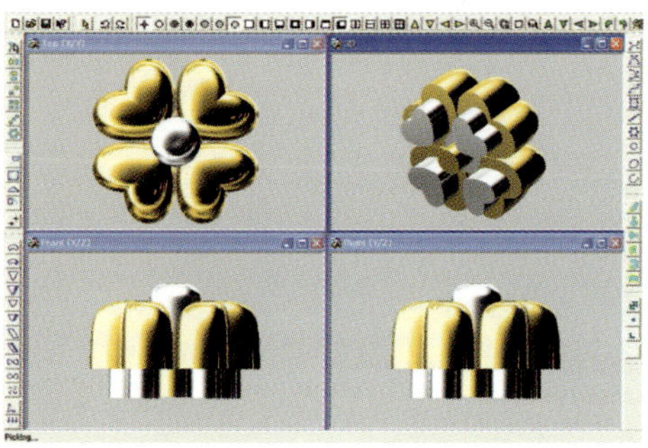

04 Chapter

JewelCAD

JewelCAD 5.1 (update 9)의 매뉴얼

4. JewelCAD 5.1(update 9)의 매뉴얼

JewelCAD 매뉴얼에 들어 있는 다양한 명령들의 기능들은 가장 많이 쓰이는 것들이 먼저 아이콘으로 화면밖에 나와 있고 그밖에 사용 빈도수가 적은 명령들은 아이콘이 화면에 나와 있지 않다.

이번 장에서는 JewelCAD 매뉴얼의 주된 메뉴를 먼저 소개하고 각각의 매뉴얼 사용법을 자세하게 설명하고자 한다.

File 메뉴

JewelCAD 화면에서 항시 맨 앞에 존재하는 명령이다. 새로운 작업을 하기 위해 새 화면을 펼치거나 저장된 파일을 열거나 저장하는 기능이 들어 있다. 또 JewelCAD에서 정보를 축적시킨 데이터들을 이용할 수 있는 정보 서비스 기능이 들어 있으며 이 명령들을 수행한다.

새로운 파일 만들기(New), 열기(Open), 끼워 넣기(Insert), 저장(Save, Save As), 그림저장(Save Views), 정보제공 서비스(Database), 다른 소프트웨어와의 파일 전송(Export, Import) 등의 기능을 가지고 있다.

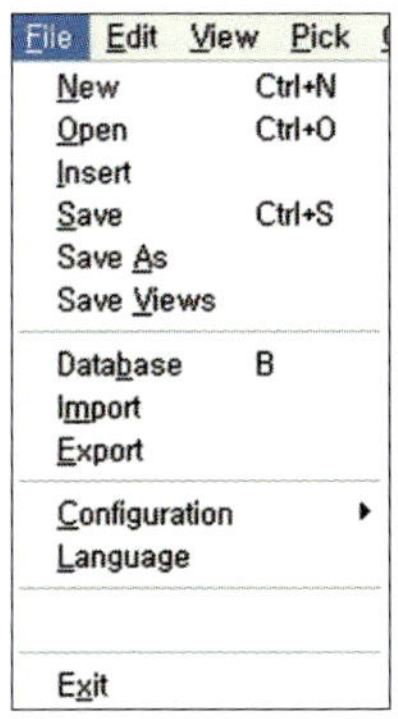

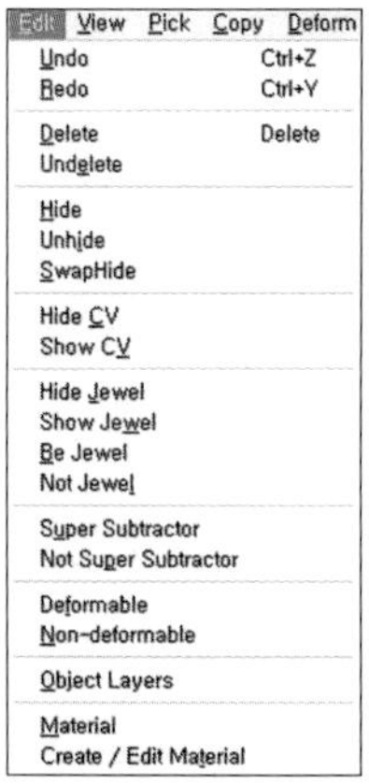

Edit 메뉴

JewelCAD에서 사용되는 편집 명령이 들어 있는 메뉴이다.

전 작업으로 작업을 되돌리거나 다시 돌리기(Undo, Redo), 작업 중인 물체를 지우거나 되살리기 (Delete, Undelete), 작업 물체를 감추거나 보여주기(Hide, Unhide, SwapHide), 작업 중인 정점을 감추거나 보여주기(Hide, CV, Show CV), 보석을 감추거나 보여주기(Hide Jewel, Show Jewel), 보석으로 지정하기와 취소하기(Be Jewel, Not jewel) 등의 작업을 수정 편집하는 기능을 가지고 있다.

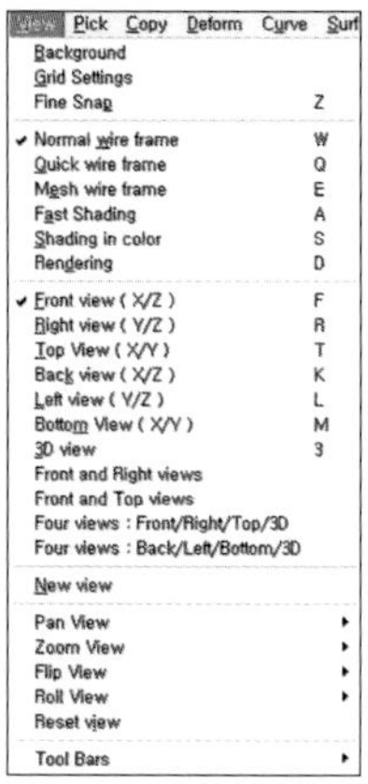

View 메뉴

이미지를 보기 위한 명령이 들어 있는 메뉴이다.

배경화면 설정(Background), 간격설정(Grid Setting)에서부터 물체 보기, 각 시점에서 물체 보는 방법 등 화면상에서 보이는 툴바를 감추거나 보이게 할 수 있으며 물체를 만들 때나 볼 때 편리하게 화면을 조정할 수 있다.

물체를 간략한 선에서부터 덩어리의 물체로 볼 수 있으며 또 색을 입혀서 렌더링 할 수 있다. 각 시점에서 물체를 보는 것은 물론이고 줌의 기능을 이용하여 부분 확대와 전체 확대, 축소를 할 수 있는 기능으로 화면을 제어할 수 있어 편리한 작업이 용이하다.

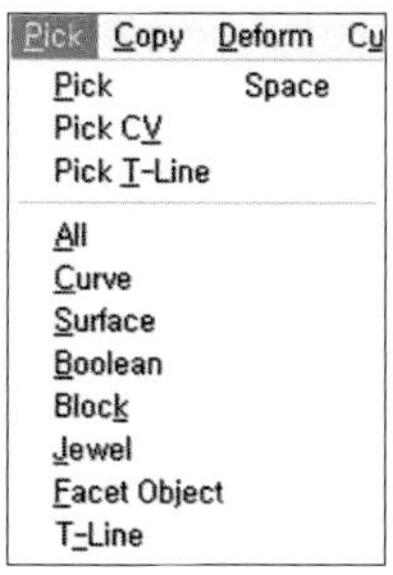

Pick 메뉴

물체를 선택하여 작업을 할 수 있게 하거나 취소하여 작업을 중지하는 명령이 들어 있는 메뉴이다.

물체 선택(Pick), 물체의 정점을 선택(Pick CV)하는 등의 모든 물체를 선택하거나 커브선 만을 선택할 수 있다.

입체물을 선택하거나 보석 등의 특정한 물체를 선택할 수 있어서 작업을 계속할 것인지 아닌지를 선택할 수 있는 기능을 가지고 있다.

Copy 메뉴

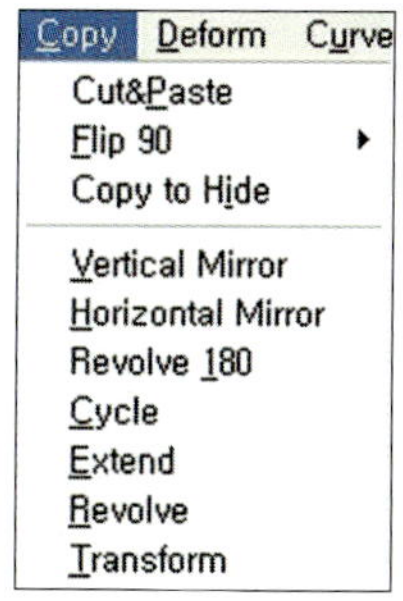

물체를 복사시키는 명령이 들어 있는 메뉴이다.

물체를 자르고 붙이기(Cut & Paste), 물체 90도 뒤집기(Flip 90), 감추어진 화면에 복사시키기(Copy to Hide), 수직, 수평축 복사(Vertical Mirror Copy, Horizontal Mirror Copy), 순환 복사(Cycle), 180도 회전 복사(Revolve 180 Copy) 등 물체를 자유롭게 복사할 수 있는 기능을 가지고 있다.

Deform 메뉴

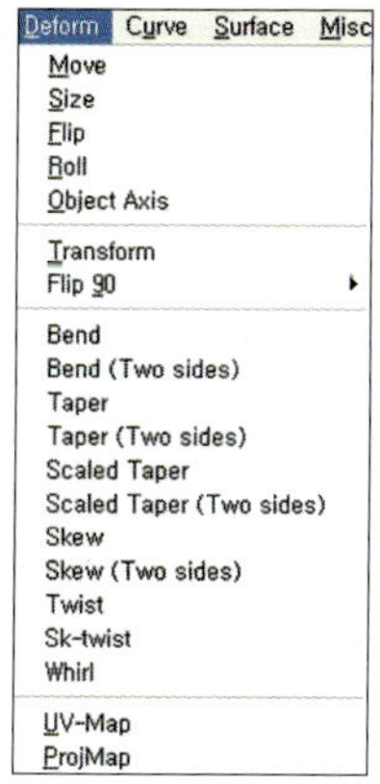

물체를 변형시키는 명령이 들어 있는 메뉴이다.

물체를 이동(Move), 크기(Size), 뒤집기(Flip), 회전(Roll), 변형(Transform) 등의 기본 변형에서 물체를 자유롭게 움직이고 크기를 조절하여, 좌우로 회전을 시킬 수 있다.

응용 변형과정으로 물체를 구부리기(Bend), 한쪽 끝의 모양을 좁히거나 늘이기(Taper), 물체를 비틀기(Twist) 등 단순히 꼬아 주거나 소용돌이치는 모양을 만들어 형태를 변화시킬 수 있다.

커브선이나 물체에 매핑(Mapping)시키거나 물체를 올려(Project) 변화를 시킬 수 있는 기능을 가지고 있다.

Curve 메뉴

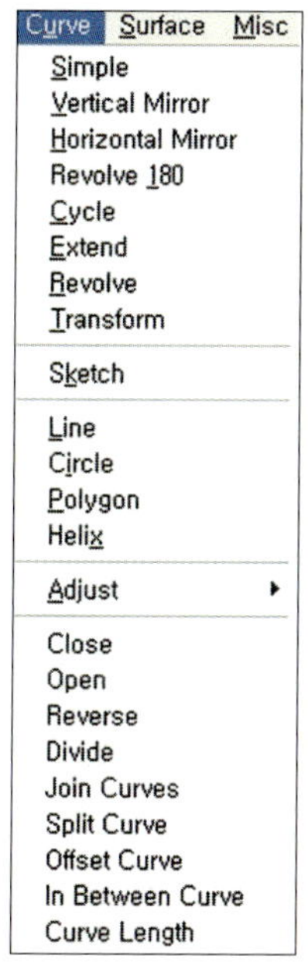

물체를 그리는 단계인 2D작업을 할 수 있도록 선을 그리는 명령이 들어 있는 메뉴이다.

기본이 되는 한 점으로 선 그리기(Simple Curve), 2점으로 선을 그리는 수평, 수직 선 그리기(Vertical Mirror Curve, Horizontal Mirror Curve), 180도 회전 선 그리기(Revolve 180 Curve) 등 커브 선을 그리기 위한 다양한 기능, 자유롭게 스케치 할 수 있는 기능, 만들어진 선을 다시 수정할 수 있는 기능들이 들어 있다.

또한 커브를 열거나 닫을 수 있으며, 각각 만들어진 커브끼리 연결시킬 수 있다. 커브의 선을 끊거나 커브 선을 같은 간격의 거리에 생성시킬 수 있고 선의 길이를 재어 길이를 알 수 있게 하는 등의 기능을 가지고 있다.

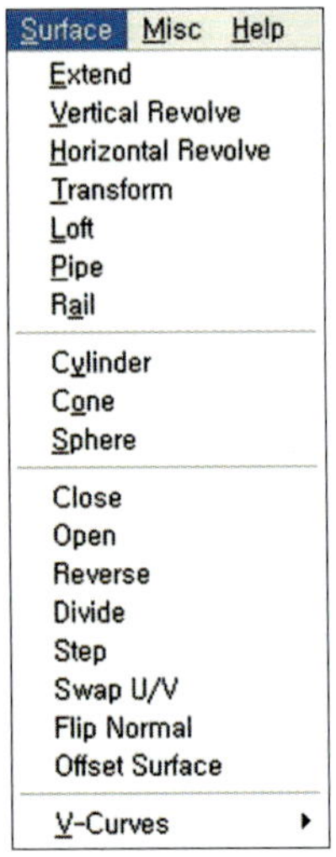

Surface 메뉴

기본 선을 그리는 커브(2D)에서 입체인 물체(3D)로 변형시켜 바꾸어 주는 명령이 들어 있는 메뉴이다.

커브 선을 가지고 축을 중심으로 직선 물체(Extend Surface), 수직, 수평 회전 물체(Vertical Revolve Surface, Horizontal Revolve Surface) 등의 입체를 만들어 주며, 여러 개의 커브 선을 연결하여 입체를 만든다. 파이프를 만들어 줄 수 있으며, 커브 선에 단면을 입혀 물체를 만든다. 원뿔이나 구 등은 이미 만들어져 있으며 입체를 열거나 닫을 수 있는 등의 기능을 가지고 있다.

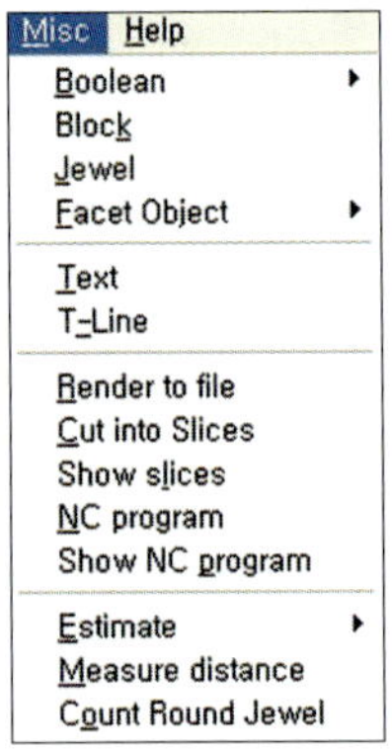

Misc 메뉴

자동으로 모델 원본을 만들 수 있도록 제어할 수 잇는 명령이 들어 있는 메뉴이다.

물체를 불린 작업을 하거나 블록 작업을 할 수 있으며, 세팅되어 있지 않은 보석을 가져와 작업을 할 수 있다.

문자 기능이 있어 입체의 문자를 만들 수 있음, 물체를 이미지 파일로 저장하거나 모형제작을 할 수 있도록 슬라이스 데이터를 만들어 준다.

물체의 부피와 중량, 거리를 측정할 수 있는 기능을 가지고 있다.

4-1 File 메뉴

새로운 파일을 만들거나 만들어진 파일을 열거나 저장하는 명령과 JewelCAD에서 정보를 축적시킨 데이터베이스 서비스 기능이 들어 있으며 이러한 명령을 수행한다. 각각의 File에 대한 명령은 다음과 같다.

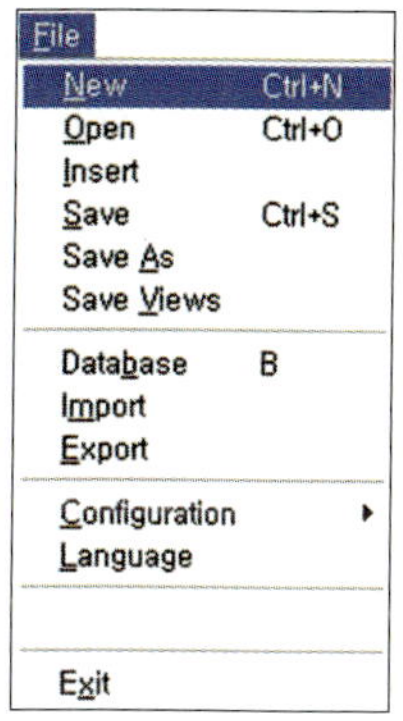

1. New(새 화면 생성)

- 아이콘
- 단축키 없음 Ctrl +N

JewelCAD를 처음 실행하여 새로운 디자인을 할 수 있도록 화면을 불러들이는 명령이다.

이 명령이 선택되면 감추어진 물체는 물론 존재하는 물체(즉 Edit-Hide 또는 SwapHide 명령에 의해 화면에서 감추어진 물체)는 JewelCAD의 화면에서 없어진다. JewelCAD의 새 디자인 세션은 그 다음에 시작된다.

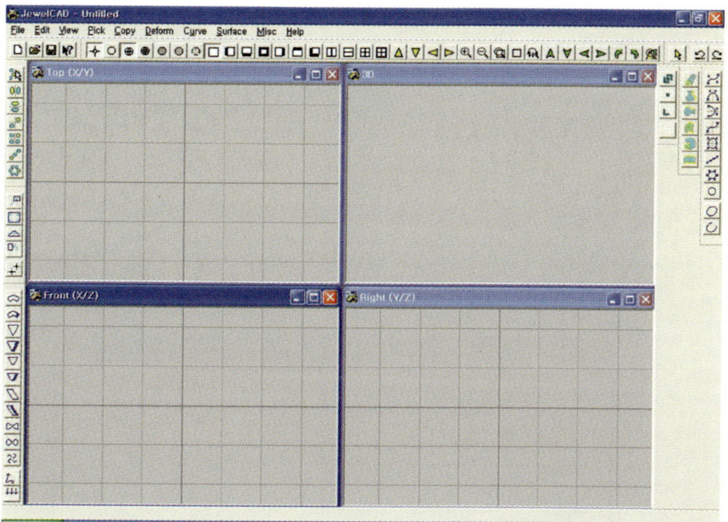

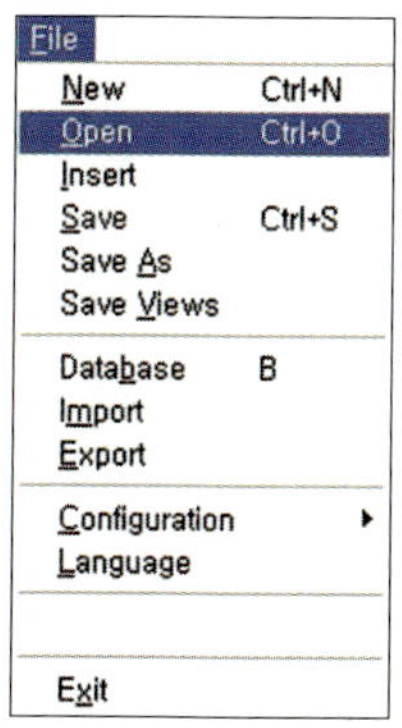

2. Open(파일 열기)

- 아이콘
- 단축키 Ctrl +O

존재하는 JewelCAD 파일을 열어주는 명령이다.

이 명령이 선택되면, 파일을 선택하기 위하여 파일열기 대화상자가 화면에 나타난다.

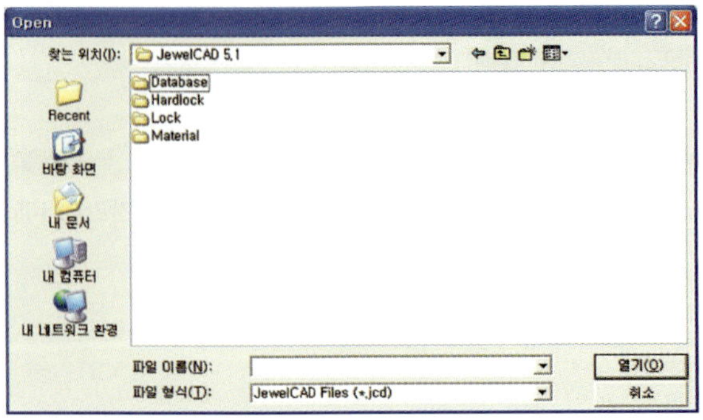

JewelCAD 파일이 열리면, 감추어진 물체는 물론 존재하는 물체(즉 Edit-Hide 또는 SwapHide 명령에 의해 화면에서 감추어진 물체)는 JewelCAD의 화면에서 사라질 것이다. 열릴 파일의 물체가 화면으로 들어오게 된다.

만일 감추어진 물체를 포함한 열릴 파일은 물체 또한 감추어져 있다. 그러나 그것들은 감추어진 물체이므로 화면에는 나타나지 않는다. 감추어진 물체를 나타나게 하기 위하여 Edit-Unhie 명령을 선택하면 된다.

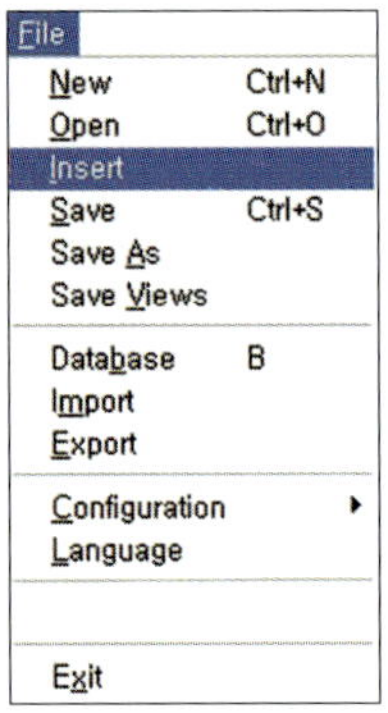

3. Insert(물체 삽입)

- 아이콘 없음
- 단축키 없음

화면에 존재하는 파일에 JewelCAD 파일의 물체를 불러 들여 물체를 끼워 함께 작업하기 위한 명령이다. 이 명령이 선택되면, 삽입될 파일을 선택하기 위하여 열기 대화상자가 화면에 나타난다.

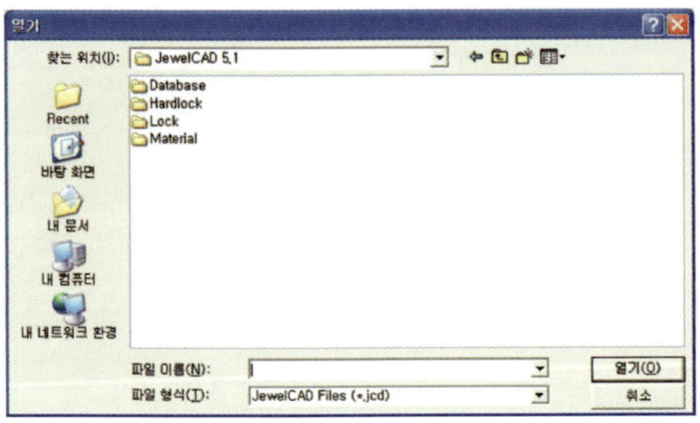

JewelCAD 파일이 끼워 넣기일 때, 감추어진 물체는 물론 존재하는 물체(즉 Edit-Hide 또는 SwapHide 명령에 의해 감추어진 물체)는 쥬얼 캐드의 화면에 남게 된다. 끼워질 파일의 물체는 그 다음 화면에 남게 된다.

만일 감추어진 물체를 포함한 열려질 파일은 물체를 또한 감추고 있다. 그러나 그것들은 감추어진 물체이므로 화면에는 나타나지 않는다. 감추어진 물체를 나타내기 위하여 Edit-Unhide 명령을 선택한다.

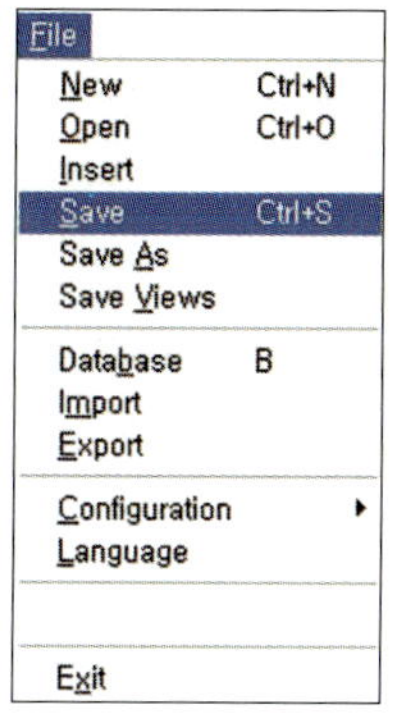

4. Save (저장)

- 아이콘
- 단축키 Ctrl + S

현재 JewelCAD 파일의 물체를 저장하는 명령이다.

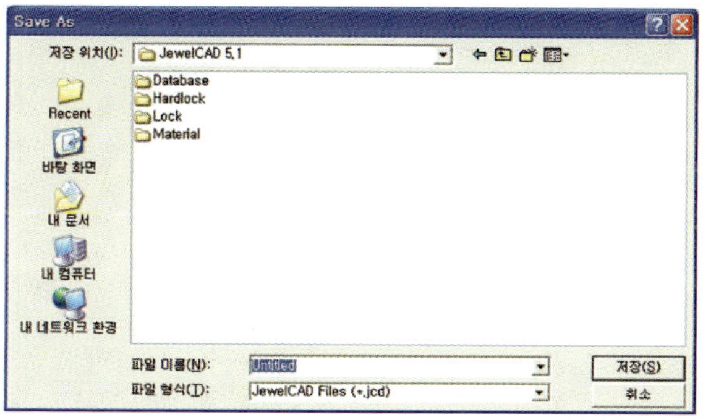

이 명령이 선택되면, 감추어진 물체는 물론 존재하는 물체(즉 Edit-Hide 또는 Swaphide 명령에 의해 감추어진 물체)는 현재 JewelCAD 파일에 저장된다.

지금의 JewelCAD 파일은 마지막 File-Open 또는 File-Save As 명령에 의해 결정된다.

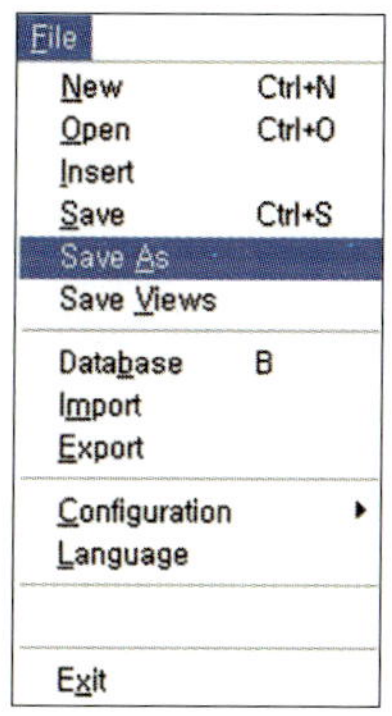

5. Save As(다른 이름으로 저장)

- 아이콘 없음
- 단축키 없음

현재 파일이 아닌 새로운 JewelCAD 파일(다른 이름)로 물체를 저장하는 명령이다. 이 명령이 선택되면, 저장할 파일을 결정하기 위하여 파일 저장 대화상자가 화면에 나타나게 된다.

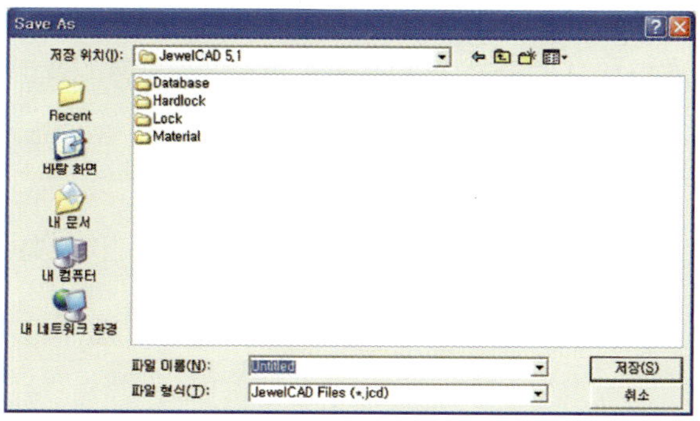

저장할 파일이 결정되면 감추어진 물체는 물론 존재하는 물체(즉 Edit–Hide 또는 Swaphide 명령에 의해 감추어진 물체)는 파일에 저장되게 된다.

6. Save Views(화면 저장)

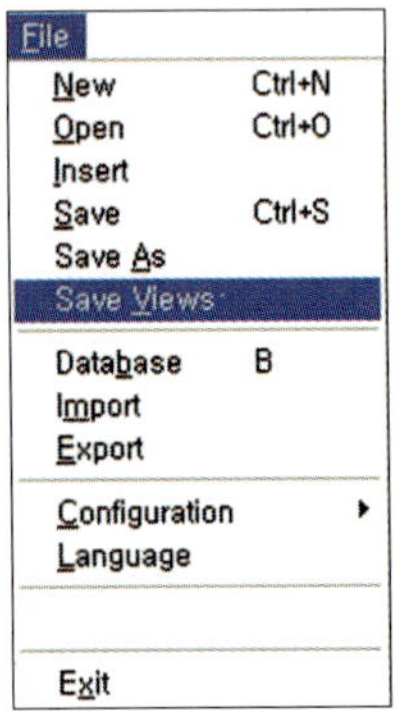

- 아이콘 없음
- 단축키 없음

BMP 비트맵 이미지 파일과 JPEG 이미지 파일로 화면의 물체를 저장하는 명령이다.

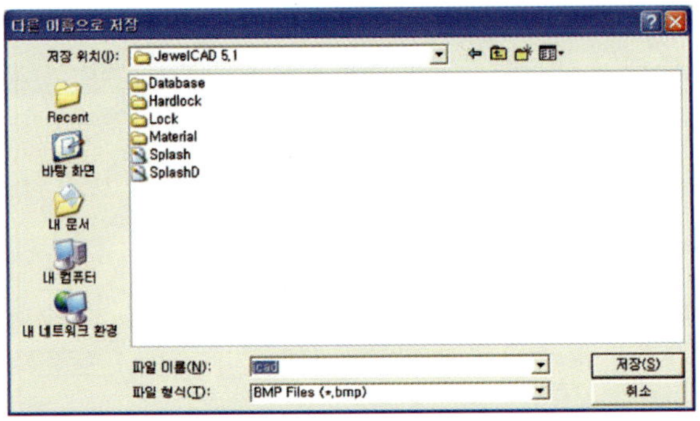

저장할 파일이 결정되면 JewelCAD 현재 화면을 윈도우 BMP 파일 형식인 비트맵 이미지 파일이나 JEPG 이미지 파일로 변환시켜 저장한다.

7. Database (데이터베이스)

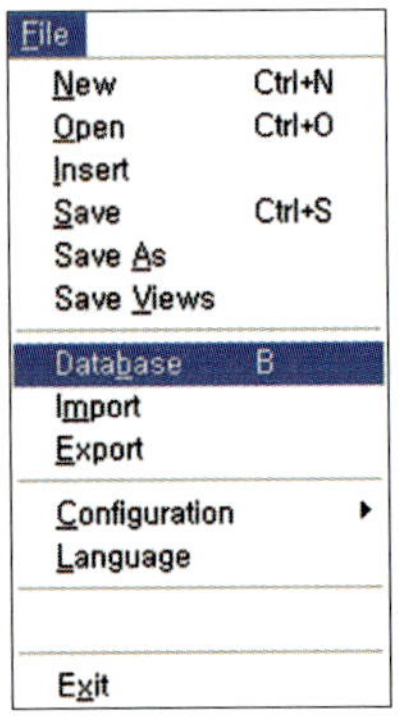

- 아이콘 없음
- 단축키 **B**

JewelCAD 데이터베이스로부터 디자인을 불러내는 명령이다.
이 명령이 선택되면 JewelCAD 데이터베이스 대화상자가 나타난다.

두 장을 포함한 대화상자 : 디렉토리 장과 디자인 장

디렉토리 장은 JewelCAD 데이터베이스 디렉토리 안에 있는 모든 디렉토리와 부 디렉토리의 목록이다.

디자인 장은 디자인 아이콘이 배열되어 있다.

디렉토리 장에 있는 디렉토리를 선택하면, 디자인 장은 선택된 디렉토리에 등록된 아이콘을 변화 시킨다.

디자인 장에 있는 아이콘을 선택하면, 대화상자는 닫히고 디자인은 화면에 추가된다.

JewelCAD 데이터베이스를 위한 디자인 추가

만일 JewelCAD 데이터베이스에 작업자의 디자인을 추가시키길 원하면, 작업자는 JewelCAD 데이터베이스 베이스 디렉토리 밑으로 디렉토리 안에 (.jcd) 디자인 파일을 넣기 위해 단순히 Window Explorer를 사용할 수 있다.

그러나 디자인 파일을 추가시키기 위해 작업자는 JewelCAD가 데이터베이스 대화상자 안에 아이콘으로 그것을 진열할 수 있게 하기 위하여 비트맵 파일을 또한 만들어야 한다.

비트맵 파일은 다른 확장된 파일(.bmp)이 아닌 디자인 파일의 이름과 같은 파일이 필요하다. 예를 들면, abc.jcd 나 abc.bmp 이다.

비트맵파일은 디자인 파일과 함께 같은 디렉토리로 끼워 넣어져야 한다.

비트맵 파일을 만들기 위해 작업자는 JewelCAD에 있는 디자인 파일을 먼저 열 수 있고 그런 다음 비트맵 파일 생성을 위해 Render to File 명령을 사용한다. 가장 좋은 비트맵 파일 해상도는 100×100 픽셀이다.

작업자 자신이 보다 나은 사용을 위해 편제된 JewelCAD 데이터베이스에 대해 작업자는 JewelCAD 데이터베이스 디렉토리 구성을 변경하기 위하여 또한 Windows Explorer를 사용할 수 있다. 예를 들면 데이터베이스 디렉토리 아래에 새 이름을 주거나 새로운 디렉토리를 만들 수 있다.

Designs

A. Bangles

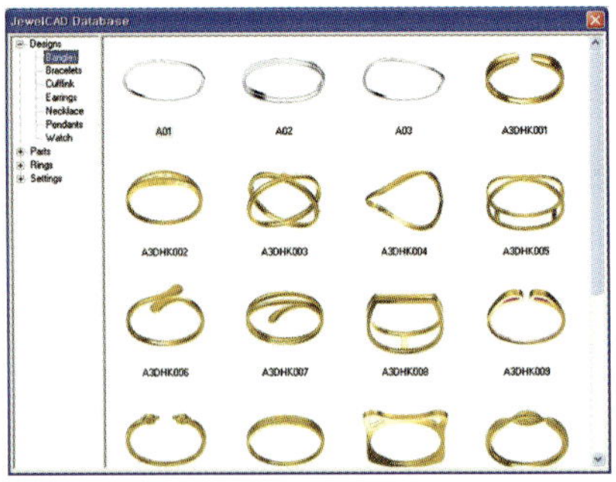

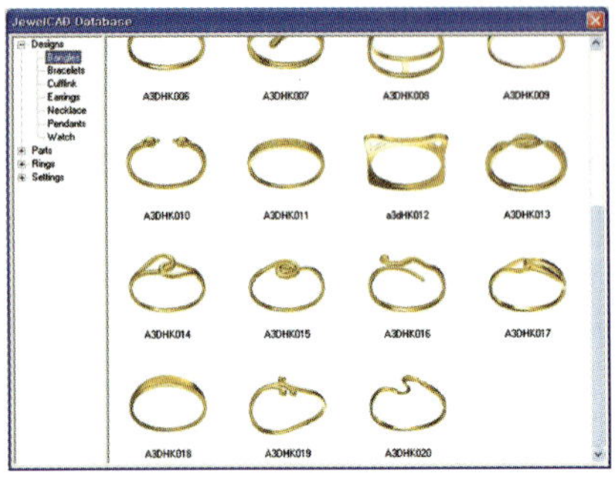

B. Bracelets

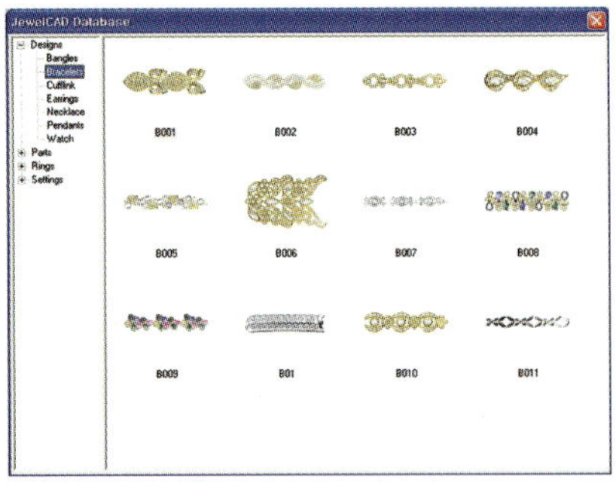

C. Cufflink

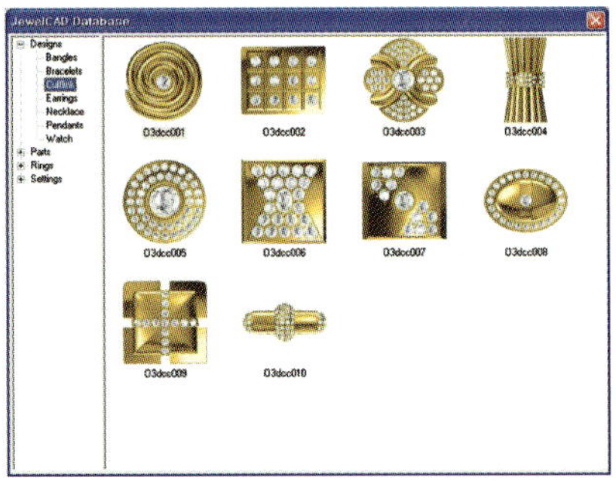

D. Earrings

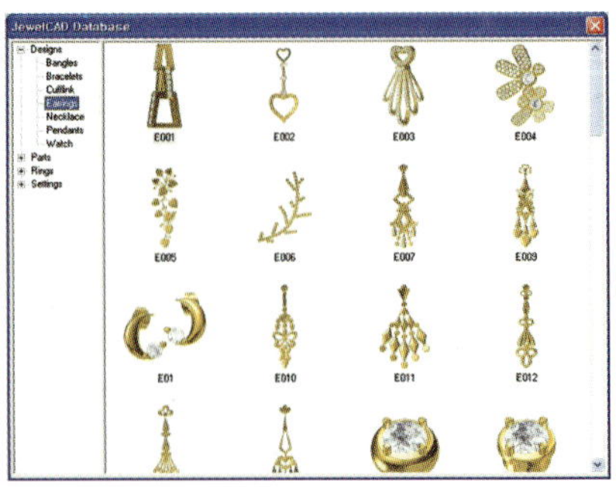

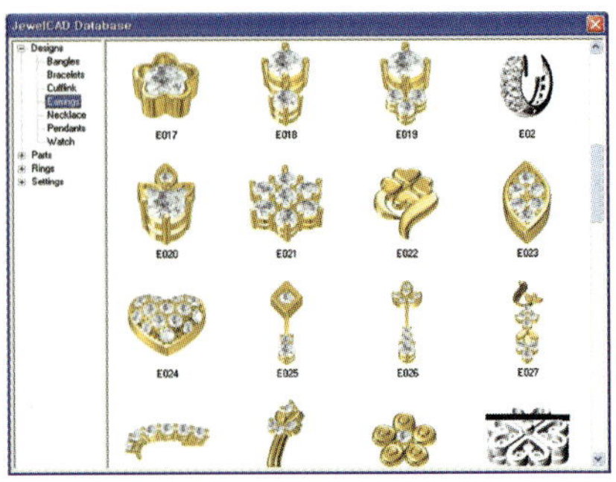

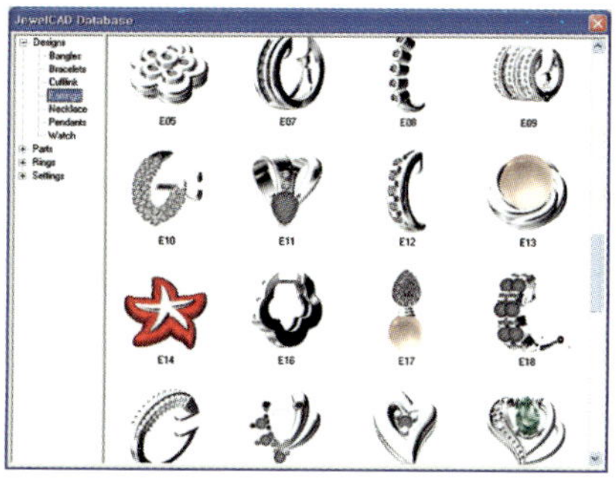

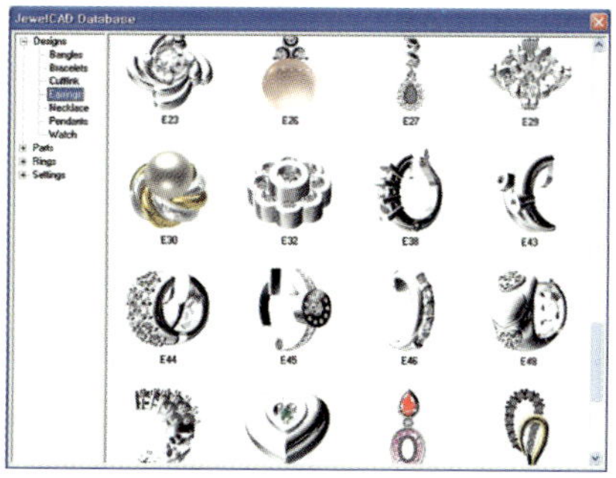

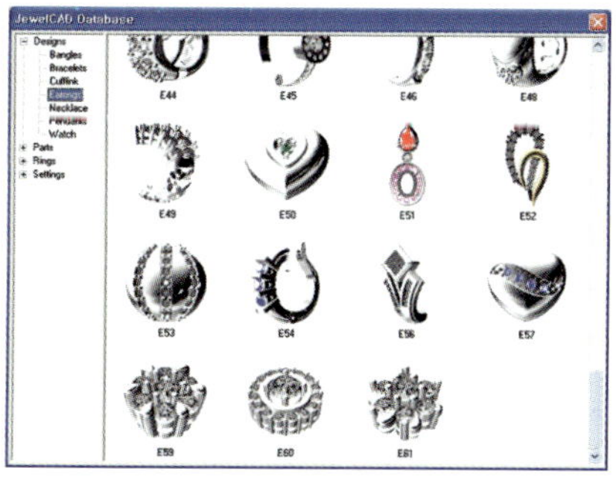

E. Necklace

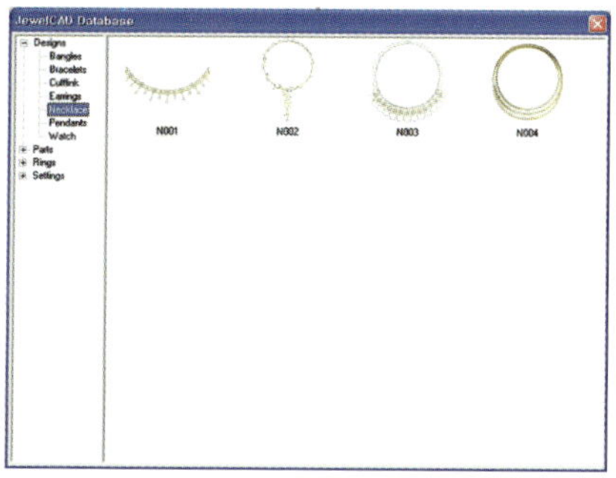

F. Pendants

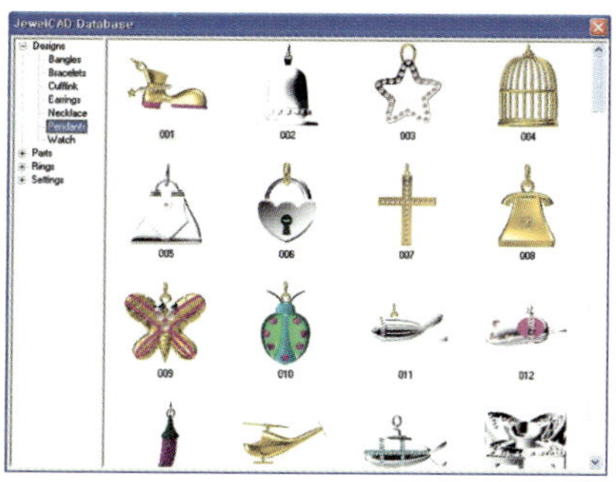

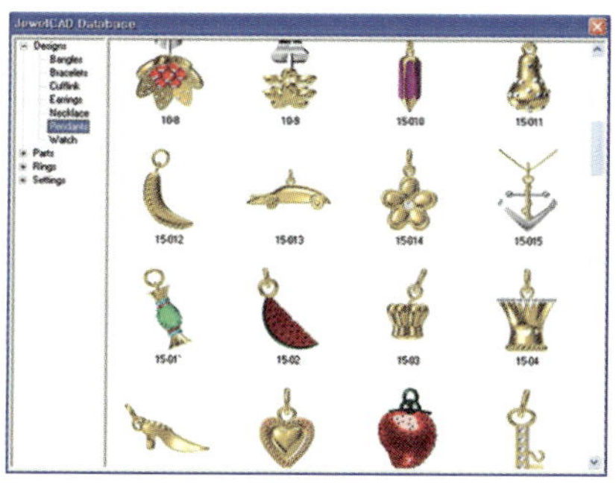

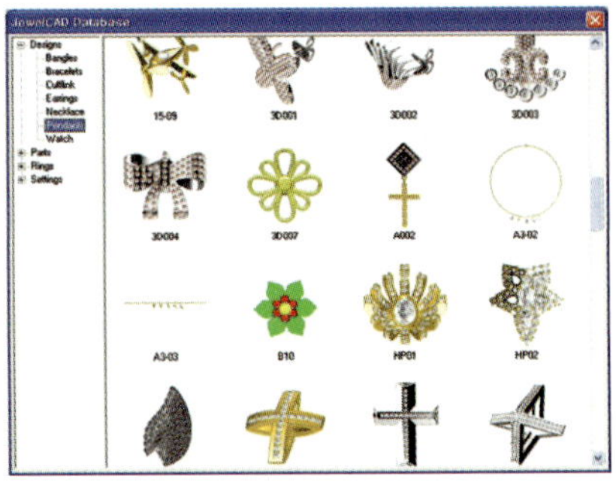

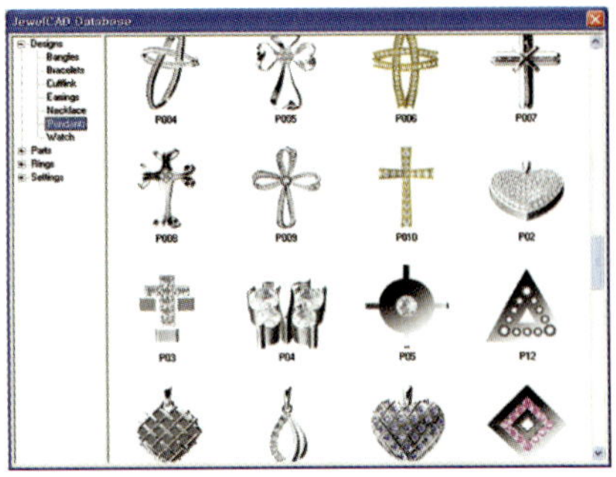

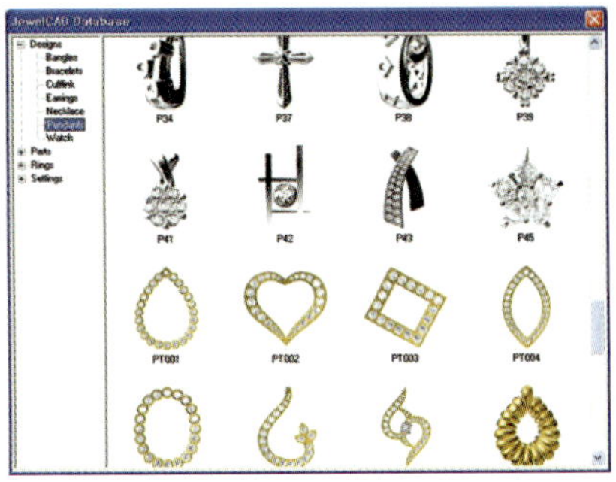

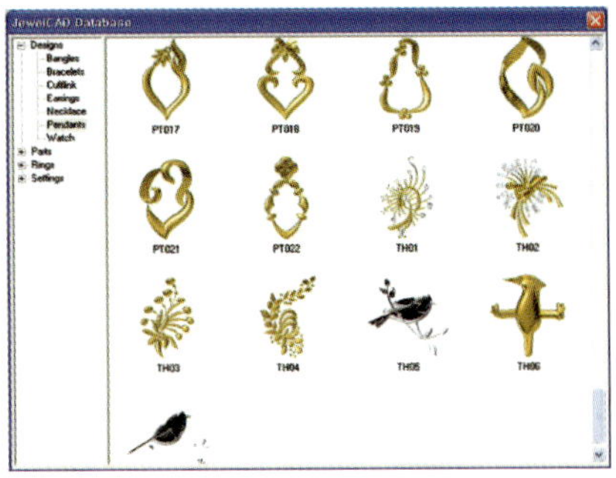

G. watch

▶ Parts

A. Bails1

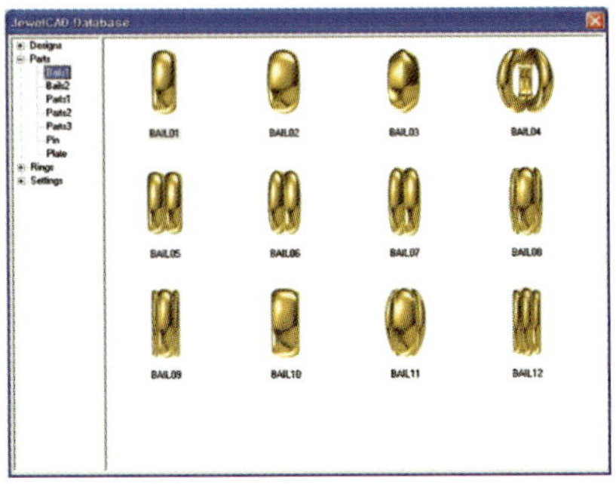

B. Bails2

C. Parts1

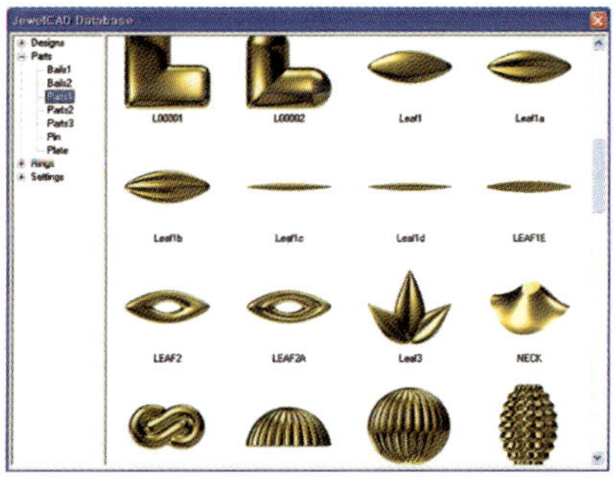

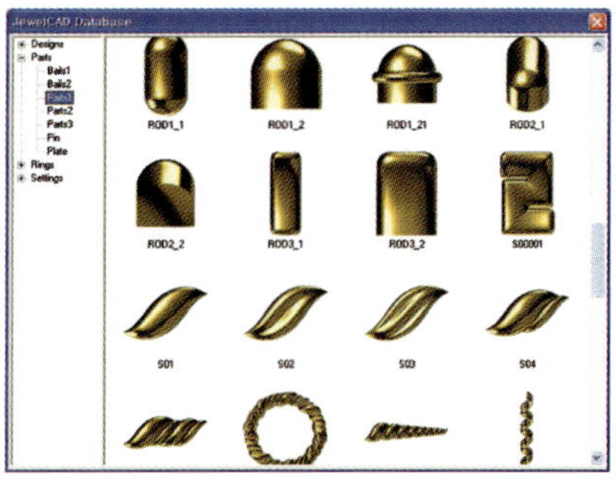

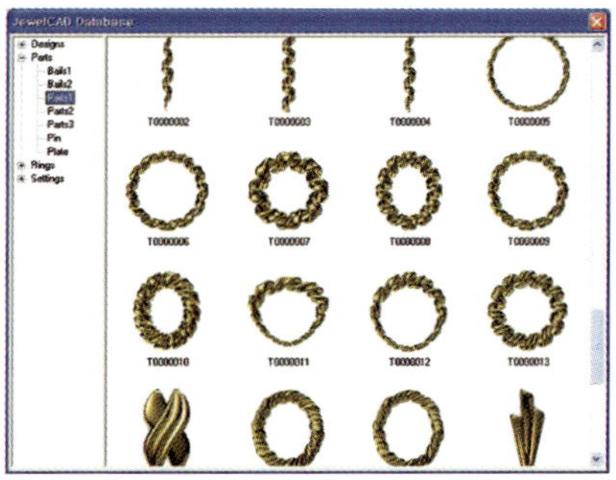

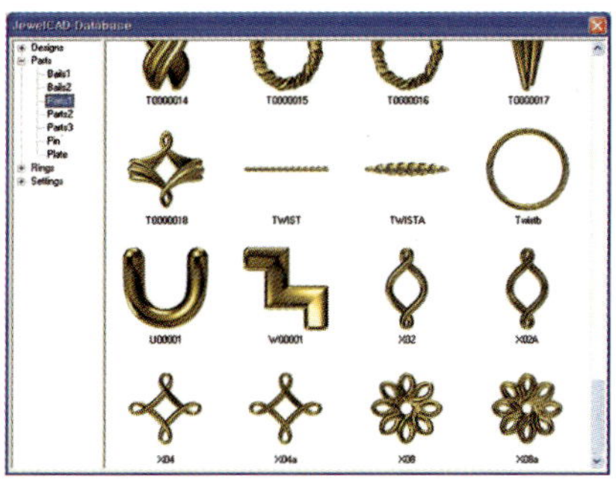

D. Parts2

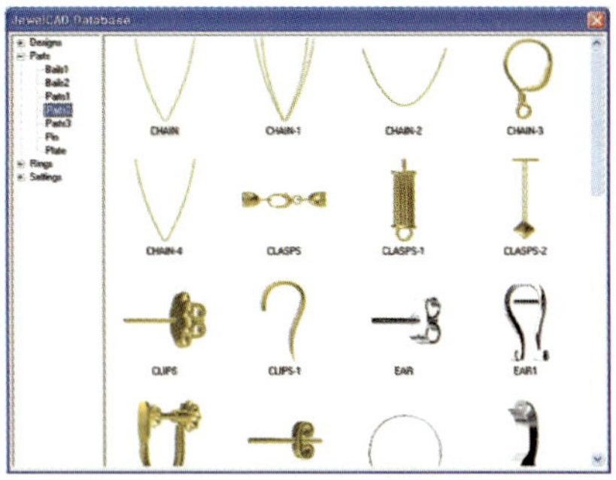

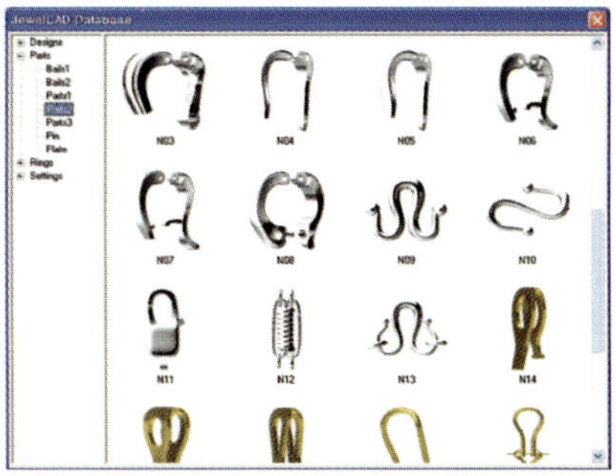

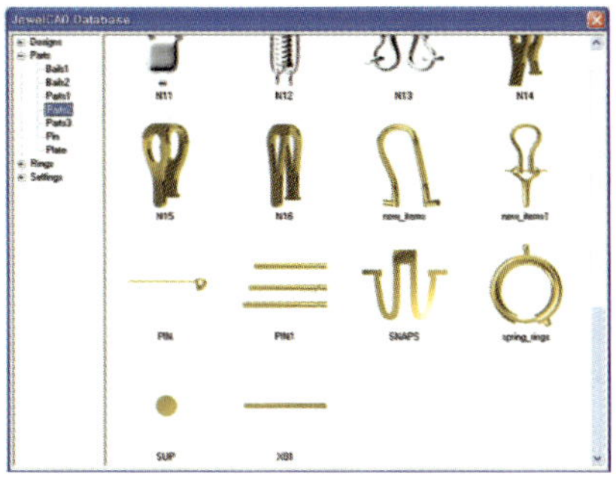

E. Parts3

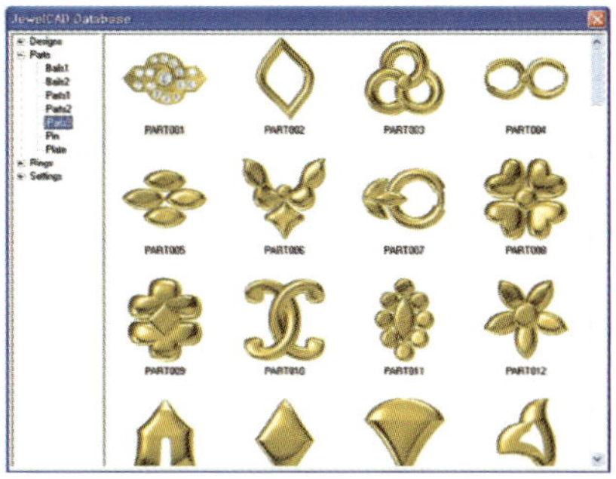

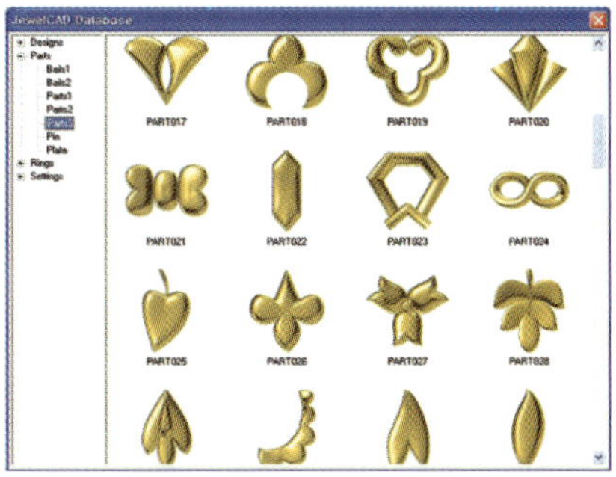

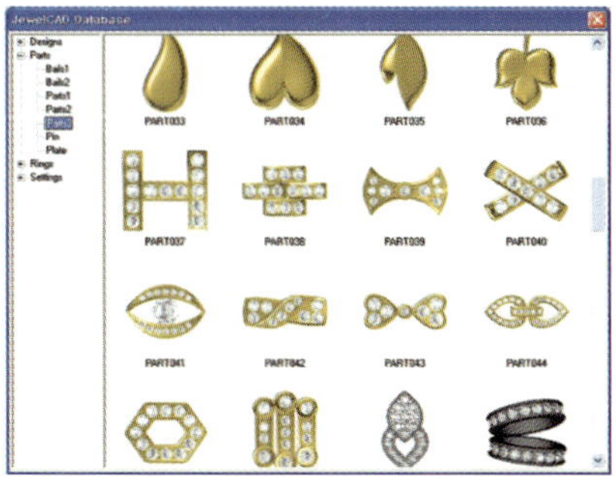

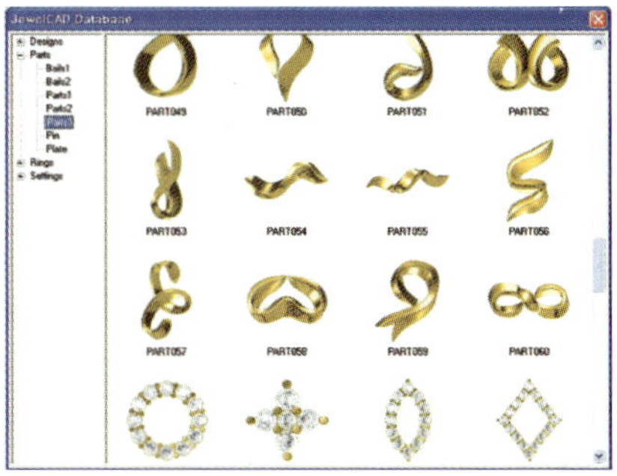

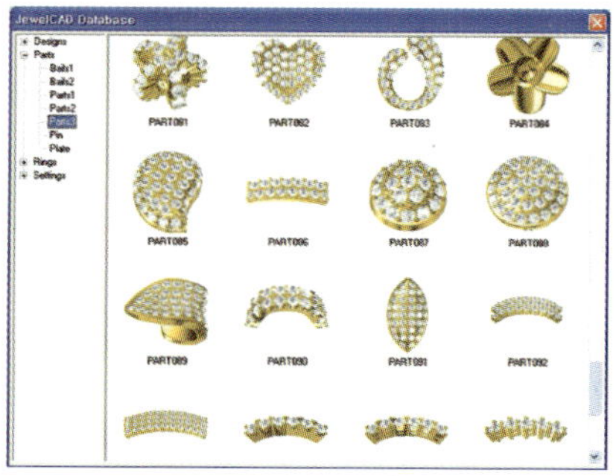

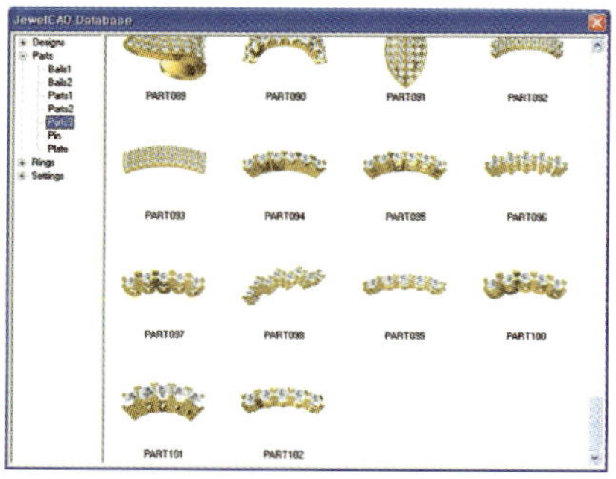

F. Pin

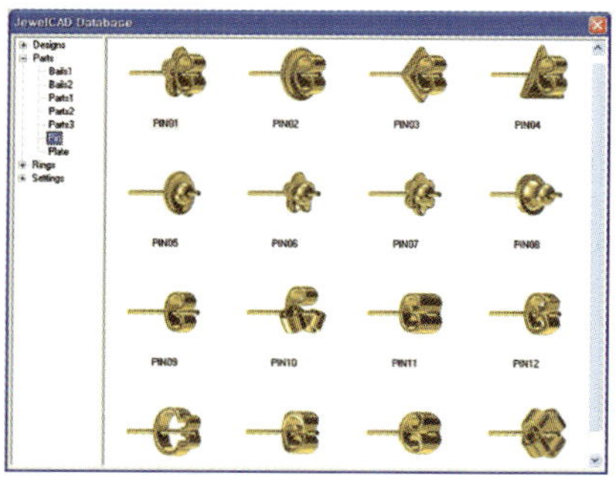

G. Plate

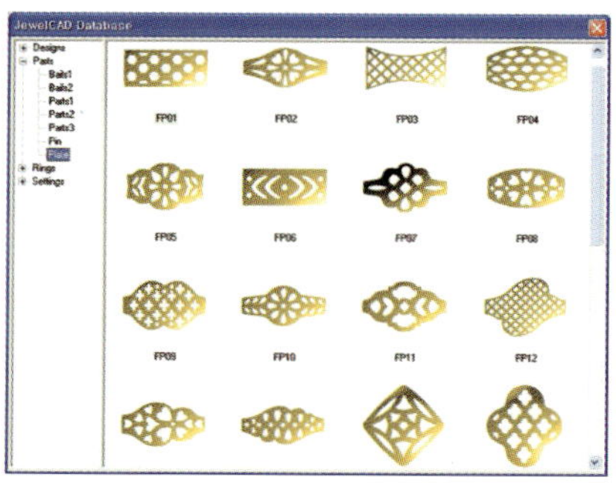

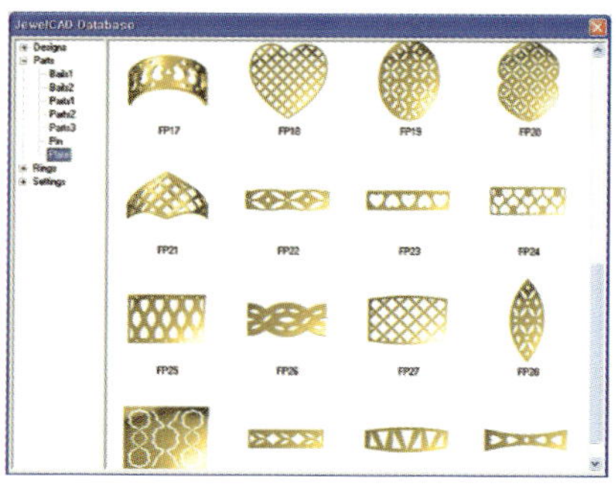

▶ Rings

A. Rings1

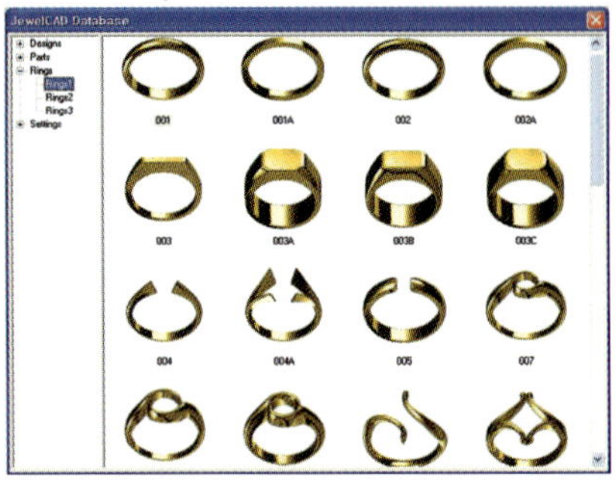

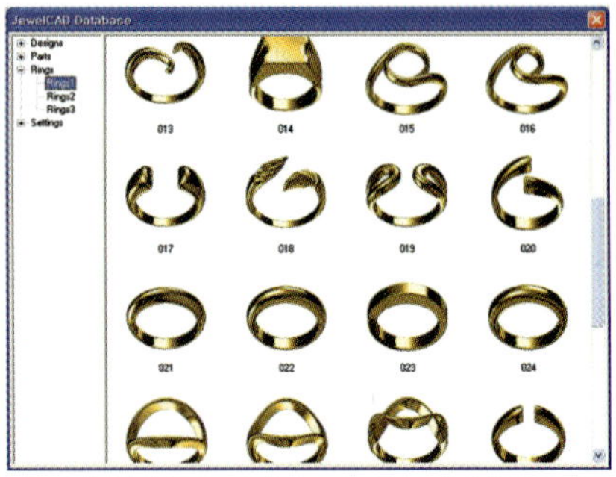

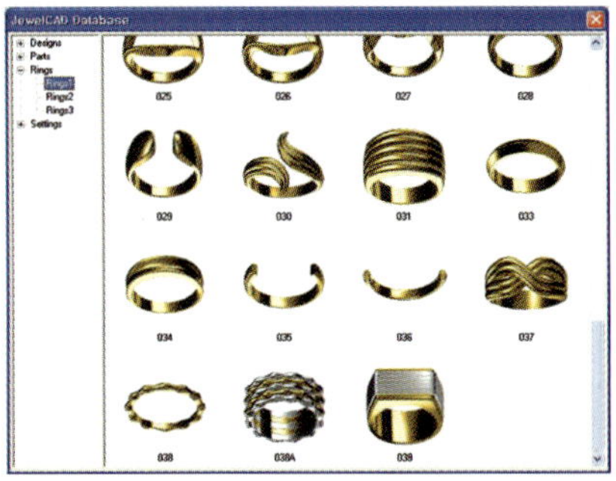

B. Rings2

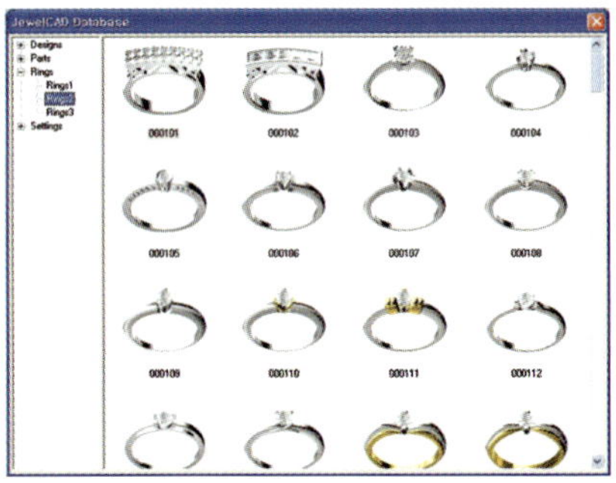

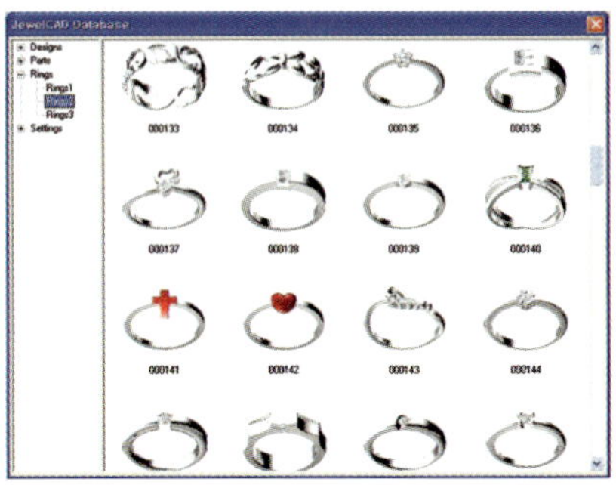

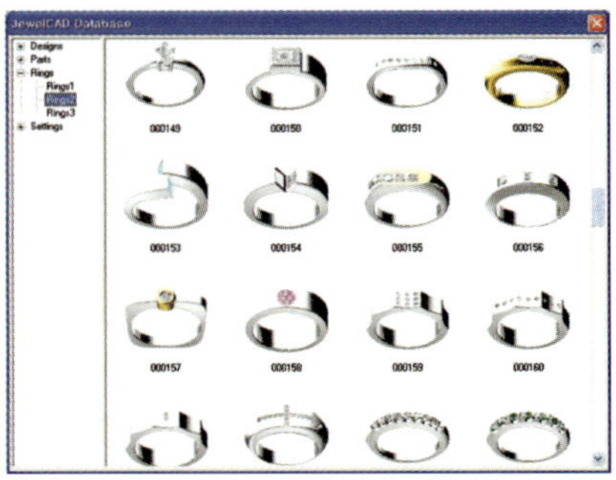

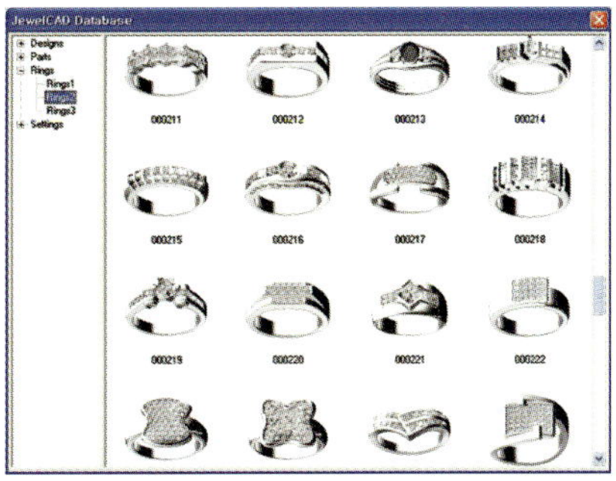

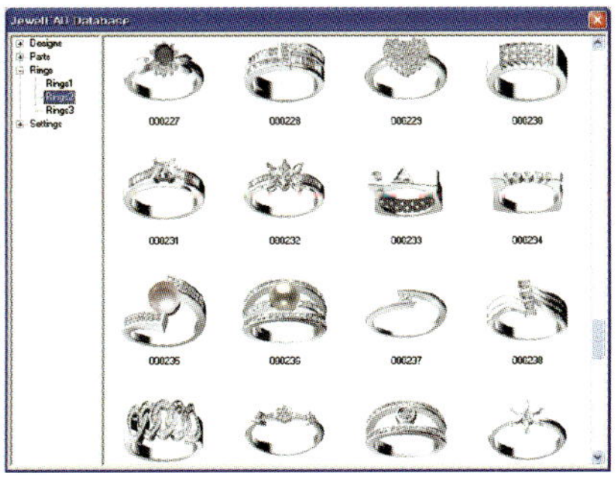

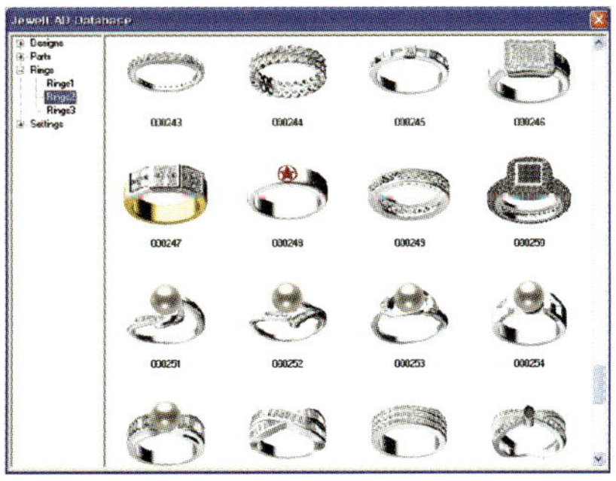

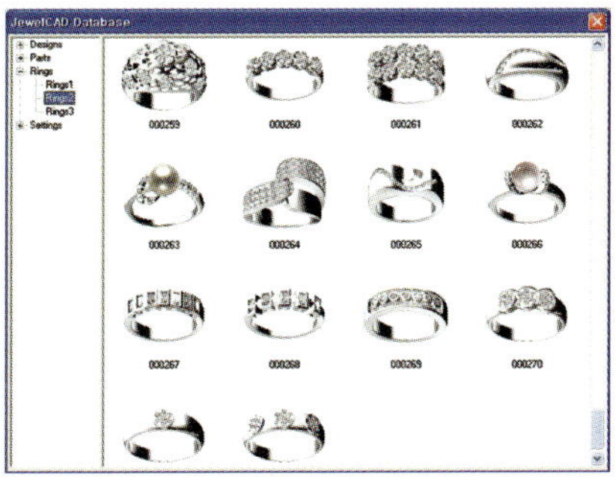

C. Rings3

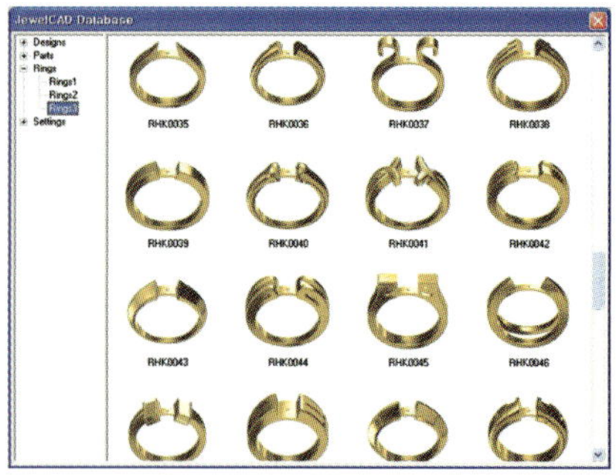

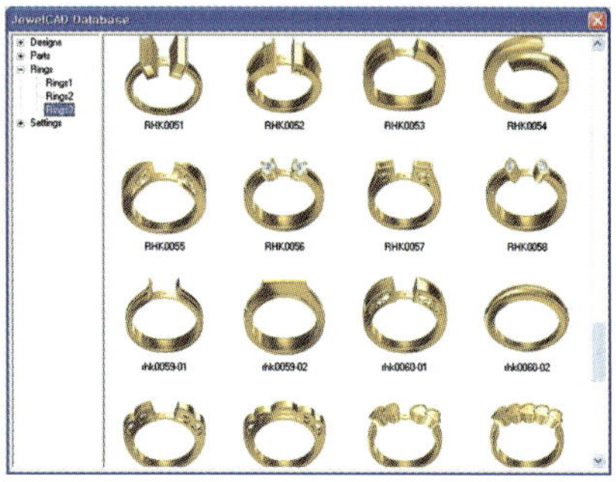

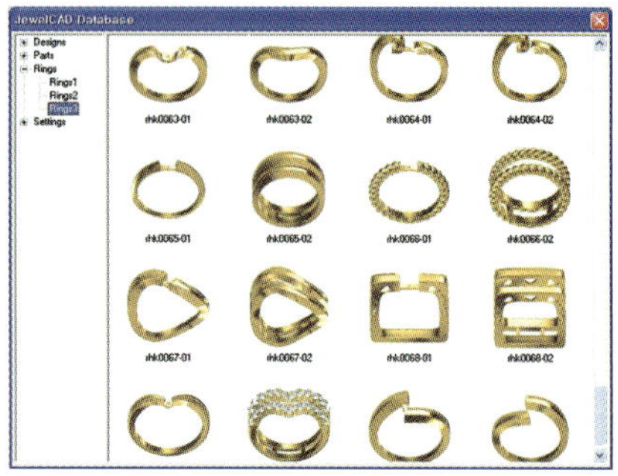

▶ Settings

A. Heart1

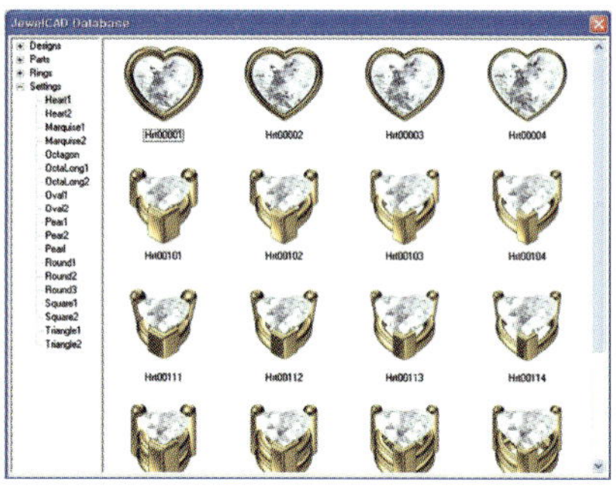

B. Heart2

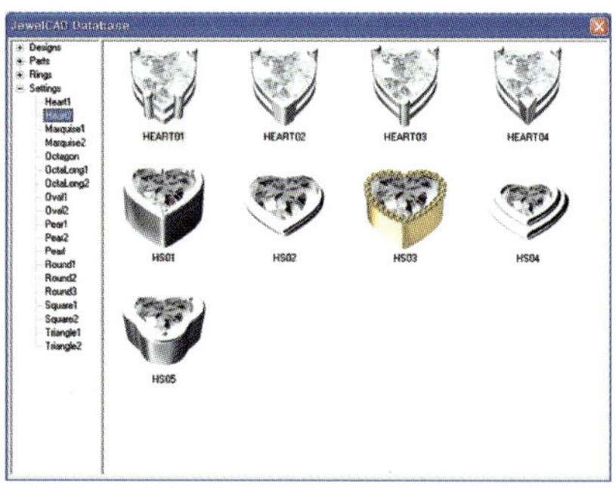

C. Marquise1

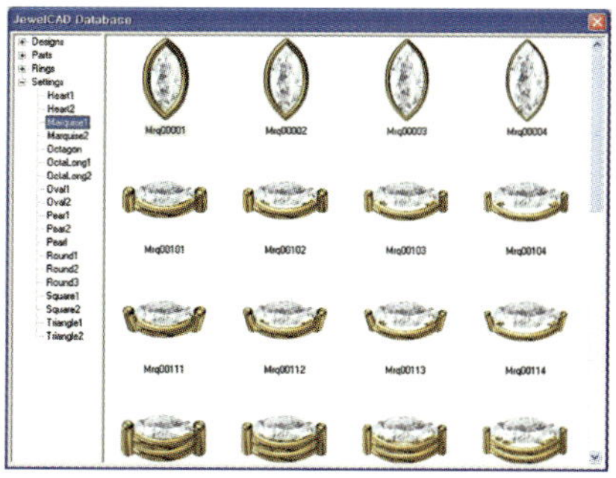
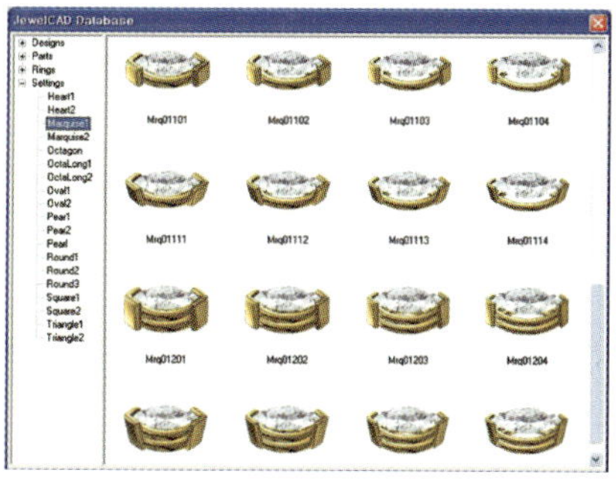

D. Marquise2

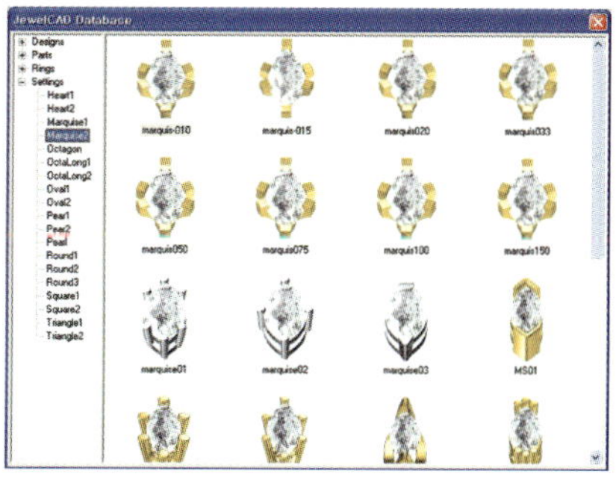
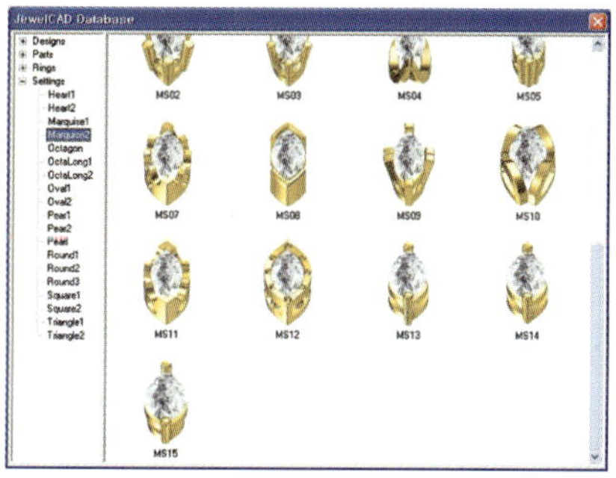

E. Octagon

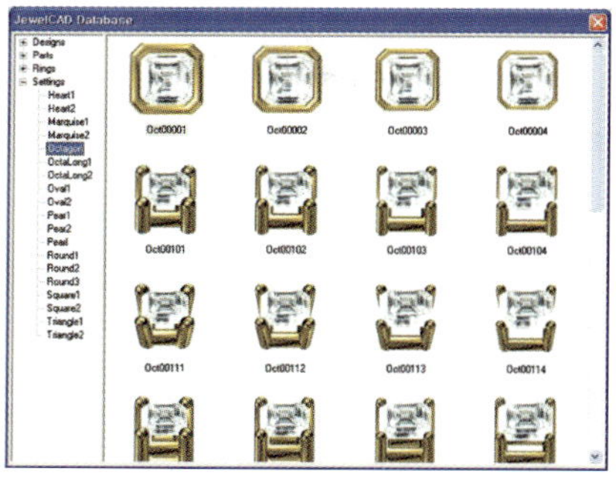
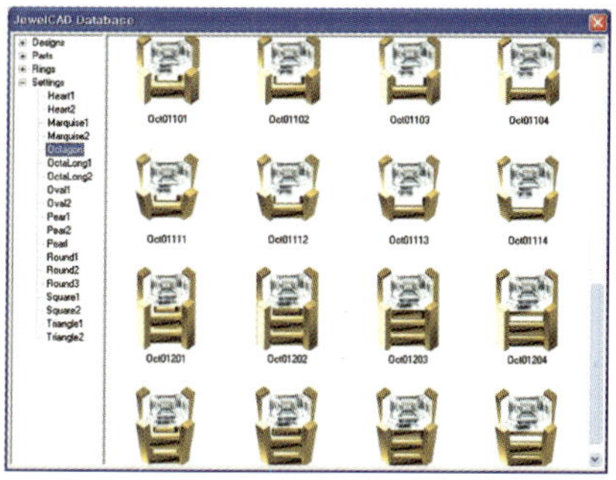

F. OctaLong1

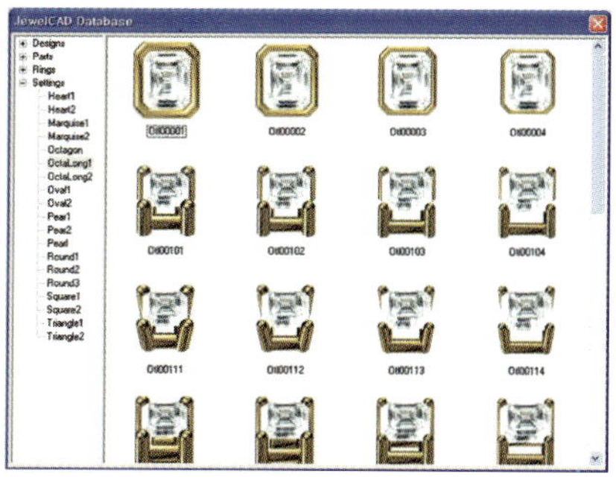
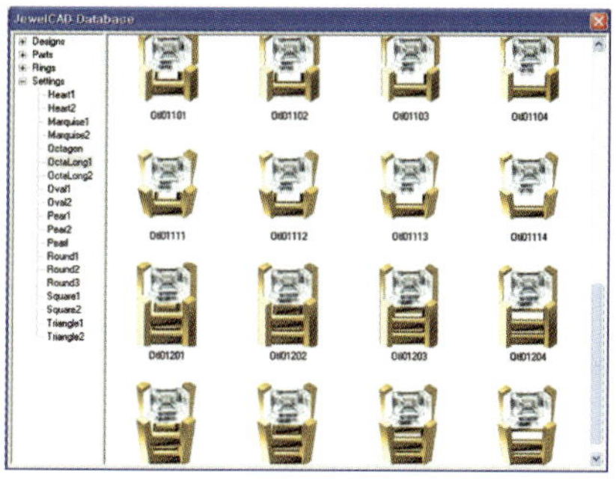

G. OctaLong2

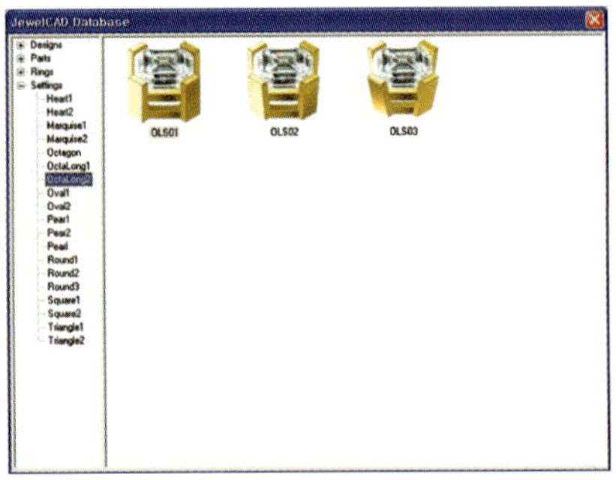

H. Oval1

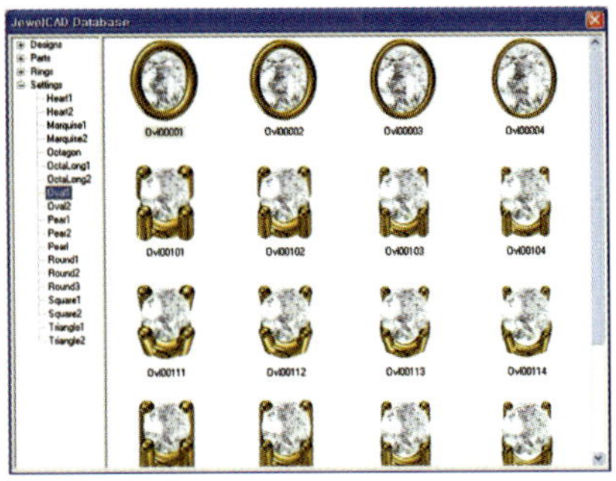

I. Oval2

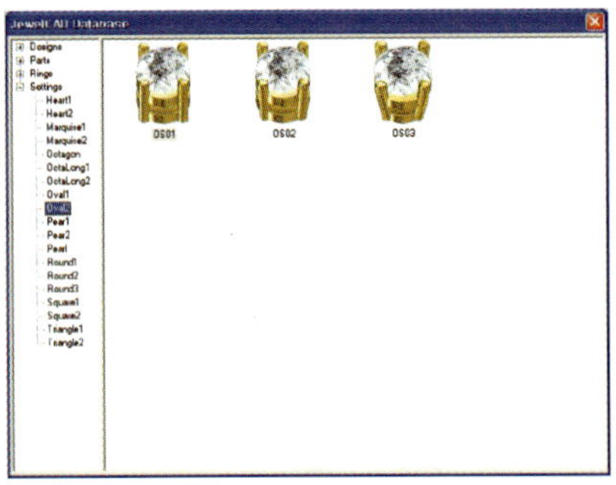

J. Pear1

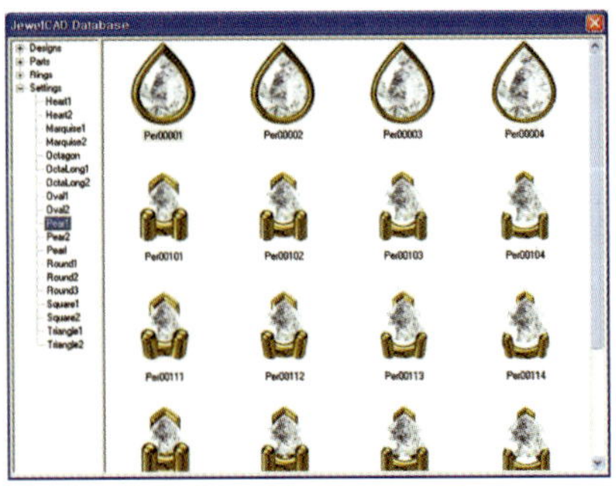

K. Pear2

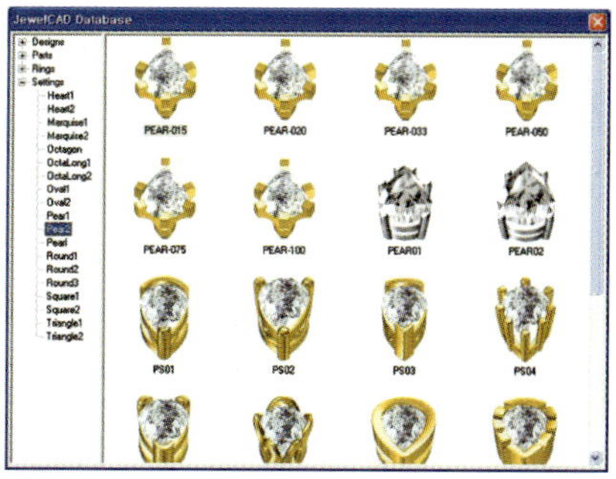

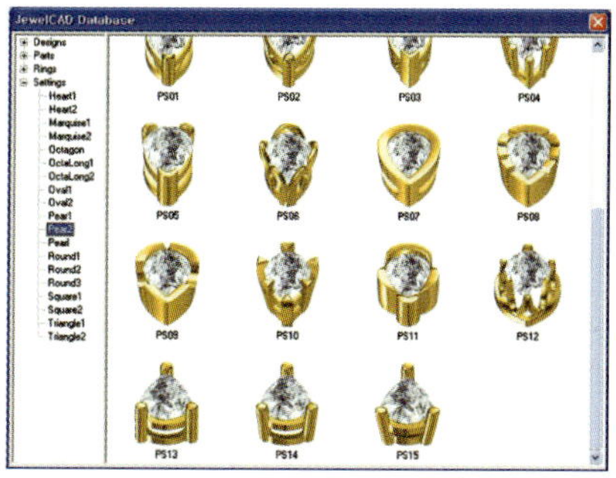

L. Pearl

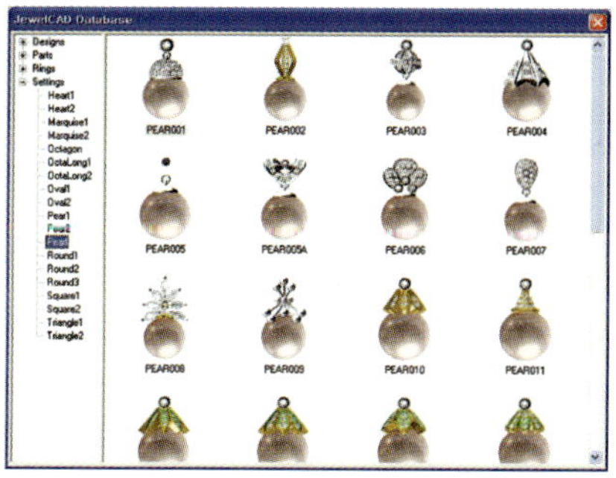

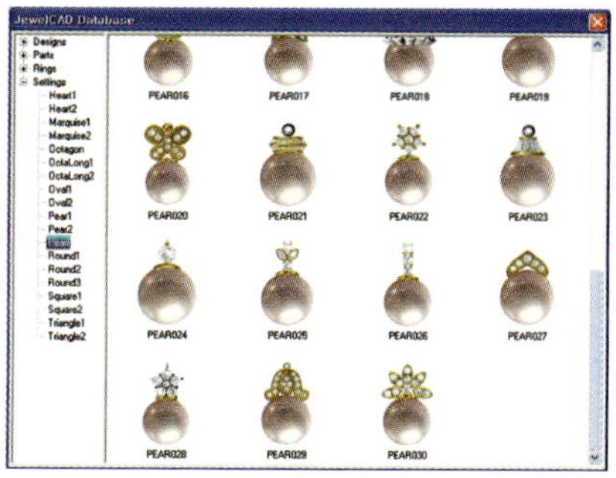

M. Round1

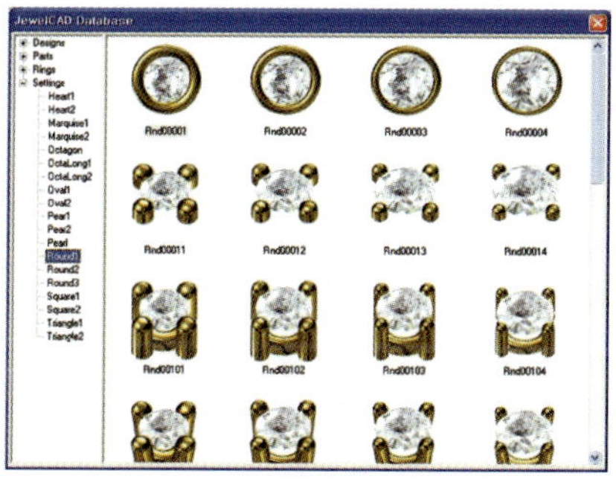

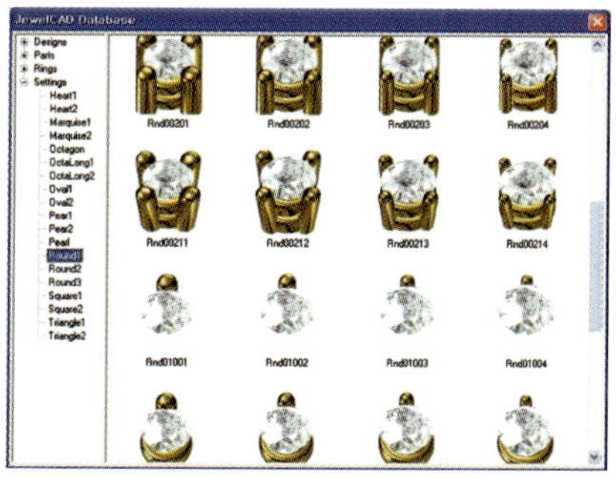

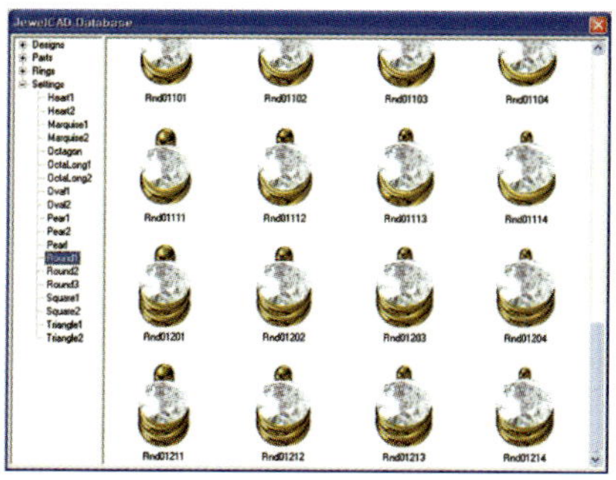

N. Round2

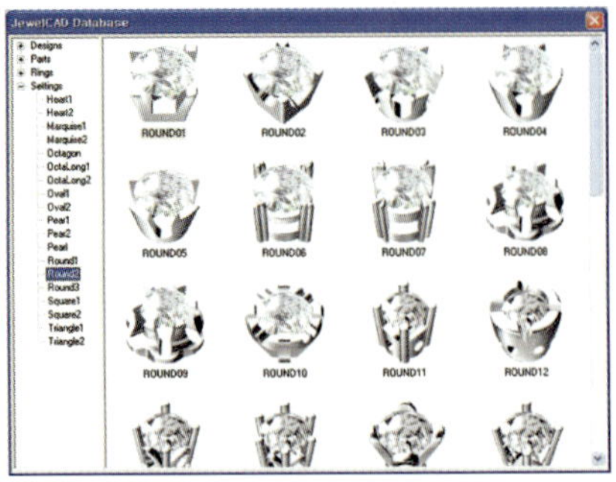

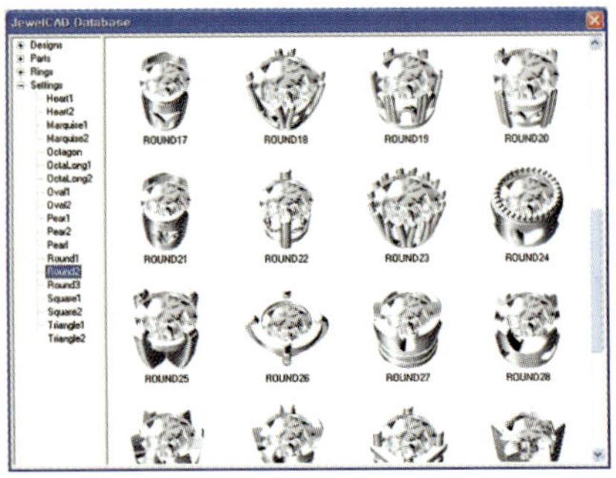

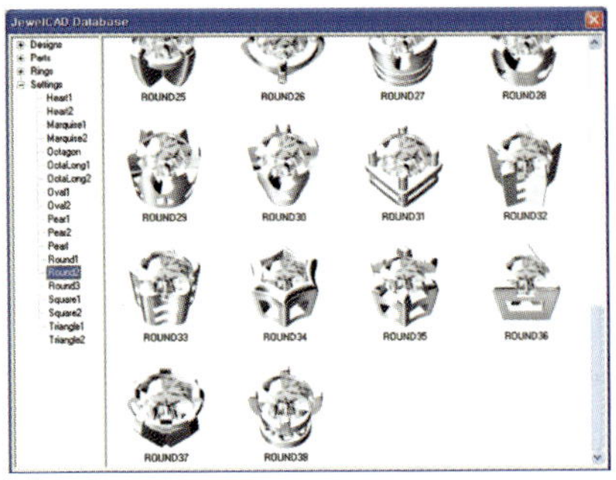

O. Round3

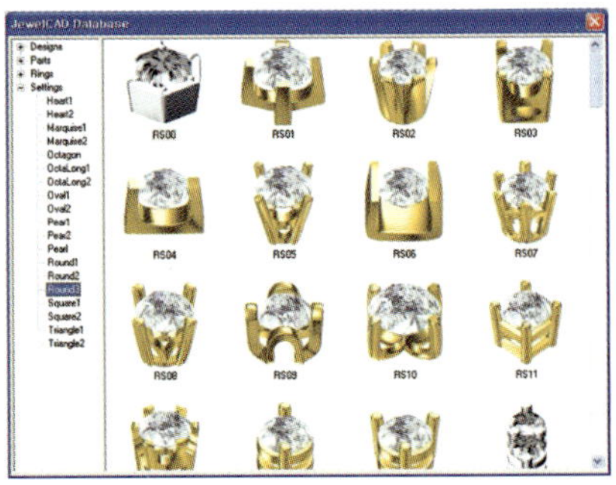

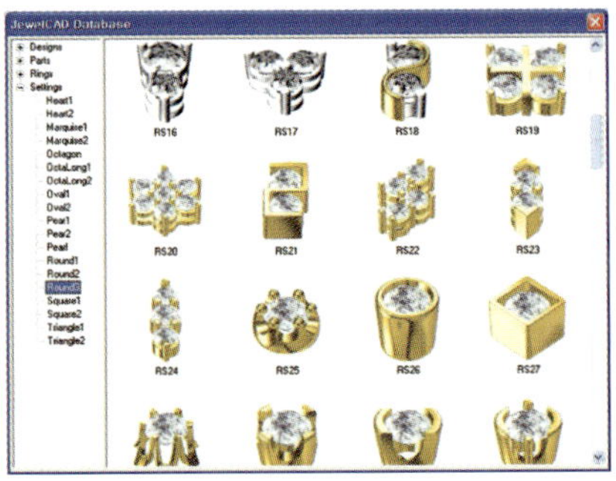

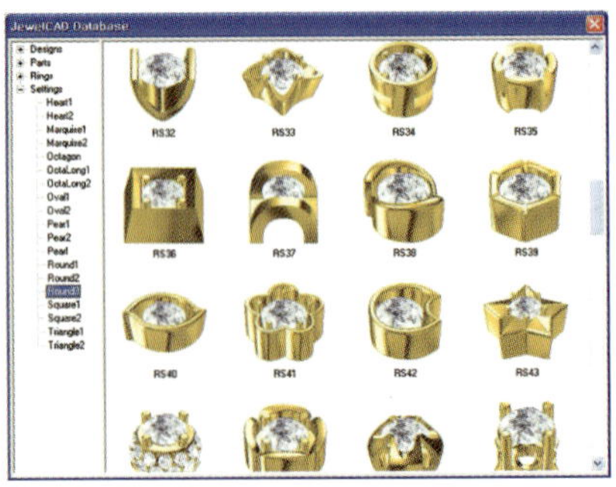

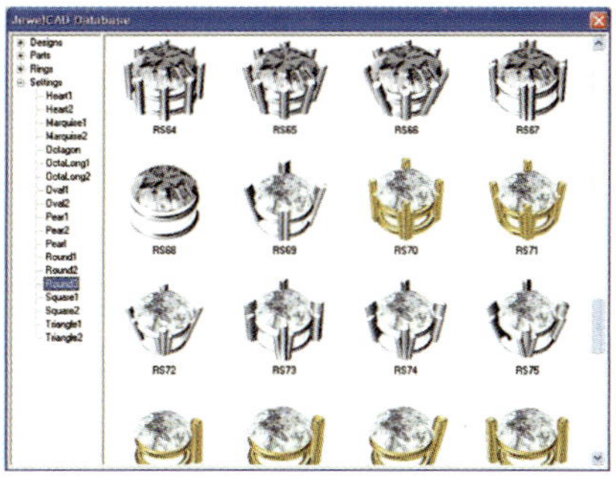

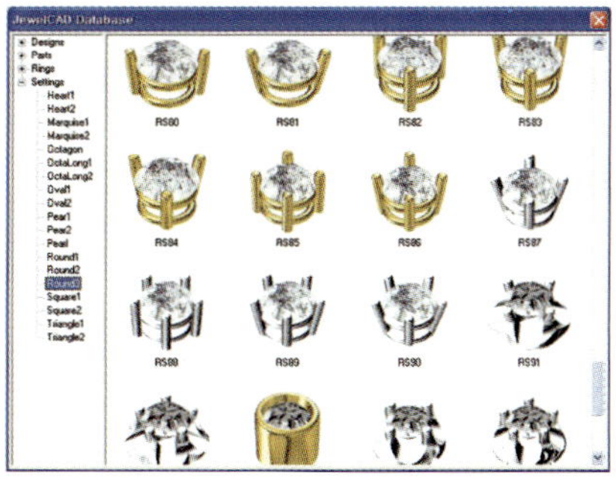

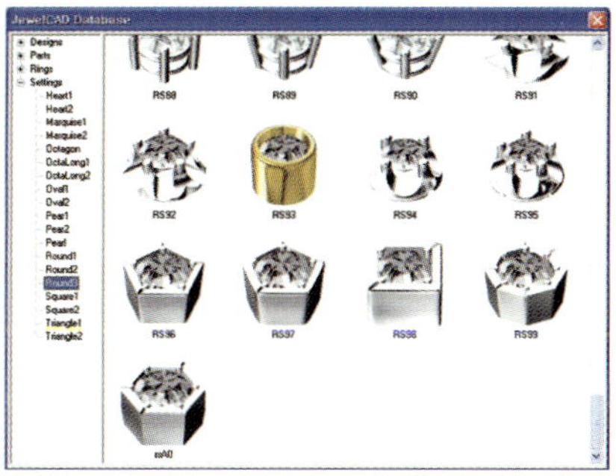

P. Square1

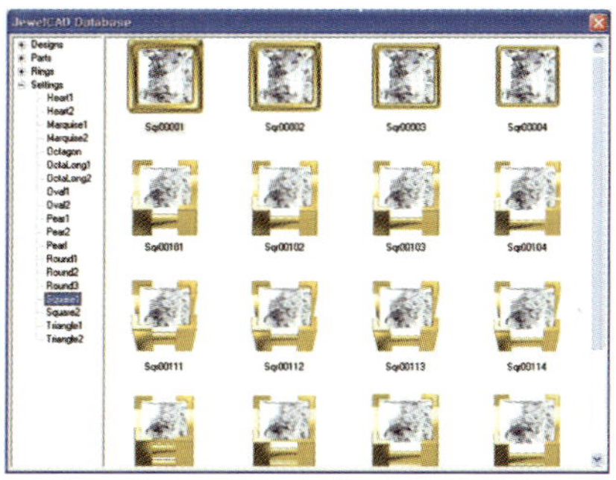

Q. Square2

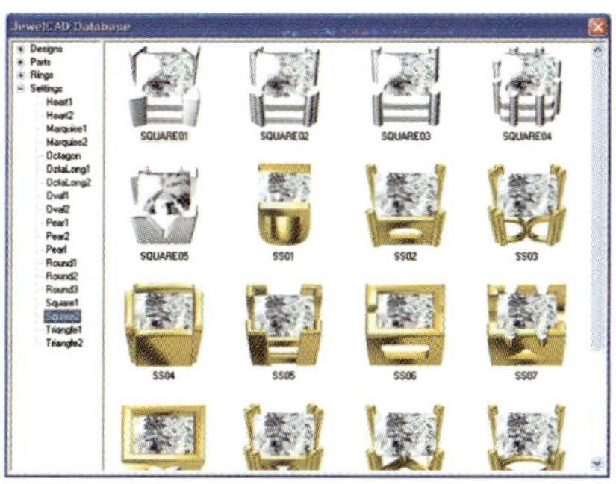

R. Triangle1

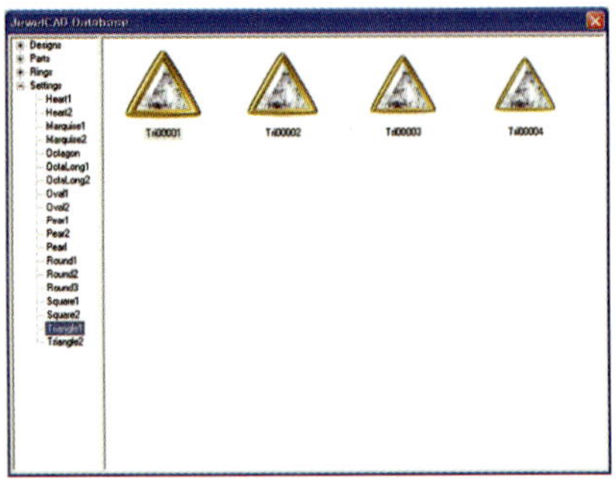

S. Triangle2

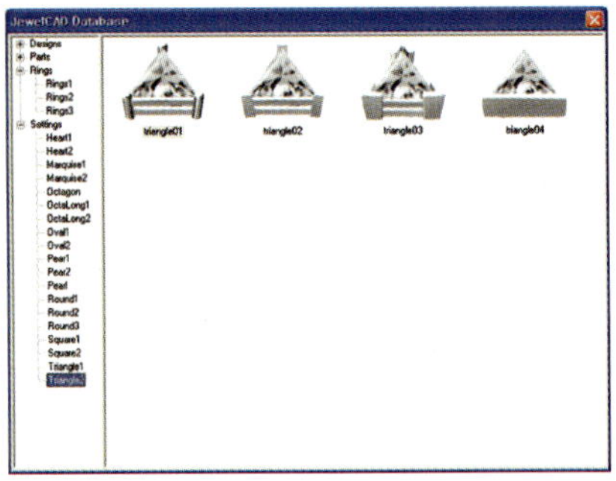

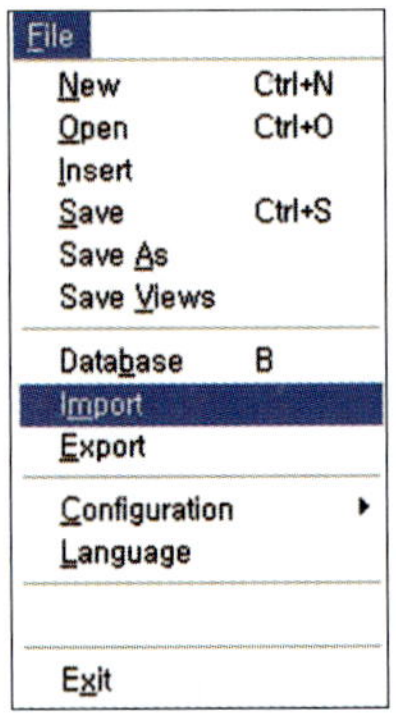

8. Import(다른 형식의 파일 불러오기)

- 아이콘 없음
- 단축키 없음

다른 파일 형식으로부터 물체를 가져올 수 있는 명령이다.

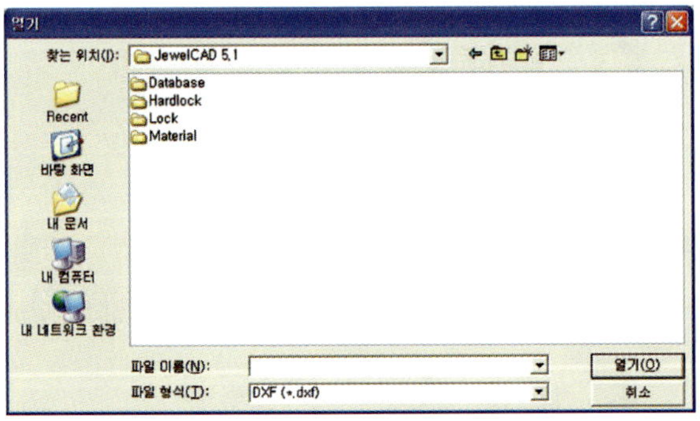

이 명령이 선택되면 가져올 파일의 선택을 위해 파일 열기 대화상자가 화면에 나타나게 된다. 가져올 파일이 선택되면, 가져올 파일의 물체는 화면에 들어오거나 추가된다.

9. Export(다른 형식의 파일 저장)

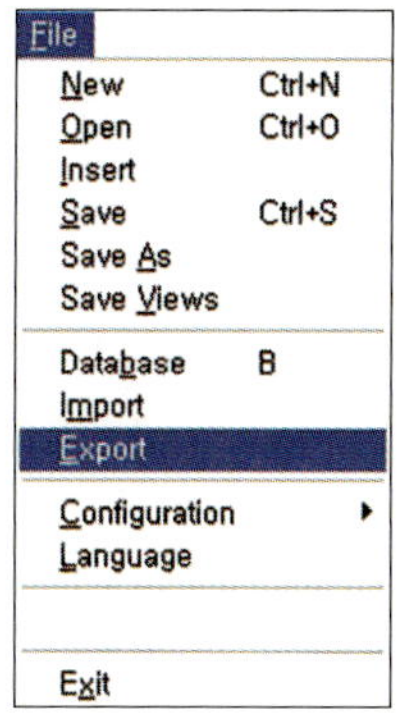

- 아이콘 없음
- 단축키 없음

다른 파일형식으로 물체를 보낼 수 있는 명령이다.

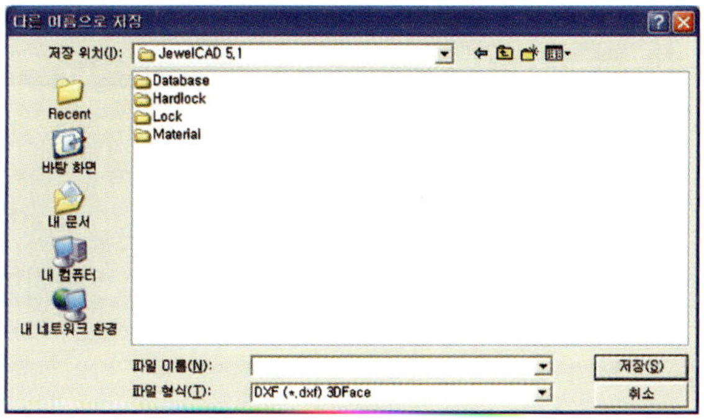

10. Configuration(환경 설정)

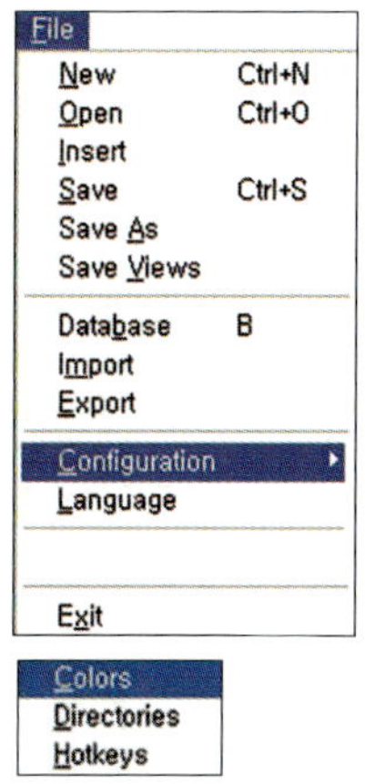

- 아이콘 없음
- 단축키 없음

▶ Colors(색상)

JewelCAD 환경의 색상 세팅을 정하는 명령이다.
이 명령이 선택되면, 색상배열 대화상자가 나타난다.

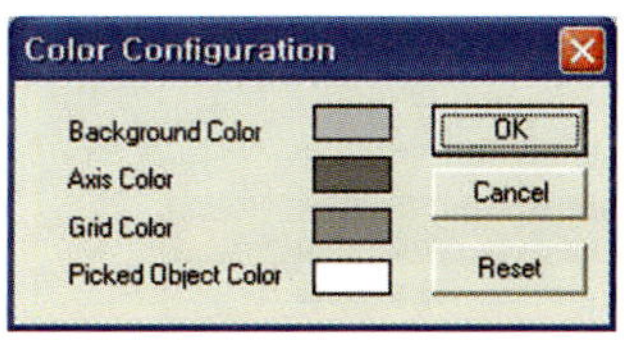

색상 배열 대화상자의 색상 세팅은 다음과 같다.

Background Color	배경의 색상을 지정한다.
Axis Color	각 화면 축(X, Y, Z)의 색상을 지정한다.
Grid Color	격자를 나타내는 눈금의 색상을 지정한다.
Picked Object Color	선택된 물체의 색상을 지정한다.
Reset	프로그램 초기의 색상 값으로 지정한다.

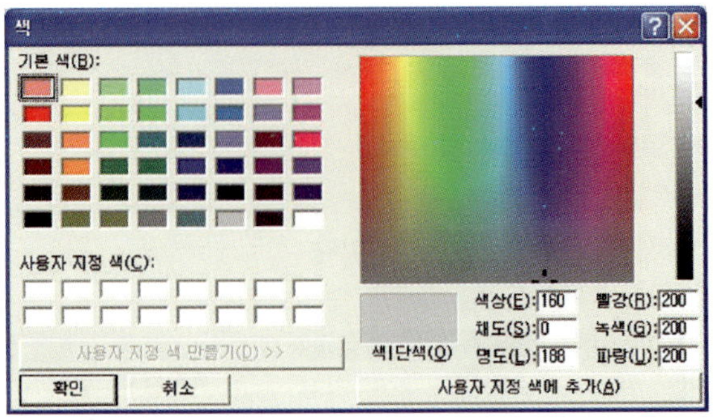

색상 세팅 변화, 예를 들면 배경색상, 유사한 색상 상자를 선택하면 색상 대화상자가 나타난다. 색상 세팅과 색상 결정을 위하여 색상 대화상자를 사용하여 정할 수 있다.

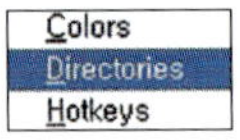

▶ Directories(경로지정)

JewelCAD의 여러 가지 디렉토리를 정하는 명령이다.

이 명령이 선택되면, JewelCAD 디렉토리 대화상자가 나타난다.

JewelCAD 데이터베이스(Database)와 재질(Material) 디렉토리 같은 대화상자에서 결정할 수 있다.

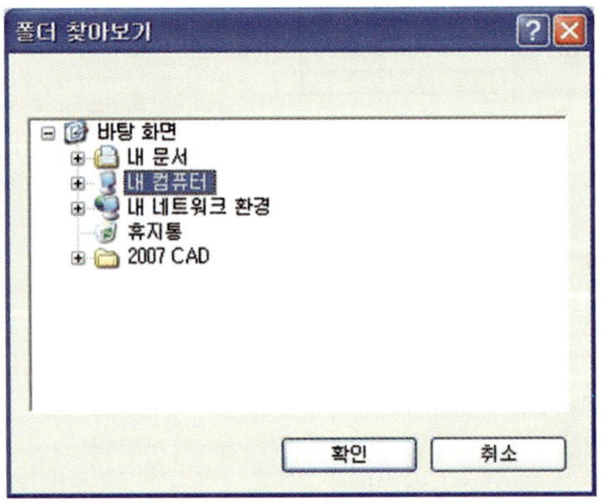

이 명령은 작업자가 컴퓨터의 네트웍를 가지거나 같은 데이터베이스 또는 재질 디렉토리 부분을 위한 개인 컴퓨터를 원할 때 사용할 수 있다. 작업자는 컴퓨터 서버와 서버의 데이터베이스 또는 재질 디렉토리를 찾기 위해 개인 컴퓨터의 JewelCAD를 규정에 둘 수 있다.

▶ Hotkeys(단축키지정)

쥬얼 캐드 단축키를 정하는 명령이다.
이 명령이 선택되면, 단축키 대화상자가 나타난다.

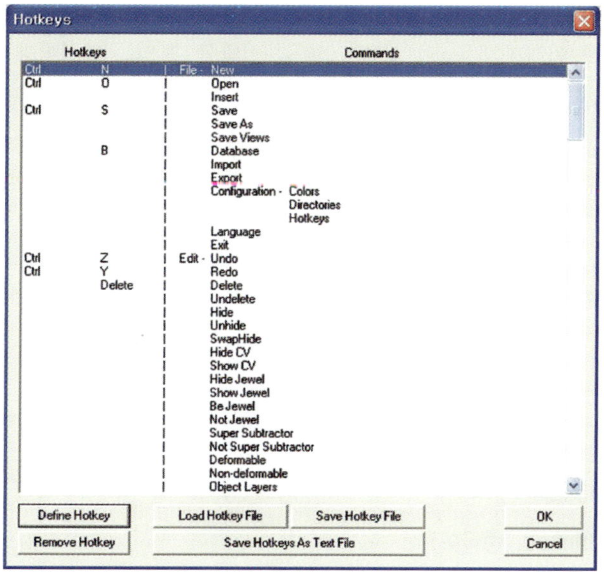

단축키 대화상자는 아래의 항목과 같다.

Command List Box	목록상자, JewelCAD의 모든 명령 목록
Define Hotkey	선택된 명령을 단축키로 설정할 수 있다.
Remove Hotkey	선택된 명령의 단축키를 삭제할 수 있다.
Load Hotkey File	설정된 단축키를 파일로 불러온다.
Save Hotkey File	단축키를 설정한 파일로 저장한다.
Save Hotkey as Text File	단축키를 글자파일로 저장한다.

단축키 대화상자 안의 명령 목록 상자에서 명령을 선택한다.
그 다음 도움 단축키를 선택하기 위하여 단축키(Define Hotkey)를 정하는 버튼을 선택한다. 원하는 단축키를 만든다.

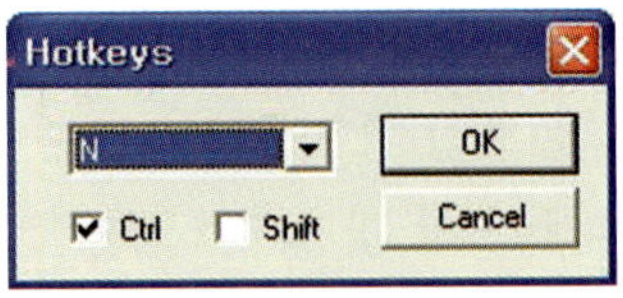

단축키 대화상자의 OK 버튼을 선택하면 단축키가 설정된다.

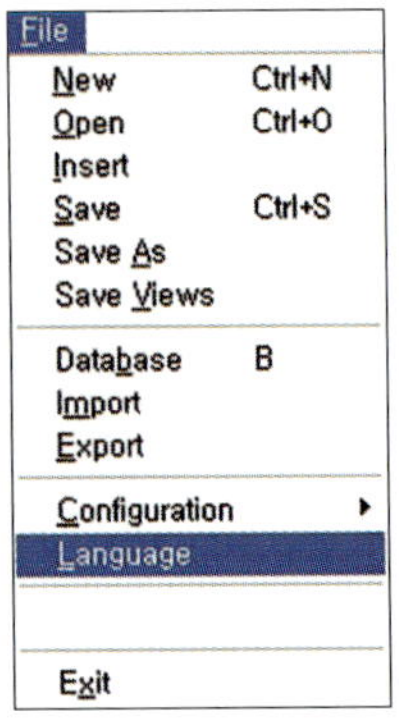

11. Language(언어 선택)

- 아이콘 없음
- 단축키 없음

영어에서부터 다른 언어까지 JewelCAD의 언어를 선택할 수 있는 명령이다. 이 명령이 선택되면 언어 대화상자가 나타난다.

언어를 선택한 다음 **OK**를 누르면 JewelCAD의 사용 언어가 바뀐다.

다시 영어 모드로 돌아가려면 "**Change to English**"를 선택한다.

Simplified Chinese (중국어)

Traditional Chinese (중국어)

French (프랑스어)

Deutsch (독일어)

Greek (그리스어)

Thai (타이어)

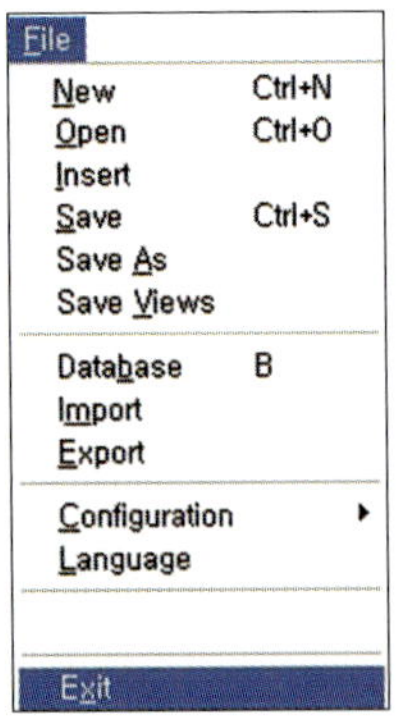

12. Exit(종료)

JewelCAD를 종료하는 명령이다.

저장을 알리는 대화상자가 나오면 경로를 지정하여 저장한다.

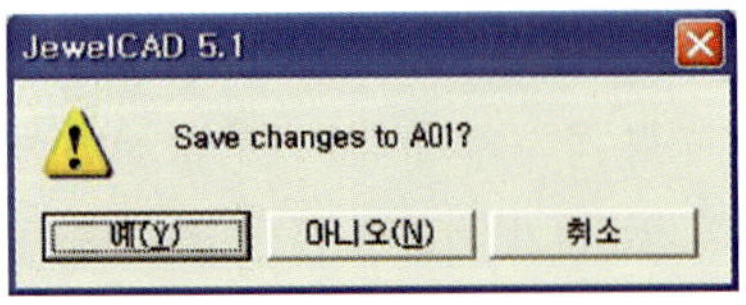

저장을 하려면 Yes, 아니면 No를 선택한다.

4-2 Edit 메뉴

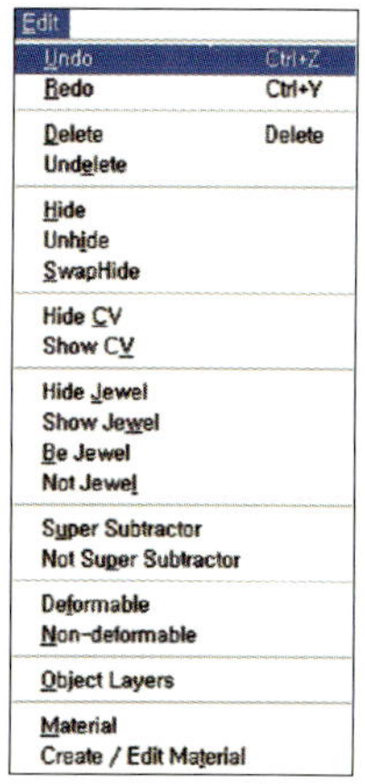

JewelCAD에서 편집할 수 있는 명령으로 전 작업으로 되돌리거나 감추기, 재질선택 등 파일을 수정 편집하는 기능이다. 각각의 Edit에 관한 명령을 살펴보면 다음과 같다.

1. Undo(되돌림)

- 아이콘
- 단축키 Ctrl +Z

작업의 마지막 명령을 취소(되돌리기)하는 명령이다.

바로 이전 작업의 전 단계로 되돌아간다. 작업을 기억하는 단계는 100번 정도이지만 너무 많은 작업의 단계로 되돌릴 때에는 주의한다.

마지막 단계에 이르면 Undo의 끝남을 알리는 대화상자가 나온다.

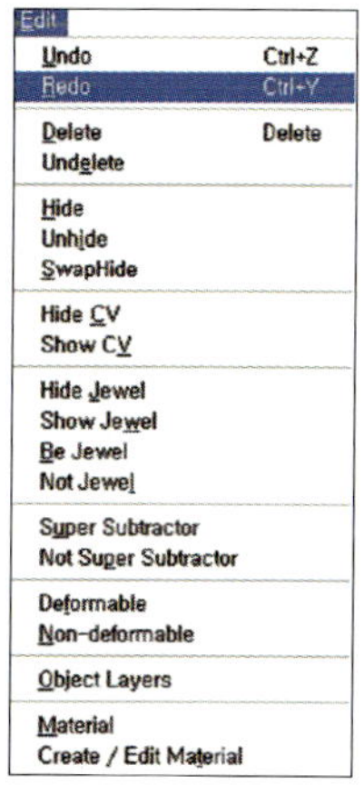

2. Redo(재실행)

- 아이콘
- 단축키 Ctrl +Y

Undo 명령으로 취소된 명령을 재실행하여 다시 되돌리는 명령이다.

작업을 취소시키기 전 단계 작업으로 되돌아간다. 마지막 최종작업 화면까지 재실행 시킨다.

마지막 단계에 이르면 Redo의 끝남을 알리는 대화상자가 나온다.

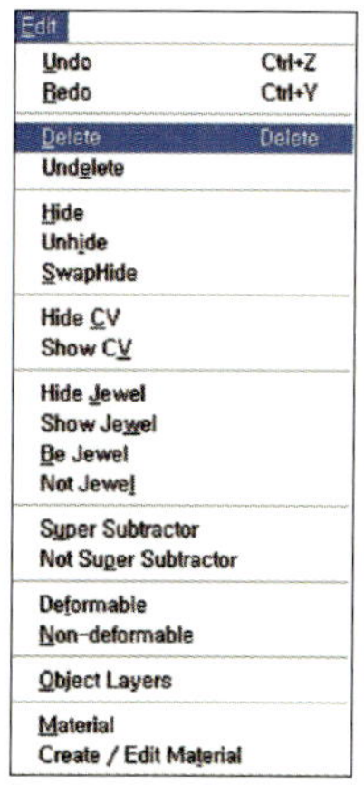

3. Delete(삭제)

- 아이콘 없음
- 단축키 Del

물체를 삭제하는 명령이다.

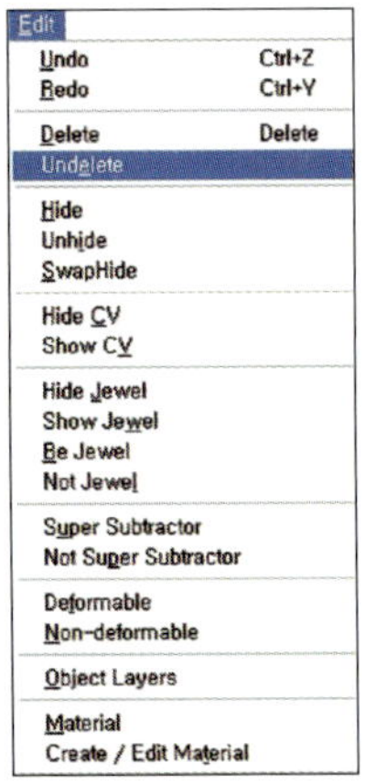

이 명령을 사용하기 위해서는 우선 지워야할 물체를 선택(하얀색)하여야 하며, 이 명령을 실행시키면 물체가 삭제된다.

4. Undelete(삭제 해제)

- 아이콘 없음
- 단축키 없음

지워진 물체를 지우지 않고 되돌리는 명령이다.

이 명령은 마지막으로 지워진 물체를 화면상에 되돌리기 위한 것으로 앞서 지워진 물체를 한 번 더 이 명령을 선택함으로써 되살린다.

5. Hide(물체 숨김)

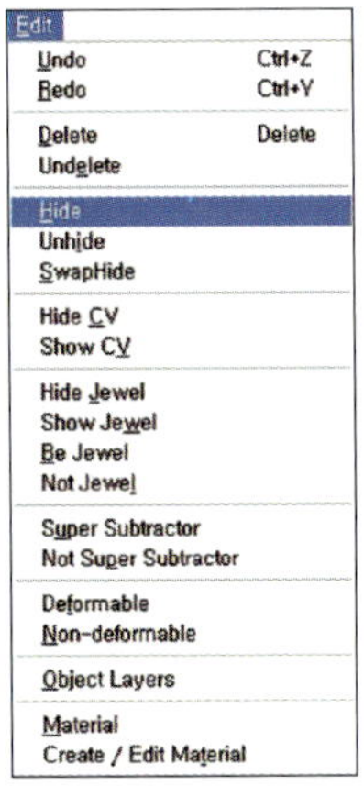

- 아이콘 없음
- 단축키 없음

물체를 숨기는 명령이다.

이 명령을 사용하려면 우선 숨겨야 할 물체를 선택(하얀색)하여야 하며 이 명령을 선택하게 되면 물체가 감추어진다.

숨겨진 물체는 지워지지 않은 상태이다. 저장 또는 다른 이름으로 저장 명령을 사용함으로서 숨겨진 채 저장된다.

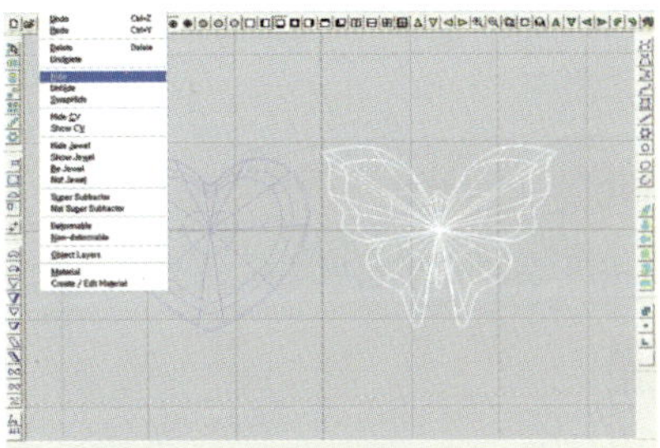

〈물체를 선택 후 명령을 누른다.〉

〈화면에서 물체가 사라진다.〉

6. Unhide(숨김 해제)

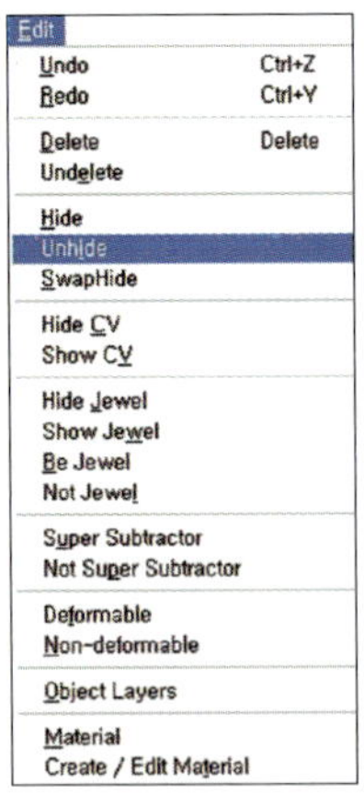

- 아이콘 없음
- 단축키 없음

숨겨진 물체를 다시 나타나게 하기 위한 명령이다.

이 명령을 선택하면 Hide 명령으로 숨겨졌던 물체가 화면에 다시 나타난다.

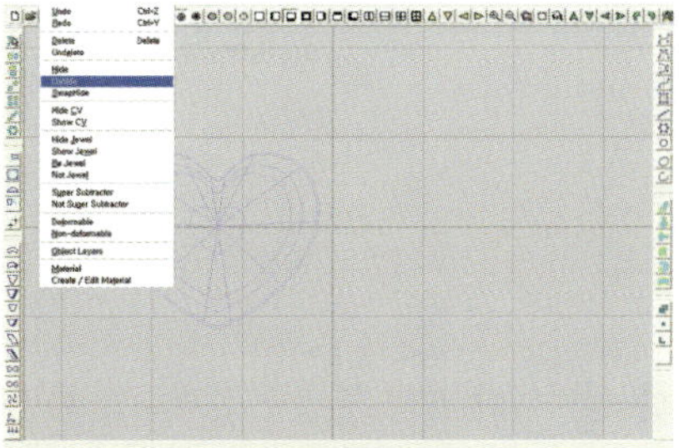

〈Unhide를 누른다.〉

〈감추어진 물체가 나온다.〉

7. SwapHide (숨김, 해제 교환)

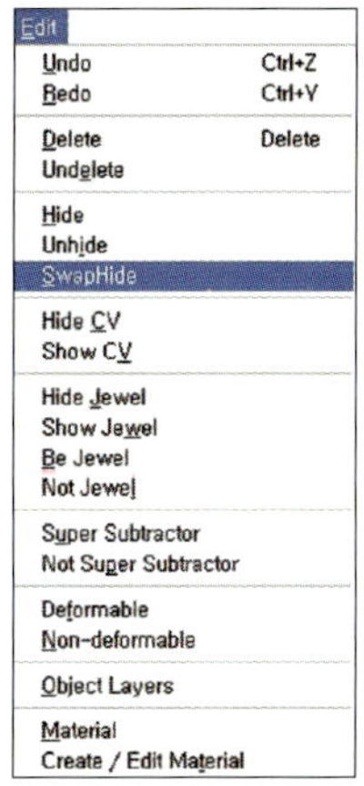

- 아이콘 없음
- 단축키 없음

감추어지고 나타나는 것을 반복하는 명령이다.

이 명령은 화면상에 감추어진 물체를 나타내고, 이전에 보이던 물체를 숨긴다.

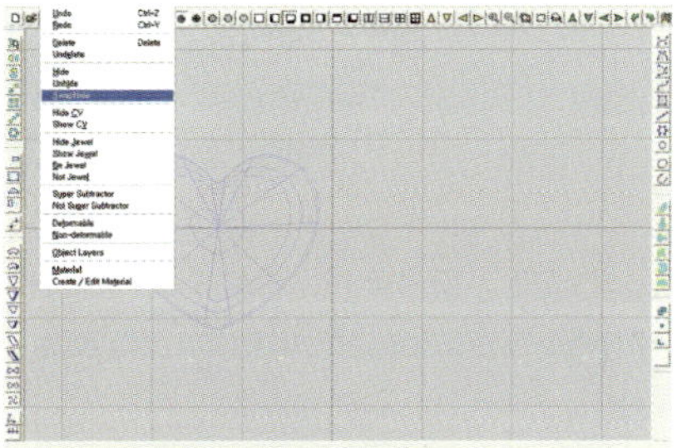

〈SwapHide를 선택한다.〉

〈감추어진 화면과 바뀐다.〉

8. Hide CV (제어점 숨김)

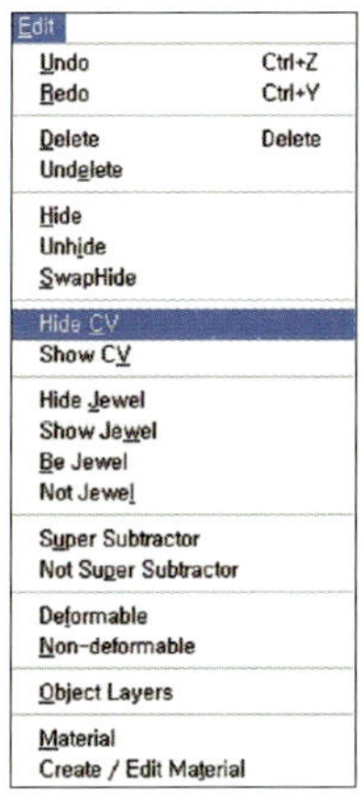

- 아이콘 없음
- 단축키 없음

물체의 정점(CV, 제어점)을 감추는 명령이다.

이 명령은 우선 숨겨야할 정점을 가지고 있는 물체를 선택하여야 하며 이 명령을 선텍하면 화면에서 제어점이 감추어진다.

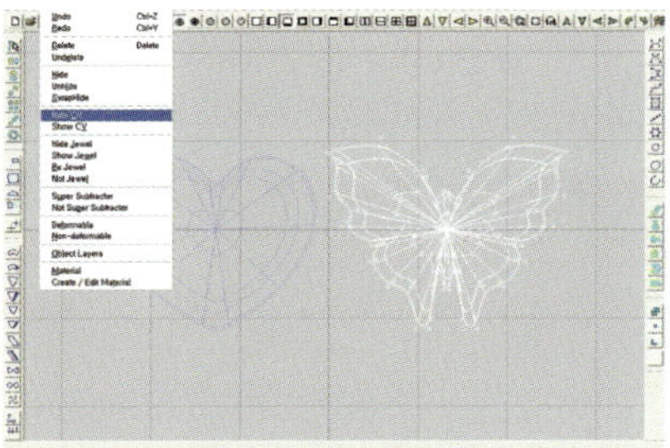

〈Hide CV를 선택한다.〉

〈물체의 정점이 감추어진다.〉

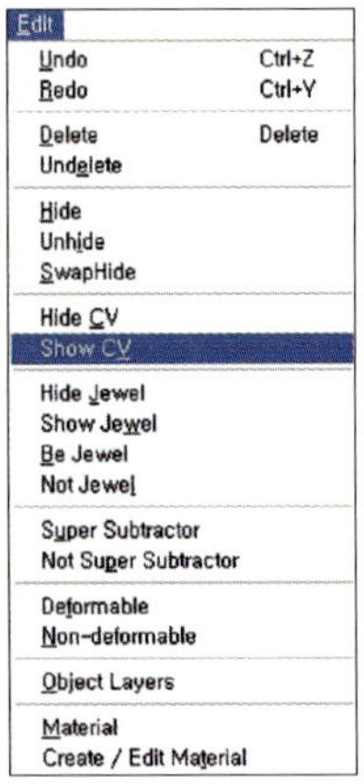

9. Show CV(제어점 보임)

- 아이콘 없음
- 단축키 없음

물체의 정점(CV, 제어점)을 보여주는 명령이다.

이 명령은 우선 보여야할 정점을 가지고 있는 물체를 선택해야 하며 명령을 선택하면 화면에 감추어진 제어점이 나타난다.

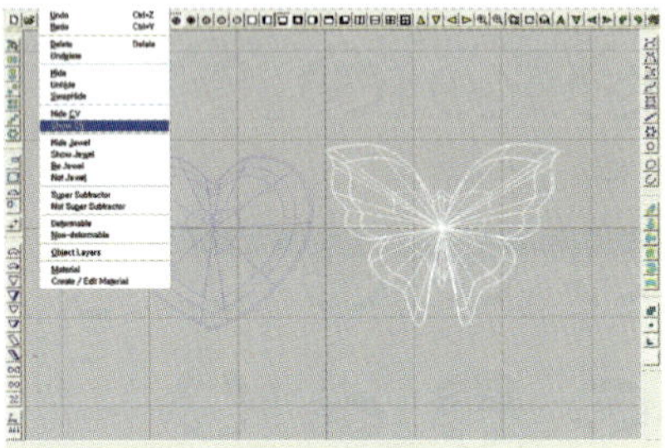

〈Show 정점(CV)을 선택한다.〉

〈선택된 물체의 정점이 보인다.〉

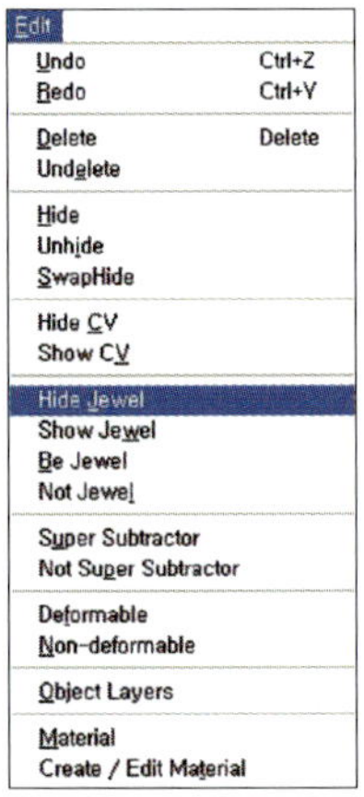

10. Hide Jewel(보석 숨김)

- 아이콘 없음
- 단축키 없음

보석을 숨기는 명령이다.

이 명령은 우선 숨겨야할 보석을 선택(하얀색)하고 이 명령을 선택하면 보석을 감춘다. 또한 이 명령은 Union Boolean 물체인 난집에 세팅된 보석을 숨기게 되므로 주의한다.

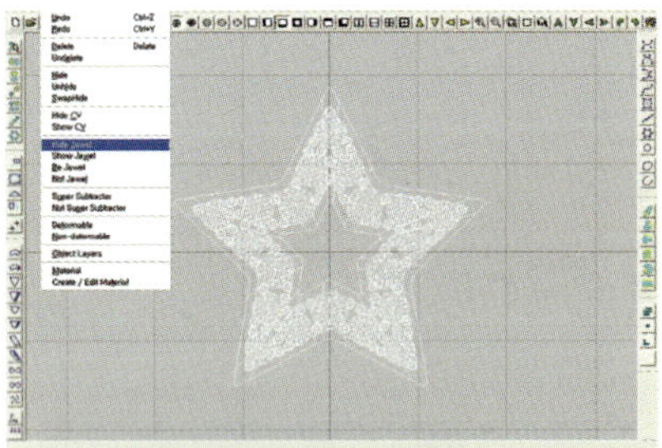

〈Hide Jewel을 선택한다.〉

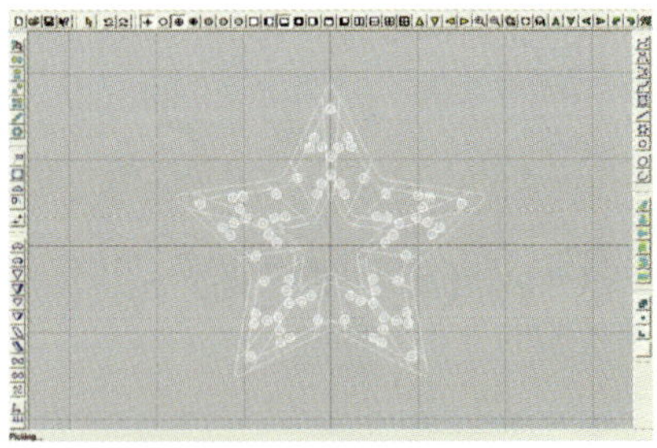

〈화면에서 보석만 감추어진다.〉

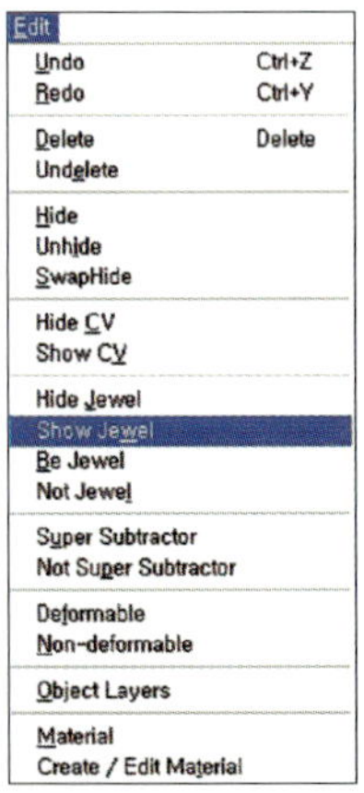

11. Show Jewel (보석 보임)

- 아이콘 없음
- 단축키 없음

숨겨진 보석을 보여주는 명령이다.

이 명령을 선택하면 숨겨진 보석을 화면에 보여준다.

이 명령은 Union Boolean 물체에서 감추어진 보석을 화면에 다시 불러들인다.

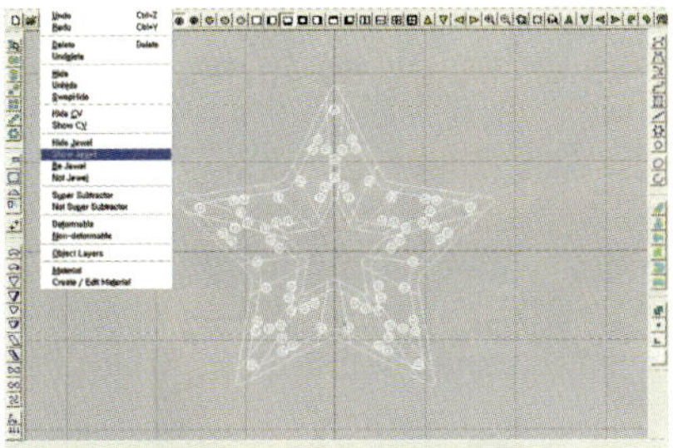

〈Show Jewel을 선택한다.〉

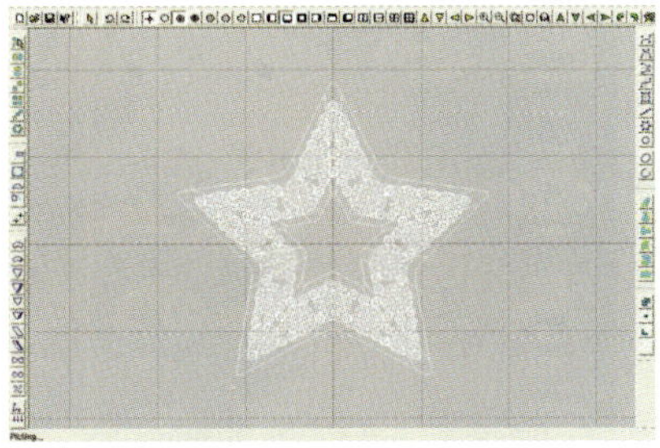

〈화면에 보석이 들어온다.〉

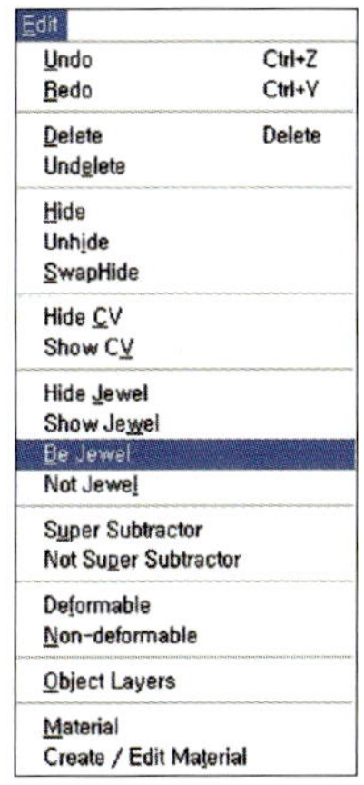

12. Be Jewel(보석으로 인식)

- 아이콘 없음
- 단축키 없음

보석으로 물체를 정의하는 명령이다.

이 명령을 사용하기 위해서는 우선 보석으로써 정의하여야할 물체를 선택하여야 하며, 이 명령을 선택하게 되면 어떠한 물체든 보석으로 정의 되어지여 보석으로 인식하게 된다.

어떤 물체가 보석으로 정의되면 JewelCAD의 명령에 의해 보석으로 간주된다. 예를 들면 Hide Jewel 명령을 수행함에 있어 편집상으로 숨길 수 있다.

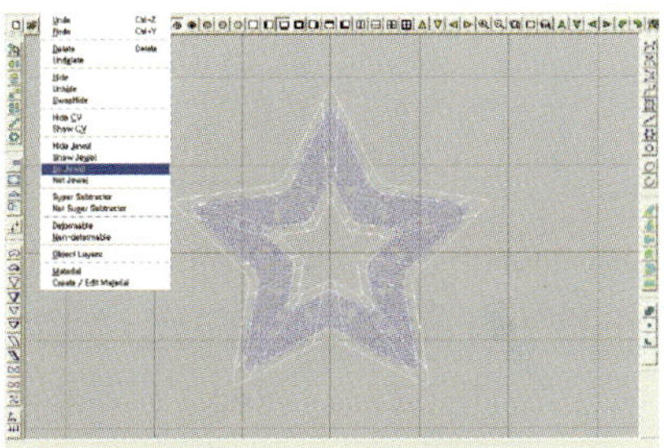

〈별을 Be Jewel로 선택한다.〉

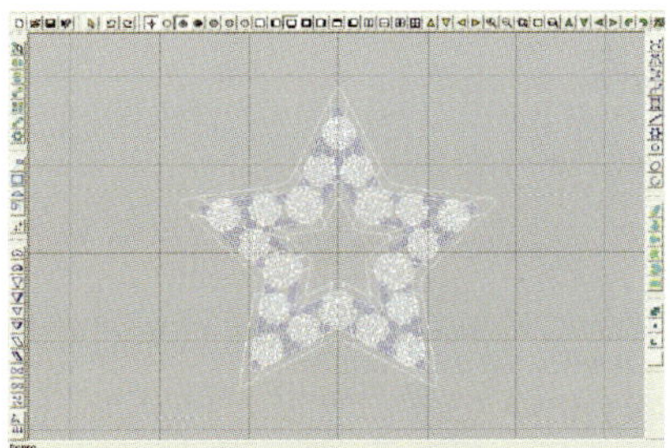

〈별도 보석으로 인식된다.〉

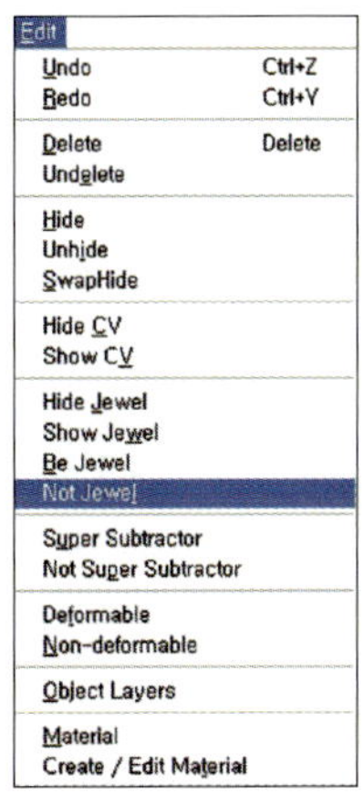

13. Not Jewel(보석으로 인식 해제)

- 아이콘 없음
- 단축키 없음

보석이라고 정의 내려진 물체를 취소한다. 보석으로 정의된 명령을 반전시키는 명령이다.

이 명령을 사용하려면 먼저 보석으로 선택되어진 상태여야 보석으로 정의되어진 물체를 취소할 수 있다.

보석으로 정의된 것은 이 명령이 선택되어졌을 때 취소할 수 있다.

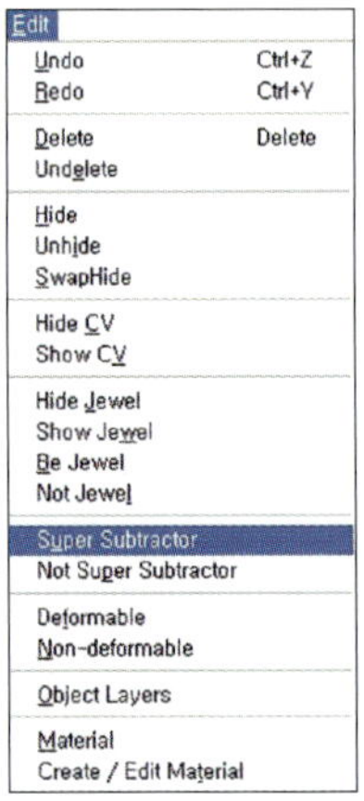

14. Super Subtractor(빠짐 물체로의 정의)

- 아이콘 없음
- 단축키 없음

강력하게 물체를 뺄 수 있는 것으로서 물체를 정의하는 명령이다.

이 명령은 물체가 먼저 선택되어진 상태여야 Super Subtractor로서 정의할 수 있다. 그런 다음 이 명령을 선택하면 Super Subtractor로서 정의되어 진다. Super Subtractor는(보석을 제외한) 다른 물체들에 대해서 빠짐의 효과를 가진 물체이다.

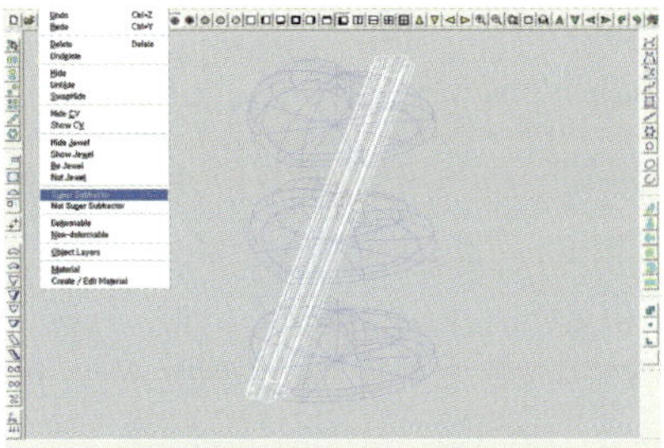
〈Super Substractor를 선택한다.〉

〈모든 하트에 구멍이 뚫린다.〉

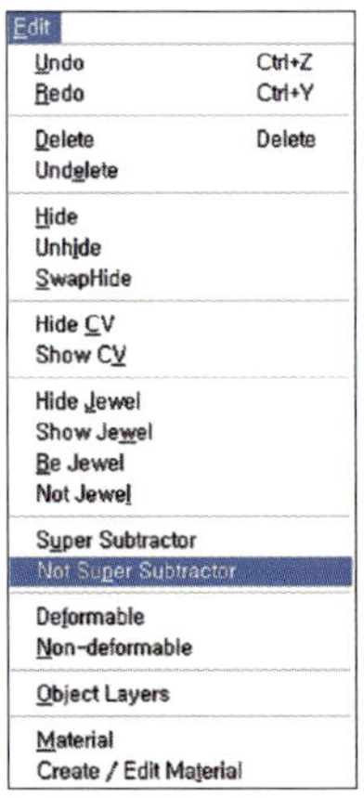

15. Not Super Subtractor(빠짐 물체로의 정의 해제)

- 아이콘 없음
- 단축키 없음

Super Subtractor로 정의된 물체를 취소한다. Super Subtractor 명령을 반전시키는 명령이다.

이 명령을 사용하려면 물체는 먼저 선택되어진 상태여야 하며 Super Subtractor로서 정의된 물체를 취소할 수 있다.

이 명령이 선택되어졌을 때 취소된다.

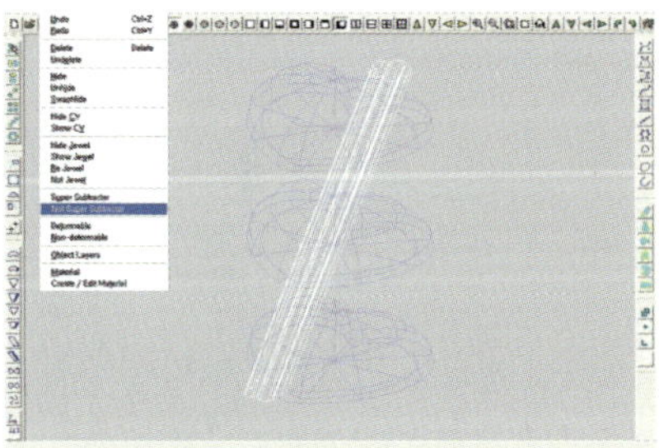
〈Not Super Subtractor을 선택한다.〉

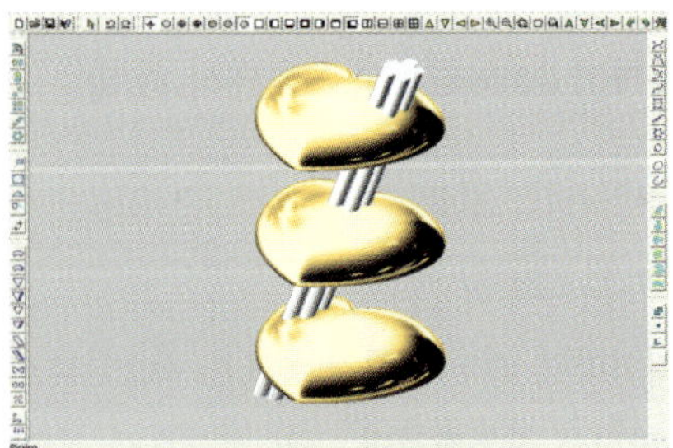
〈빠짐 명령이 취소된다.〉

16. Deformable(물체 변형 인식)

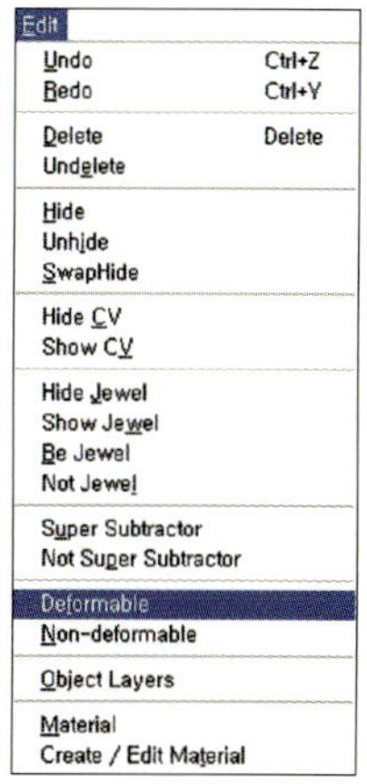

- 아이콘 없음
- 단축키 없음

변형 가능한 물체로 정의하며 변형되지 않을 것으로 정의 되어졌던 물체들을 복구시키는 데 사용하는 명령이다.

이 명령을 사용하기 위해서는 우선 변형된 것으로 정의할 필요가 있는 물체를 선택한 후 이 명령을 실행하면 변형 물체로서 정의된다.

변형된 물체란 굽힘이나 Projection mapping 또는 UV mapping과 같은 변형되는 명령을 실행하는 동안 변화되는 모양의 물체를 말하며, 예를 들어 변형된 구형의 모양은 명령을 실행한 후 원형이 되지 않는다.

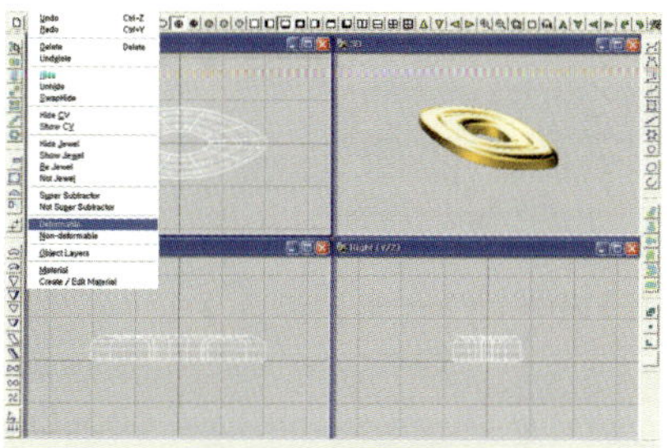
〈Deformable을 선택한다.〉

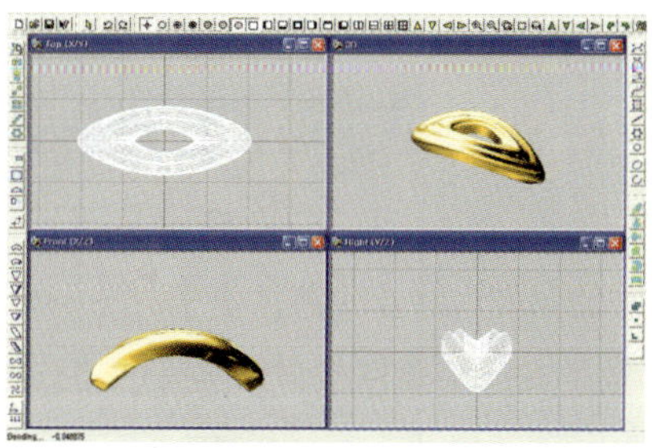
〈물체가 변형이 가능해 진다.〉

17. Non-deformable(물체 변형 불가)

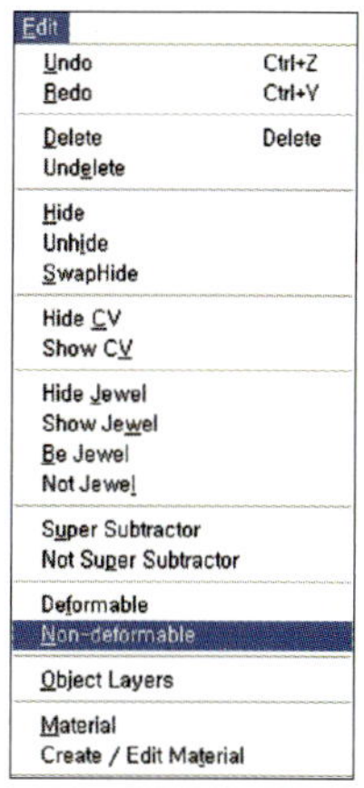

- 아이콘 없음
- 단축키 없음

변형되지 않을 물체로서 정의된다. 즉 변형 불가능한 물체를 만드는 명령이다.

이 명령을 사용하기 위해서는 우선 변형되지 않고 정의할 필요가 있는 물체를 선택한 후에 명령을 실행하면 변형되지 않는다.

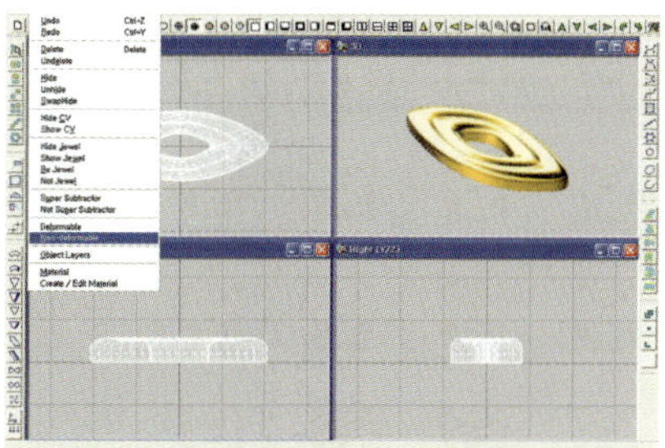
〈Non-Deformable을 선택한다.〉

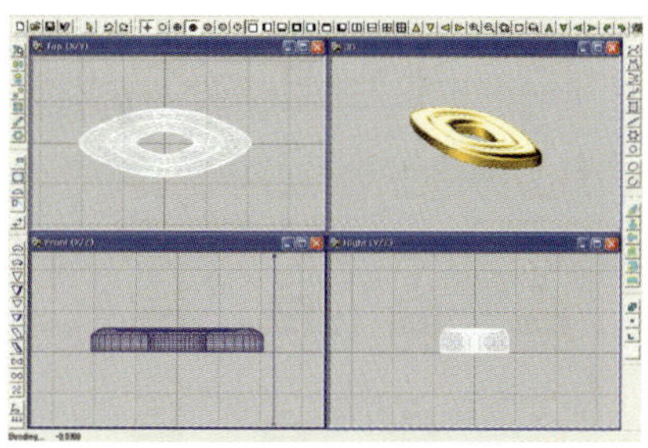
〈물체의 변형이 불가능해 진다.〉

변형된 물체란 굽힘이나 Projection mapping 또는 UV mapping과 같은 변형되는 명령을 실행하는 동안 변화되지 않는 모양의 물체를 말하며, 예를 들어 변형되지 않을 구형의 모양은 명령을 실행한 후에 원형으로 유지할 것이다.

다만 그 위치와 방향은 변화된다. 변형되지 않을 것으로 정의 된다면 JewelCAD에서의 모든 물체는 변형되어진 것이다.

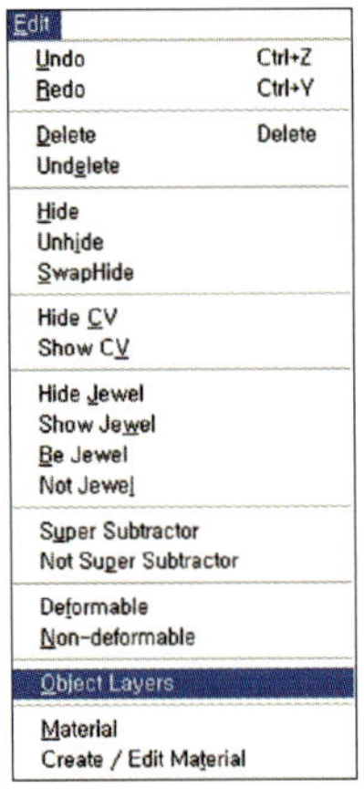

18. Object Layers(물체의 작업층)

- 아이콘 없음
- 단축키 없음

물체 레이어(작업층)의 특성을 변화시키는 명령이다.

이 명령을 실행하면 레이어 대화상자가 화면에 나타난다.

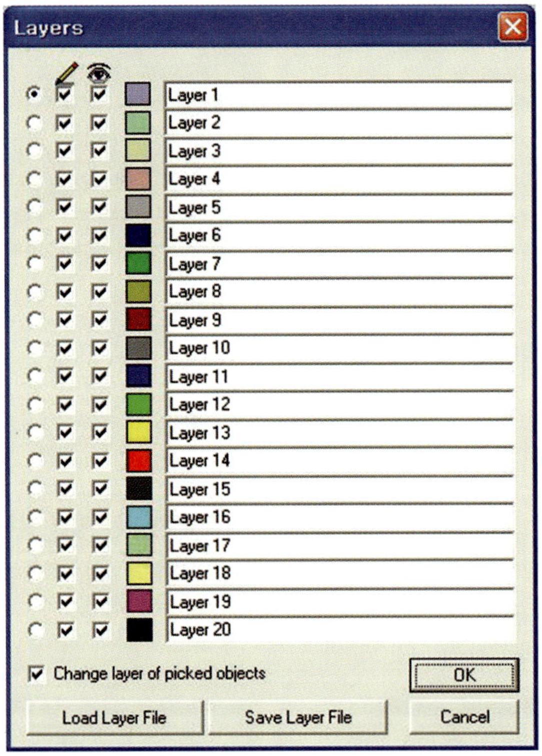

JewelCAD의 물체는 서로 다른 물체의 층으로 분리되며 레이어 대화상자에서는 모든 물체의 레이어가 목록으로 정리되어 있다. 각각의 물체 레이어는 다음과 같은 특성을 가지고 있다.

▶ **Editable**

레이어에서 편집 가능한 체크박스를 체크하는 경우 그 레이어의 물체들이 선택되고 변화된다.

▶ **Visible**

레이어에서 보이는 체크박스를 체크하는 경우 그 레이어의 물체들이 나타날 것이며 반대의 경우에는 감추어진다.

▶ **Color**

다른 층의 물체들은 다른 색상으로 나타나며 이들 색상들은 레이어 대화상자에 있는 동일한 색상의 버튼이 보인다. 만일 대화상자의 칼라버튼이 선택되면 화면에 색상 대화상자가 나타나게 되며 그때 레이어 색이 세팅될 수 있다.

▶ **Name**

각각의 레이어는 할당된 이름을 갖고 있다. 이름을 바꾸고 싶으면 무엇이든 의미를 부여할 수 있다. 레이어 대화상자에서 물체의 레이어의 특성을 바꿀 수 있으며, 현재의 레이어로서 하나의 물체 레이어를 선택할 수 있다. 새로운 물체는 현재의 물체 레이어에 할당된다.

레이어 대화상자의 아이템은 다음과 같다.

▶ **Change Layer of Picked Objects**

이 체크박스가 체크되면 선택된 물체들이 현재의 레이어에 변경될 것이다.

▶ **Load Layer File**

레이어 파일로부터 레이어 대화상자에 레이어의 특성을 얻을 수 있다. 이 버튼을 선택하면 파일 열기 대화상자가 나타나게 되며 레이어의 특성에 load하기 위하여 레이어 파일을 선택할 수 있다.

▶ **Save Layer File**

레이어 대화상자에서 레이어의 특성을 저장할 수 있다. 이 버튼을 선택하면 파일 저장하기 대화상자가 나타나게 되며 레이어의 특성을 저장하기 위하여 레이어 파일을 지정할 수 있다. 레이어 대화상자의 OK버튼이 선택되면 물체의 레이어 특성과 현재의 물체 레이어가 세팅된다.

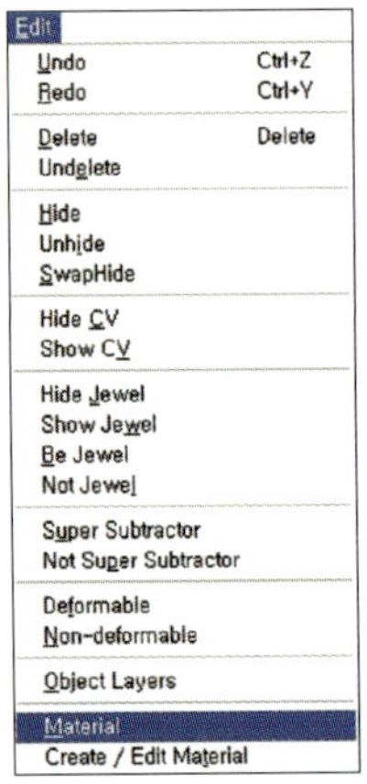

19. Material(재질 선택)

- 아이콘 없음
- 단축키 없음

물체의 재질을 변화시키는 명령이다.

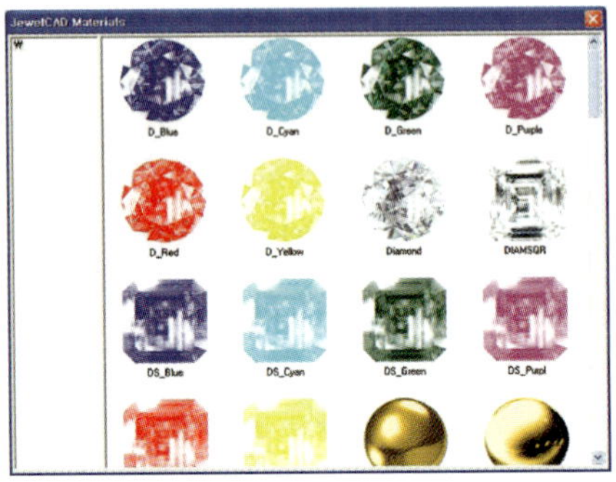

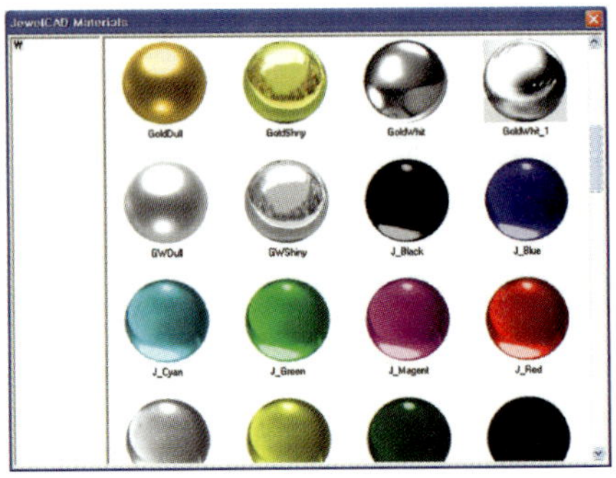

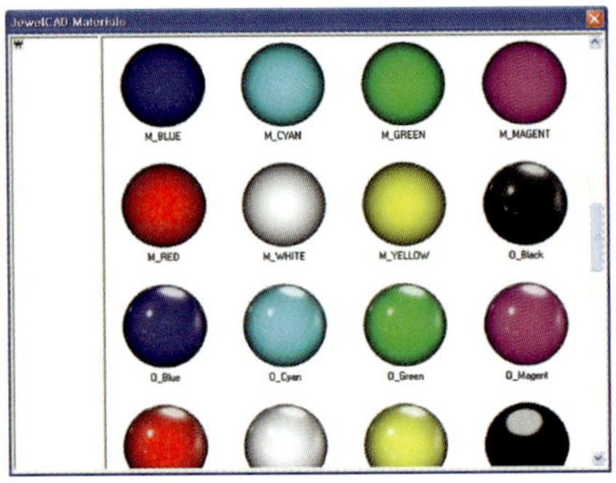

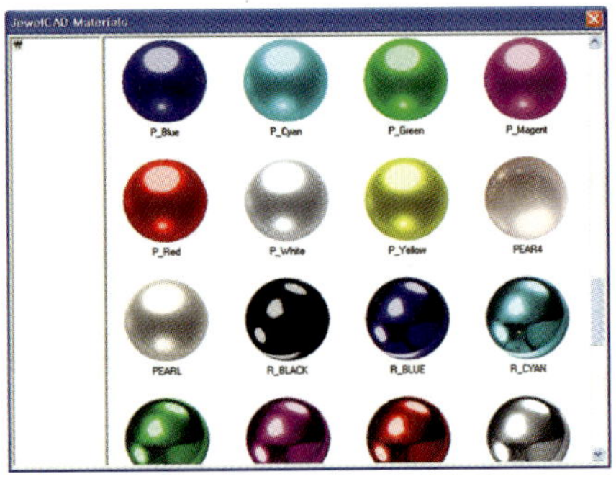

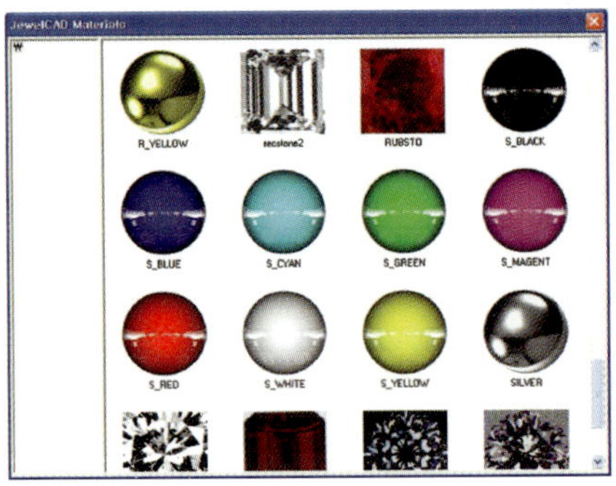

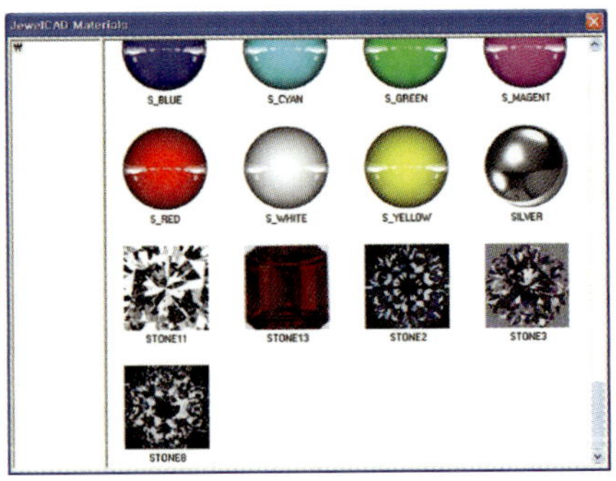

JewelCAD에서 각각의 물체 재질이 지정되고 칼라모드(렌더링)에서 나타난 물체의 형상에 영향을 미친다.

물체의 재질을 변경하려면 필요한 물체를 우선 선택하여 이 명령을 실행한다.

이 명령을 실행하면 재질 대화상자가 화면에 나타난다.

이 대화상자는 두 개의 구획 즉 디렉토리와 재질로 되어 있다.

디렉토리 구획은 모든 디렉토리에 기록되며 재료 디렉토리는 서브 디렉토리에 기록된다.

재질 구획은 재질 아이콘으로 나타난다.

디렉토리 구획에서 디렉토리를 클릭하면 재질구획은 클릭된 디렉토리에서 기록되어진 재질아이콘이 변경된다.

재질구획에서 아이콘을 클릭 할 때 대화상자는 닫혀지고, 그 재질은 화면에서 선택된 물체로 지정된다.

20. Create / Edit Material(재질 추가/ 재질 편집)

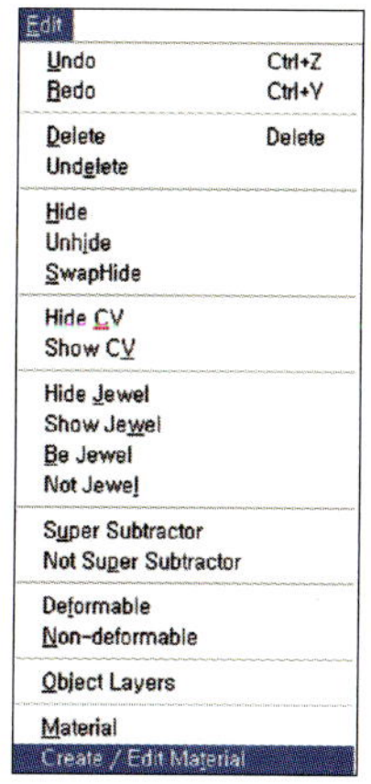

- 아이콘 없음
- 단축키 없음

JewelCAD에서 재질을 편집하거나 만드는 명령이다.

이 명령이 선택되면 재질 편집 대화상자가 화면에 나타난다.

대화상자는 다음의 아이템을 포함하고 있다.

▶ Material

새로 만들거나 편집하기 위한 재질의 결정방법은 다음의 세 가지가 있다.

① 재질편집박스에 재질 파일이름을 직접 입력시키는 방법이다.

② Browse 버튼을 선택하면 파일열기 대화상자가 화면에 나타나게 되며 필요한 재질과 일명을 결정하기 위한 대화상자를 사용할 수 있다. 파일열기 대화상자가 닫히면 결정된 재질파일명이 재질편집박스에 나타난다.

③ 기존의 물체에 사용된 재질을 사용한다. 이를 사용하기 위하여 물질의 재질버튼을 선택하면 재질 만들기/편집하기 대화상자가 닫힌다. 그리고 화면에 있는 물체를 선택한다. 그러면 화면에 대화상자가 다시 나타나고 물체의 재질이 재질편집박스에 나타난다.

재질은 아래의 3가지 종류의 요소에 의하여 정의되어 진다.

▶ Base Color

기초색상은 색의 분위기, 색의 발산도, 색의 반사도의 요소를 가지고 있다.
이러한 것은 색상과 일치하는 칼라박스를 선택함으로서 결정할 수 있다. 색상대화상자는 칼라를 결정하기 위하여 화면에 나타난다.

▶ Mapping

매핑은 질감, 융기, 반사, 광택의 구성요소를 포함한다. 각각의 이러한 구성요소는 비트맵 이미지 파일로 정의된다.
이것은 mapping 편집박스에 요구되는 이미지 파일명을 직접 입력시킴으로서 결정된다.
Texture, Bump, Reflect, Shiny 등의 버튼을 선택하면 파일열기 대화상자가 화면에 나타나게 되며 이미지 파일을 결정하기 위하여 대화상자를 사용할 수 있다.
파일열기 대화상자가 닫히면 결정된 이미지 파일명은 일치된 편집박스에 나타나게 된다.

▶ Appearance

외관은 투명도와 광채도를 포함하고 있으며, 편집박스에 0에서 100까지의 수치를 입력함으로서 결정된다.

▶ Generate material image

이 체크박스를 체크하면 이미지 파일이 만들어진다. 이 이미지 파일은 재질이 재질대화상자에서 나타날 때 재질 아이콘으로 사용될 것이다.
이 파일의 이름은 bmp 확장명을 쓴다.
Create/Edit 대화상자의 OK 버튼을 선택하면 대화상자가 닫히게 되고 그 요소들은 재질 파일에 저장되어 진다. 이렇게 하여 화면에 있는 선택된 물체들은 재질이 지정된다.

4-3 View 메뉴

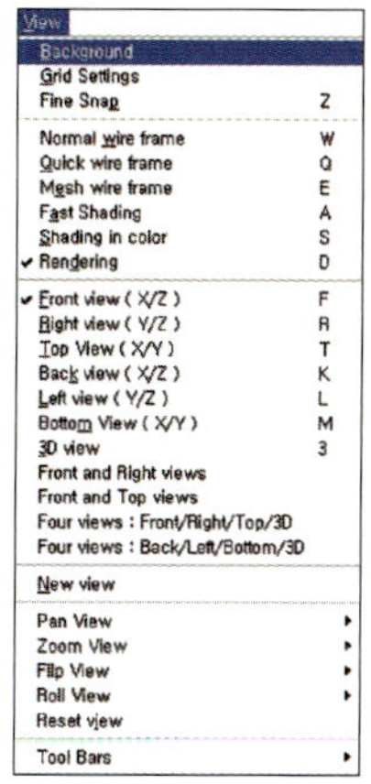

JewelCAD 화면에서의 물체를 다양한 방법으로 볼 수 있게 하는 명령이다.

1. Background(배경 화면)

- 아이콘 없음
- 단축키 없음

JewelCAD 배경에 비트맵 이미지(Bitmap Image)를 보여준다.
이 명령을 선택하면 배경 대화상자가 화면에 나타난다.

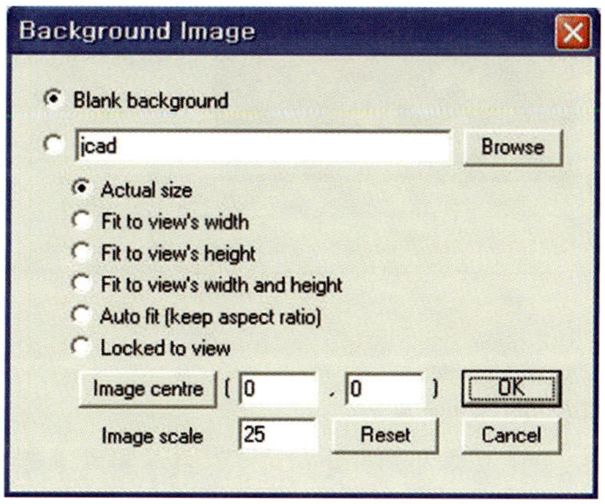

▶ Blank Background

배경에 이미지가 보이지 않게 하기 위하여 이 명령을 선택한다.

▶ Background Image File

화면의 배경에 이미지 파일을 결정하기 위해서 편집박스를 활용한다. 편집박스에 이미지 파일명을 직접 입력할 수도 있고, 브라우저 버튼을 선택함으로써 파일열기 대화상자를 불러올 수도 있다. 파일열기 대화상자로부터 이미지 파일을 결정하고자 할 때 이미지 파일이름은 편집박스에 나타나고 이미지 파일은 화면의 배경으로 나타난다.

▶ Image Displaying Options

화면에 이미지를 나타내는 방법은 여러 가지가 있다.

◉ **Actual size**(실제 크기)

실제 크기로 화면 중앙에 이미지를 보여준다.

◉ **Fit to view's width**(화면 넓이에 맞춤)

화면의 넓이를 적정하게 맞추기 위하여 이미지를 크게 하거나 줄인다.

⊙ **Fit to view's height**(화면 높이에 맞춤)

화면의 높이를 적정하게 맞추기 위하여 이미지를 크게 하거나 줄인다.

⊙ **Fit to view's width and height**(화면 넓이와 높이에 맞춤)

화면의 넓이와 높이를 적정하게 맞추기 위하여 이미지를 크게 하거나 줄인다. 이 옵션은 이미지의 형상비를 변화시킨다.

⊙ **Auto fit (keep aspect ratio)**(자동으로 화면의 크기에 맞춤)

이 화면은 이미지의 크기를 조절하여 전 화면에 맞추어진다. 이때 형상비는 유지된다.

⊙ **Locked to view**(화면에 이미지 고정)

화면의 확대 또는 축소할 경우 이미지를 고정시킨다. 이때 이미지는 함께 확대되거나 축소된다.

화면 옵션에서 고정시킴으로써 이미지의 위치와 크기를 변화시킬 수 있다.

이미지 위치를 변경시키기 위하여 이미지 어디를 변화시켜야 하는지 결정해야 한다. 편집박스 안에서 이미지 중심의 수평, 수직 좌표를 직접 입력하는 방법과 이미지센터 버튼을 사용할 수 있다. 그 가운데 이미지센터 버튼을 선택하는 것이 좀더 쉬운 방법이다. 이미지센터 버튼을 선택한 후에는 원하는 이미지에 커서를 옮겨 놓고 왼쪽마우스 버튼을 누르면 이미지센터가 결정된다.

이미지 크기를 변경하기 위해 이미지 크기 편집박스에 필요한 크기를 직접 입력하고, 리셋버튼을 선택하면 이미지 중심과 이미지 크기가 원래대로 리셋된다.

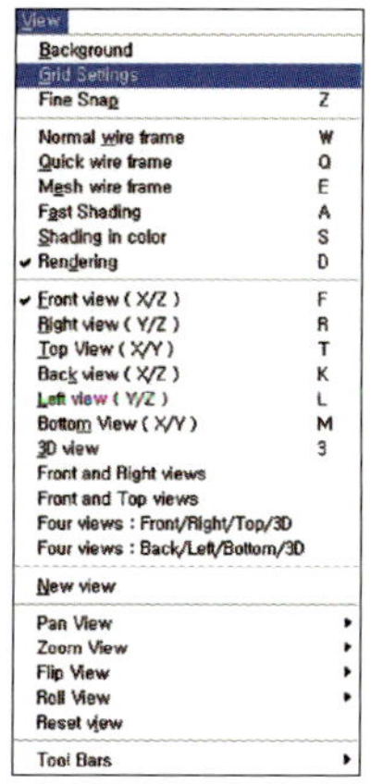

2. Grid Settings(화면 그리드세팅)

- 아이콘 없음
- 단축키 없음

화면에서 정면, 우측면, 평면의 형상에 대한 그리드 간격 세팅을 조절하는 명령이다.

이 명령을 선택하면 화면에 그리드 셋팅 대화상자가 나타난다.

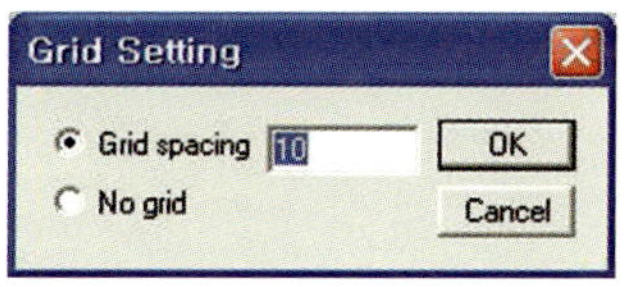

⦿ **Grid spacing**(그리드 간격)

이 옵션을 선택하면 정면, 우측면, 평면의 그리드 선이 보인다. 그리드선은 편집박스에서 조절한다.

⦿ **No grid**(그리드 없음)

이 옵션을 선택하면 수직, 수평축이외의 정면, 우측면, 평면의 그리드선이 보이지 않는다.

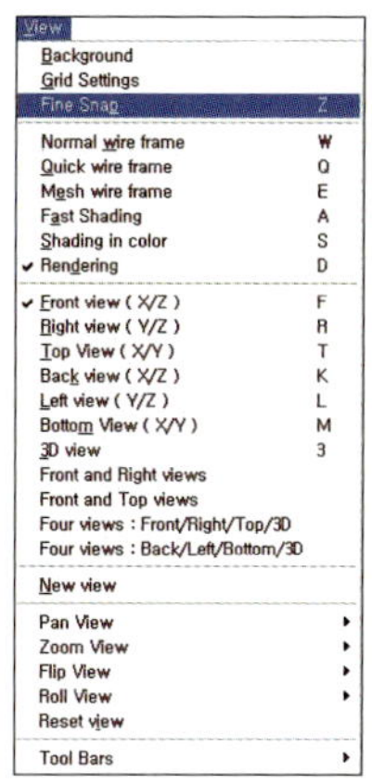

3. Fine Snap(스넵 조절)

- 아이콘 
- 단축키 **Z**

마우스 사용시 미세한 움직임과 거친 움직임 모드로 전환을 시킨다.

현재의 snapping 모드를 거친 모드에서 섬세한 모드로 변화시키는 명령이다.

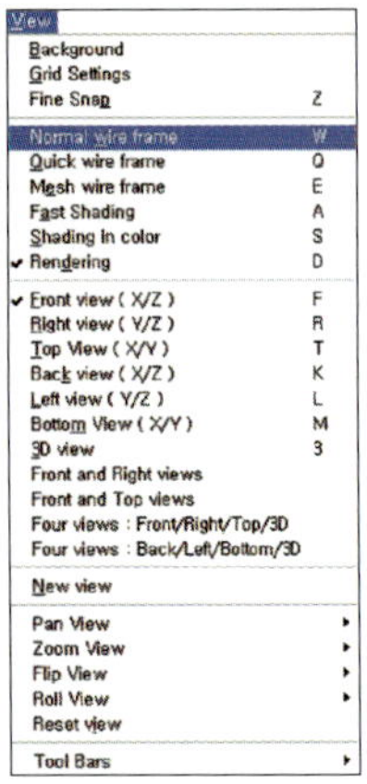

4. Normal wire frame(표준적인 선의 구조)

- 아이콘
- 단축키 **W**

물체를 표준적인 선의 구조 모드로 나타내는 명령이다. 일반적인 작업 시 많이 사용하게 된다.

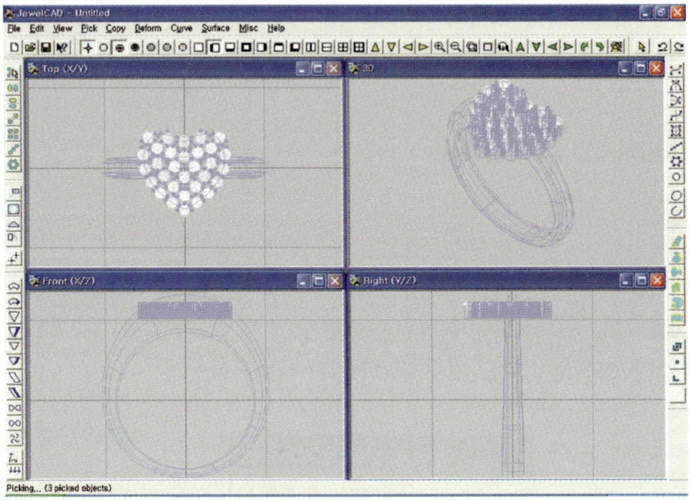

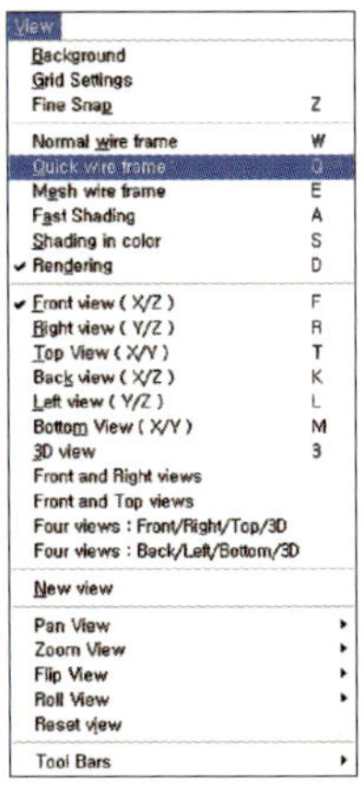

5. Quick wire frame(빠른 선의 구조)

- 아이콘
- 단축키 **Q**

물체를 빠른 선의 구조 모드로 나타내는 명령이다. 가장 간단한 구조로 빠르게 작업을 할 수 있다.

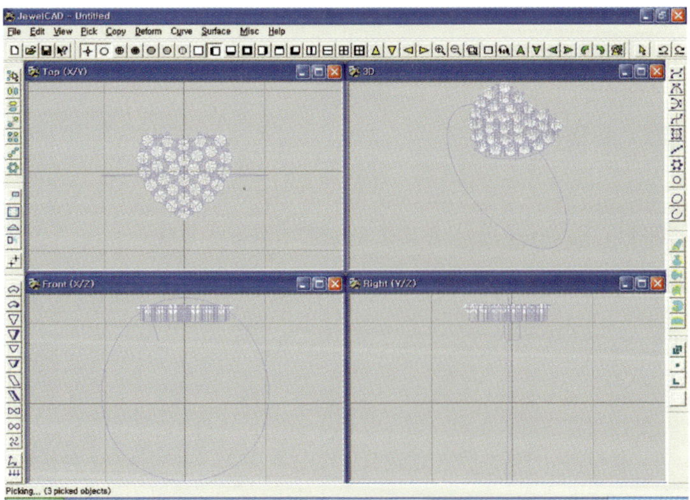

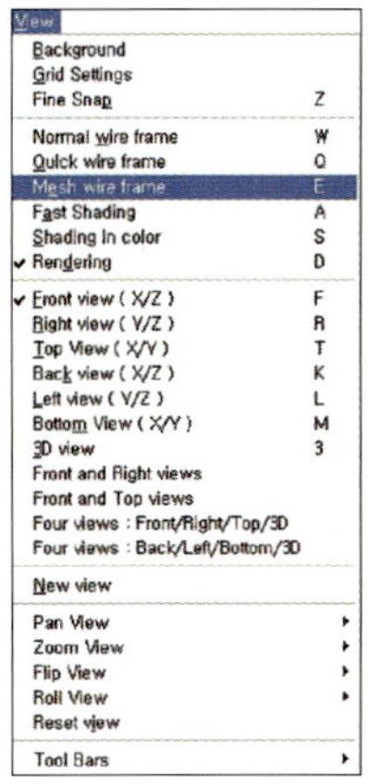

6. Mesh wire frame (그물형태 선의 구조)

- 아이콘
- 단축키 **E**

물체를 덩어리적인 그물형태의 선구조 모드로 나타내는 명령이다. 작업의 진행속도는 선구조로 물체를 보여주는 것 가운데 가장 느리다.

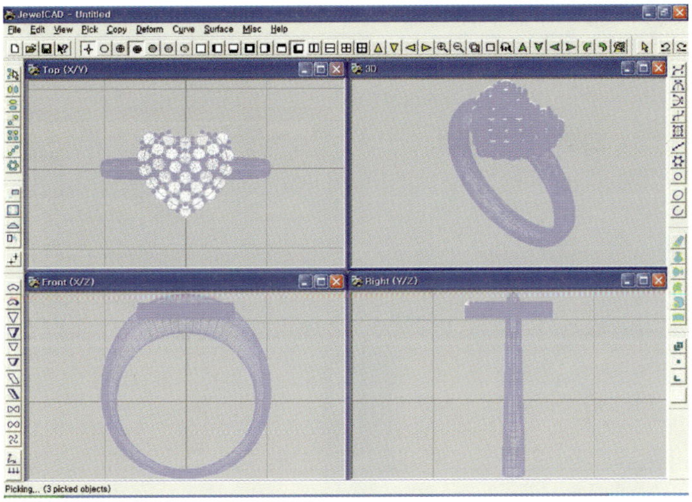

7. Fast Shading(빠른 칼라 명암모드)

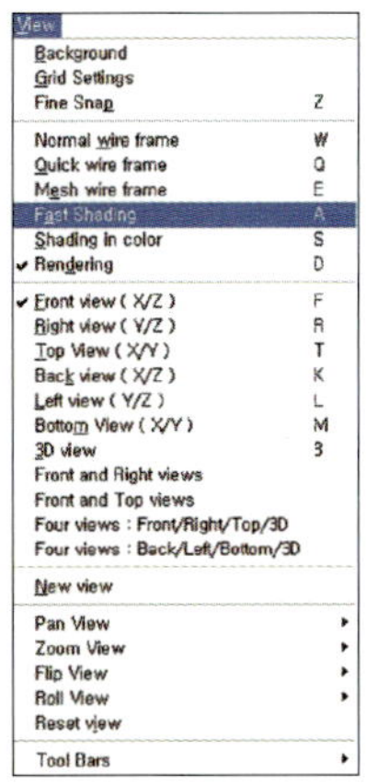

- 아이콘
- 단축키 **A**

물체를 빠른 칼라 명암모드로 나타내는 명령이다. Boolean 작업의 결과는 보여주지 않는다.

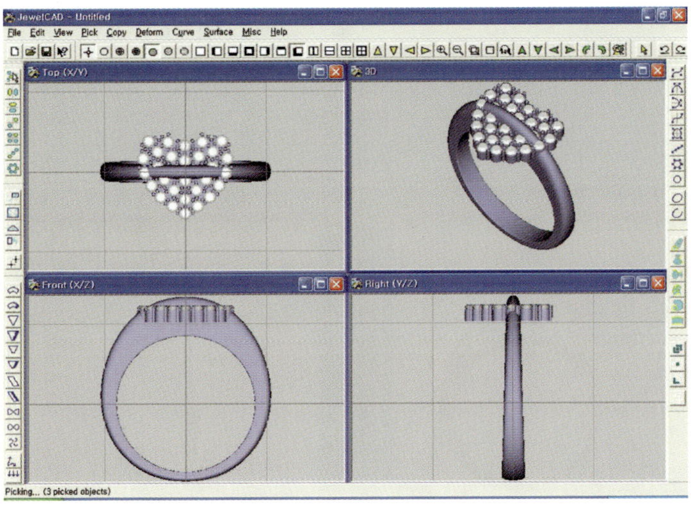

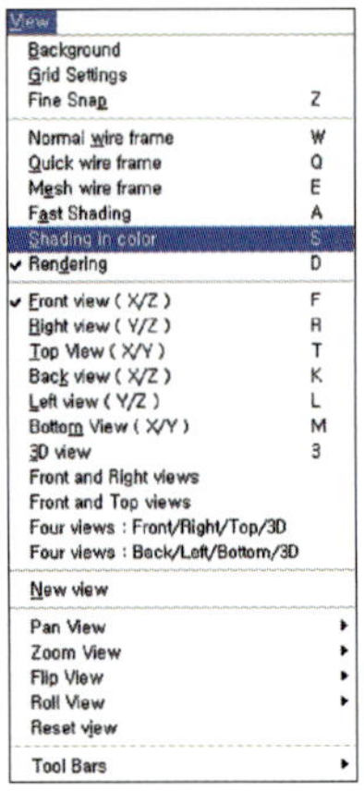

8. Shading in color(칼라 명암모드)

- 아이콘
- 단축키 **S**

물체를 칼라 명암모드로 나타내는 명령이다. Boolean 작업의 결과가 보여 진다.

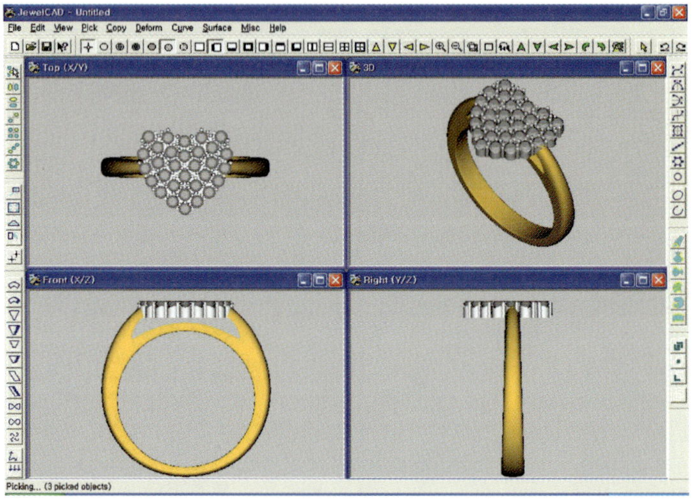

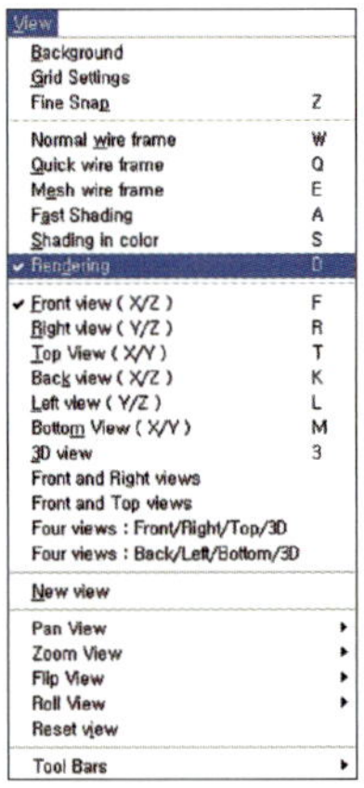

9. Rendering(렌더링 모드)

- 아이콘
- 단축키 **D**

물체를 렌더링 모드로 나타내는 명령이다. 실물과 유사하게 표현됨으로 작업속도가 느리다. Boolean 작업의 결과가 보여 진다.

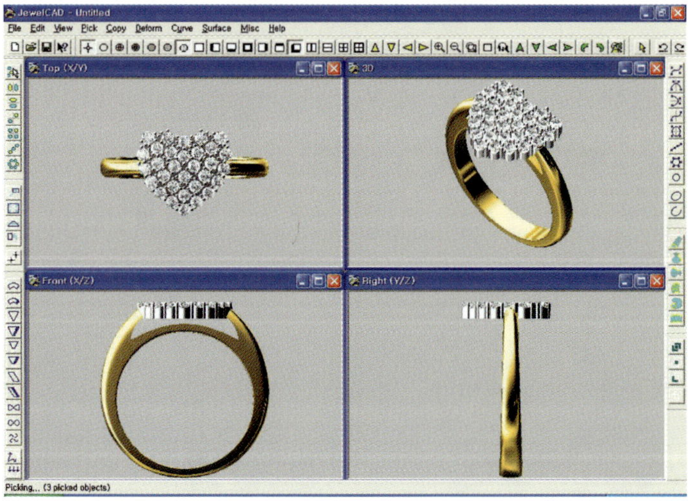

10. Front view(X/Z) (정면도 화면)

- 아이콘
- 단축키 **F**

물체의 정면도를 보이게 하는 명령이다.

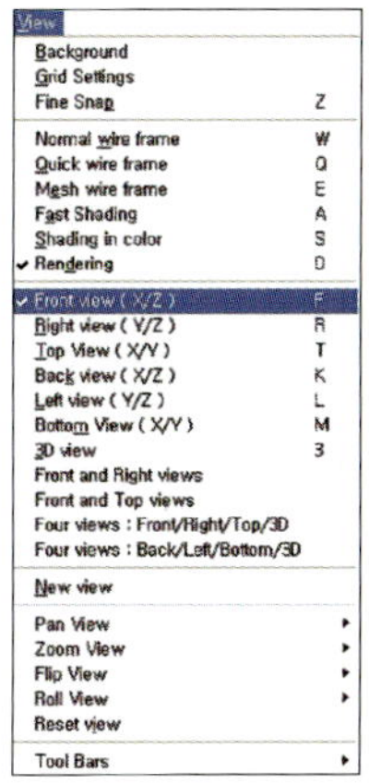

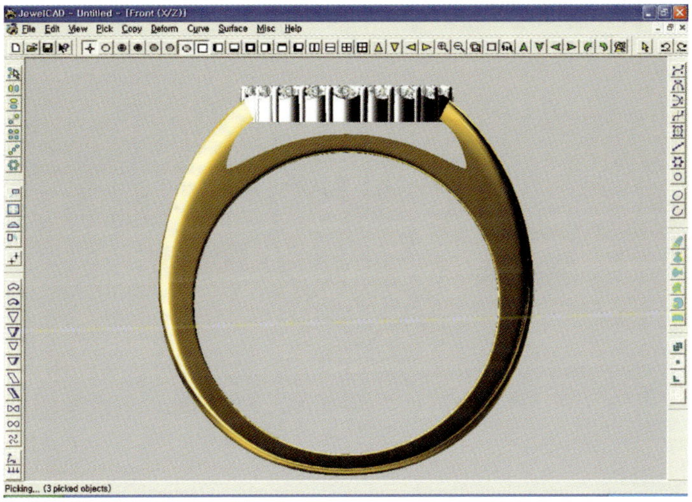

11. Right view (Y/Z) (우측면도 화면)

- 아이콘
- 단축키 **R**

물체의 우측면도를 보이게 하는 명령이다.

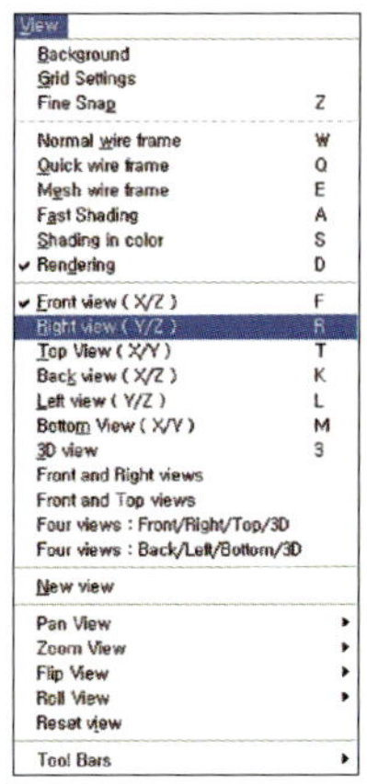

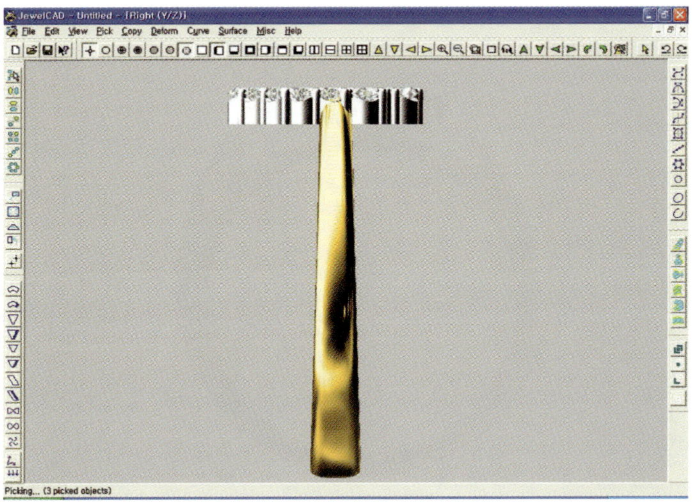

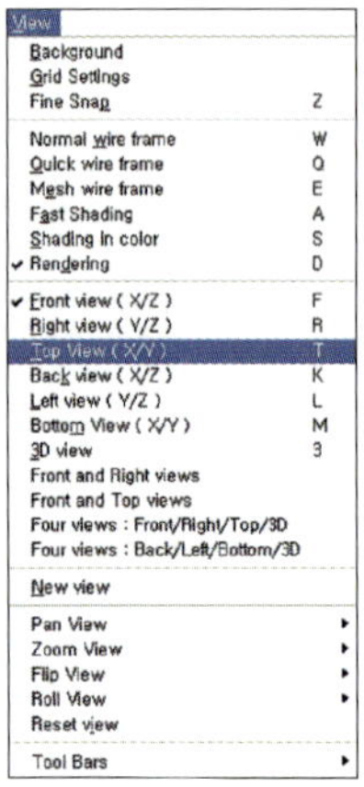

12. Top view(X/Y) (평면도 화면)

- 아이콘
- 단축키 T

물체의 평면도(위)를 보이게 하는 명령이다.

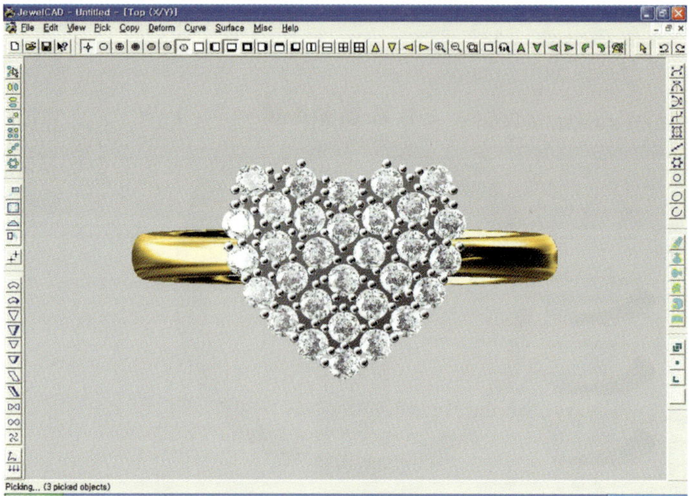

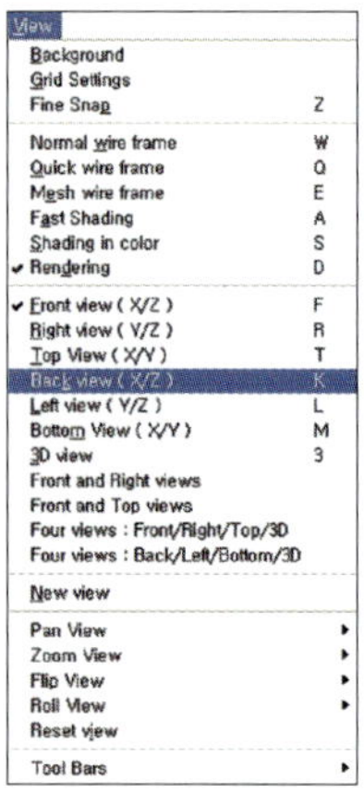

13. Back view (X/Z) (후면도 화면)

- 아이콘
- 단축키 K

물체의 후면도를 보이게 하는 명령이다. 정면도의 반대쪽 모습이다.

14. Left view(Y/Z) (좌측면도 화면)

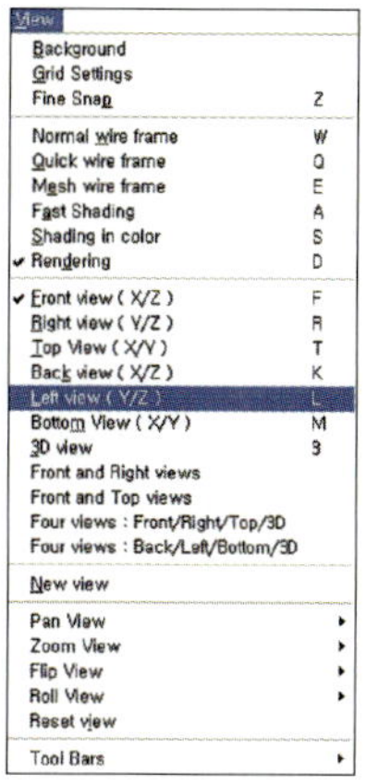

- 아이콘
- 단축키 **L**

물체의 좌측면도를 보이게 하는 명령이다. 우측면도의 반대쪽 모습이다.

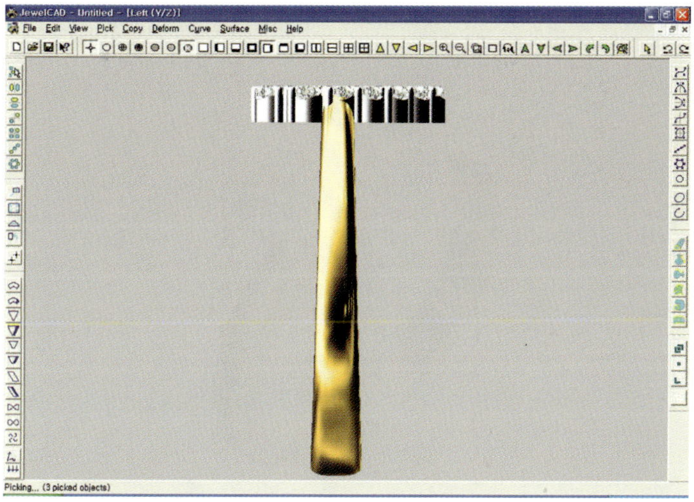

15. Bottom view(X/Y) (배면도 화면)

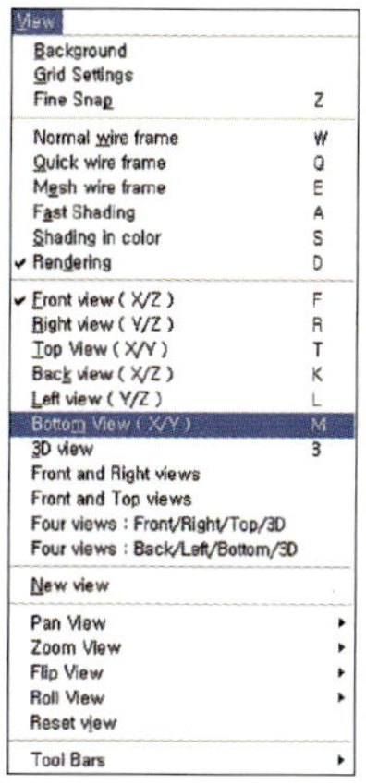

- 아이콘
- 단축키 **M**

물체의 배면도를 보이게 하는 명령이다. 평면도의 반대쪽 모습이다.

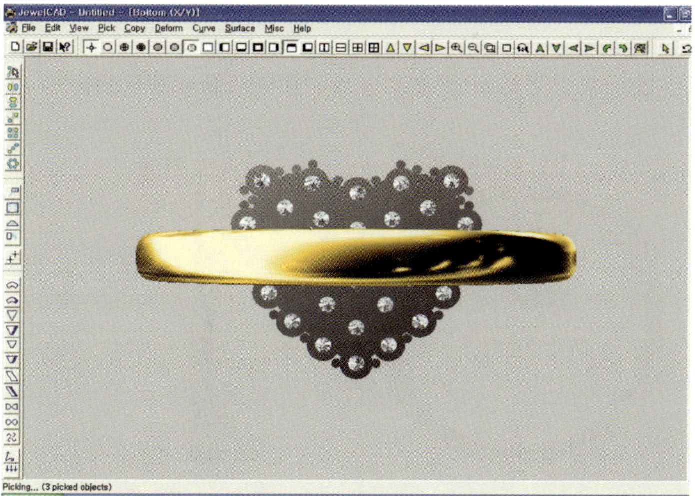

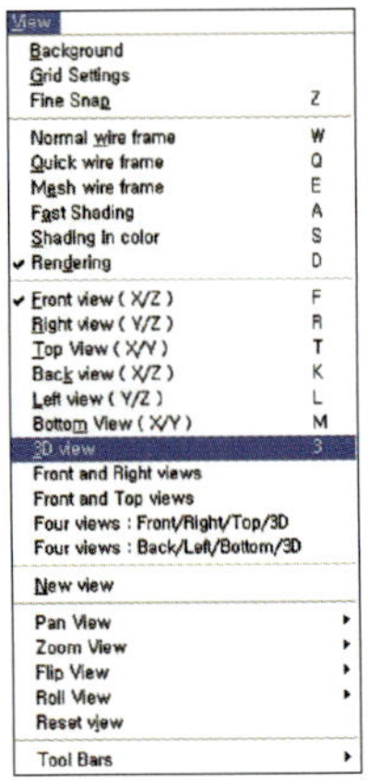

16. 3D view(Y/Z) (입체도 화면)

- 아이콘
- 단축키 **3**

물체를 3차원으로 3D 입체도를 볼 수 있게 하는 명령이다. 어떠한 각도로도 물체를 움직일 수 있다.

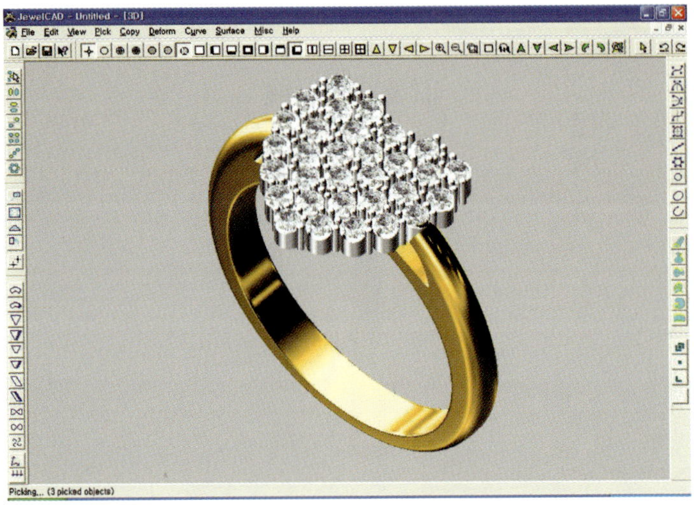

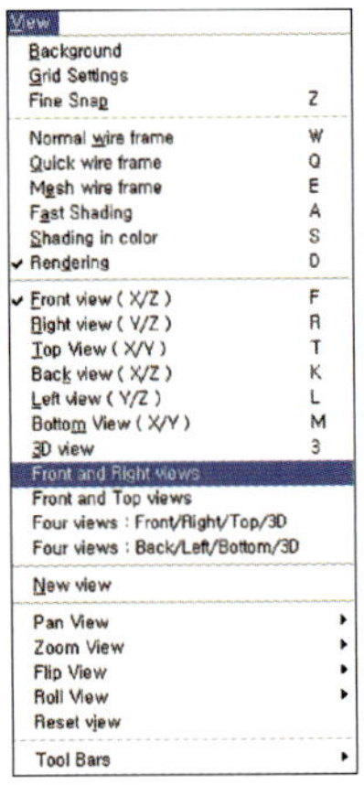

17. Front and Right views(정면도와 우측면도 화면)

- 아이콘
- 단축키 없음

화면을 정면도와 우측면도를 나누어 동시에 보여주는 명령이다.

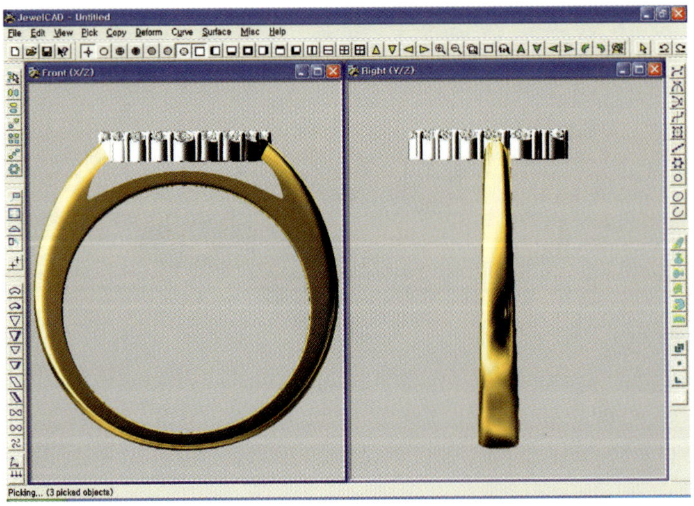

18. Front and Top views(정면도와 평면도 화면)

- 아이콘
- 단축키 없음

화면을 정면도와 평면도로 나누어 동시에 보여 주는 명령이다.

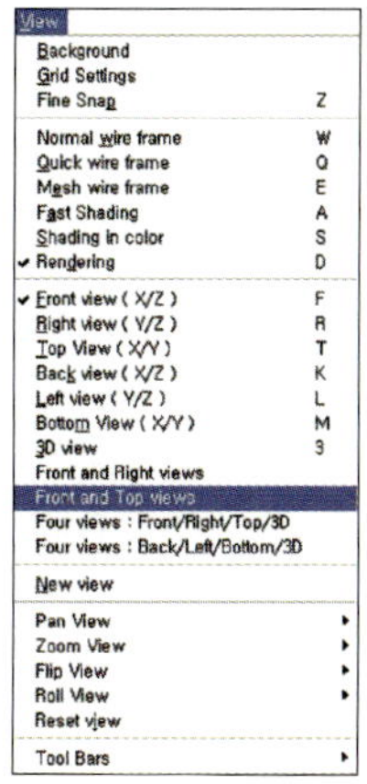

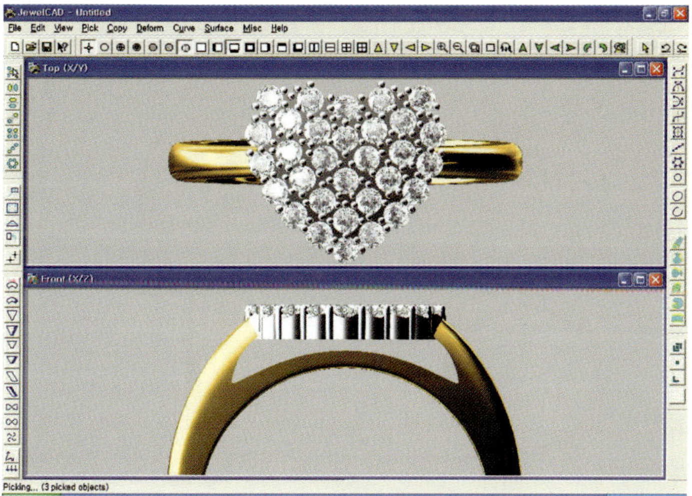

19. Four views : Front/Right/Top/3D(3각법 화면)

- 아이콘
- 단축키 없음

화면을 3각법(정면/우측면/평면/3D)으로 보여 주는 명령이다.

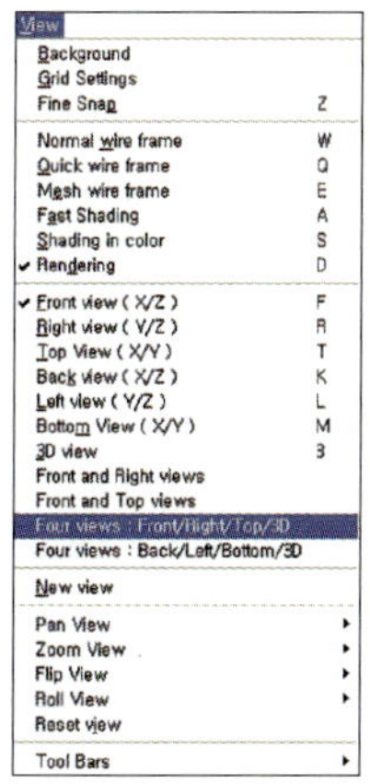

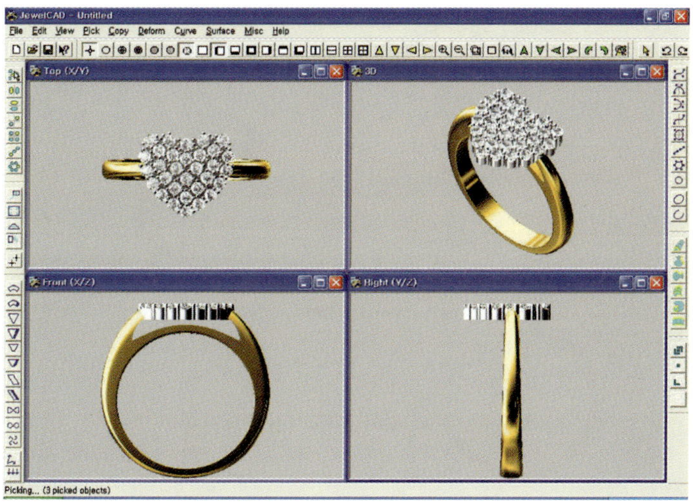

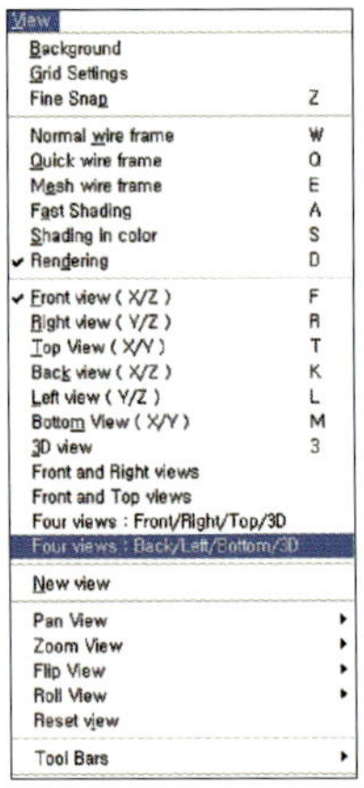

20. Four views : Back/Left/Bottom/3D(1각법)

- 아이콘 ⊞
- 단축키 없음

화면을 1각법(후면/좌측면/배면/3D)으로 보여 주는 명령이다.

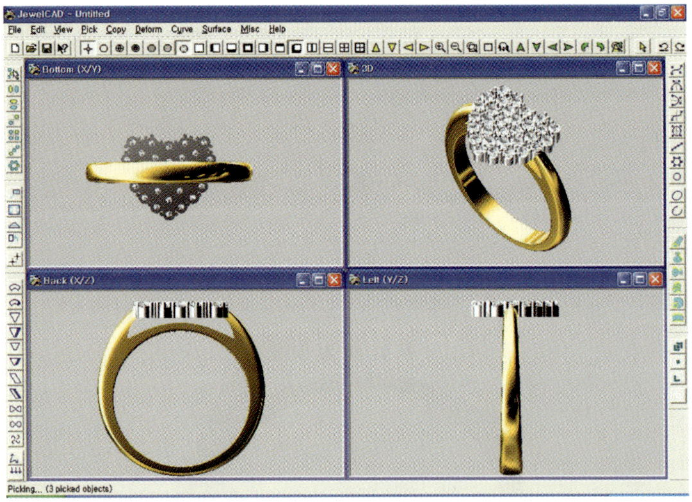

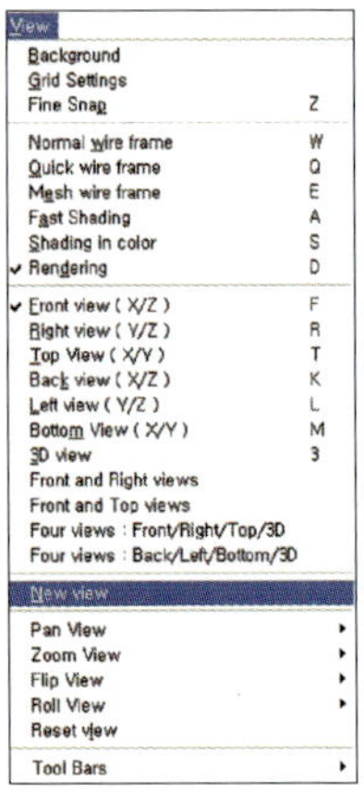

21. New view(새 화면)

- 아이콘 없음
- 단축키 없음

새로운 화면을 만드는 명령으로 새 화면은 현재의 화면을 복사한다.
예를 들면 현재의 화면이 평면이면 새로운 화면도 평면이 된다.

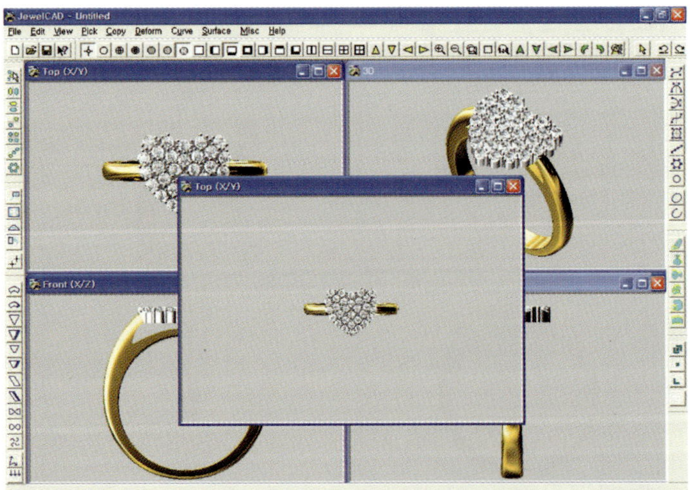

22. Pan View(화면 이동)

- 아이콘 있음
- 단축키 없음

현재의 화면을 위로, 아래로, 좌로, 우로 이동시키는 명령이다.
아래의 명령들을 사용하여 이동할 수 있다.

Up	△	현재의 화면을 위로 이동시키기
Down	▽	현재의 화면을 아래로 이동시키기
Left	◁	현재의 화면을 왼쪽으로 이동시키기
Right	▷	현재의 화면을 오른쪽으로 이동시키기

위의 명령들을 선택하면 화면이 이동한다.

마우스를 이용하여 모양을 이동시키는 방법이 있다. 먼저 Tap키와 Ctrl키를 누르고 마우스 왼쪽을 누르면 화면 이동시키기 모드로 된다.

```
       Left Mouse Button = Flip           Right Mouse Button = Zoom
Ctrl + Left Mouse Button = Pan     Ctrl + Right Mouse Button = Roll
```

〈단축키 상자〉

마우스를 보기에 따라 움직여서 마우스 버튼을 띄거나 키보드를 사용하여 화면 이동을 마친다. 그리고 Tap키를 누름으로써 원래의 모드로 되돌아간다.

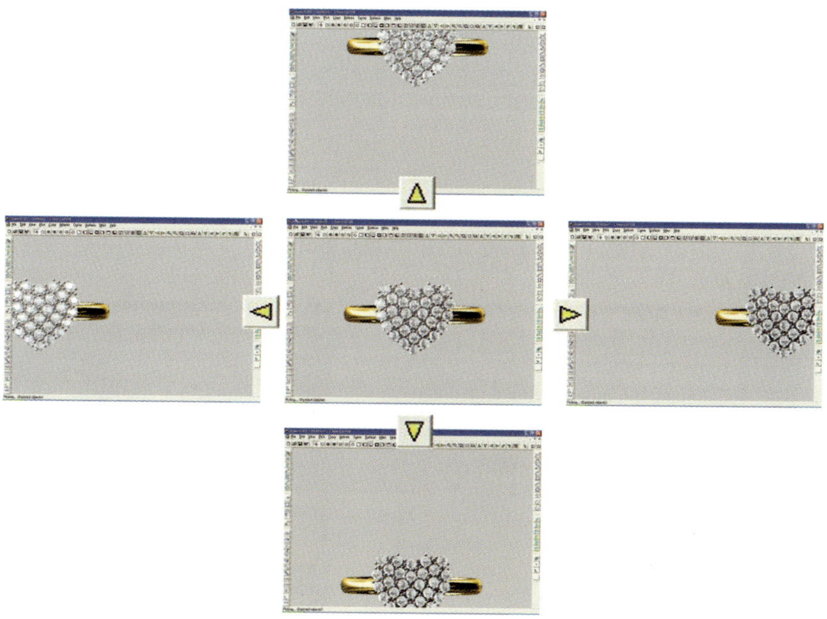

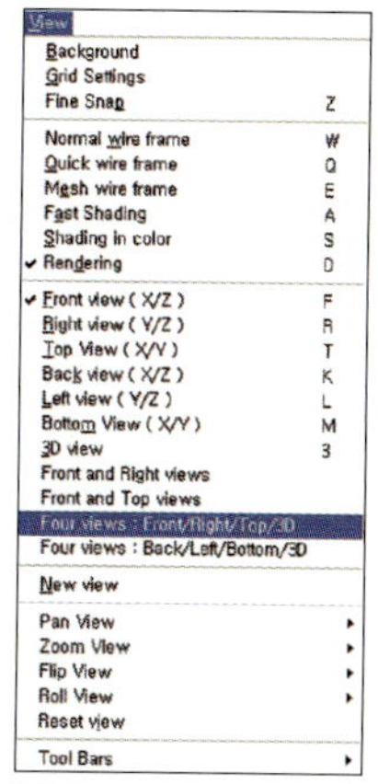

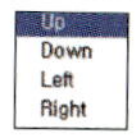

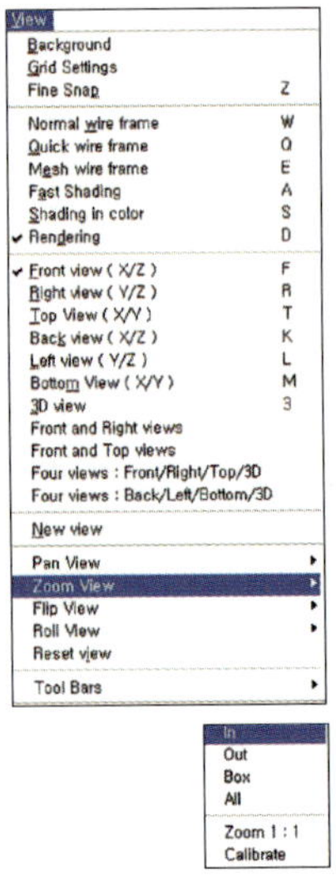

23. Zoom View(화면 확대, 축소)

- 아이콘 있음
- 단축키 없음

현재의 모양을 확대시키거나 축소시키는 명령이다.

아래와 같은 명령들이 있다.

In 현재의 모양에서 물체를 확대하기

Out 현재의 모양에서 물체를 축소하기

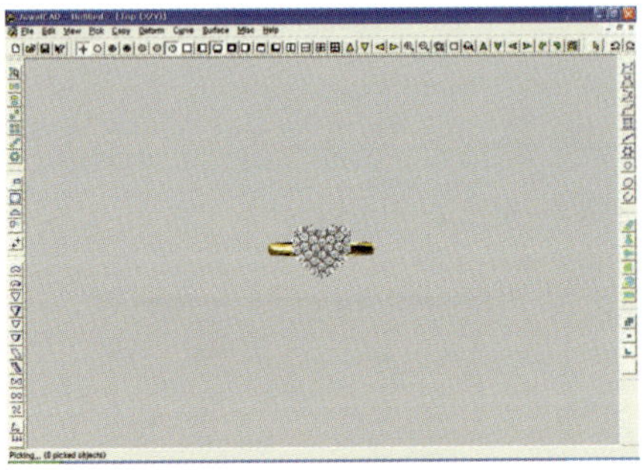

Box 확대박스로 확대하기.

원하는 부분을 마우스로 드래그하여 선택한 부분을 화면에 확대한다.

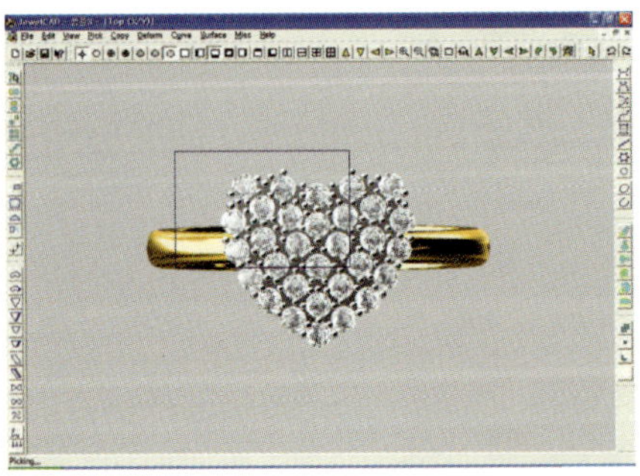

All 모든 물체를 화면 안에 나타내기 위한 현재의 화면 확대

Zoom 1:1 1:1 크기로 물체를 현재의 화면에 확대하기

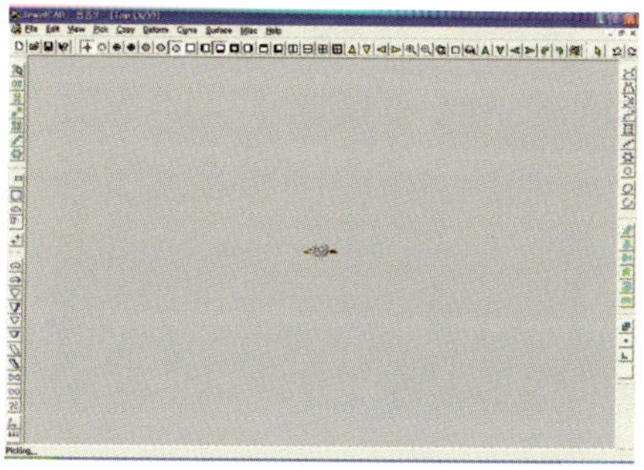

Calibrate 모든 물체를 화면 안에 나타내기 위한 현재의 화면 확대

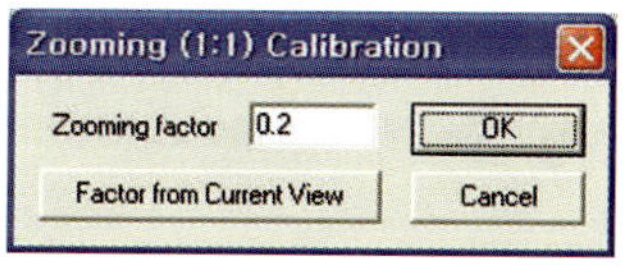

확대, 축소, 화면에 맞게 조절 또는 1:1 확대 등의 명령을 선택하면 현재의 화면이 동시에 확대된다. 확대박스를 선택한다면, 화면에서 확대상자를 드래그 하여야 하며 확대된 모양으로 커서를 움직여 왼쪽마우스 버튼을 놓으면 확대 대화상자에 의해서 정해진 범위가 화면에 확대될 것이다.

Calibration 명령을 선택하면 Zoom 1:1 Calibration 대화상자가 나타난다.

이 대화상자에서는 확대인자가 1:1 Zoom으로 결정한다. 이 인자는 편집박스에 적당한 수치를 입력시킴으로써 결정할 수 있다. 이것은 현재의 보기를 1:1에서 첫 번째의 확장으로 결정할 수 있고 대화상자에서 현재의 보기 버튼으로부터 인자를 선택할 수도 있다. 편집박스에서 필요한 확대 인자가 보여질 것이다.

다른 방법으로는 마우스를 사용하는 방법이 있는데, 우선 키보드의 Tap키를 누른다. 그리고 마우스의 오른쪽을 누르면 JewelCAD는 Zoom모드로 되어 있을 것이다.

```
       Left Mouse Button = Flip          Right Mouse Button = Zoom
Ctrl + Left Mouse Button = Pan    Ctrl + Right Mouse Button = Roll
```

〈단축키〉

마우스를 오른쪽, 왼쪽 등으로 움직이면 모양이 확대되거나 축소되어진다. Zoom의 마지막에서 마우스 버튼을 놓고 Tap키와 Ctrl키를 떼어 놓으면 된다.

JewelCAD는 Tap키를 누르기 전 상태로 되돌아간다.

휠 마우스의 경우에는 휠을 위, 아래로 움직이면서 Zoom을 사용한다.

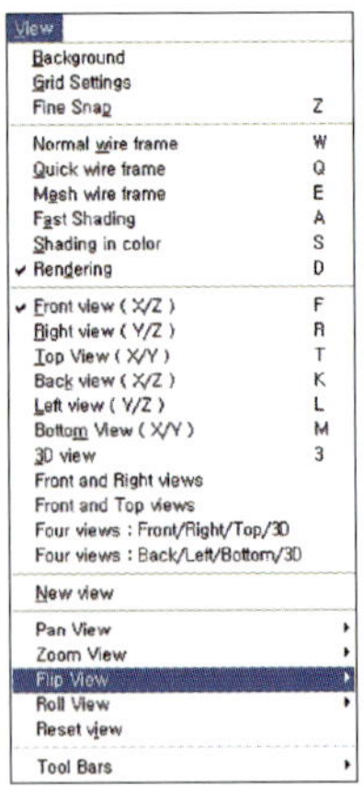

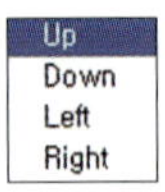

24. Flip View(화면 뒤집기)

- 아이콘 있음
- 단축키 없음

3D 화면을 위, 아래, 왼쪽 또는 오른쪽으로 회전시키는 명령이다.

Up 3D 화면을 위로 회전시킨다.

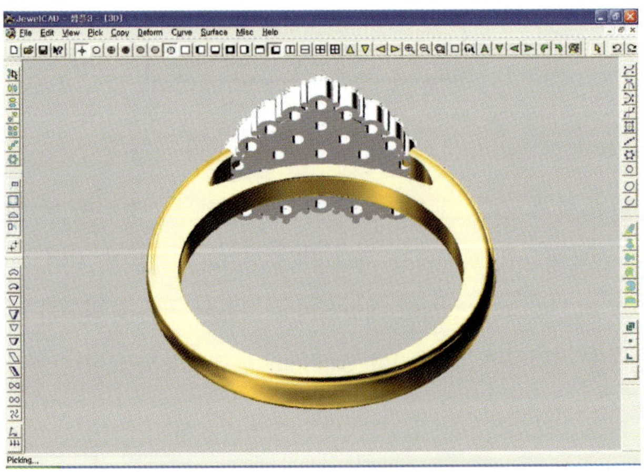

Down 3D 화면을 아래로 회전시킨다.

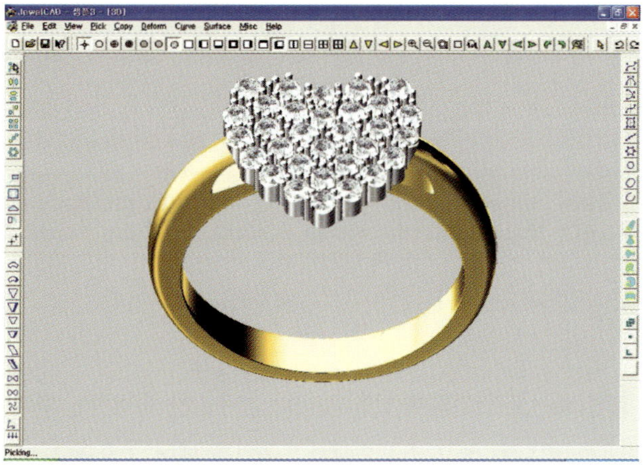

Left 3D 화면을 왼쪽으로 회전시킨다.

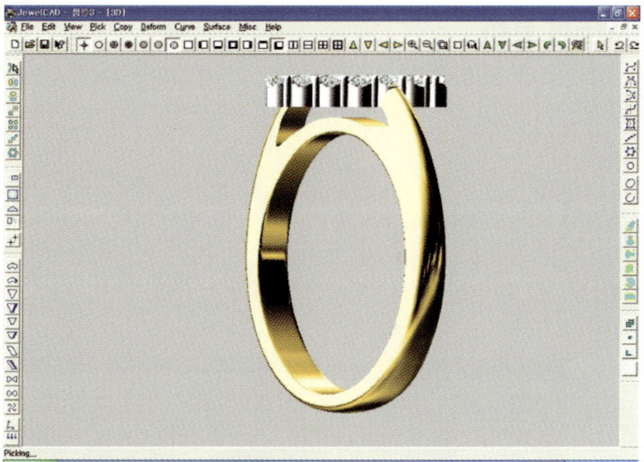

Right 3D 화면을 오른쪽으로 회전시킨다.

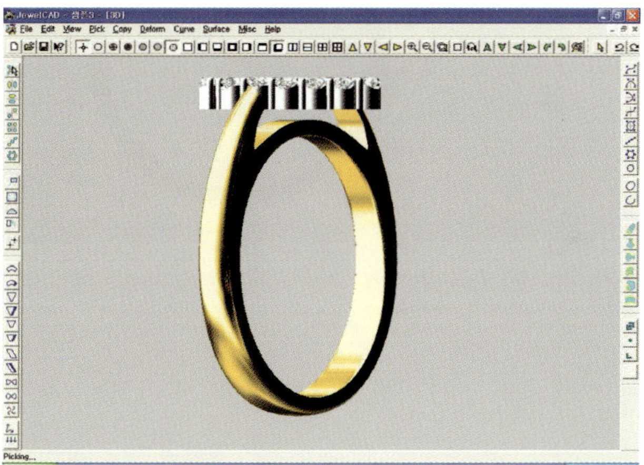

이 명령을 사용하려면, 3D 화면이 현재의 화면으로 선택되어야만 한다. 이 명령이 선택되었을 때 3D 화면은 회전모드가 된다.

다른 방법으로는 마우스를 사용하는 방법이 있는데 우선 키보드의 Tap키를 누른다. 그리고 마우스의 왼쪽을 누른다.

```
     Left Mouse Button = Flip          Right Mouse Button = Zoom
Ctrl + Left Mouse Button = Pan    Ctrl + Right Mouse Button = Roll
```

〈단축키〉

JewelCAD는 화면 회전모드로 되어 있을 것이다. 마우스를 움직이면 화면이 회전된다. 화면 회전이 끝났을 때, 마우스 버튼을 놓고 키보드에서 Tap키를 떼어 놓으면 된다. JewelCAD는 Tap키를 누르기 전 상태로 되돌아간다.

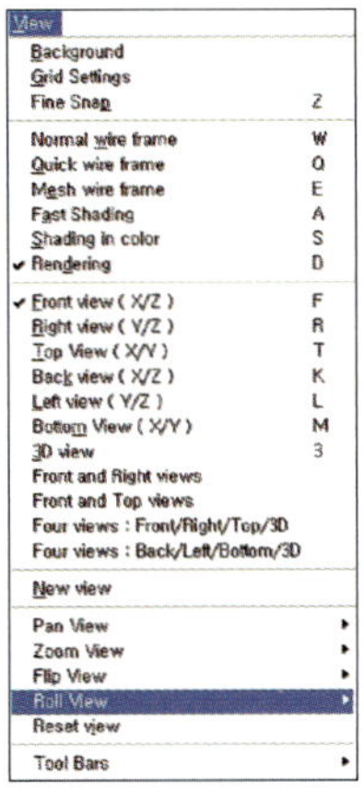

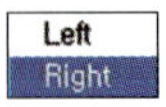

25. Roll View(화면 회전)

- 아이콘 있음
- 단축키 없음

3D 화면을 시계방향 또는 반시계방향으로 회전시키는 명령이다.

Left  3D 화면을 반시계방향으로 회전시킨다.

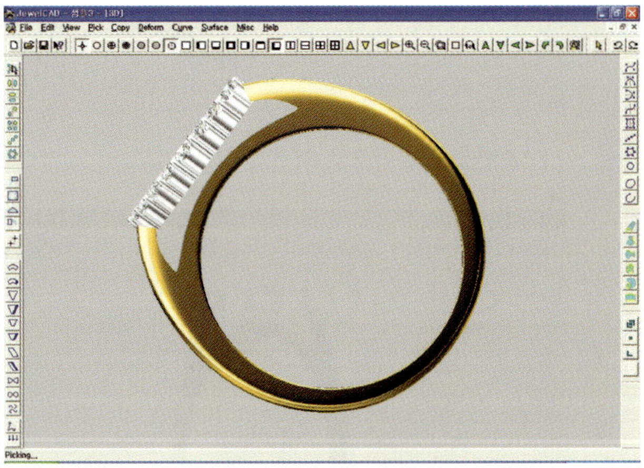

Right 3D 화면을 반시계방향으로 회전시킨다.

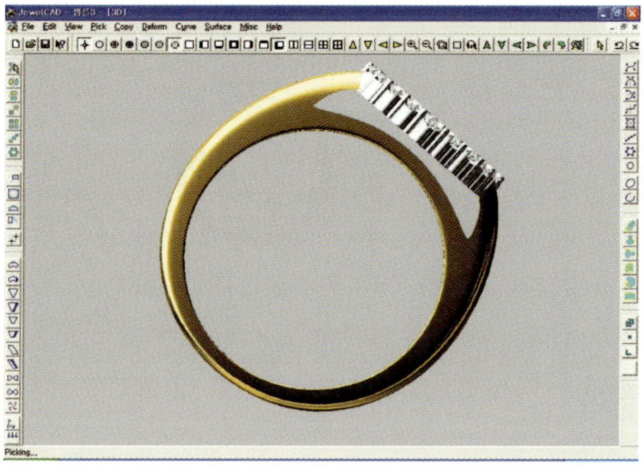

이 명령을 사용하기 위해서는 3D 화면을 현재의 화면으로 선택해야 한다. 이 명령이 선택되면 3D 화면은 동시에 역할을 하게 된다.

다른 방법으로는 마우스를 사용하는 방법이 있는데 우선 키보드의 Tap키와 Ctrl키를 누른다. 그리고 마우스의 오른쪽을 누른다.

```
       Left Mouse Button = Flip          Right Mouse Button = Zoom
Ctrl + Left Mouse Button = Pan    Ctrl + Right Mouse Button = Roll
```

〈단축키〉

JewelCAD는 화면 회전모드로 되어 있을 것이다. 마우스를 오른쪽, 왼쪽으로 움직이면 모양이 회전되어진다. Roll의 마지막에서 마우스 버튼을 놓고 Tap키와 Ctrl키를 떼어 놓으면 된다. JewelCAD는 Tap키를 누르기 전 상태로 되돌아간다.

휠 마우스의 경우에는 휠을 위, 아래로 움직이면서 회전을 사용한다.

26. Reset view(화면 재조정)

- 아이콘
- 단축키 없음

화면을 이동한 것, 확대 축소되어진 것 또는 회전되어진 것들을 다시 세팅하는 명령이다.

이 명령을 사용하면 현재의 화면에 앞서 작업했던 Pan, Zoom, Flip, Roll 명령을 선택하기 이전 상태로 리셋 된다.

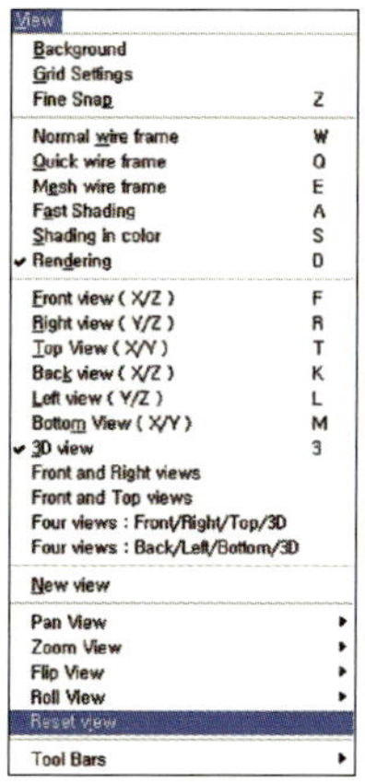

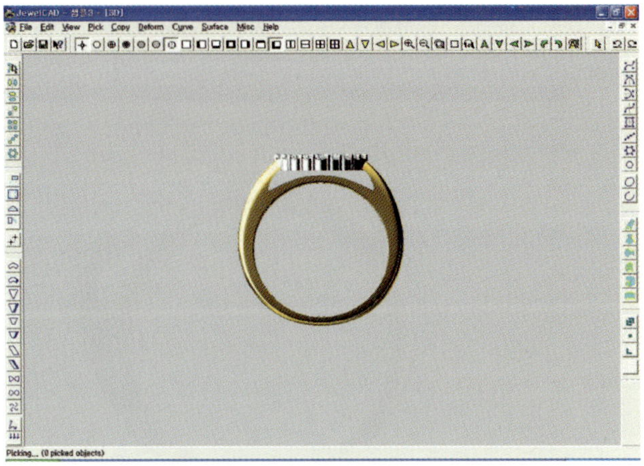

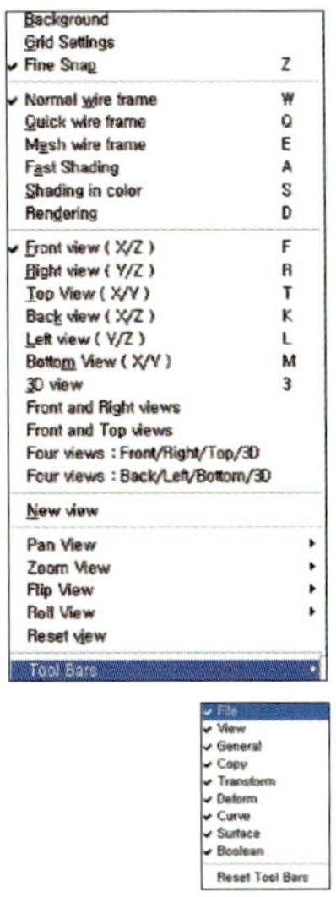

27. Tool Bars(도구 바)

- 아이콘 없음
- 단축키 없음

화면에 자주 쓰이는 도구 바를 불러오거나 감출 수 있는 명령이다.

File	파일 툴바를 감추거나 보여준다.
View	화면 툴바를 감추거나 보여준다.
General	일반 툴바를 감추거나 보여준다.
Copy	복사 툴바를 감추거나 보여준다.
Transform	변환 툴바를 감추거나 보여준다.
Deform	변형 툴바를 감추거나 보여준다.
Curve	커브 툴바를 감추거나 보여준다.
Surface	서페이스 툴바를 감추거나 보여준다.
Boolean	불린 툴바를 감추거나 보여준다.
Reset Tool Bars	보이는 모든 툴바의 위치를 처음의 위치로 바꾼다.

4-4 Pick 메뉴

화면에 있는 커브, 서페이스, 정점 CV, 보석 T-line 등을 다음 작업에 변화를 주기 위하여 선택된 상태(흰색)와 선택되지 않은 상태(파란색)로 바꾸어 주는 명령이다.

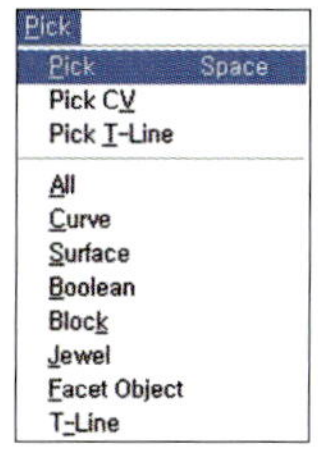

1. Pick(선택)

- 아이콘
- 단축키 Space Bar

선택된 물체나 커브(하얀색)와 선택되지 않은 물체나 커브(파란색)들 사이에 있는 것들을 변경시키는 명령이다. 물체를 선택된 상태로 바꾸려면 하얀색으로 그려져야 한다. 그렇지 않으면 그 물체 레이어 세팅 시의 칼라로 그려져야 한다. 그것은 선택되거나 선택되지 않은 물체, 즉 분리된 물체를 위해 필수적인 것이다. 대부분의 명령에서, 단지 선택된 물체가 영향을 받게 되기 때문이다.

이 명령을 선택하면 JewelCAD는 물체 선택 모드로 들어간다.

이 모드는 4가지 다른 사용방법이 있다.

▶ 한 개의 물체 상태를 변경하기

한 개의 물체 상태를 변경시키기 위하여 그 물체의 위치에 커서를 옮겨 놓은 후 왼쪽마우스 버튼을 눌렀다가 놓는다. 그러면 그 물체는 선택된 상태에서 선택되지 않은 상태로 변한다. 왼쪽마우스 버튼을 누른 상태에서 커서 주변에 한 개 이상의 물체가 있는 경우에는 단지 가장 최근에 만들어 놓은 물체만이 변경될 것이다.

▶ 사각형의 여러 물체들의 상태를 변경하기

왼쪽마우스 버튼을 누르고 커서를 움직여 본다. 마우스 버튼을 누르고 있는 동안 사각형을 커서로 드래그 아웃 한다. 변경시킬 물체의 반대편 또는 사각형 주변까지 커서를 움직인 후 마우스 버튼을 놓으면 물체가 변경된다.

▶ 임의의 모양을 가진 여러 가지 물체의 상태를 변경하기

키보드의 Ctrl키를 누르고 왼쪽마우스 버튼을 누른 다음 커서를 움직인다. 마우스 버튼을 누르고 있는 동안 변화시키기 위한 물체의 반대쪽 또는 주변의 임의의 모양을 커서로 드래그하여 움직이고, 마우스 버튼을 놓으면 물체가 변화된다.

▶ **선택되지 않은 상태에서 모든 물체를 변경하기**

화면으로 커서를 움직이고 오른쪽마우스 버튼을 눌렀다 놓으면 스크린에 있는 모든 선택된 물체는 선택되지 않은 상태로 변경된다. 물체 선택 모드를 사용하는 동안, 물체의 정점(CV)을 선택된 상태로 변경시킬 수 있다. 키보드의 Shift키를 누르면 정점 선택 모드로 간단하게 사용할 수 있다. T-line은 물체 선택모드를 하는 동안 영향을 받지 않는다. T-line을 선택된 상태로 바꾸려면 선택 T-line 명령을 사용한다.

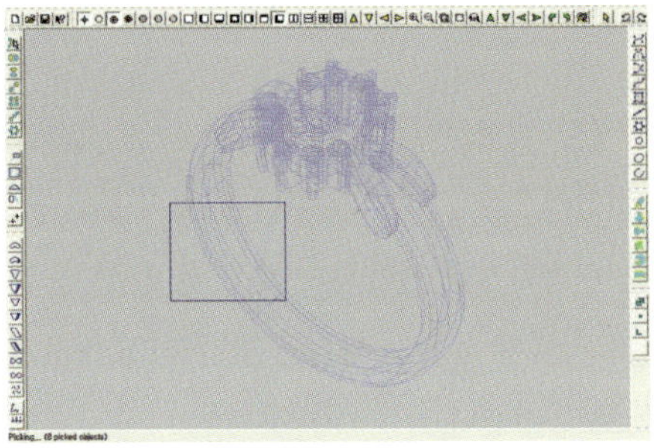

〈왼쪽마우스로 드래그〉

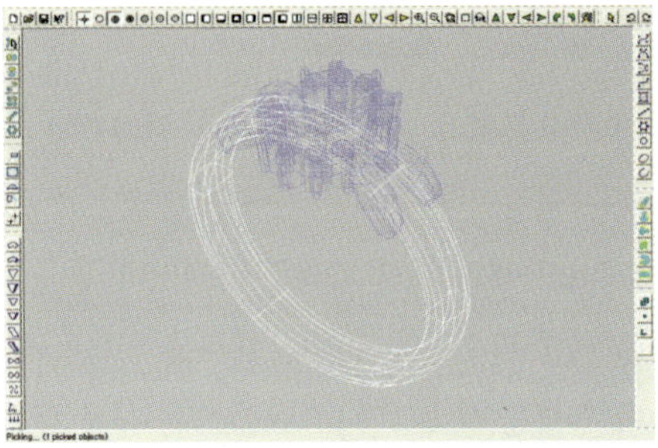

〈하얗게 물체가 선택됨〉

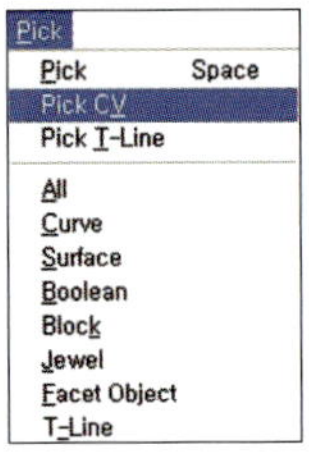

2. Pick CV(정점선택)

- 아이콘 없음
- 단축키 없음

선택되거나 선택되지 않은 상태 사이의 물체 정점을 변경시키는 명령이다.

선택되지 않은 정점은 물체와 동일한 색깔로서 그려진다. 여기서 선택된 정점의 색깔은 하얀색이다. 이 명령을 선택하면 JewelCAD는 정점 선택 모드로 전환된다.

이 모드에는 정점 선택 상태를 변경시킬 수 있는 방법이 3가지 있다.

▶ **사각형의 여러 가지 정점(CV)의 상태를 변경하기**

왼쪽마우스 버튼을 누르고 커서를 움직여 본다. 마우스 버튼을 누르고 있는 동안 사각형을 커서로 드래그 아웃 한다. 변경시킬 정점을 사각형 주변까지 커서를 움직인 후 마우스 버튼을 놓으면 사각형 주변에 있는 정점이 변경된다.

▶ **자유로운 형태를 가진 몇 개의 정점의 상태를 변경하기**

키보드의 Ctrl키를 누르고 왼쪽마우스 버튼을 누른 다음 커서를 움직여 보자 마우스의 버튼을 누르고 있는 동안 변화시키기 위한 정점 주변의 임의의 모양을 커서로 드래그하여 움직이고 마우스 버튼을 놓으면 정점이 변화된다.

▶ **선택되지 않은 모든 정점을 변경하기**

커서를 움직이고 오른쪽마우스 버튼을 눌렀다 놓으면 스크린에 있는 모든 선택된 정점은 선택되지 않은 상태로 변경된다.

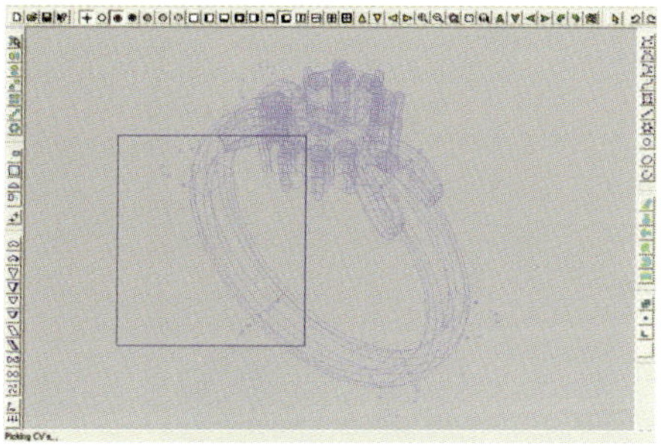

〈왼쪽마우스로 정점 드래그〉

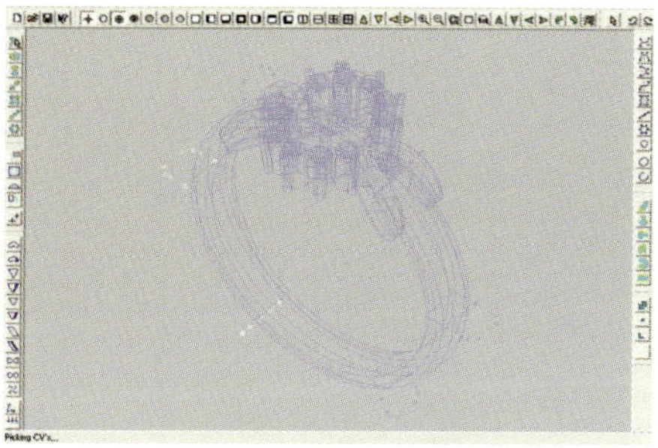

〈하얗게 정점이 선택됨〉

3. Pick T-Line(T-Line 선택)

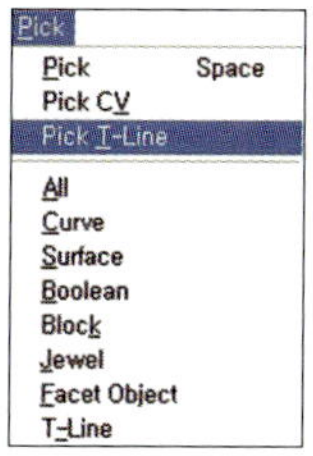

- 아이콘 없음
- 단축키 없음

선택된 상태와 선택되지 않은 상태 사이의 T-Line을 변경시키는 명령이다. 이 명령을 선택하면 JewelCAD는 T-Line 선택 모드로 들어간다.

〈왼쪽마우스로 T-Line 드래그〉

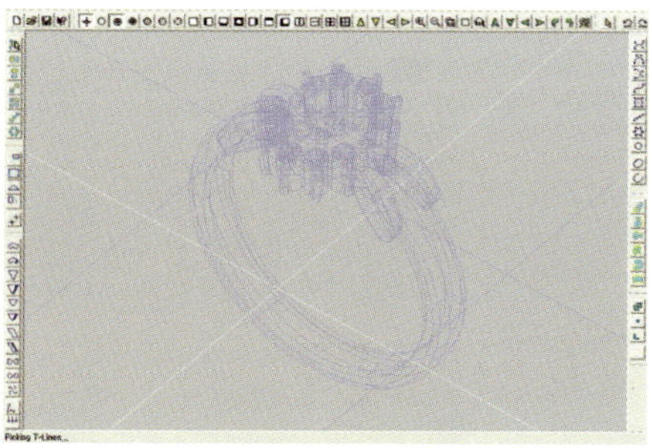

〈하얗게 T-Line이 선택됨〉

이 모드를 사용하는 방법은 T-Line을 선택된 상태로 변경하는 것을 제외하고는 물체 선택 모드와 같다.

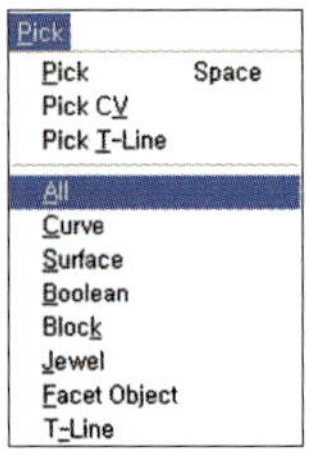

4. All(모두 선택)

- 아이콘 없음
- 단축키 없음

화면의 모든 물체(T-Line 제외)를 선택된 상태로 변경하는 명령이다.

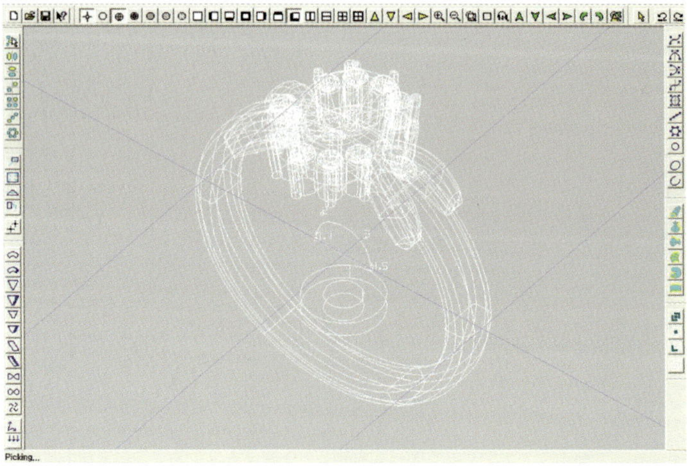

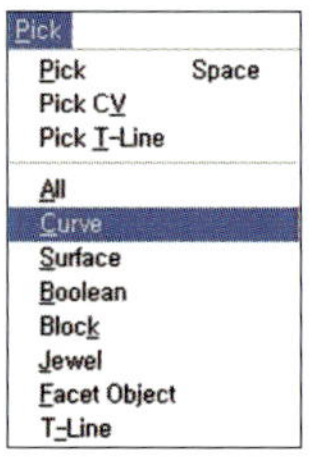

5. Curve(커브선 선택)

- 아이콘 없음
- 단축키 없음

화면의 모든 커브를 선택된 상태로 변경시키는 명령이다.

6. Surface(서페이스 선택)

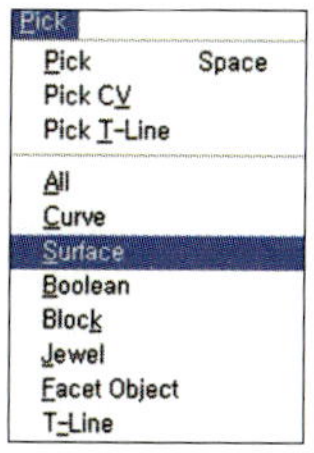

- 아이콘 없음
- 단축키 없음

화면의 모든 서페이스 물체를 선택된 상태로 변경시키는 명령이다.

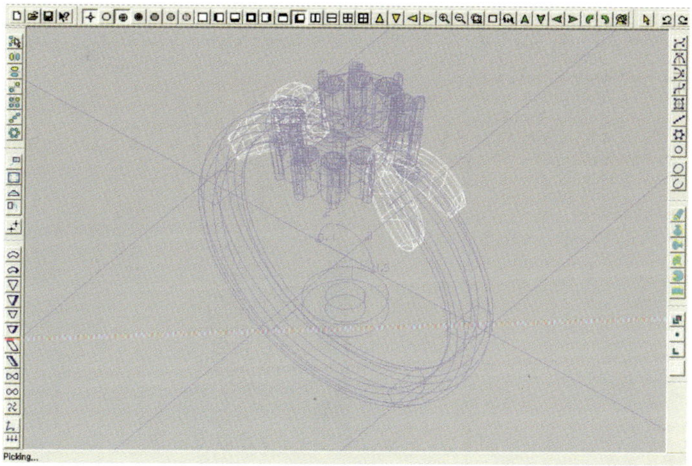

7. Boolean(Boolean 선택)

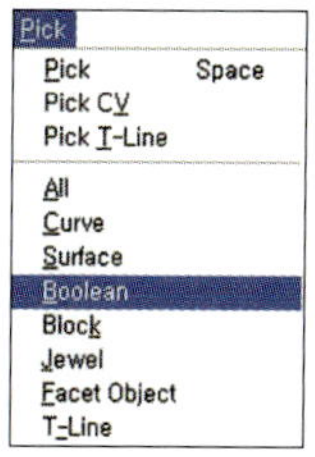

- 아이콘 없음
- 단축키 없음

화면의 모든 Boolean 물체를 선택된 상태로 변경시키는 명령이다.

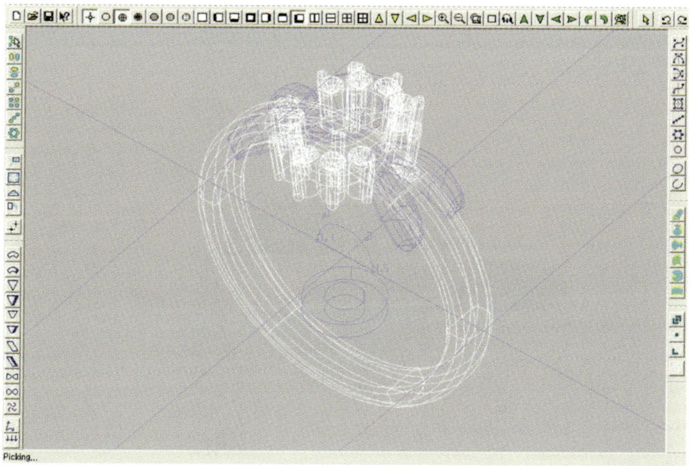

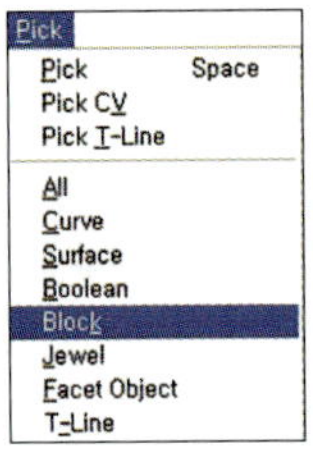

8. Block(블록 선택)

- 아이콘 없음
- 단축키 없음

화면의 모든 블록 물체를 선택된 상태로 변경시키는 명령이다.

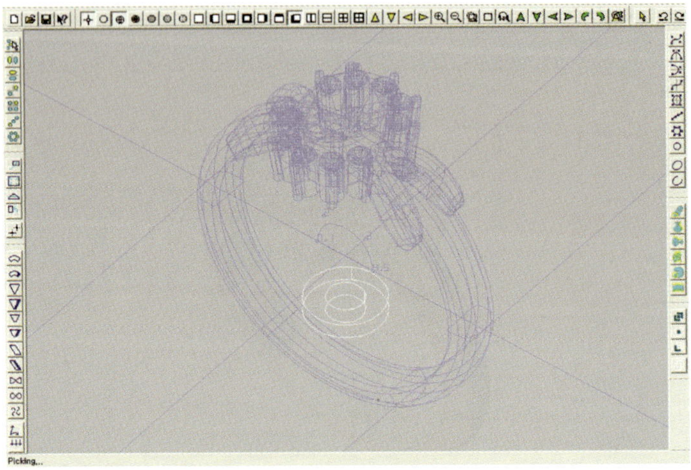

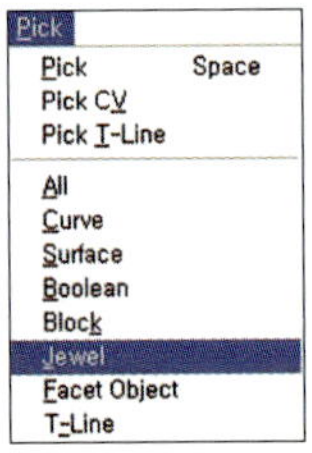

9. Jewel(보석 선택)

- 아이콘 없음
- 단축키 없음

화면의 모든 보석을 선택된 상태로 변경시키는 명령이다.

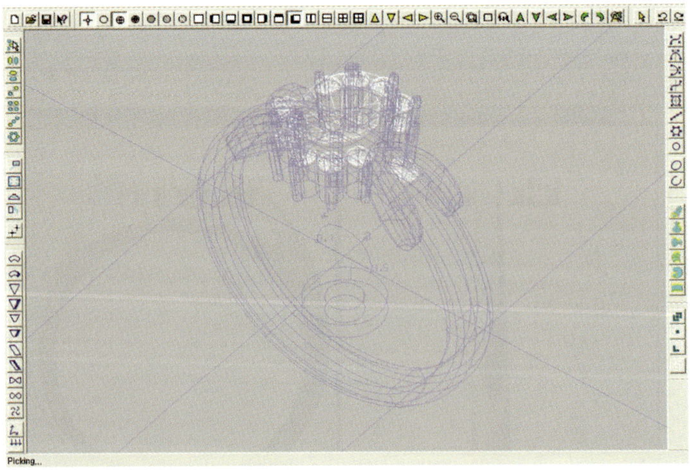

10. Facet Object(Facet 물체 선택)

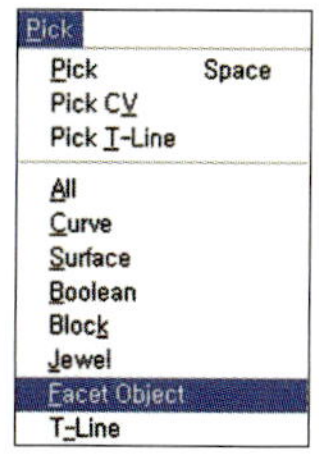

- 아이콘 없음
- 단축키 없음

화면의 모든 Facet 물체를 선택된 상태로 변경시키는 명령이다.

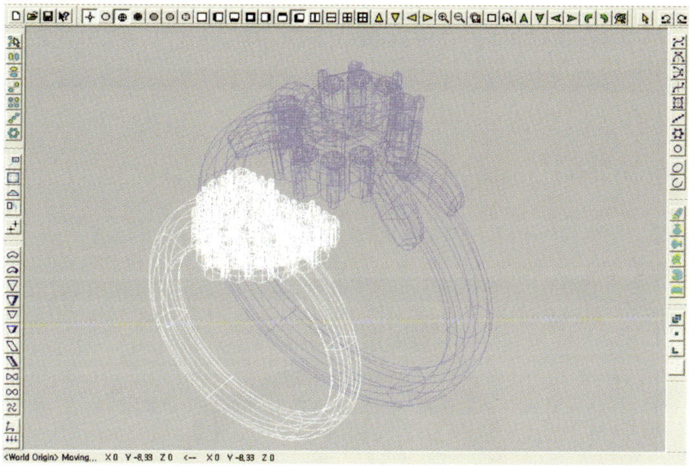

11. T-Line(T-Line 선택)

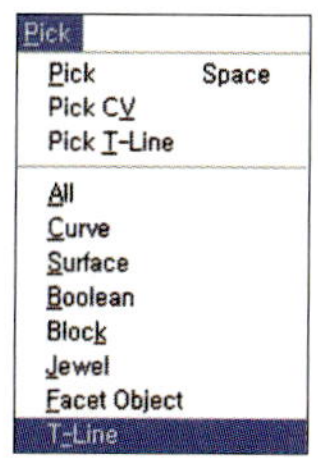

- 아이콘 없음
- 단축키 없음

화면의 모든 T-Line을 선택된 상태로 변경시키는 명령이다.

4-5 Copy 메뉴

JewelCAD에서 사용되는 복사할 수 있는 명령으로 자르고 붙이기, 수평 · 수직 복사, 일렬 복사, 회전 복사 등이 들어 있는 기능이다. 각각의 복사에 대한 명령을 살펴보면 다음과 같다.

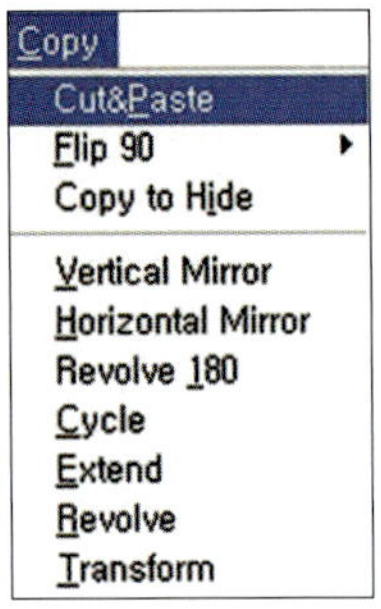

1. Cut & Paste(자르고 붙이기)

- 아이콘 
- 단축키 없음

물체를 복사하는 명령이다.

우선 복사가 필요한 물체를 선택하고 물체의 위치가 복사를 위한 hot spot이 되어야 하므로 그 물체가 절대좌표축에 놓여야 한다.

이 명령이 선택되면 화면상의 선택된 물체는 먼저 사라지고(자르고), JewelCAD는 물체 붙이기 모드로 들어간다.

물체 붙이기 모드를 사용하는 동안 복사 효과는 표준선 그리기 모드 또는 칼라 모드에서 다르게 나타난다.

▶ 물체가 선 그리기 모드(Quick, Normal, Mesh wire frame 모드)에서 복사물체는 원래의 모습과 똑같은 방향으로 만들어진다.

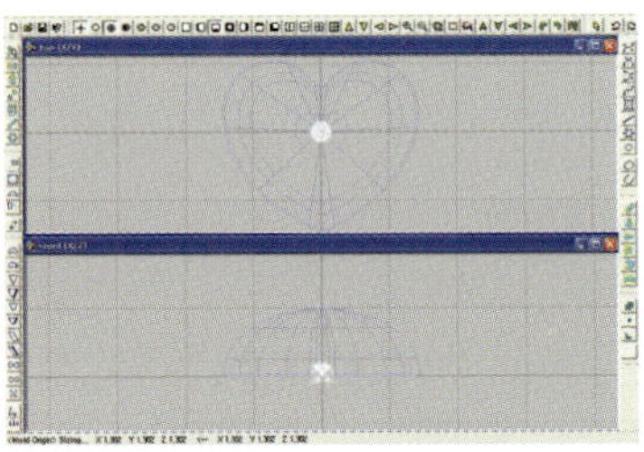

〈복사할 물체 선택〉

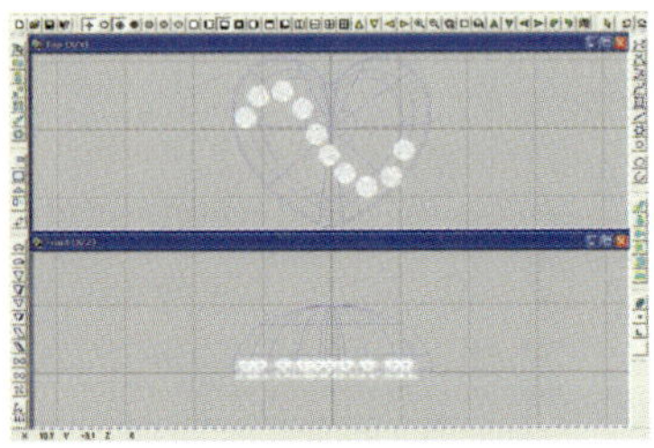

〈선 모드에서의 복사물〉

▶ 칼라모드(Fast shading, Shading, Rendering 모드)에서 복사물체는 다른 물체의 윗면에 만들어진다.

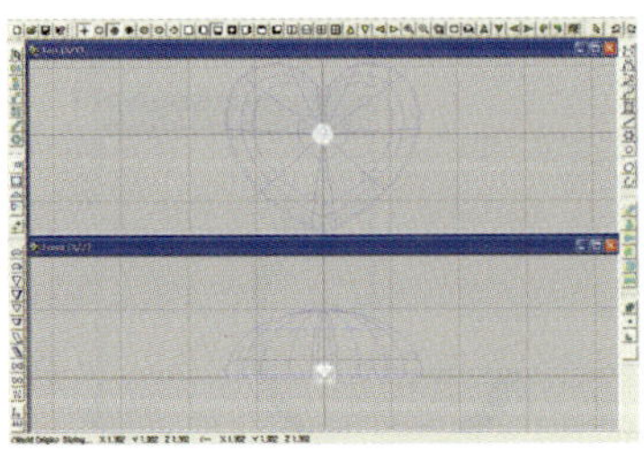

〈복사할 물체 선택〉

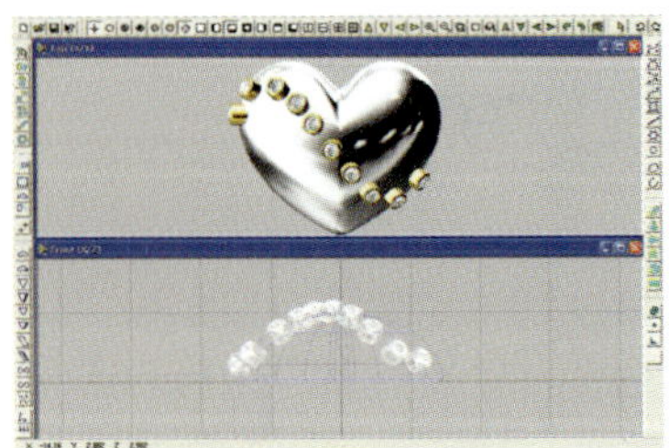

〈칼라 모드에서의 복사물〉

따라서 물체를 복사하기 전에 물체 배치 모드를 결정해야 한다
물체 붙이기 모드에서 사용 방법은 다음과 같다.

① 요구된 물체 배치 모드를 바꾼다.

② 화면 안으로 커서를 움직인다.

③ 왼쪽마우스 버튼을 누르고 있으면 복사할 물체가 화면에 보인다.

④ 커서를 움직이면 복사할 물체가 따라서 움직인다. 물체의 좌표가 상태표시줄에 나타나는 것에 주의한다.

⑤ 왼쪽마우스 버튼을 놓으면 물체의 복사가 고정된다.

⑥ 복사하고자 하는 물체의 위치를 변경시키려면 물체에 커서를 가져다 놓고 Shift키를 누르고 왼쪽 또는 오른쪽마우스 버튼을 누른다. 커서를 움직이면 물체도 움직일 것이다.

⑦ 복사하고자 하는 물체의 크기를 변경시키려면 물체로부터 멀리 커서를 가져다 놓고 Shift키를 누르고 왼쪽마우스 버튼을 누르고서 커서를 종 또는 횡 방향으로 움직인다. 그러면 물체의 크기가 조정된다.

⑧ 복사하고자 하는 물체를 회전시키려면 물체로부터 멀리 커서를 가져다 놓고 Shift키를 누르고 오른쪽마우스 버튼를 누르면서 커서를 종 또는 횡 방향으로 움직인다. 그러면 물체가 회전하게 된다.

⑨ 계속 더 복사를 하려면 위의 방식을 재실행한다.
물체 붙이기 모드를 빠져나가기 위해서는 Pick 아이콘 또는 다른 명령을 선택한다.

2. Flip 90 (90도 뒤집기 복사)

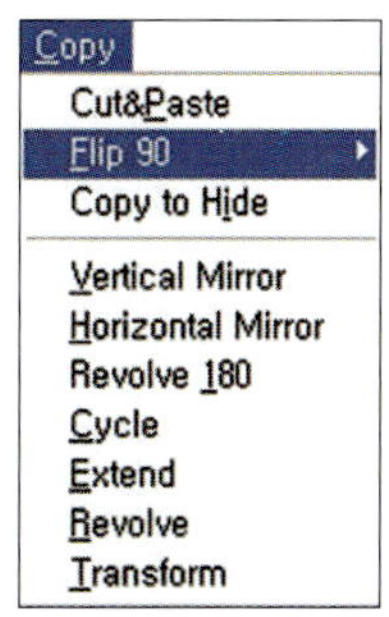

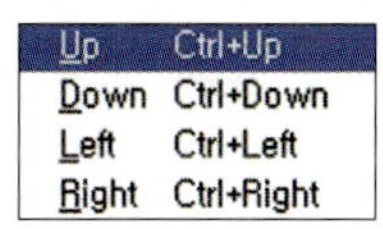

- 아이콘 없음
- 단축키 있음

원래의 물체를 90도 회전시켜 복사하는데 사용하는 명령이다.
이것은 다음과 같은 명령메뉴가 있다

Up (단축키 **Ctrl** + **↑**)
현재 모양을 수평축으로 90도 위로 회전시켜 복사

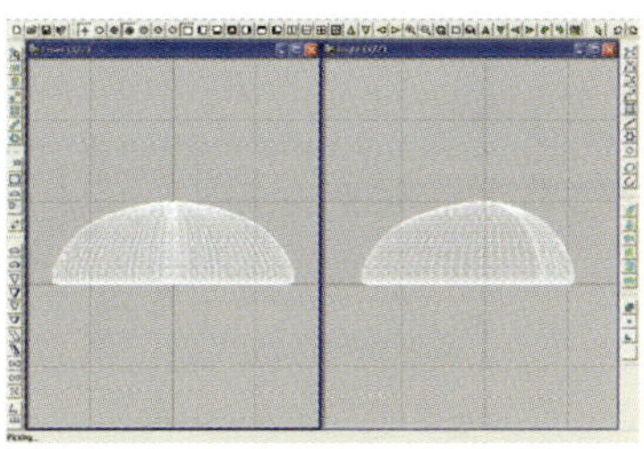
〈 Front 화면에서 Flip 90 Up〉

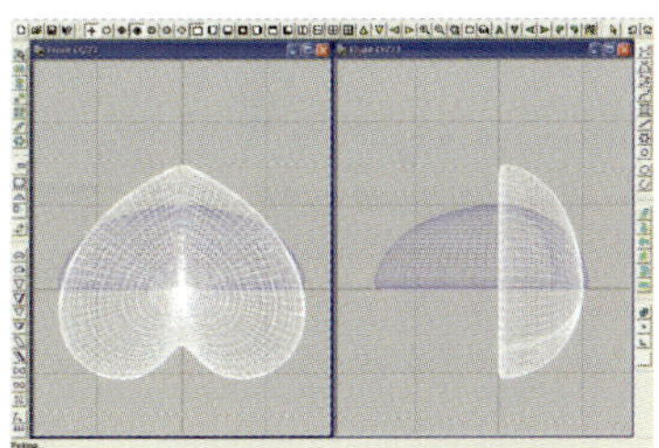
〈Flip 90 Up 이후 복사 물체〉

Down (단축키 Ctrl + ↓)

현재 모양을 수평축으로 90도 아래로 회전시켜 복사

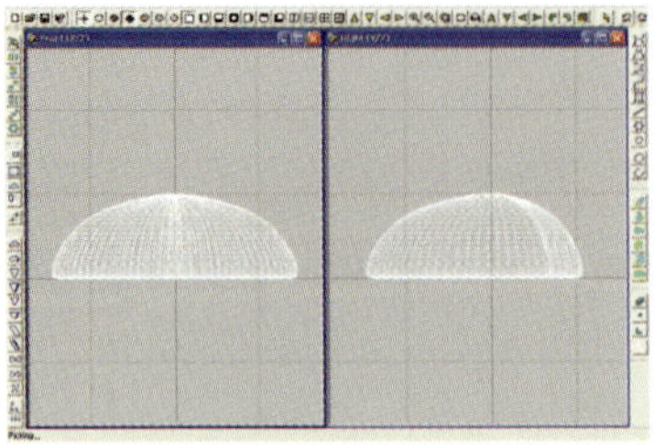

〈Front 화면에서 Flip 90 Down〉

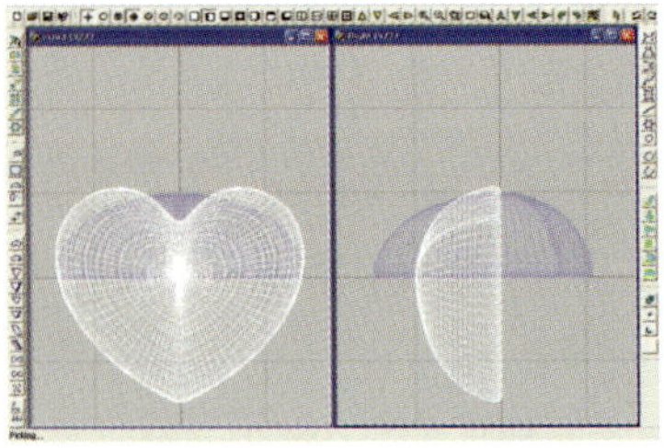

〈Flip 90 Down 이후 복사 물체〉

Left (단축키 Ctrl + ←)

현재 모양을 수직축으로 90도 왼쪽으로 회전시켜 복사

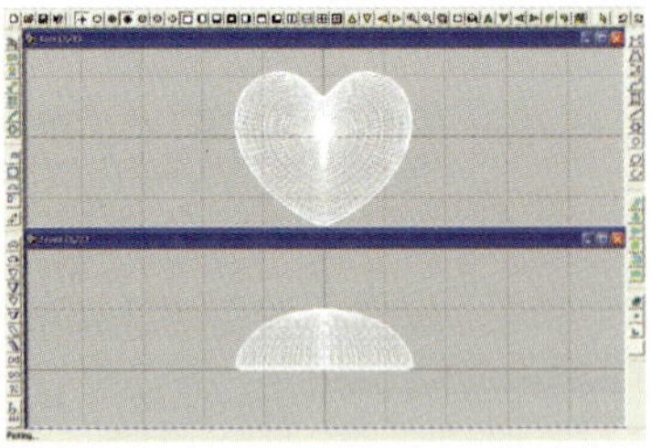

〈Front 화면에서 Flip 90 Left〉

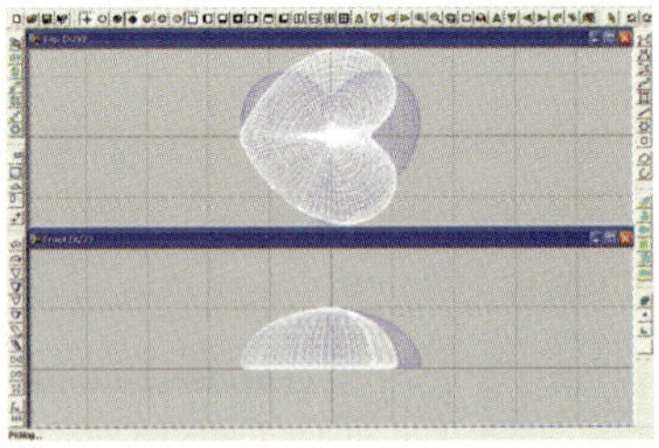

〈Flip 90 Left 이후 복사 물체〉

Right (단축키 Ctrl + →)

현재 모양을 수직축으로 90도 오른쪽으로 회전시켜 복사

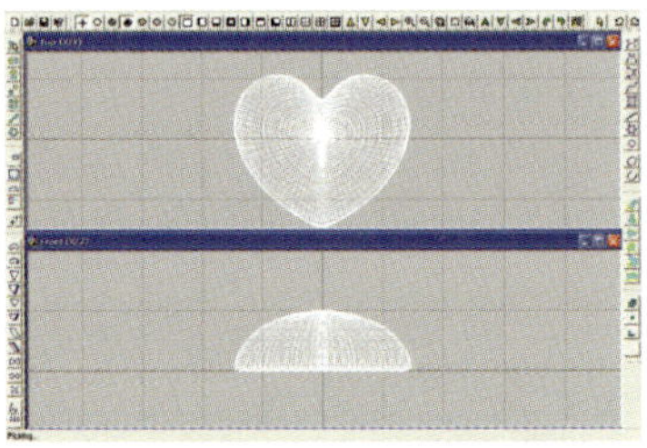

〈Front 화면에서 Flip 90 Right〉

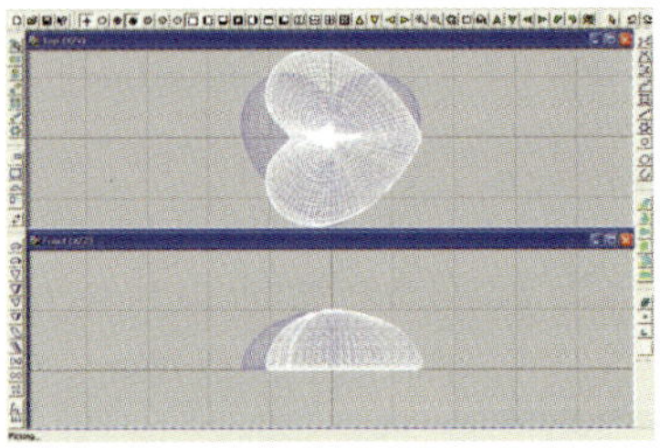

〈Flip 90 Right 이후 복사 물체〉

이 명령을 사용하려면 복사할 물체를 우선 선택된 상태(하얀색)로 만들어야 한다. 위에 열거한 명령들을 선택하여 원하는 물체를 복사할 수 있다

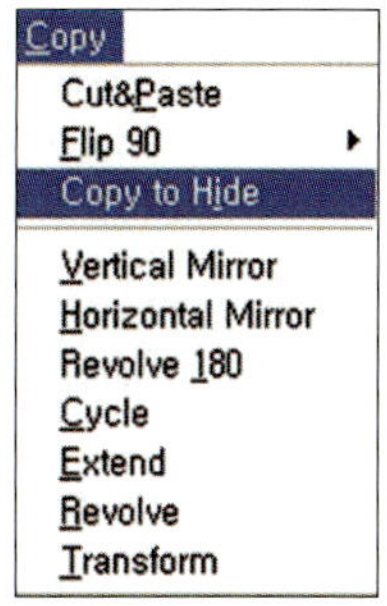

3. Copy to Hide(숨김 복사)

- 아이콘 없음
- 단축키 없음

숨겨진 레이어에 물체를 복사하는 명령이다.

이 명령을 사용하기 위해서는 복사할 물체를 우선 선택된 상태로 해야 한다. 그리고 이 명령을 선택하면 선택된 물체가 감추어진 레이어에 복사된다.

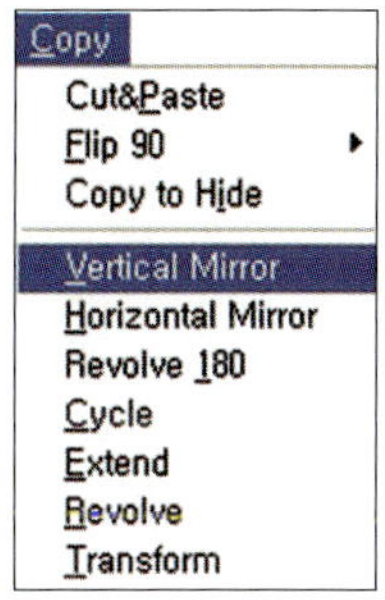

4. Vertical Mirror(수직 복사)

- 아이콘
- 단축키 없음

원래의 물체를 90도 뒤집어 회전 복사하는 데 사용하는 명령이다.

이 명령을 사용하려면 복사할 물체를 우선 선택된 상태로 하고 이 명령을 실행한다.

〈수직축에 복사할 물체 놓음〉

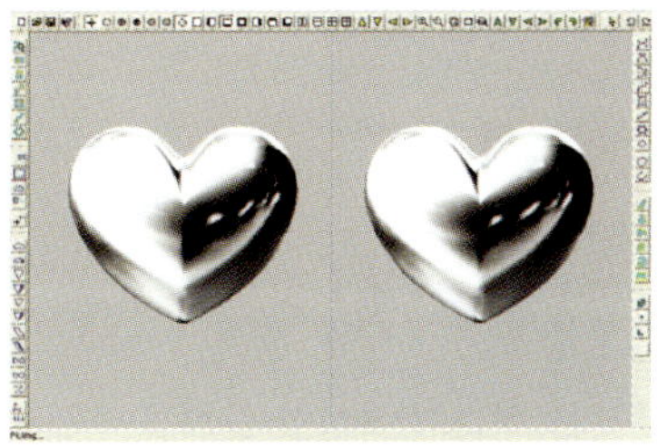
〈수직축에 대하여 복사됨〉

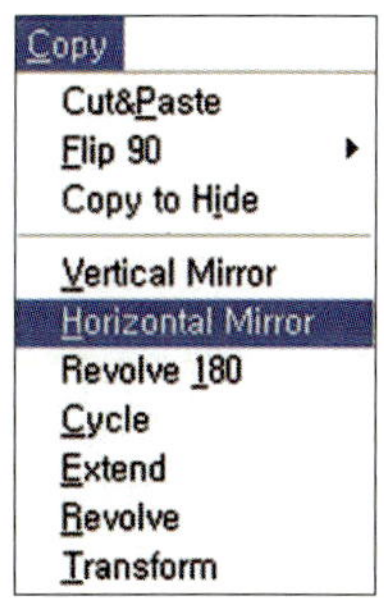

5. Horizontal Mirror(수평 복사)

- 아이콘
- 단축키 없음

현재의 모양을 수평축 중심으로 물체를 복사는 명령이다.

이 명령을 사용하려면 복사할 물체를 우선 선택된 상태로 하고 이 명령을 실행한다.

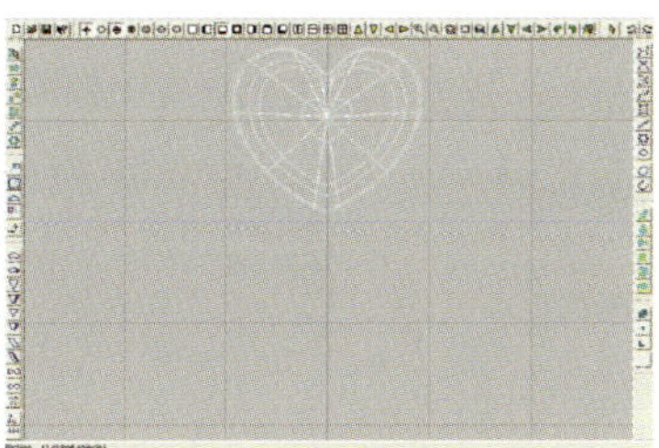
〈수평축에 복사할 물체 놓음〉

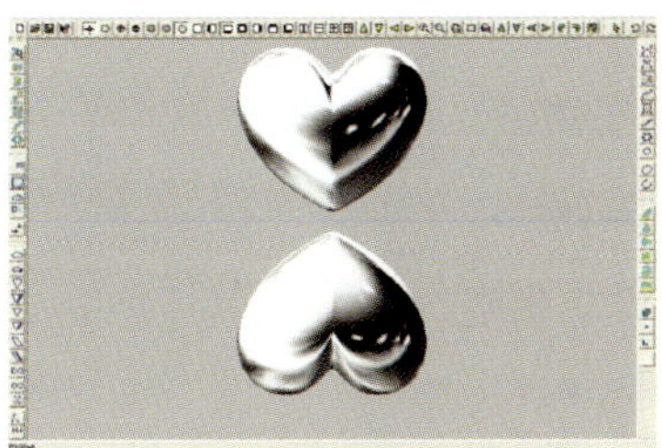
〈수평축에 대하여 복사됨〉

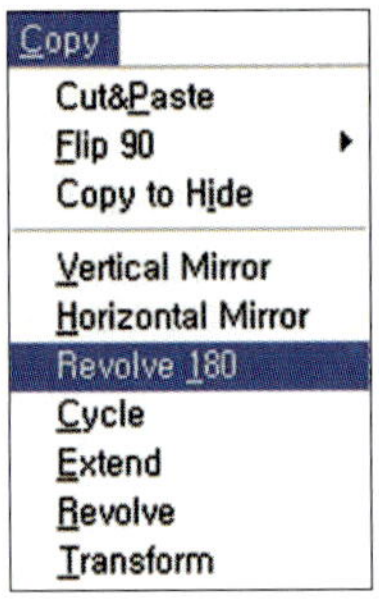

6. Revolve 180(180도 회전 복사)

- 아이콘
- 단축키 없음

원래의 모양을 좌표 중심축으로 물체를 180도 회전하여 복사하는 명령이다.
이 명령을 사용하려면 복사할 물체를 우선 선택된 상태로 하고 이 명령을 실행한다.

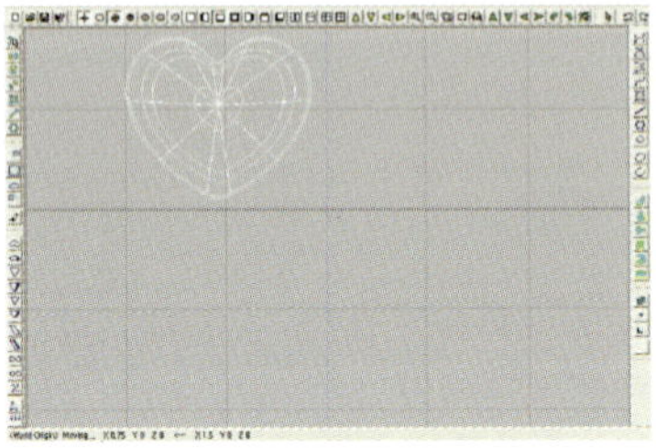
〈원하는 위치에 복사물체 놓음〉

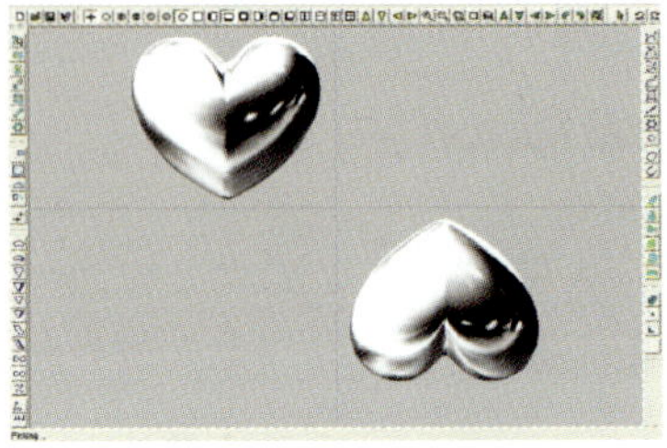
〈180도 회전하여 복사됨〉

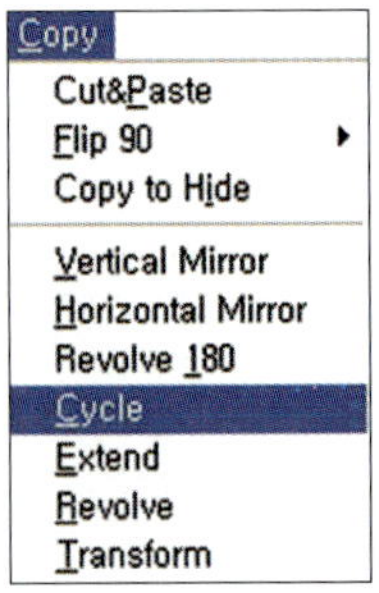

7. Cycle(수직수평 복사)

- 아이콘
- 단축키 없음

현재의 모양을 수직과 수평 양쪽 축 중심으로 물체를 복사한다.
이 명령을 사용하려면 복사할 물체를 우선 선택된 상태로 하고 이 명령을 실행한다.

〈원하는 위치에 복사물체 놓음〉

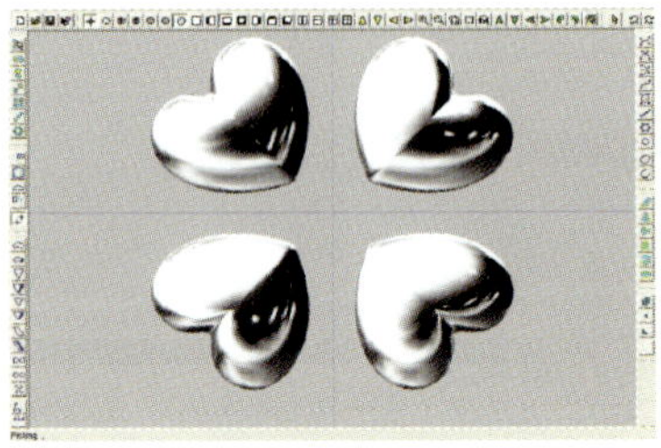
〈수평과 수직축으로 복사됨〉

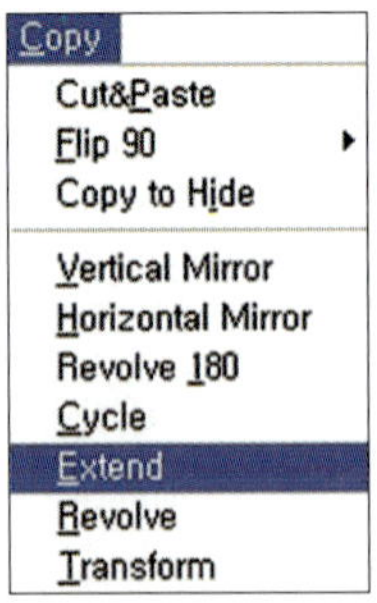

8. Extend(일렬방향 복사)

- 아이콘
- 단축키 없음

직선방향을 따라 물체를 다양하게 복사할 수 있는 명령이다.
이 명령을 사용하려면 복사할 물체를 우선 선택된 상태로 한다.

이 명령을 실행하면 화면에 대화상자가 나타난다.

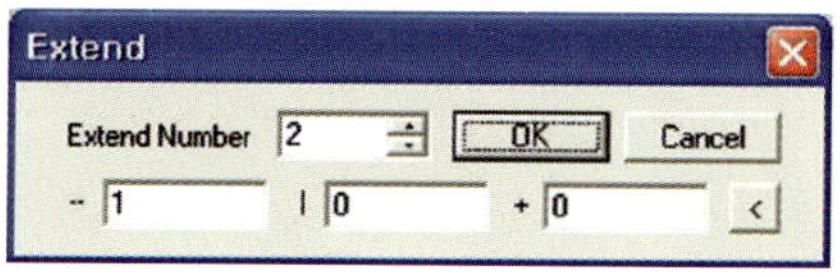

▶ Extend Number

복사할 물체의 수량은 원래의 물체를 포함한 총 수량이다. 예를 들어 9개의 새로운 복사 수량을 입력하는 경우 숫자는 10개(9+1=10)가 된다. 이 숫자는 최소 2 이상이다.

▶ Horizontal (-), Vertical (|), In/Out (+)

물체 각각의 복사는 거리에 의해서 분리된다. 이 거리는 현재 모양의 축에 따라서 결정되어지며 숫자를 직접 입력함으로써 결정될 수 있다.

이것은 다음과 같이 눈으로 확인하면서 결정할 수 있다.

① 화면의 시점에 마우스의 커서를 옮긴다.

② (a) 왼쪽마우스 버튼을 누르면서 드래그하여 수직 또는 수평방향으로 커서를 움직인다.
(b) 오른쪽마우스 버튼을 누르면서 드래그하여 원하는 방향으로 커서를 움직인다.

③ 마우스 버튼을 움직여 얻은 거리값이 편집박스에 수직과 수평으로 보인다. 이때 In/Out 박스는 0을 지시하고 있다.

④ 마우스 버튼을 놓는다.

▶ < Button

수직, 수평 그리고 인아웃축 으로 길이를 확장하는 것과 각도로 나타내는 방법을 사용할 수 있다.

(-) Horizontal,	(|) Vertical,	(+) In/Out
(/) Length,	(〈) Angle at horizon,	(〉) Angle away from view plane

OK 버튼을 선택하면 확장대화상자가 닫힌다. 복사를 요구하는 물체는 화면상에서 복사되어진다.

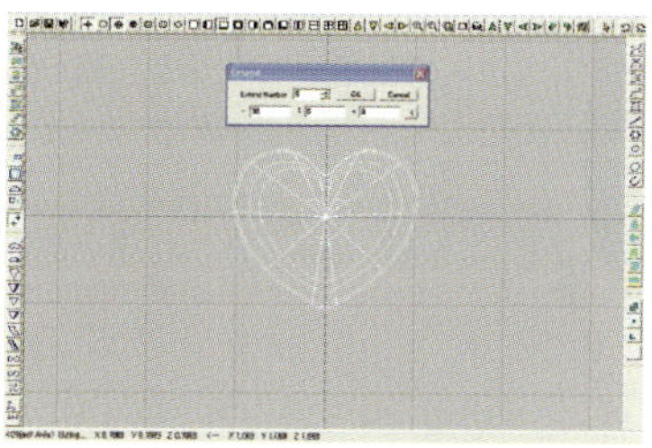
〈원하는 수와 축을 정함〉

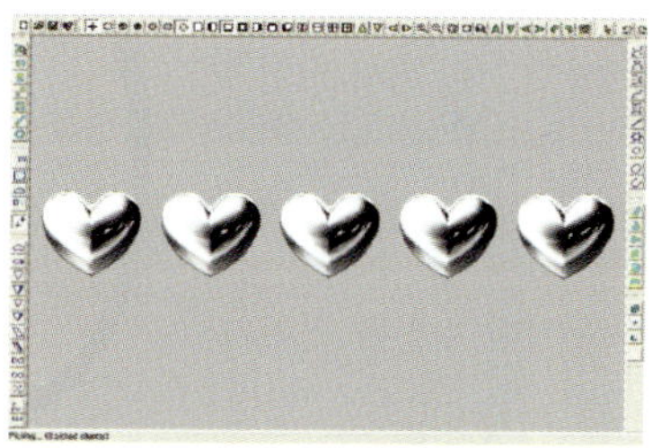
〈원하는 복사물이 복사됨〉

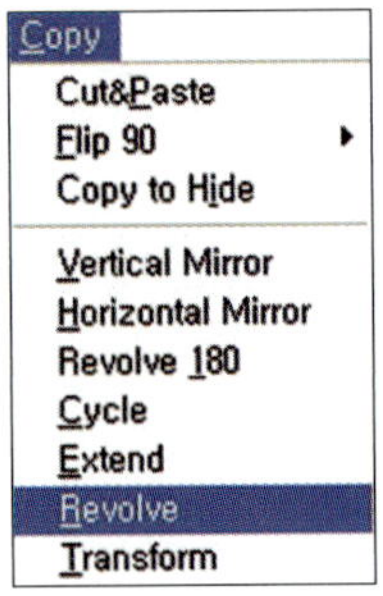

9. Revolve(회전 복사)

- 아이콘
- 단축키 없음

원의 방향을 따라서 물체를 다양하게 복사하는 명령이다.

이 명령을 사용하려면 우선 복사하고자 하는 부분을 선택된 상태로 놓는다. 명령을 선택하면 화면상에 회전 대화상자가 나타난다.

▶ Number

복사할 물체의 수량은 원래의 물체를 포함한 총 수량이다.

예를 들어 9개의 새로운 복사 수량을 입력하는 경우 숫자는 10개(9+1=10)가 된다. 숫자 편집박스에 직접 숫자를 입력할 수도 있고 미리 입력되어 있는 숫자를 선택하여도 된다. 이 숫자는 최소 2 이상이다.

▶ Degree

복사는 각도에 의해서도 분리되는데 회전 대화상자에서 각도를 조절할 수 있다. 각도 편집박스에 직접 숫자를 입력할 수도 있고 미리 입력되어 있는 숫자를 선택하여도 된다.

▶ Full Revolution

Full Revolution 체크박스가 지정값으로 정의되어 있는 경우 또는 각도는 자동적(숫자×각도=360)으로 조정되어 질 것이다. 예를 들어 숫자가 8이면 각도는 45가 된다. 즉 8×45=360이 된다. 숫자가 30이면 각도는 12로 12×30=360이 된다.

▶ Clockwise

지정 값은 시계 반대방향으로 복사하도록 되어 있지만 시계방향 체크박스를 체크하면 물체는 시계방향으로 복사된다. 숫자, 각도 및 시계방향 등의 아이템은 시각적으로 결정할 수 있다.

왼쪽마우스 버튼을 누르고 커서를 움직이자. 마우스를 각도에 드래그 시키면 숫자와 각도 아이템이 동시에 변화될 것이다.

마우스를 시계방향으로 드래그 하면 대화상자의 시계방향 체크박스가 체크되어 질 것이다. 또한 반대의 경우에는 체크박스는 체크되지 않는다.

OK 버튼을 선택하면 회전 대화 상자는 닫히고 필요한 물체의 복사가 화면에 이루어진다.

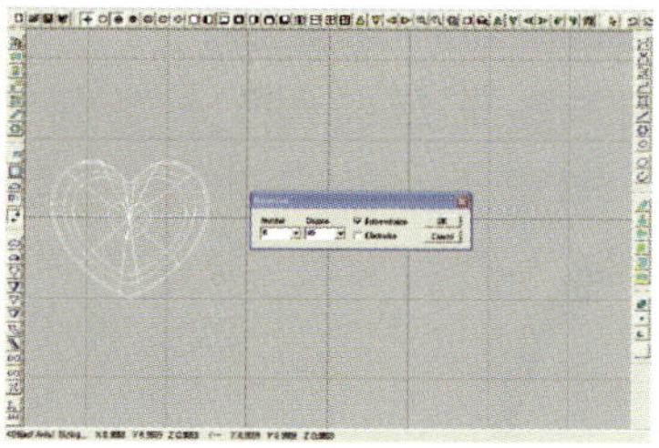

〈복사할 수와 각도를 정함〉

〈중심을 따라 회전 복사됨〉

10. Transform(변환 복사)

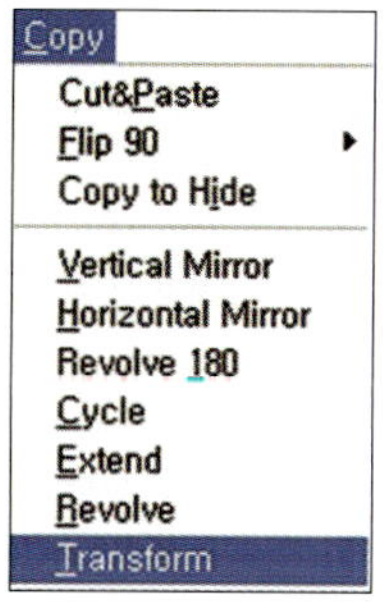

- 아이콘 없음
- 단축키 없음

변환 대화상자에서 물체를 복사하는 명령이다.

이 명령을 사용하려면 우선 복사가 필요한 부분을 선택해야 한다.

이 명령을 선택하면 화면에 변환 대화상자가 나타난다.

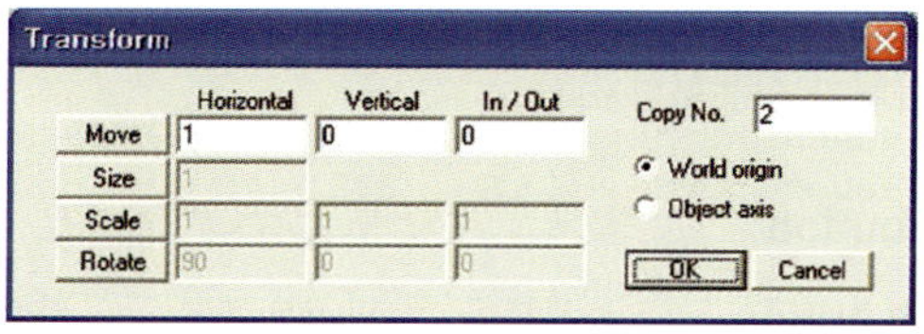

▶ Copy No. 복사 수량

복사할 물체의 수량은 원래의 물체를 포함한 총 수량이다.

예를 들어 9개의 새로운 복사 수량을 입력하는 경우 숫자는 10개(9+1=10)가 된다. 이 숫자는 최소 2 이상이다.

변환 대화상자의 매개변수는 Deform-Transform의 경우와 같다.

변화 대화상자가 닫히면 선택된 물체의 복사가 완료된다.

4-6 Deform 메뉴

JewelCAD에서 사용되는 변화를 줄 수 있는 명령으로 이동, 크기조절, 회전 등 간단한 변화에서부터 물체를 다양하게 변화시킬 수 있는 기능이 있다. 각각의 변화를 주는 명령을 살펴보면 다음과 같다.

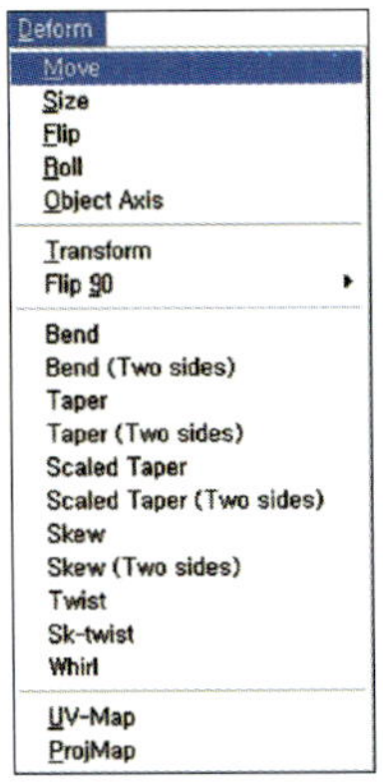

1. Move(이동)

- 아이콘
- 단축키 없음

물체(혹은 물체의 정점)를 새로운 위치로 이동시키는 명령이다.

이 명령을 사용하기 전에 먼저 물체가 선택된 상태(물체의 정점 부분이 선택)에 있어야 이동할 수 있다. 이 명령을 선택하면 JewelCAD는 Move 모드로 들어간다.

이 모드에서 사용은 다음과 같다.

① 커서를 화면으로 이동시킨다.

② 마우스왼쪽 혹은 오른쪽 버튼을 누른 채로 있는다.

③ 커서를 이동하면 물체가 이동한다.

Left mouse button	물체를 수평 또는 수직방향으로 이동시킨다.
Right mouse button	물체를 모든 방향으로 이동시킨다.

④ 마우스 버튼을 놓는다.

⑤ 더 이동시킬 필요가 있을 때는 위의 동작을 반복한다.

이 모드에서 나가기 위해서는 "Pick" 아이콘이나 다른 명령을 선택한다.

지정값의 물체는 좌표원점과 좌표축에 따라 이동을 한다.

그러나 "Deform-Object Axis" 명령이 체크되어 있으면 물체는 자신의 원점과 축에 따라 이동한다.

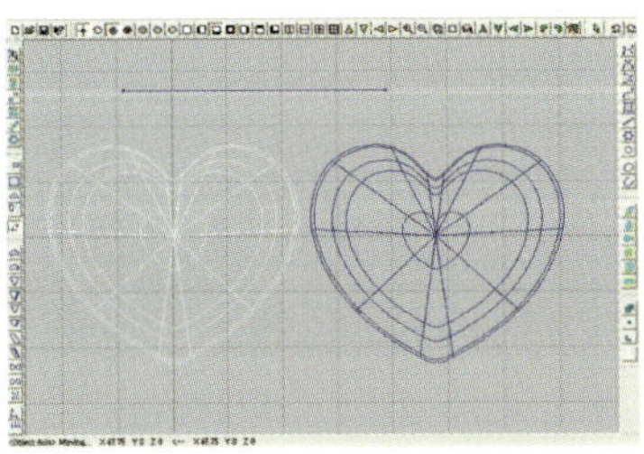

〈왼쪽마우스-상하, 좌우 이동〉

〈오른쪽마우스-자유이동〉

2. Size(크기조절)

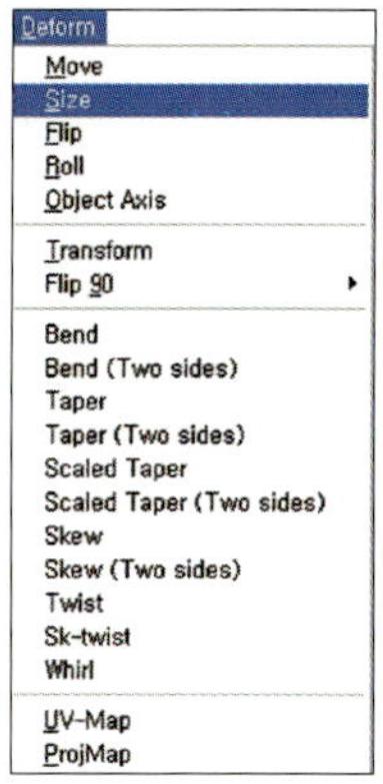

- 아이콘
- 단축키 없음

물체의 크기를 비례 혹은 비례하지 않게 변화시키는 명령이다.

이 명령을 사용하기 전에 먼저 물체가 선택된 상태(물체의 정점 부분이 선택)에 있어야 이동할 수 있다.

이 명령을 선택하면 JewelCAD는 Size 모드로 들어간다.

이 모드에서의 사용은 다음과 같다.

① 화면으로 커서를 이동시킨다.

② 마우스왼쪽 혹은 오른쪽 버튼을 누른 채로 있는다.

③ 커서를 이동시키면 화면에 물체의 크기가 변한다.

Left mouse button	크기를 비례로 변화시킨다.
Right mouse button	한쪽 방향으로만 크기를 변화시킨다.

④ 마우스 버튼을 놓는다.

⑤ 크기를 더 변화시킬 필요가 있을 경우 위의 동작을 반복한다.

이 모드에서 나가려면, "Pick" 아이콘이나 다른 명령을 선택한다.

지정값으로 좌표원점과 축에 따라 크기가 변한다.

하지만 "Deform-Object Axis" 명령이 체크되어 있다면 물체 자신의 원점과 축에 따라 크기가 변한다.(결국 위치가 변하지 않는다.)

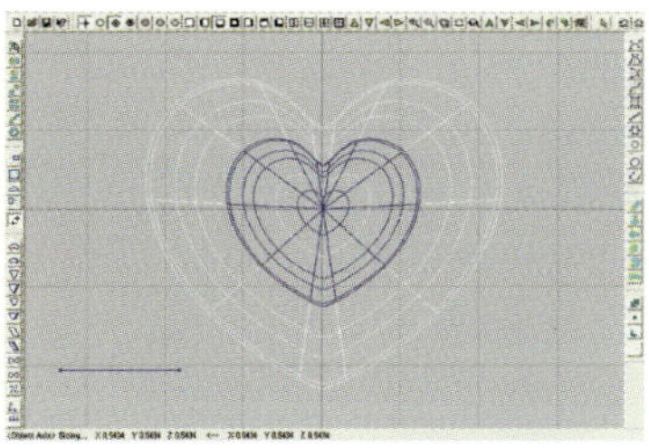
〈왼쪽마우스-비례 확대, 축소〉

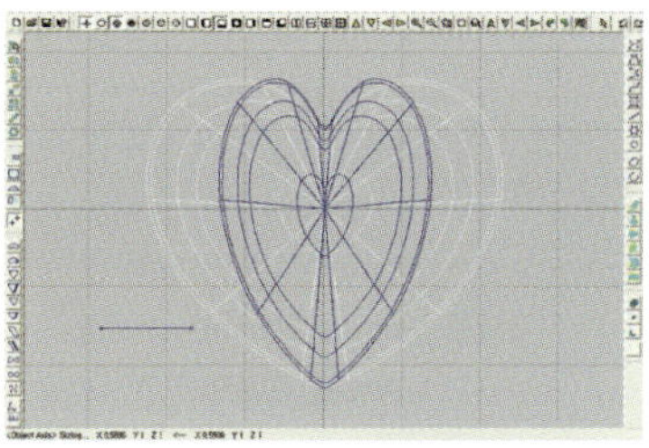
〈오른쪽마우스-한쪽방향 조절〉

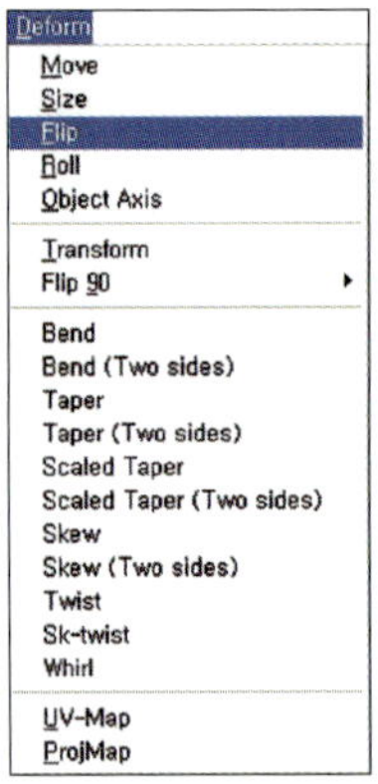

3. Flip(뒤집기)

- 아이콘
- 단축키 없음

물체(혹은 물체의 정점)를 새로운 방향으로 회전시키는 명령이다.
이 명령을 사용하기 전에 먼저 물체(물체의 정점 부분)가 선택된 상태에 있어야 한다.
이 명령을 선택하면 JewelCAD는 "Flip" 모드로 들어간다.
이 모드에서의 사용은 다음과 같다.

① 화면으로 커서를 이동시킨다.

② 마우스왼쪽 혹은 오른쪽 버튼을 누른 채로 있는다.

③ 커서를 이동시키면 화면에 물체가 회전한다.

Left mouse button	수평 수직 방향으로만 회전한다.
Right mouse button	어느 방향으로나 회전한다.

④ 마우스 버튼을 놓는다.

⑤ 더 회전할 필요가 있을 시에는 위의 동작을 반복한다.

Flip 모드에서 나오기 위해서는 Pick 아이콘 혹은 다른 명령을 선택한다. 지정값으로 좌표원점과 축에 따라 회전한다.
하지만 "Deform-Object Axis" 명령이 체크되어 있으면 물체 자신의 원점과 축에 따라 회전한다.

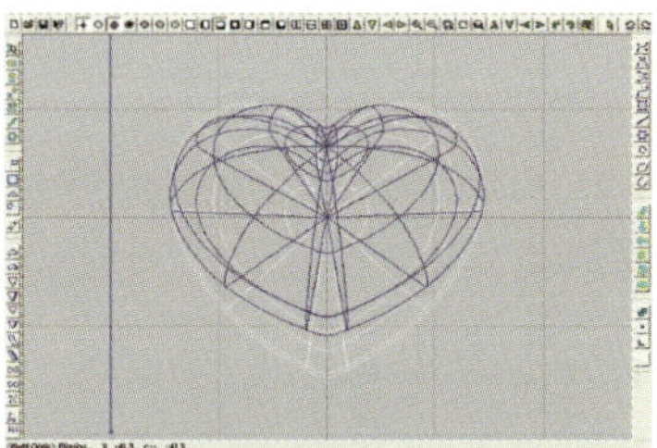

〈물체를 선택한 다음 원하는 축으로 마우스를 드래그〉

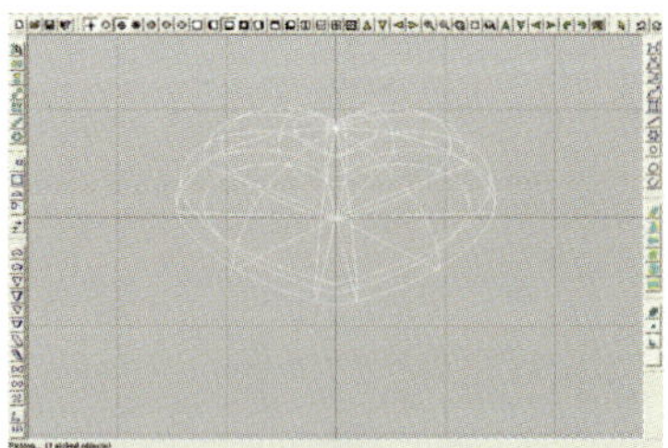

〈물체가 원하는 방향으로 회전되고 있음〉

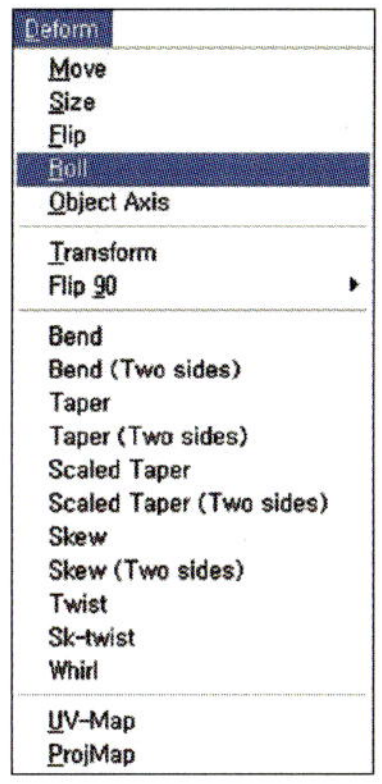

4. Roll(회전)

- 아이콘 
- 단축키 없음

물체(혹은 정점)를 새로운 방향으로 회전시키는 명령이다.
이 명령을 사용하려면 먼저 회전시킬 물체(혹은 물체의 정점)가 선택된 상태에 있어야 한다.
이 명령이 선택되면, "Roll" 모드로 바뀌게 된다.
이 모드에서의 사용은 다음과 같다.

① 화면에 커서를 이동시킨다.

② 마우스왼쪽 혹은 오른쪽 버튼을 누른 채로 있는다.

③ 커서를 이동하면 선택된 물체가 회전한다.

Left mouse button	물체가 In/Out 축에 대하여 회전한다.
Right mouse button	왼쪽 버튼과 같다.

④ 마우스 버튼을 놓는다.

⑤ 물체를 더 회전할 필요가 있을 시에는 위의 동작을 반복한다.

Roll 모드에서 나오기 위해서 Pick 아이콘 혹은 다른 명령을 선택한다.
지정값으로 물체는 좌표평면의 원점과 축에 대해 회전하게 된다.
하지만 Deform-Object Axis 명령이 체크되어 있으면 물체 자신의 원점과 축에 대해 회전한다.

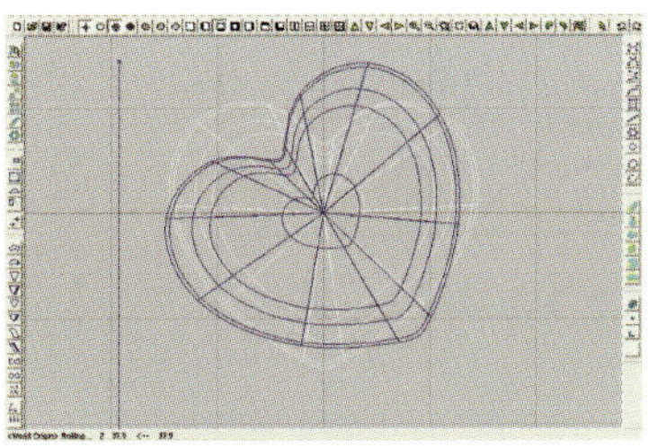
〈물체를 화면에서 시계, 반시계 방향으로 회전시킴〉

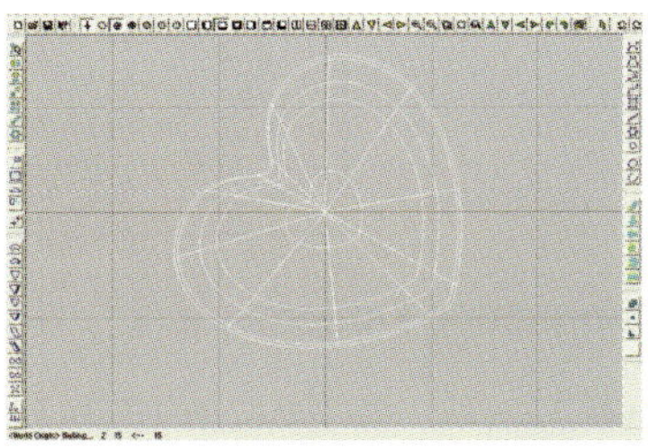
〈물체가 원하는 방향으로 회전되고 있음〉

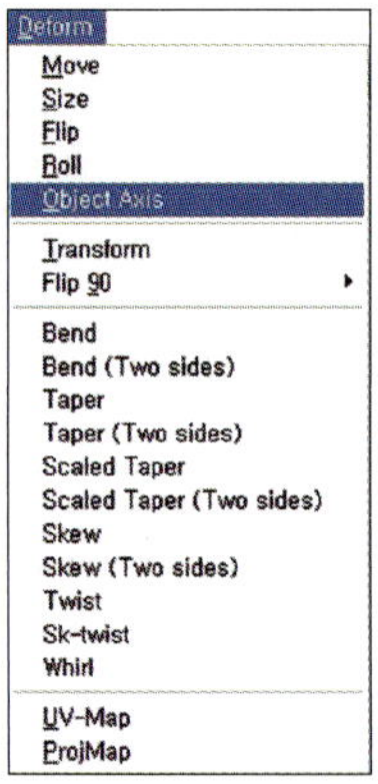

5. Object Axis(물체 중심축)

- 아이콘 
- 단축키 없음

물체를 자신의 원점과 축에 대해 이동시키고, 크기를 변경하거나, 뒤집기 혹은 회전시킬 때 사용하는 명령이다.

지정값으로 Move, Size, Flip, Roll 명령이 수행될 때 좌표평면의 원점과 축을 기준으로 물체를 이동시킨다. 하지만 이 명령이 선택되면 물체 자신의 원점과 축을 기준으로 변형된다.

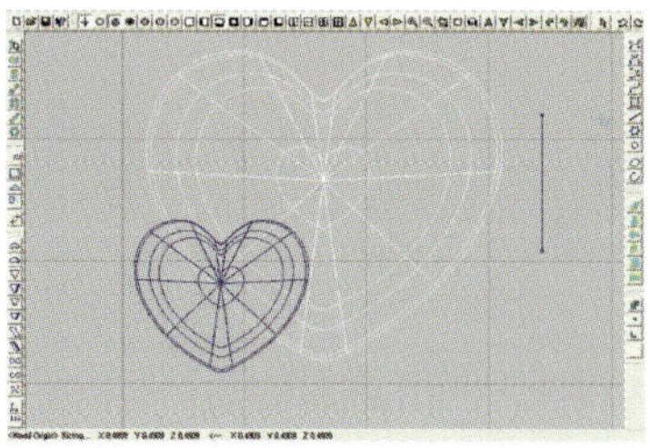

〈절대좌표 0축을 중심으로 물체가 명령을 받음〉

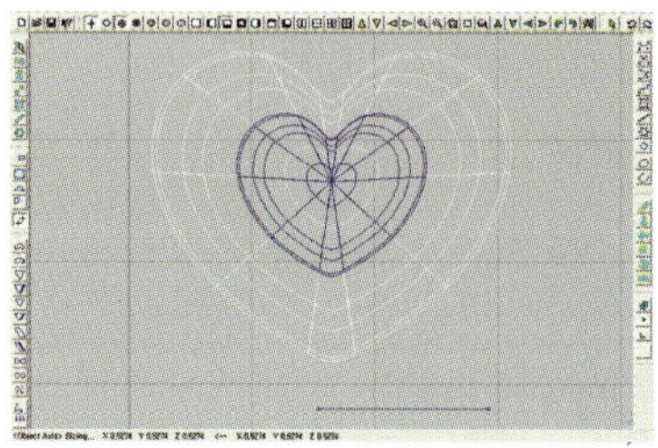

〈물체 중심축으로 물체가 명령을 받아 조절됨〉

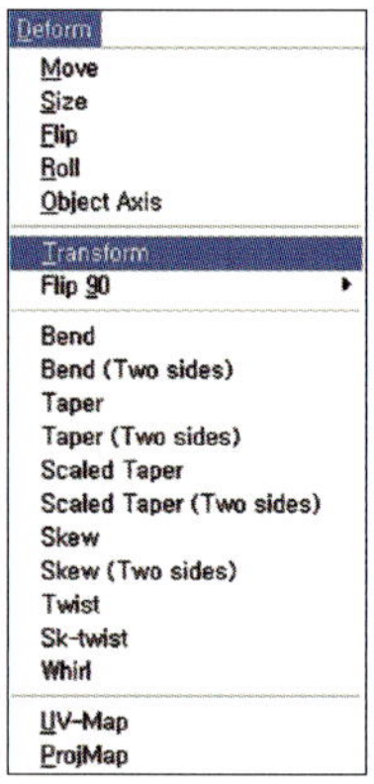

6. Transform(변환)

- 아이콘 없음
- 단축키 없음

물체의 위치, 크기, 방향을 Transform 대화상자에서 변경시킬 수 있는 명령이다.

물체를 변형하기 위해서는 먼저 물체가 선택된 상태여야 한다.

명령을 실행하면 Transform 대화상자가 나타난다.

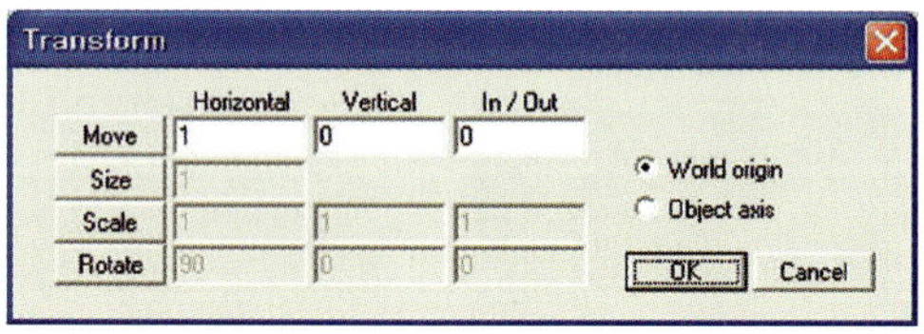

▶ **Transformation Options :** 물체는 다음 옵션에 의해 변형된다.

Move	물체를 이동
Size	물체의 크기를 임의의 비율로 변경
Scale	물체의 스케일을 다른 비율로 변경
Rotate	물체의 회전

▶ **Transformation Value :** 위의 기본 옵션이 선택될 때, 이에 대응하는 수평, 수직, In/Out 편집 상자가 활성화된다. 박스에 적당한 값을 입력한다.

Horizontal 수평방향 변경 값

Vertical 수직방향 변경 값

In/Out In/Out 방향 변경 값

▶ **Combined Transformation Options :** 대화상자에서 하나 이상의 옵션이 선택되면, 그 명령이 조합된다. 가능한 조합은 다음과 같다.

Move + Rotate Move와 Rotate의 조합

Size + Move Size와 Move의 조합

Size + Rotate Size와 Rotate의 조합

Size + Move + Rotate Size, Move, Rotate의 조합

Scale + Move Scale과 Move의 조합

Scale + Rotate Scale과 Rotate의 조합

Scale + Move + Rotate Scale, Move, Rotate의 조합

가능한 옵션이 다시 선택되면 다른 옵션은 선택할 수 없다. 이 기능은 원하지 않는 변형을 선택하지 않게 도와준다. 다음과 같을 때 Transform 대화상자가 닫힌다.

① OK 버튼을 선택했을 때
② 기본 옵션을 더블 클릭 했을 때
③ 조합 옵션을 더블 클릭 했을 때

화면에 개체를 선택하면 변경된다.

7. Flip 90 (90도 회전)

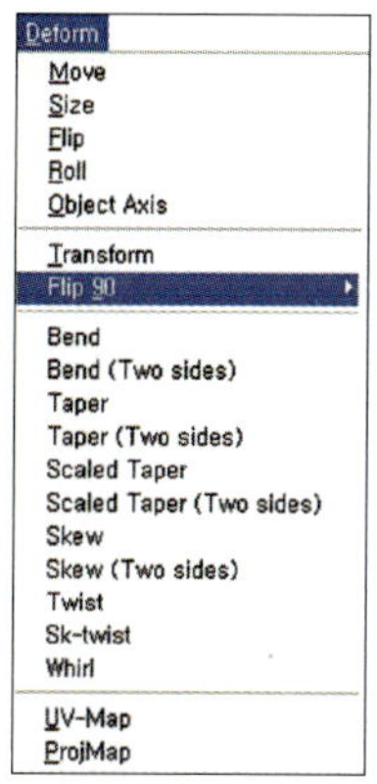

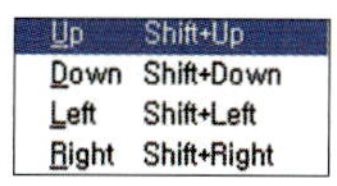

- 아이콘 없음
- 단축키 있음

물체를 90도 회전(돌리기)시키는 명령이다.
다음 명령들은 롤오버 메뉴이다.

Up (단축키 Shift + ↑)
현재 화면의 수평축에 대해 물체를 90도 위로 회전시킨다.

Down (단축키 Shift + ↓)
현재 화면의 수평축에 대해 물체를 90도 아래로 회전시킨다.

Left (단축키 Shift + ←)
현재 화면의 수직축에 대해 물체를 왼쪽으로 90도 회전시킨다.

Right (단축키 Shift + →)

현재 화면의 수직축에 대해 물체를 오른쪽으로 90도 회전시킨다.

물체가 선택된 후에 이 명령을 사용해야하며, 명령이 실행되면 물체가 회전한다.

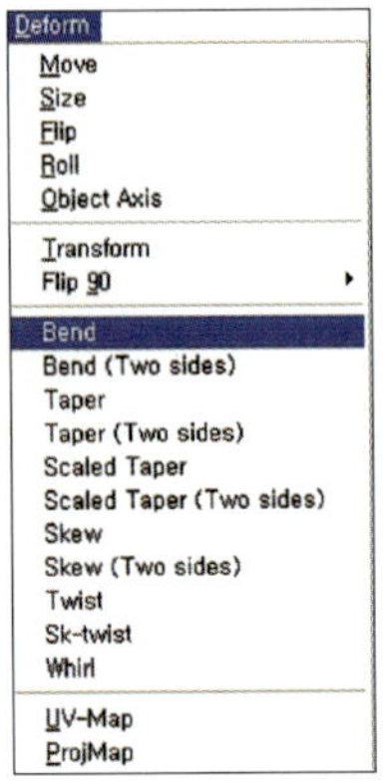

8. Bend(굽히기)

- 아이콘
- 단축키 없음

물체를 수평이나 수직축에 대해 구부리는 명령이다.

물체(물체의 정점)를 선택한 후에 이 명령을 사용하여야 한다.

이 명령이 선택되면 Bending 모드로 전환된다. 다른 Deforming 모드와 유사한 동작을 하게 된다. Bend, Taper, Scaled Taper, Skew, Twist, Skew Twist, Whirl 명령을 선택했을 때 JewelCAD는 유사한 변형모드로 들어간다. 이런 모드의 동작은 유사하며 단계는 다음과 같다.

▶ 변형물체를 위한 축 결정하기

변형할 물체를 위해 화면의 수직, 수평축을 선택한다. 먼저 변형을 실행하기 위해 화면의 시점을 결정한 다음 화면의 시점으로 커서를 이동한다. 마우스의 왼쪽 버튼을 누르고 수직 또는 수평 방향으로 커서를 움직인다. 한번 시작되면 변형의 축은 고정된다. 잘못된 축을 선택했다면 단순히 마우스의 버튼을 놓거나 Edit-Undo(툴바의 Undo 아이콘)명령을 사용한다. 그 다음 다시 축을 결정하기 위해 실행한다.

▶ 물체 변형하기

실제로 변형 축을 결정하는 동안 물체는 변형된다. 마우스 버튼을 놓았을 때 물체는 충분히 변형되었다. 변형모드를 빠져나가기 전에 더 물체를 변형할 수 있다. 다시 왼쪽 마우스 버튼을 누르고 변형 축의 결정에 따라 커서를 이동한다. 물체는 더 변형될 수 있다.

원하는 만큼일 때 마우스 버튼을 놓는다. 물체를 원하는 형태로 변형될 때까지 반복적으로 이러한 동작을 할 수 있다.

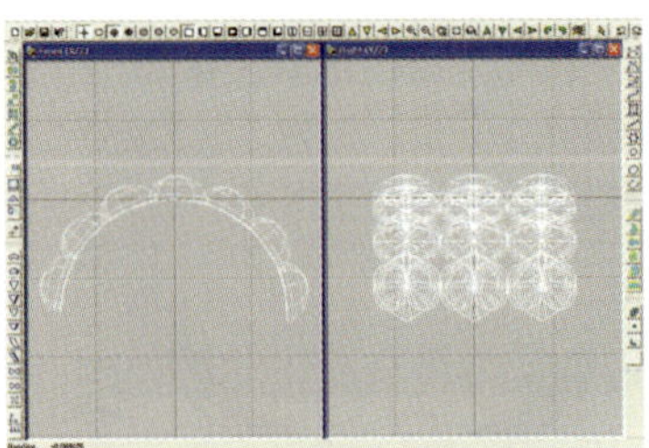

〈물체를 선택하여 좌표중심에서 원하는 화면을 드래그〉

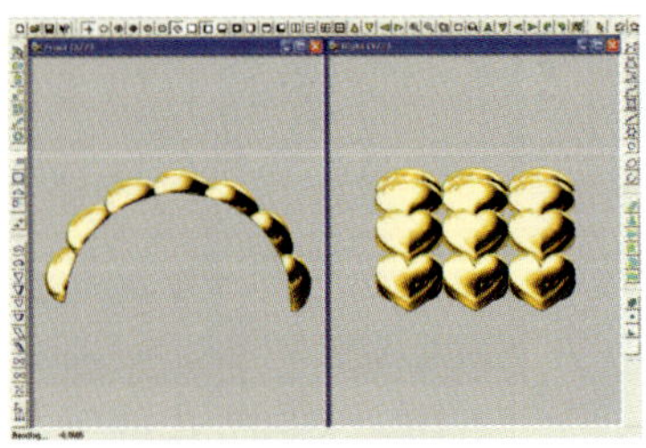

〈Rendering 모드로 Bend를 확인〉

▶ 변형모드를 끝내고 빠져 나오기

변형을 끝내기 위해 Pick 아이콘이나 다른 명령을 선택한다.

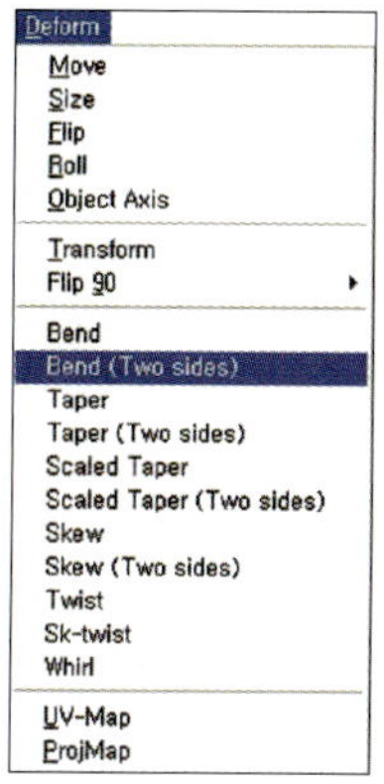

9. Bend(Two sides)(양방향 굽히기)

- 아이콘
- 단축키 없음

물체를 수평이나 수직축에 대해 두 방향으로 구부리는 명령이다.

물체(물체의 정점)를 선택한 후에 이 명령을 사용하여야 한다.

이 명령이 선택되면 Bending(Two sides)모드로 전환된다. 다른 Deforming 모드와 유사한 동작을 하게 된다. Bend, Taper, Scaled Taper, Skew, Twist, Skew Twist, Whirl 명령을 선택했을 때 JewelCAD는 유사한 변형모드로 들어간다. 이런 모드의 동작은 유사하며 단계는 다음과 같다.

▶ 변형물체를 위한 축 결정하기

변형할 물체를 위해 화면의 수직, 수평축을 선택한다. 먼저 변형을 실행하기 위해 화면의 시점을 결정한 다음 화면의 시점으로 커서를 이동한다. 마우스의 왼쪽 버튼을 누르고 수직 또는 수평 방향으로 커서를 움직인다. 한번 시작되면 변형의 축은 고정된다. 잘못된 축을 선택했다면 단순히 마우스의 버튼을 놓거나 Edit-Undo(툴바의 Undo 아이콘)명령을 한 번 사용한다. 그 다음 다시 축을 결정하기 위해 실행한다.

▶ 물체 변형하기

실제로 변형 축을 결정하는 동안 물체는 변형된다. 마우스 버튼을 놓았을 때 물체는 충분히 변형되었다. 변형모드를 빠져나가기 전에 더 물체를 변형할 수 있다. 다시 왼쪽마우스 버튼을 누르고 변형 축의 결정에 따라 커서를 이동한다.

물체는 더 변형될 수 있다. 원하는 만큼일 때 마우스 버튼을 놓는다. 물체를 원하는 형태로 변형될 때까지 반복적으로 이러한 동작을 할 수 있다.

▶ 변형모드를 끝내고 빠져 나오기

변형을 끝내기 위해 Pick 아이콘이나 다른 명령을 선택한다.

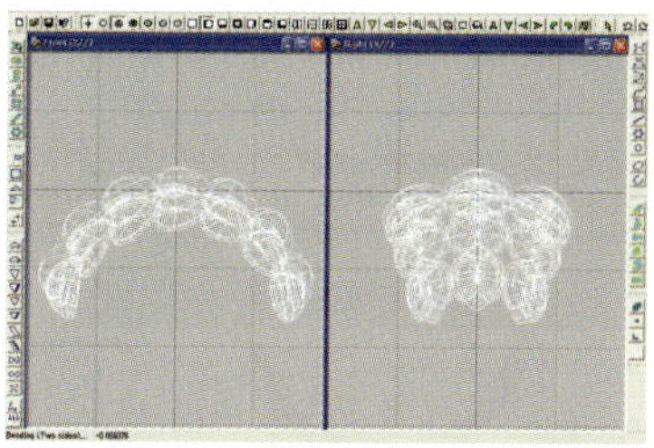
〈물체를 선택하여 좌표중심에서 원하는 화면을 드래그〉

〈Rendering 모드로 Bend(Two sides)를 확인〉

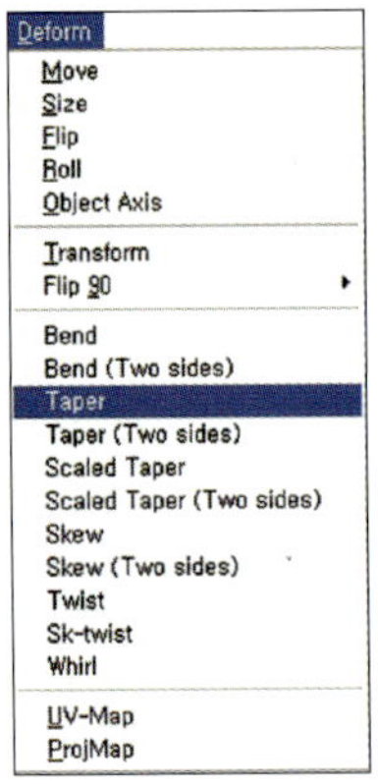

10. Taper(좁히고 넓히기)

- 아이콘 ▽
- 단축키 없음

물체를 수평이나 수직축에 대해 좁히거나 넓히는 명령이다.

물체(물체의 정점)를 선택한 후에 이 명령을 사용하여야 한다.

이 명령이 선택되면 Tapering모드로 전환된다. 다른 Deforming 모드와 유사한 동작을 하게 된다. Bend, Taper, Scaled Taper, Skew, Twist, Skew Twist, Whirl 명령을 선택했을 때 JewelCAD는 유사한 변형모드로 들어간다. 이런 모드의 동작은 유사하며 단계는 다음과 같다.

▶ 변형물체를 위한 축 결정하기

변형할 물체를 위해 화면의 수직, 수평축을 선택한다. 먼저 변형을 실행하기 위해 화면의 시점을 결정한 다음 화면의 시점으로 커서를 이동한다. 마우스의 왼쪽 버튼을 누르고 수직 또는 수평 방향으로 커서를 움직인다. 한번 시작되면 변형의 축은 고정된다. 잘못된 축을 선택했다면 단순히 마우스의 버튼을 놓거나 Edit-Undo(툴바의 Undo 아이콘)명령을 한 번 사용한다. 그 다음 다시 축을 결정하기 위해 실행한다.

▶ 물체 변형하기

실제로 변형 축을 결정하는 동안 물체는 변형된다. 마우스 버튼을 놓았을 때 물체는 충분히 변형되었다. 변형모드를 빠져나가기 전에 더 물체를 변형할 수 있다. 다시 왼쪽마우스 버튼을 누르고 변형 축의 결정에 따라 커서를 이동한다. 물체는 더 변형될 수 있다.

원하는 만큼일 때 마우스 버튼을 놓는다. 물체를 원하는 형태로 변형될 때까지 반복적으로 이러한 동작을 할 수 있다.

▶ 변형모드를 끝내고 빠져나오기

변형을 끝내기 위해 Pick 아이콘이나 다른 명령을 선택한다.

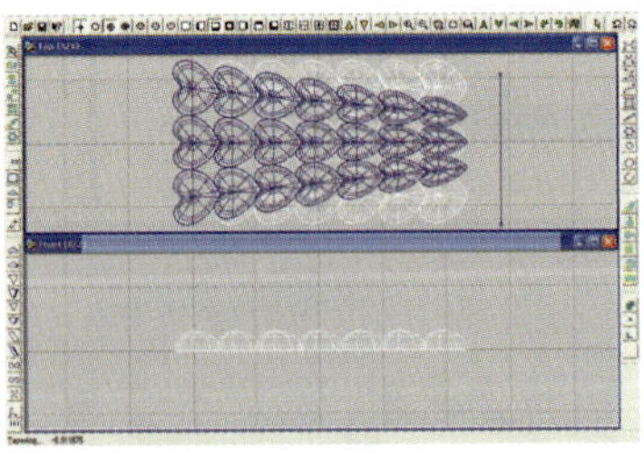

〈물체를 선택하여 좌표중심에서 원하는 화면을 드래그〉

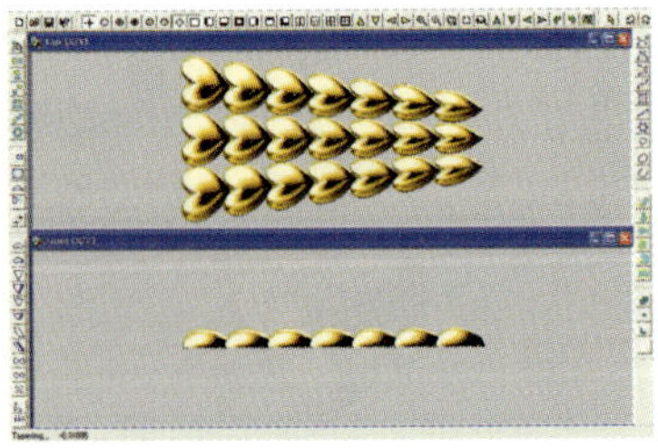

〈Rendering 모드로 Taper를 확인〉

11. Taper (Two sides)(양방향 좁히고 넓히기)

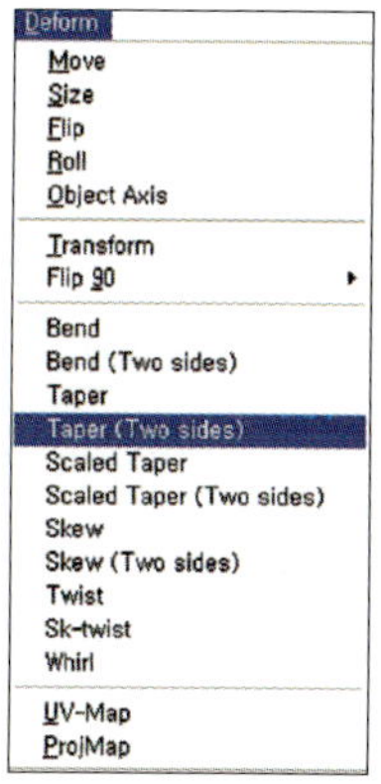

- 아이콘
- 단축키 없음

물체를 두 방향으로 수평이나 수직축에 대해 좁히거나 넓히는 명령이다. 물체(물체의 정점)를 선택한 후에 이 명령을 사용하여야 한다.

이 명령이 선택되면 Tapering(Two sides)모드로 전환된다. 다른 Deforming 모드와 유사한 동작을 하게 된다. Bend, Taper, Scaled Taper, Skew, Twist, Skew Twist, Whirl 명령을 선택했을 때 JewelCAD는 유사한 변형모드로 들어간다. 이런 모드의 동작은 유사하며 단계는 다음과 같다.

▶ 변형물체를 위한 축 결정하기

변형할 물체를 위해 화면의 수직, 수평축을 선택한다. 먼저 변형을 실행하기 위해 화면의 시점을 결정한 다음 화면의 시점으로 커서를 이동한다. 마우스의 왼쪽 버튼을 누르고 수직 또는 수평 방향으로 커서를 움직인다. 한 번 시작되면 변형의 축은 고정된다. 잘못된 축을 선택했다면 단순히 마우스의 버튼을 놓거나 Edit-Undo(툴바의 Undo 아이콘)명령을 한 번 사용한다. 그 다음 다시 축을 결정하기 위해 실행한다.

▶ 물체 변형하기

실제로 변형 축을 결정하는 동안 물체는 변형된다. 마우스 버튼을 놓았을 때 물체는 충분히 변형되었다. 변형모드를 빠져나가기 전에 더 물체를 변형할 수 있다. 다시 왼쪽마우스 버튼을 누르고 변형 축의 결정에 따라 커서를 이동한다. 물체는 더 변형될 수 있다.

원하는 만큼일 때 마우스 버튼을 놓는다. 물체를 원하는 형태로 변형될 때까지 반복적으로 이러한 동작을 할 수 있다.

▶ 변형모드를 끝내고 빠져 나오기

변형을 끝내기 위해 Pick 아이콘이나 다른 명령을 선택한다.

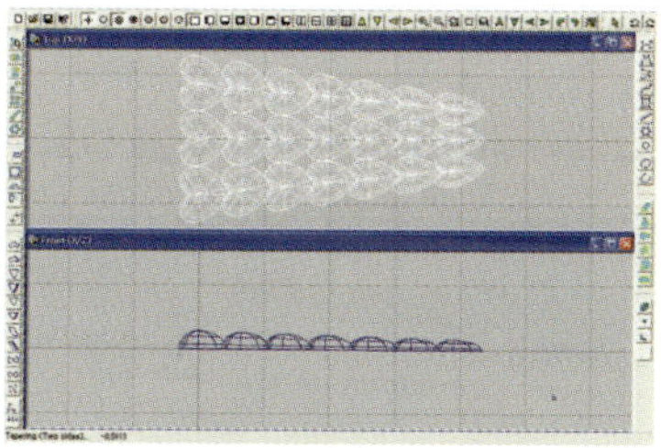

〈물체를 선택하여 좌표중심에서 원하는 화면을 드래그〉

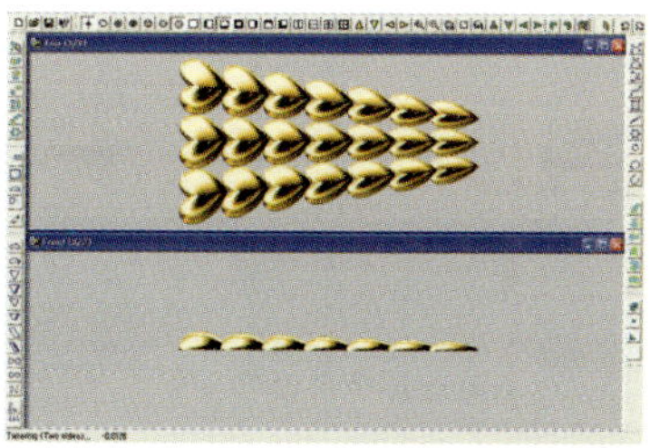

〈Rendering 모드로 Taper(Two sides)를 확인〉

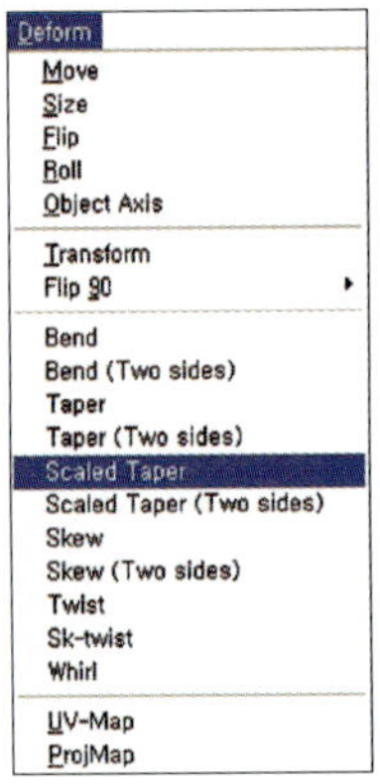

12. Scaled Taper(비례로 좁히고 넓히기)

- 아이콘 ▽
- 단축키 없음

물체를 비례로 수평이나 수직축에 대해 좁히거나 넓히는 명령이다.

물체(물체의 정점)를 선택한 후에 이 명령을 사용하여야 한다.

이 명령이 선택되면 Scaled Tapering모드로 전환된다.

다른 Deforming 모드와 유사한 동작을 하게 된다. Bend, Taper, Scaled Taper, Skew, Twist, Skew Twist, Whirl 명령을 선택했을 때 JewelCAD는 유사한 변형모드로 들어간다. 이런 모드의 동작은 유사하며 단계는 다음과 같다.

▶ 변형물체를 위한 축 결정하기

변형할 물체를 위해 화면의 수직, 수평축을 선택한다. 먼저 변형을 실행하기 위해 화면의 시점을 결정한 다음 화면의 시점으로 커서를 이동한다. 마우스의 왼쪽 버튼을 누르고 수직 또는 수평 방향으로 커서를 움직인다. 한번 시작되면 변형의 축은 고정된다. 잘못된 축을 선택했다면 단순히 마우스의 버튼을 놓거나 Edit-Undo(툴바의 Undo 아이콘)명령을 한 번 사용한다. 그 다음 다시 축을 결정하기 위해 실행한다.

▶ 물체 변형하기

실제로 변형 축을 결정하는 동안 물체는 변형된다. 마우스 버튼을 놓았을 때 물체는 충분히 변형되었다. 변형모드를 빠져나가기 전에 더 물체를 변형할 수 있다. 다시 왼쪽마우스 버튼을 누르고 변형 축의 결정에 따라 커서를 이동한다. 물체는 더 변형될 수 있다.

원하는 만큼일 때 마우스 버튼을 놓는다. 물체를 원하는 형태로 변형될 때까지 반복적으로 이러한 동작을 할 수 있다.

▶ 변형모드를 끝내고 빠져 나오기

변형을 끝내기 위해 Pick 아이콘이나 다른 명령을 선택한다.

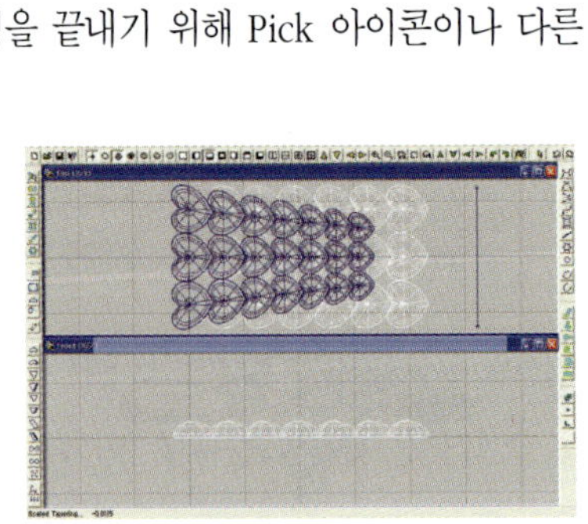

〈물체를 선택하여 좌표중심에서 원하는 화면을 드래그〉

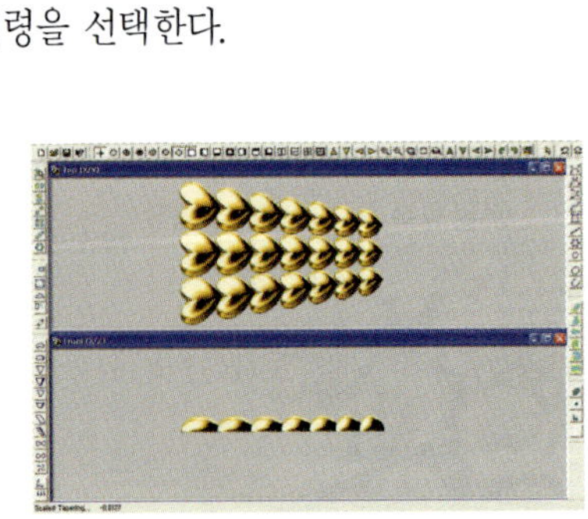

〈Rendering 모드로 Scaled Taper를 확인〉

13. Scaled Taper (Two sides)(비례로 양방향 좁히고 넓히기)

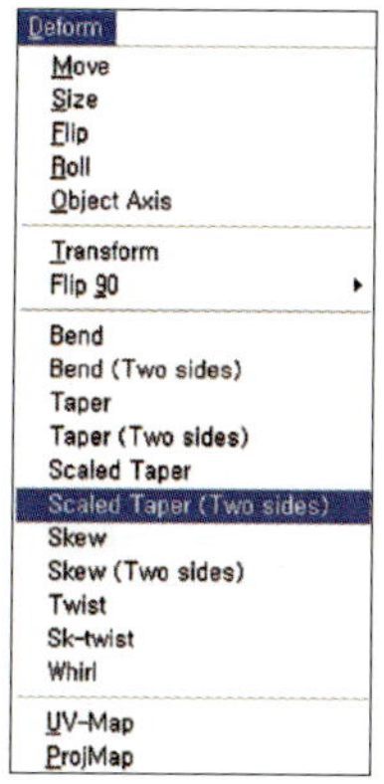

- 아이콘
- 단축키 없음

물체를 비례로 두 방향 수평이나 수직축에 대해 좁히거나 넓히는 명령이다. 물체(물체의 정점)를 선택한 후에 이 명령을 사용하여야 한다.

이 명령이 선택되면 Scaled Tapering(Two sides)모드로 전환된다. 다른 Deforming 모드와 유사한 동작을 하게 된다. Bend, Taper, Scaled Taper, Skew, Twist, Skew Twist, Whirl 명령을 선택했을 때 JewelCAD는 유사한 변형모드로 들어간다. 이런 모드의 동작은 유사하며 단계는 다음과 같다.

▶ 변형물체를 위한 축 결정하기

변형할 물체를 위해 화면의 수직, 수평축을 선택한다. 먼저 변형을 실행하기 위해 화면의 시점을 결정한 다음 화면의 시점으로 커서를 이동한다. 마우스의 왼쪽 버튼을 누르고 수직 또는 수평 방향으로 커서를 움직인다. 한 번 시작되면 변형의 축은 고정된다. 잘못된 축을 선택했다면 단순히 마우스의 버튼을 놓거나 Edit-Undo(툴바의 Undo 아이콘)명령을 한 번 사용한다. 그 다음 다시 축을 결정하기 위해 실행한다.

▶ 물체 변형하기

실제로 변형 축을 결정하는 동안 물체는 변형된다. 마우스 버튼을 놓았을 때 물체는 충분히 변형되었다. 변형모드를 빠져나가기 전에 더 물체를 변형할 수 있다. 다시 왼쪽 마우스 버튼을 누르고 변형 축의 결정에 따라 커서를 이동한다. 물체는 더 변형될 수 있다.

원하는 만큼일 때 마우스 버튼을 놓는다. 물체를 원하는 형태로 변형될 때까지 반복적으로 이러한 동작을 할 수 있다.

▶ 변형모드를 끝내고 빠져 나오기

변형을 끝내기 위해 Pick 아이콘이나 다른 명령을 선택한다.

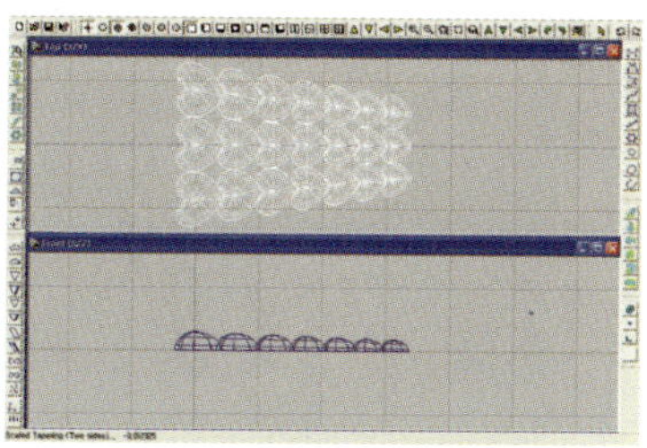

〈물체를 선택하여 좌표중심에서 원하는 화면을 드래그〉

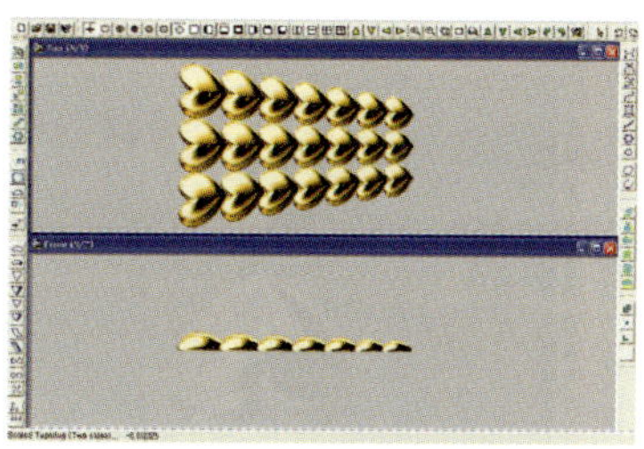

〈Rendering 모드로 Scaled Taper (Two sides)를 확인〉

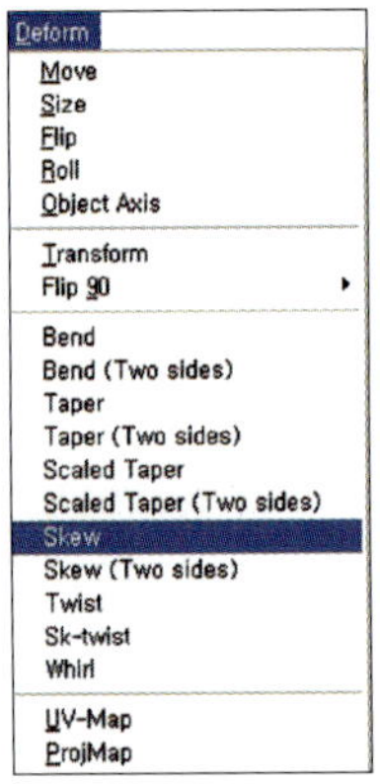

14. Skew(비스듬히 기울임)

- 아이콘
- 단축키 없음

물체를 수평이나 수직축에 대해 비스듬히 기울이는 명령이다.

물체(물체의 정점)를 선택한 후에 이 명령을 사용하여야 한다.

이 명령이 선택되면 Skewing 모드로 전환된다.

다른 Deforming 모드와 유사한 동작을 하게 된다. Bend, Taper, Scaled Taper, Skew, Twist, Skew Twist, Whirl 명령을 선택했을 때 JewelCAD는 유사한 변형모드로 들어간다. 이런 모드의 동작은 유사하며 단계는 다음과 같다.

▶ 변형물체를 위한 축 결정하기

변형할 물체를 위해 화면의 수직, 수평축을 선택한다. 먼저 변형을 실행하기 위해 화면의 시점을 결정한 다음 화면의 시점으로 커서를 이동한다. 마우스의 왼쪽 버튼을 누르고 수직 또는 수평 방향으로 커서를 움직인다. 한번 시작되면 변형의 축은 고정된다. 잘못된 축을 선택했다면 단순히 마우스의 버튼을 놓거나 Edit-Undo(툴바의 Undo 아이콘)명령을 한 번 사용한다. 그 다음 다시 축을 결정하기 위해 실행한다.

▶ 물체 변형하기

실제로 변형 축을 결정하는 동안 물체는 변형된다. 마우스 버튼을 놓았을 때 물체는 충분히 변형되었다. 변형모드를 빠져나가기 전에 더 물체를 변형할 수 있다. 다시 왼쪽마우스 버튼을 누르고 변형 축의 결정에 따라 커서를 이동한다. 물체는 더 변형될 수 있다.

원하는 만큼일 때 마우스 버튼을 놓는다. 물체를 원하는 형태로 변형될 때까지 반복적으로 이러한 동작을 할 수 있다.

▶ 변형모드를 끝내고 빠져나오기

변형을 끝내기 위해 Pick 아이콘이나 다른 명령을 선택한다.

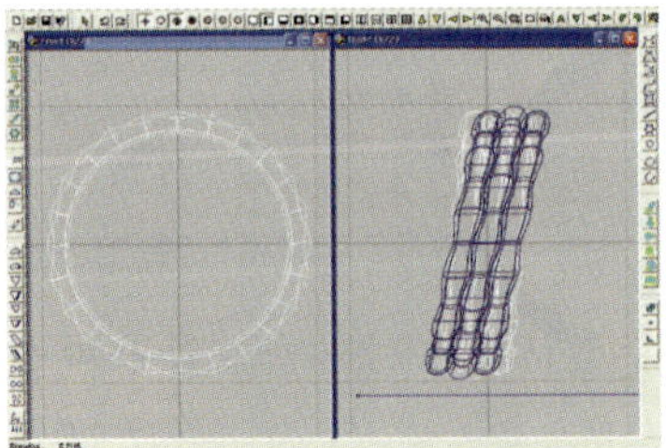

〈물체를 선택하여 좌표중심에서 원하는 화면을 드래그〉

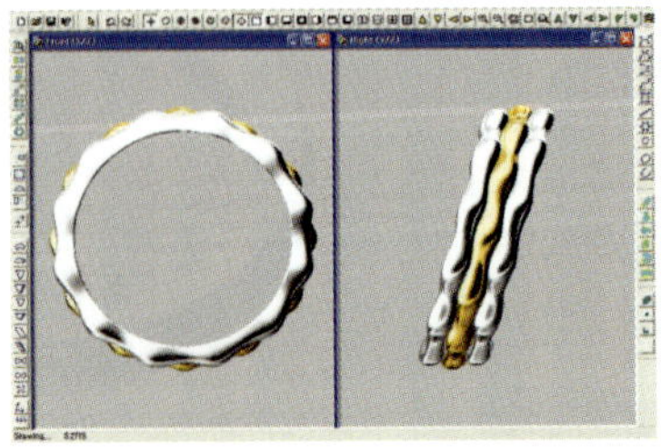

〈Rendering 모드로 Skew를 확인〉

15. Skew(Two sides)(비례로 비스듬히 기울임)

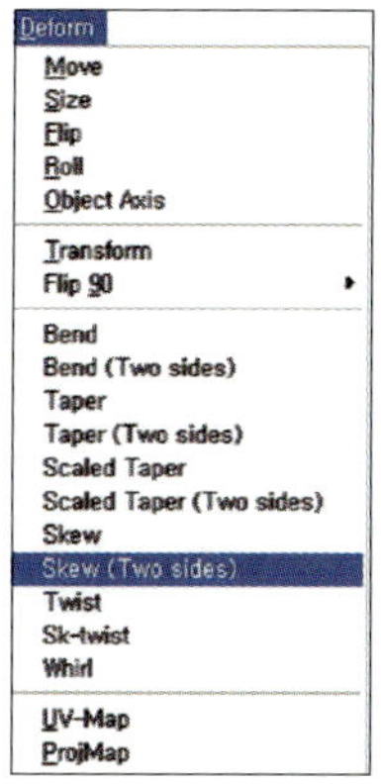

- 아이콘 
- 단축키 없음

물체를 비례로 두 방향 수평이나 수직축에 대해 비스듬히 기울이는 명령이다.

물체(물체의 정점)를 선택한 후에 이 명령을 사용하여야 한다.

이 명령이 선택되면 Skewing(Two sides)모드로 전환된다.

다른 Deforming 모드와 유사한 동작을 하게 된다. Bend, Taper, Scaled Taper, Skew, Twist, Skew Twist, Whirl 명령을 선택했을 때 JewelCAD는 유사한 변형모드로 들어간다. 이런 모드의 동작은 유사하며 단계는 다음과 같다.

▶ 변형물체를 위한 축 결정하기

변형할 물체를 위해 화면의 수직, 수평축을 선택한다. 먼저 변형을 실행하기 위해 화면의 시점을 결정한 다음 화면의 시점으로 커서를 이동한다. 마우스의 왼쪽 버튼을 누르고 수직 또는 수평 방향으로 커서를 움직인다. 한번 시작되면 변형의 축은 고정된다. 잘못된 축을 선택했다면 단순히 마우스의 버튼을 놓거나 Edit-Undo(툴바의 Undo 아이콘)명령을 한번 사용한다. 그 다음 다시 축을 결정하기 위해 실행한다.

▶ 물체 변형하기

실제로 변형 축을 결정하는 동안 물체는 변형된다. 마우스 버튼을 놓았을 때 물체는 충분히 변형되었다. 변형모드를 빠져나가기 전에 더 물체를 변형할 수 있다. 다시 왼쪽마우스 버튼을 누르고 변형 축의 결정에 따라 커서를 이동한다. 물체는 더 변형될 수 있다.

원하는 만큼일 때 마우스 버튼을 놓는다. 물체를 원하는 형태로 변형될 때까지 반복적으로 이러한 동작을 할 수 있다.

▶ 변형모드를 끝내고 빠져 나오기

변형을 끝내기 위해 Pick 아이콘이나 다른 명령을 선택한다.

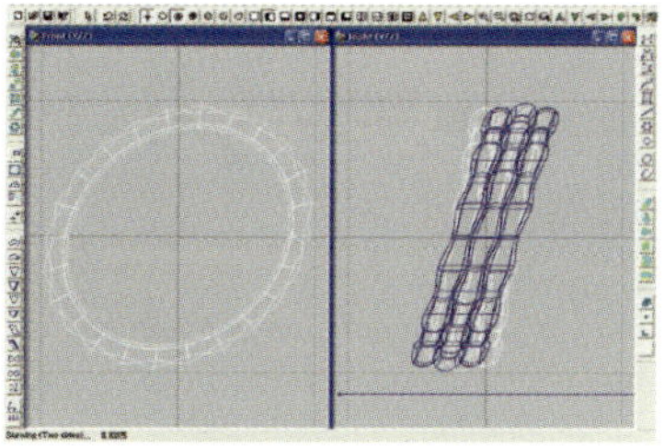

〈물체를 선택하여 좌표중심에서 원하는 화면을 드래그〉

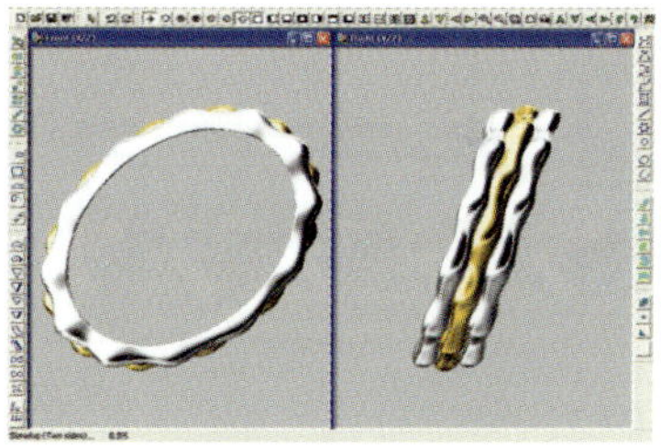

〈Rendering 모드로 Skew (Two sides)를 확인〉

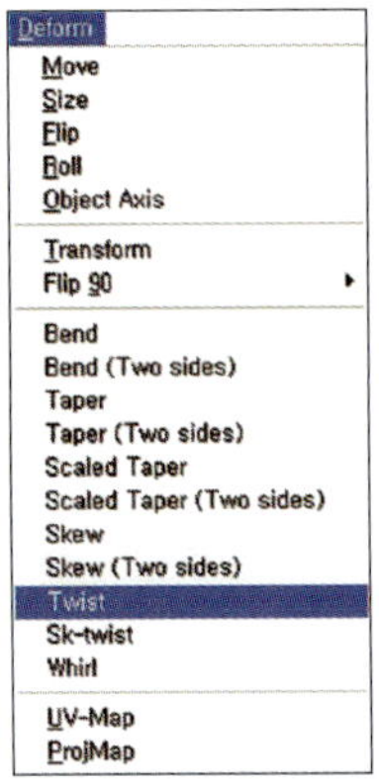

16. Twist(비틀기)

- 아이콘
- 단축키 없음

물체를 수평이나 수직축에 대해 비트는(꼬는) 명령이다.

물체(물체의 정점)를 선택한 후에 이 명령을 사용하여야 한다.

이 명령이 선택되면 Twisting 모드로 전환된다.

다른 Deforming 모드와 유사한 동작을 하게 된다. Bend, Taper, Scaled Taper, Skew, Twist, Skew Twist, Whirl 명령을 선택했을 때 JewelCAD는 유사한 변형모드로 들어간다. 이런 모드의 동작은 유사하며 단계는 다음과 같다.

▶ 변형물체를 위한 축 결정하기

변형할 물체를 위해 화면의 수직, 수평축을 선택한다. 먼저 변형을 실행하기 위해 화면의 시점을 결정한 다음 화면의 시점으로 커서를 이동한다. 마우스의 왼쪽 버튼을 누르고 수직 또는 수평 방향으로 커서를 움직인다. 한 번 시작되면 변형의 축은 고정된다. 잘못된 축을 선택했다면 단순히 마우스의 버튼을 놓거나 Edit-Undo(툴바의 Undo 아이콘)명령을 한 번 사용한다. 그 다음 다시 축을 결정하기 위해 실행한다.

▶ 물체 변형하기

실제로 변형 축을 결정하는 동안 물체는 변형된다. 마우스 버튼을 놓았을 때 물체는 충분히 변형되었다. 변형모드를 빠져나가기 전에 더 물체를 변형할 수 있다. 다시 왼쪽마우스 버튼을 누르고 변형 축의 결정에 따라 커서를 이동한다. 물체는 더 변형될 수 있다.

원하는 만큼일 때 마우스 버튼을 놓는다. 물체를 원하는 형태로 변형될 때까지 반복적으로 이러한 동작을 할 수 있다.

▶ 변형모드를 끝내고 빠져 나오기

변형을 끝내기 위해 Pick 아이콘이나 다른 명령을 선택한다.

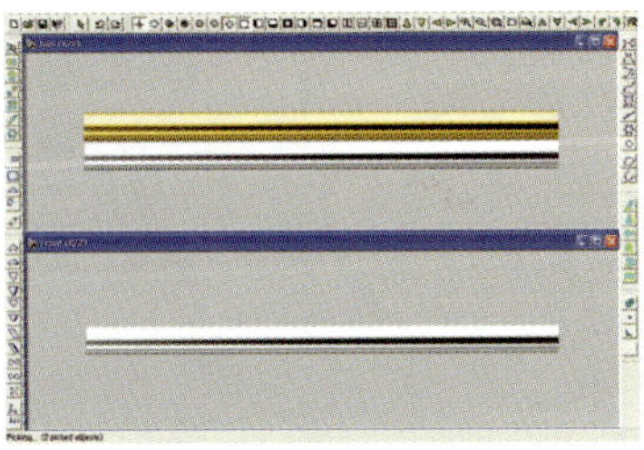

〈물체를 선택하여 좌표중심에서 원하는 화면을 드래그〉

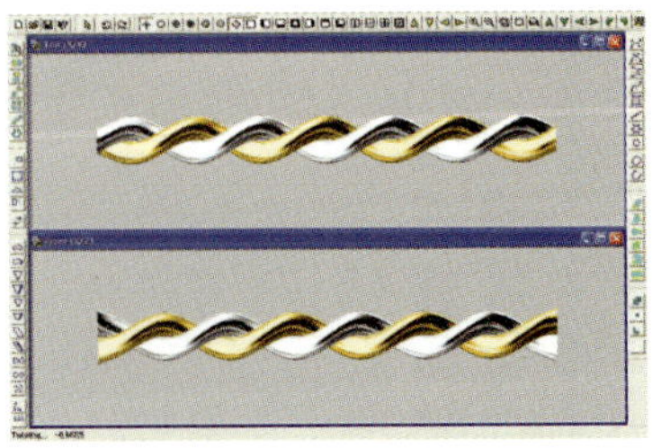

〈Rendering 모드로 Twist를 확인〉

17. Sk-twist(비스듬히 비틀기)

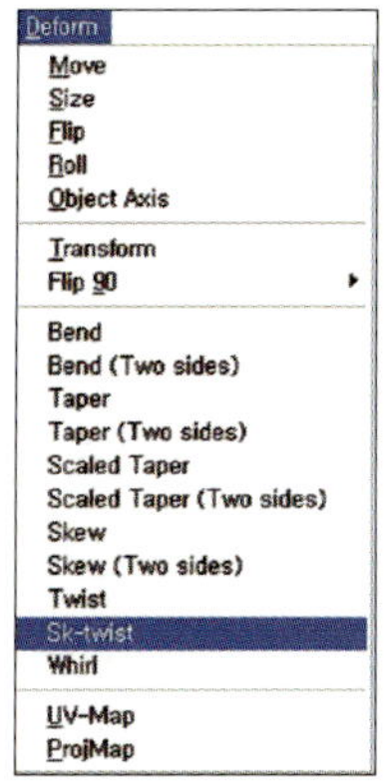

- 아이콘 ∞
- 단축키 없음

물체를 수평이나 수직축에 대해 비스듬히 비트는 명령이다.

물체(물체의 정점)를 선택한 후에 이 명령을 사용하여야 한다.

이 명령이 선택되면 Sk-twist 모드로 전환된다.

다른 Deforming 모드와 유사한 동작을 하게 된다. Bend, Taper, Scaled Taper, Skew, Twist, Skew Twist, Whirl 명령을 선택했을 때 JewelCAD는 유사한 변형모드로 들어간다. 이런 모드의 동작은 유사하며 단계는 다음과 같다.

▶ 변형물체를 위한 축 결정하기

변형할 물체를 위해 화면의 수직, 수평축을 선택한다. 먼저 변형을 실행하기 위해 화면의 시점을 결정한 다음 화면의 시점으로 커서를 이동한다. 마우스의 왼쪽 버튼을 누르고 수직 또는 수평 방향으로 커서를 움직인다. 한 번 시작되면 변형의 축은 고정된다. 잘못된 축을 선택했다면 단순히 마우스의 버튼을 놓거나 Edit-Undo(툴바의 Undo 아이콘)명령을 한 번 사용한다. 그 다음 다시 축을 결정하기 위해 실행한다.

▶ 물체 변형하기

실제로 변형 축을 결정하는 동안 물체는 변형된다. 마우스 버튼을 놓았을 때 물체는 충분히 변형되었다. 변형모드를 빠져나가기 전에 더 물체를 변형할 수 있다. 다시 왼쪽마우스 버튼을 누르고 변형 축의 결정에 따라 커서를 이동한다. 물체는 더 변형될 수 있다.

원하는 만큼일 때 마우스 버튼을 놓는다. 물체를 원하는 형태로 변형될 때까지 반복적으로 이러한 동작을 할 수 있다.

▶ 변형모드를 끝내고 빠져나오기

변형을 끝내기 위해 Pick 아이콘이나 다른 명령을 선택한다.

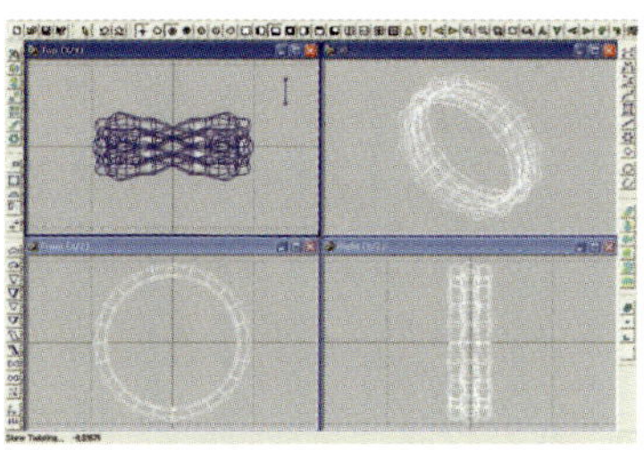

〈물체를 선택하여 좌표중심에서 원하는 화면을 드래그〉

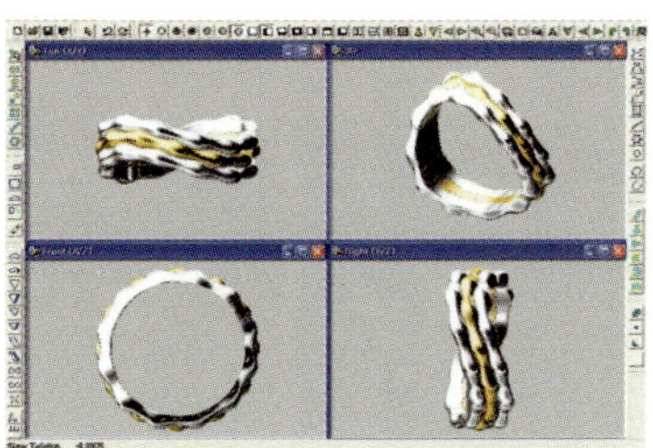

〈Rendering 모드로 Sk-twist를 확인〉

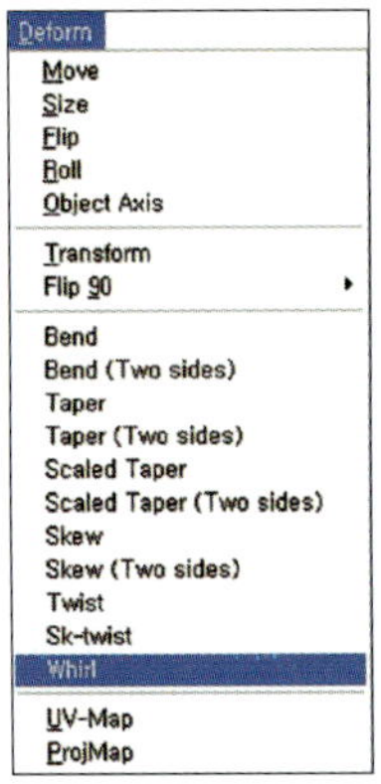

18. Whirl(소용돌이)

- 아이콘
- 단축키 없음

물체를 수평이나 수직축에 대해 소용돌이 모양으로 만드는 명령이다.

물체(물체의 정점)를 선택한 후에 이 명령을 사용하여야 한다.

이 명령이 선택되면 Whirling 모드로 전환된다.

다른 Deforming 모드와 유사한 동작을 하게 된다. Bend, Taper, Scaled Taper, Skew, Twist, Skew Twist, Whirl 명령을 선택했을 때 JewelCAD는 유사한 변형모드로 들어간다. 이런 모드의 동작은 유사하며 단계는 다음과 같다.

▶ 변형물체를 위한 축 결정하기

변형할 물체를 위해 화면의 수직, 수평축을 선택한다. 먼저 변형을 실행하기 위해 화면의 시점을 결정한 다음 화면의 시점으로 커서를 이동한다. 마우스의 왼쪽 버튼을 누르고 수직 또는 수평 방향으로 커서를 움직인다. 한 번 시작되면 변형의 축은 고정된다. 잘못된 축을 선택했다면 단순히 마우스의 버튼을 놓거나 Edit-Undo(툴바의 Undo 아이콘)명령을 한 번 사용한다. 그 다음 다시 축을 결정하기 위해 실행한다.

▶ 물체 변형하기

실제로 변형 축을 결정하는 동안 물체는 변형된다. 마우스 버튼을 놓았을 때 물체는 충분히 변형되었다. 변형모드를 빠져나가기 전에 더 물체를 변형할 수 있다. 다시 왼쪽마우스 버튼을 누르고 변형 축의 결정에 따라 커서를 이동한다. 물체는 더 변형될 수 있다.

원하는 만큼일 때 마우스 버튼을 놓는다. 물체를 원하는 형태로 변형될 때까지 반복적으로 이러한 동작을 할 수 있다.

▶ 변형모드를 끝내고 빠져나오기

변형을 끝내기 위해 Pick 아이콘이나 다른 명령을 선택한다.

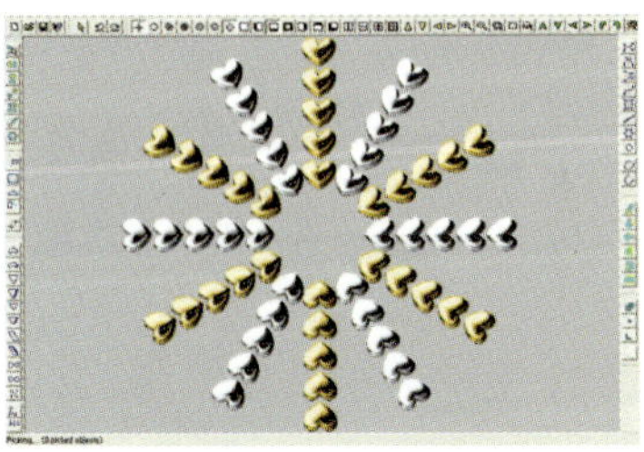
〈물체를 선택하여 좌표중심에서 원하는 화면을 드래그〉

〈Rendering 모드로 Whirl를 확인〉

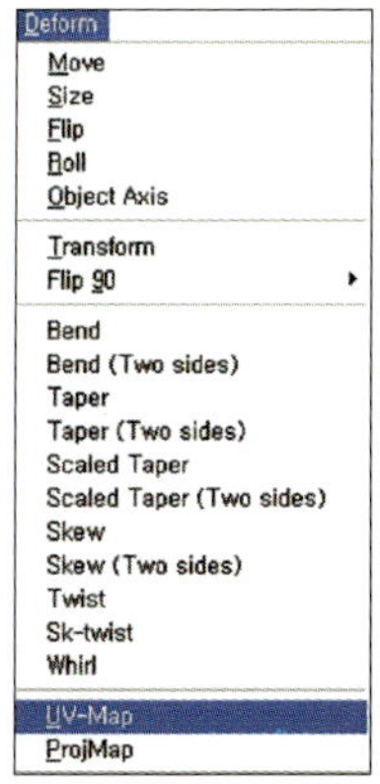

19. UV-Map(UV 맵핑)

- 아이콘
- 단축키 없음

물체를 선 또는 면에 밉핑 시켜 변형시키는 명령이다.

이 명령을 사용하기 위해서 물체가 먼저 선택되어야 한다.

이 명령이 실행되면 UV-Map 대화상자가 나타난다.

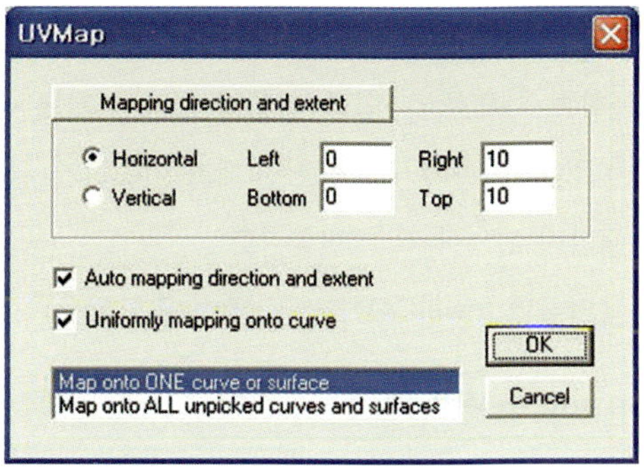

▶ Mapping direction and extent

물체를 맵핑하기 위하여 맵핑 방향과 영역이 정의되어야 한다. 물체가 커브선에 맵핑될 때 맵핑 방향은 곡선을 따라 맵핑되는 물체의 방향이 된다.

Horizontal	맵핑 방향으로 물체의 수평축이 사용된다.
Vertical	맵핑 방향으로 물체의 수직축이 사용된다.

맵핑 영역은 선택된 물체를 포함하는 상자로서, 상자 내의 물체들은 곡선을 따라 맵핑된다. 따라서 커브나 면을 따라 맵핑할 때는 맵핑하고자 하는 물체를 선택상자 내에 위치시켜야 한다.

Left	선택된 물체의 왼쪽 범위
Right	선택된 물체의 오른쪽 범위
Bottom	선택된 물체의 아래쪽 범위
Top	선택된 물체의 위쪽 범위

위의 편집상자에 값을 입력하면 맵핑 영역이 정의된다. 혹은 Mapping direction and Extent 버튼을 누르면 UV-Map 대화상자가 닫히고 화면에서 사용자가 선택할 수 있게 된다.
순서는 다음과 같다.

① 커서를 선택하고자 하는 물체가 포함되게 임의 점에 커서를 이동시킨 후 마우스 왼쪽 버튼을 누른다.
② 커서를 이동시켜 선택상자의 다른 모서리에 드래그 시킨다. 이때 상태표시줄에 이 위치가 표시된다.
③ 원하는 위치에서 마우스 왼쪽 버튼을 놓는다.
④ 위의 동작은 Shift 키와 함께 사용할 수 있다. 임의의 점에 커서를 이동시킨 후 Shift 키를 누른 다음 마우스 왼쪽 버튼을 이동시키면 박스 자체가 이동하게 된다.
⑤ 원하는 영역이 선택될 때까지 위의 동작을 반복한다.
⑥ 마우스 오른쪽 버튼을 클릭하면 JewelCAD는 UV-Map 대화상자로 돌아간다.

▶ Auto mapping direction and extent

이 체크박스가 체크되어 있으면, 사용자가 설정한 맵핑 방향과 영역은 무시된다.
UV-Mapping은 물체의 경계상자를 맵핑 영역으로 설정한다. 맵핑 방향은 경계상자의 길이 방향이 된다.

▶ Uniformly mapping onto curve

이 옵션이 선택되면, 물체가 커브 선 위에 일정하게 맵핑이 된다. 그렇지 않으면 물체들의 간격이 곡선의 정점을 따라 다르게 된다.

▶ Map onto ONE curve or surface

이 옵션이 선택되면, UV-Map 대화상자가 닫히고, 화면에서 커브 선이나 면을 선택하면 물체가 선택된 커브나 면을 따라서 맵핑된다.

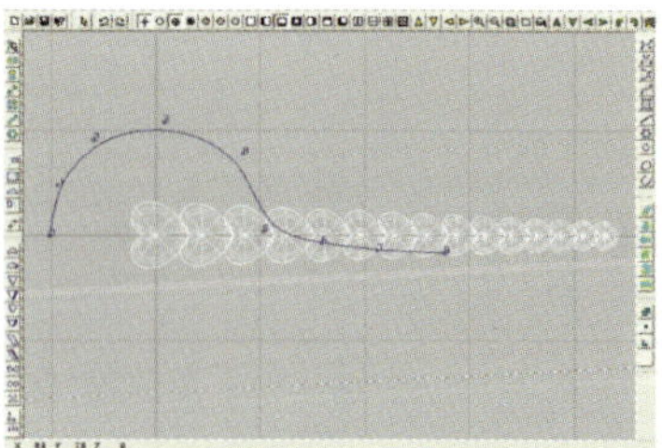
〈선택된 물체를 한 개의 커브에 지정하여 클릭〉

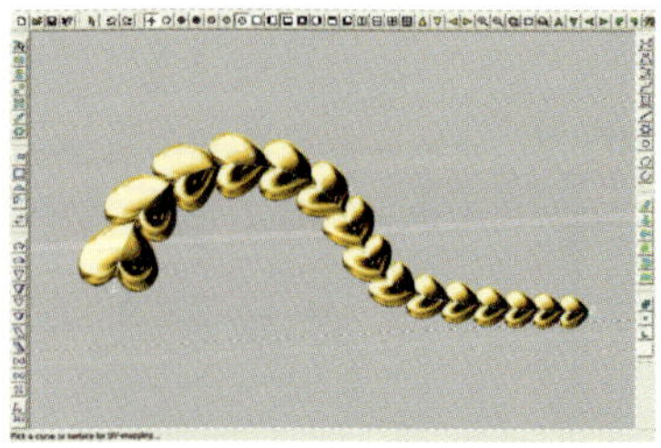
〈지정된 커브 선에 물체가 mapping 됨〉

▶ **Map onto ALL unpicked curves and surfaces**

이 옵션이 선택되면, UV-Map 대화상자가 닫히고, 물체가 선택되지 않은 커브나 면을 따라서 맵핑된다. 따라서 하나 이상의 선택되지 않은 커브나 곡선이 있으면 물체는 맵핑될뿐만 아니라 많은 수의 복사가 일어난다.

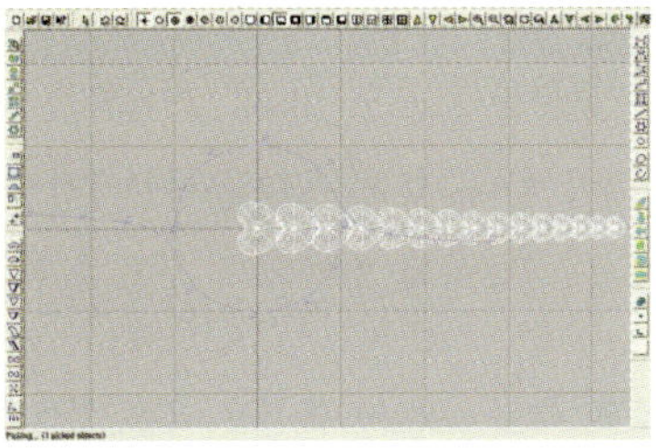

〈선택되지 않은 다수의 커브 선에 mapping 명령〉

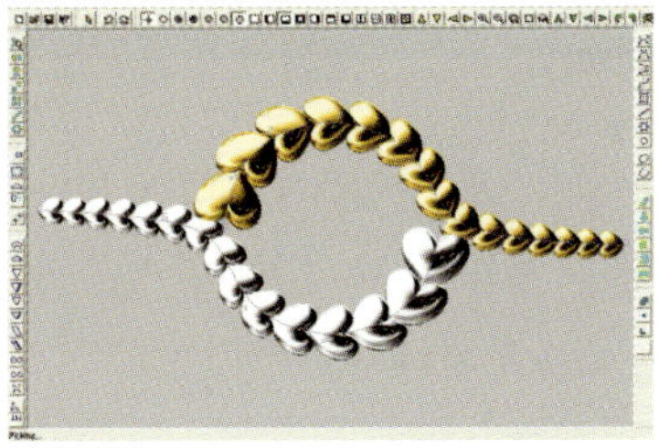

〈커브 선에 물체가 자동으로 mapping 됨〉

UV-Map 대화상자는 다음의 경우에 닫힌다.

① OK 버튼이 선택될 때

② “ONE curve or surface” 옵션을 더블 클릭

③ “ALL unpicked curves and surfaces” 옵션을 더블 클릭 할 때

20. ProjMap(돌출 맵핑)

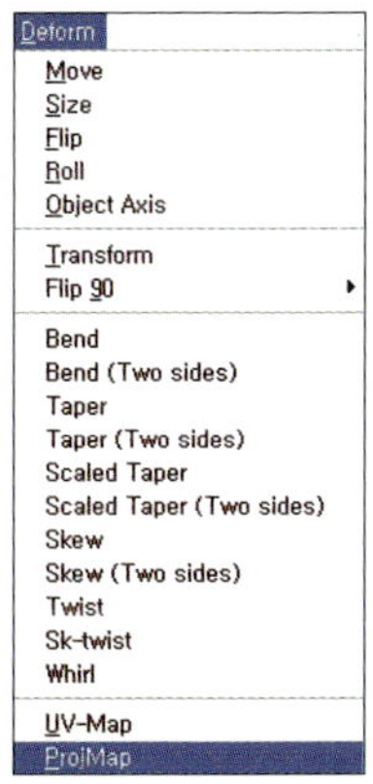

- 아이콘
- 단축키 없음

물체를 어떤 커브, 면의 정점이나 돌출부위로 물체들을 변형하여 나열하는 명령이다.

이 명령을 사용하기 위하여 먼저 물체(물체의 정점)가 선택되어져야 한다. 명령이 실행되면 Project Mapping 대화상자가 나타난다.

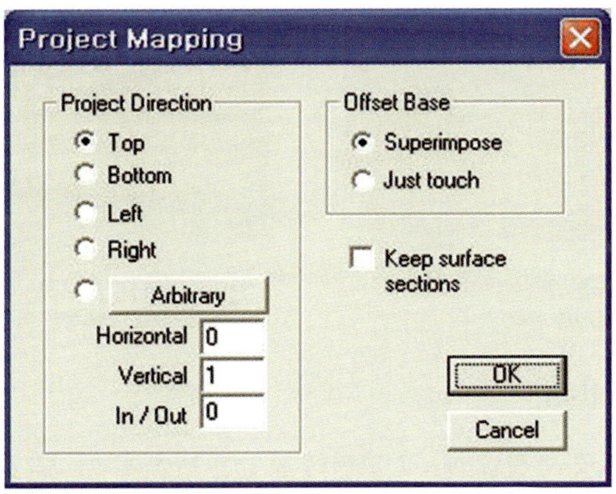

▶ Project Direction

Top	수직축에 대해 커브나 면의 위에 물체를 투영한다.
Bottom	수직축에 대해 커브나 면의 아래에 물체를 투영한다.
Left	수평축에 대해 커브나 면의 왼쪽에 물체를 투영한다.
Right	수평축에 대해 커브나 면의 오른쪽에 물체를 투영한다.
Arbitrary	임의의 방향으로 물체를 투영한다.

임의의 방향으로 투영하기 위해서, 방향을 정의해야 한다. 좌표 편집상자에 직접 값을 입력하여 방향을 정의 할 수 있다. 또 "Arbitrary"버튼을 선택하여 화면에서 직접 설정할 수 있다. 사용은 다음과 같다.

① 화면의 시점으로 커서를 이동시킨다.

② (a) 마우스 왼쪽 버튼을 누른 채 커서를 수평 또는 수직 방향으로 이동시킨다.
(b) 마우스 오른쪽 버튼을 누른 채 커서를 임의의 방향으로 이동시킨다.

③ 원하는 방향이 될 때까지 마우스를 이동시킨 후 버튼을 놓는다.

④ 그러면 Project Mapping 대화상자가 다시 나타나고, 설정된 방향이 좌표 편집상자에 나타난다.

▶ Offset Base

Superimpose	물체가 선택된 커브나 면으로부터 옵셋 되어 투영한다.
Just touch	물체가 선택된 커브나 면에 살짝 닿아 투영된다.

물체가 포개지거나 살짝 닿게 투영되도록 선택할 수 있다.
"Superimpose"의 경우 원 물체의 값을 추가하면서 투영한다.
"Just touch"의 경우 선택된 물체와 정점은 원래 값에 상관없이 투영된다.

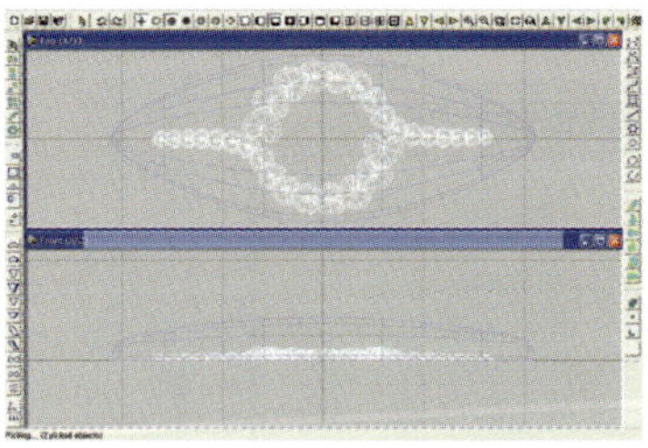

〈Superimpose 명령을 하기 위해 물체를 선택〉

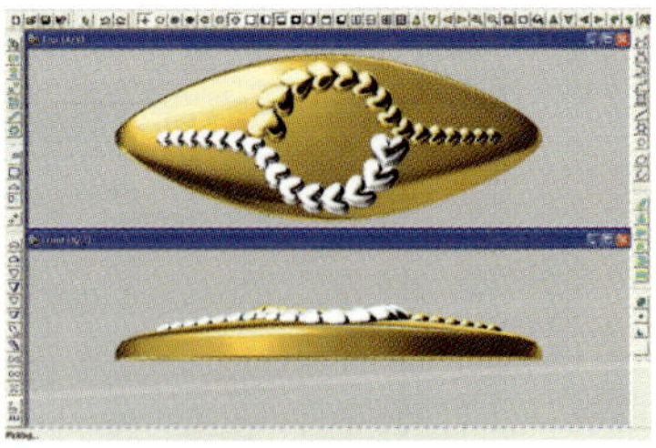

〈Superimpose 명령으로 선택된 물체를 위로 투영〉

▶ Keep Surface Section

면이 다른 물체에 투영-맵핑될 때, 그 단면의 모양이 변한다. 이것을 피하기 위해서는 맵핑을 수행하기 전에 "Keep Surface Section"옵션을 선택해야 한다.

"OK" 버튼이 선택되면 "Project Mapping" 대화 상자가 닫힌다. 그러면 사용자는 화면에서 맵핑을 위한 커브나 면을 선택해야 한다. 마우스 커서를 커브나 면에 갖다 대고 마우스 왼쪽 버튼을 누르면, 빨간색으로 변한다. 선택된 물체나 정점들은 그 커브나 면에 투영된다.

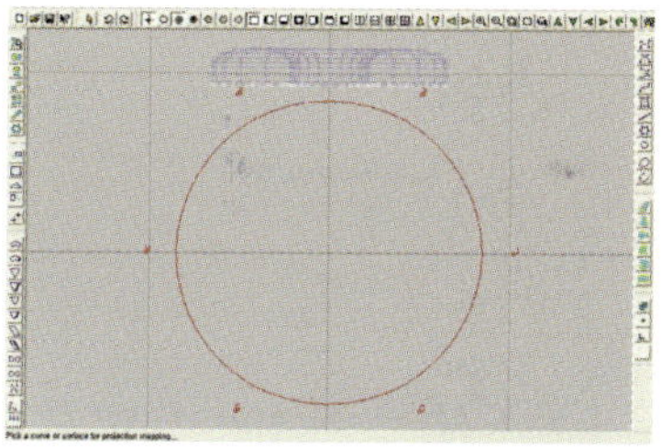

〈선택된 정점을 Just touch 명령으로 붙을 곳을 클릭〉

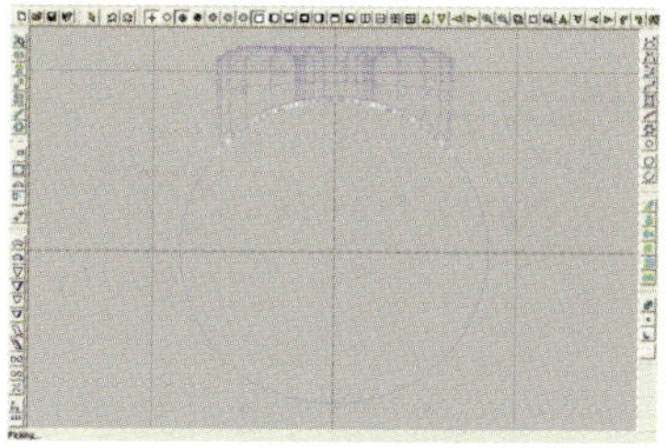

〈정점이 Just touch 명령으로 원하는 곳에 닿음〉

〈예〉

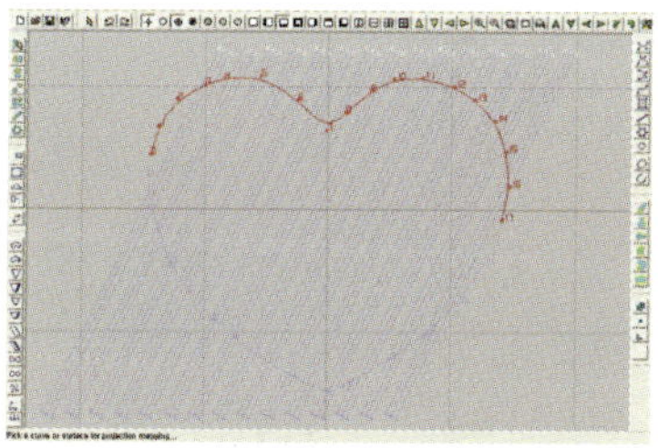

〈선택된 정점을 Just touch〉

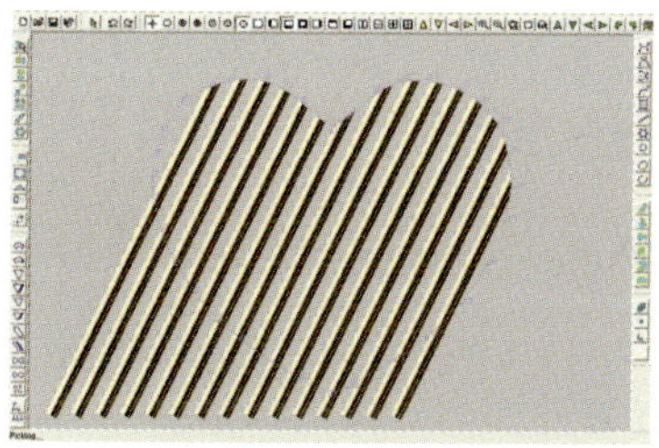

〈정점이 원하는 윗선에 닿음〉

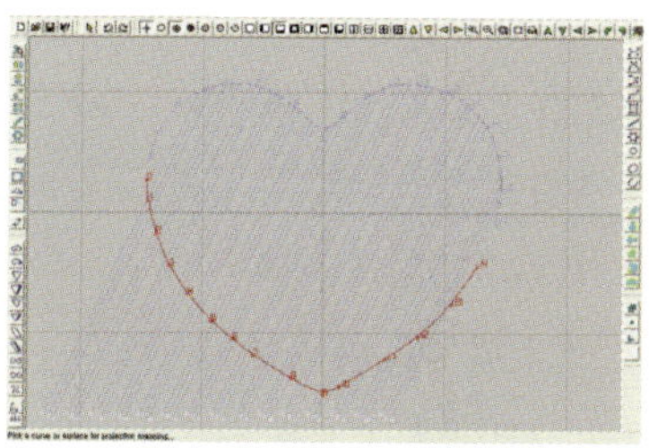

〈2번째 정점에 같은 명령〉

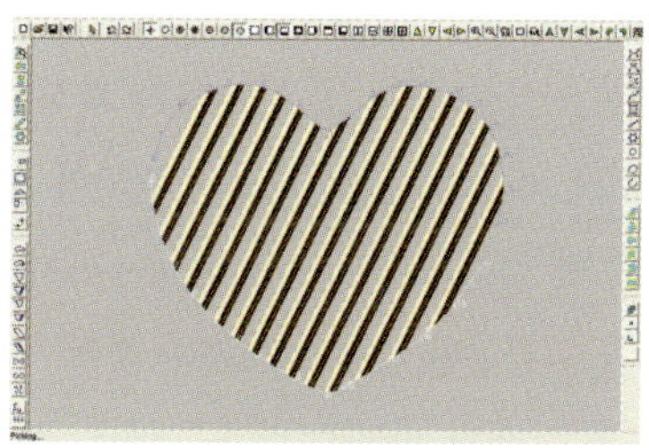

〈2번째 원하는 선에 닿음〉

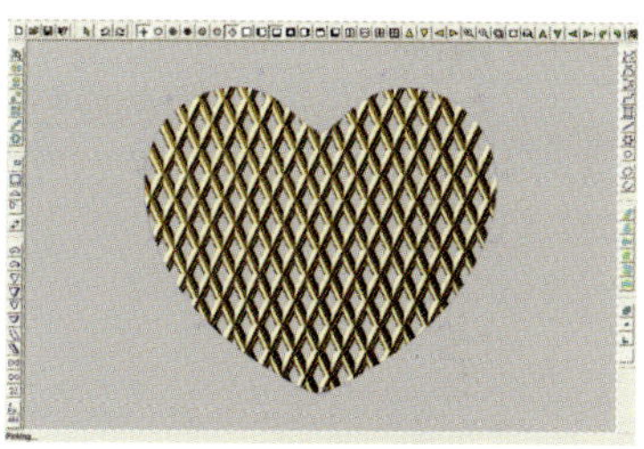

〈물체를 수직복사〉

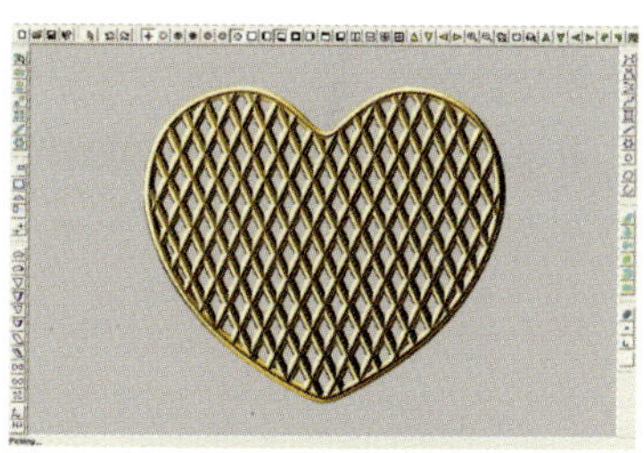

〈하트 파이프선 만들기〉

4-7 Curve 메뉴

JewelCAD에서 사용되는 선을 그릴 수 있는 명령으로 간단한 한 점으로 선을 그리기에서 수직, 수평, 회전 등의 방법으로 2D 그림을 그리는 기능이 있다. 각각의 선을 그릴 수 있는 명령을 살펴보면 다음과 같다.

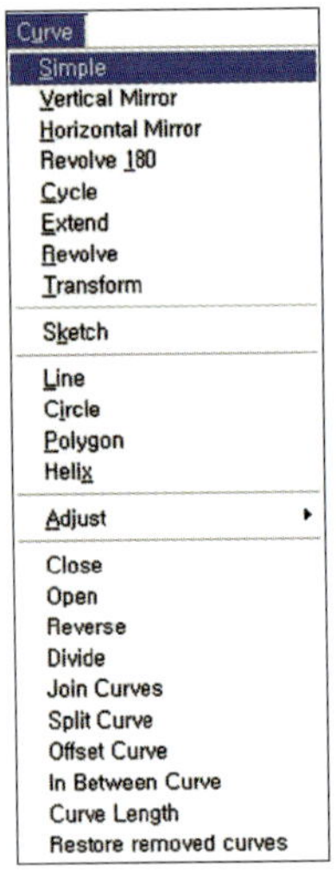

1. Simple(단순 선그리기)

- 아이콘
- 단축키 없음

간단한 커브를 만드는 명령이다. 이 명령이 선택되면, JewelCAD는 "Simple Curve Drawing" 모드로 변환된다. 커브는 정점들에 의해 컨트롤 되기 때문에 커브 그리기 모드에서 다음과 같이 사용한다.

Operations	Mouse button(s) to use
① 커브의 형태를 결정하는 정점을 만들 때	왼쪽 마우스 버튼
② 커브의 모양을 바꾸기 위해 정점을 옮길 때	왼쪽 마우스 버튼
③ 정점을 지울 때	왼쪽 + 오른쪽 마우스 버튼

"Simple Curve Drawing" 모드에서 나오기 위해서 Pick 아이콘이나 다른 명령을 실행하면 된다.

▶ 정점만들기

"Curve-Simple" 명령을 선택하고 "Simple Curve Drawing" 모드로 들어간 후 커서를 화면으로 옮긴다. 그 다음에 마우스 왼쪽 버튼을 누르면, 정점(0번) 하나가 생성된다. 마우스 버튼을 떼고 커서를 다른 곳으로 옮겨 다시 마우스 왼쪽 버튼을 누르면 정점(1번)이 하나 더 생긴다. 정점 0과 1은 직선으로 연결되어 있다. 이 작업을 반복하여 더 많은 정점을 만들 수 있다. 이렇게 직선으로 연결된 선들이 모여서 커브가 된다. 마우스 왼쪽 버튼을 떼기 전에는 정점 위치가 결정된 것이 아니라는 것에 주의한다. 정점 위치를 마우스 커서를 이동시키면서 바꿀 수 있고, 일단 마우스 버튼을 떼면 정점 위치가 고정된다. 정점을 커브의 다른 위치에 만들 수 있다.

▶ 커브의 끝에서 만들기

마지막 정점(N번) 근처에서 커서가 위치할 때 마우스 왼쪽 버튼을 누르면, 정점(N+1) 하나가 커브의 끝에 추가된다.

▶ 커브 앞에서 만들기

첫 번째 정점(N번) 근처에 커서가 위치할 때 마우스 왼쪽 버튼을 누르면, 정점 하나가 커브의 앞에 추가된다. 이 새로운 정점이 첫 번째 정점이 되고, 다른 정점들의 번호가 다시 매겨진다.

▶ 연속하는 두 정점 사이에서 만들기

첫연속하는 두 정점 사이에 커서를 위치하고 왼쪽 버튼을 더블 클릭하면, 두 정점 사이에 새로운 정점이 추가된다. 새 정점이 N+1이 되고 뒤에 있는 정점은 N+2가 된다.

▶ 정점 이동하기

커브의 정점은 이동 가능하며 따라서 커브의 모양도 변하게 된다. 정점을 옮기기 위하여, 마우스 포인트를 옮기고자 하는 정점에 대고 마우스 왼쪽 버튼을 누른 채로 커서를 새로운 위치로 이동시킨 후 버튼을 떼면 된다.

▶ 정점 지우기

정점을 삭제하기 위해서 마우스 포인트를 옮기고자 하는 정점에 왼쪽 버튼을 누르고 다시 오른쪽 버튼을 누르면 정점이 제거된다. 또 정점을 만들 때도 이와 같은 방법으로 삭제할 수 있다. 정점을 만들기 위해 왼쪽마우스 버튼을 눌렀을 때 간단히 오른쪽마우스 버튼을 함께 누르면 정점은 제거된다.

▶ 다중 정점

연속하는 두 개 혹은 그 이상의 정점이 같은 위치에 있을 때 다중 정점이라 한다. 다중 정점을 추가하기 위하여 커서를 임의의 정점에 갖다 대고, 마우스 왼쪽 버튼을 클릭 한다. 그러면 그 정점은 다중정점이 된다. 다중 정점 위에서 마우스 왼쪽 버튼을 더블 클릭하면 정점이 다시 추가된다. 다중 정점의 이동은 단일 정점과 동일하다. 다중 정점의 삭제도 단일 정점 삭제 방법과 유사하다. 커서를 다중 정점에 위치시키고 마우스 왼쪽 버튼을 누른 채로 오른쪽 버튼을 누르면 정점 하나가 삭제된다. 다시 오른쪽 버튼을 누르면 다른 하나가 삭제된다. 이를 반복하여 다중 정점을 완전히 삭제한다.

▶ 정점 열고 닫기

커브를 그릴 때 그것을 열리거나 닫히게 할 수 있다.
"Curve-Close"나 "Curve-Open" 명령을 선택하면 그에 따라 커브가 변한다.

▶ 다른 커브 그리기

커브 그리기 모드에서 그리고 있는 커브 외에 다른 커브를 그릴 수 있다. 키보드의 Ctrl키를 누르고 마우스 왼쪽 버튼을 누르면 현재 커브는 고정되고 새로운 커브가 생긴다.

▶ 커브 수정

커브 그리기 모드에서 다른 커브를 편집할 수 있다. 커서를 편집하고자 하는 커브에 대고 Shift 키를 누르면서 마우스 왼쪽 버튼을 누른다. 그러면 커브는 편집 상태로 들어간다.

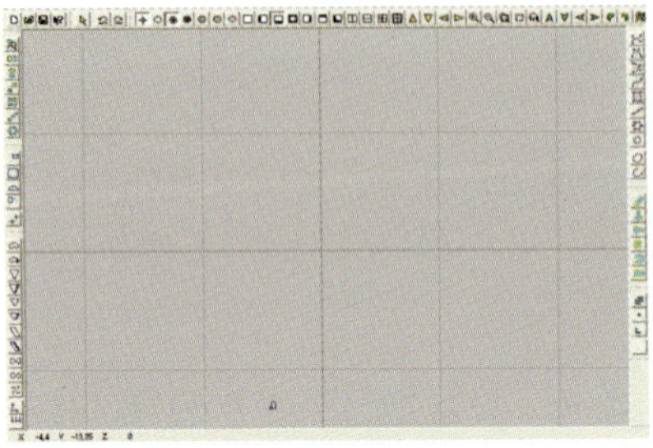

① 왼쪽마우스로 한 점을 클릭한다.

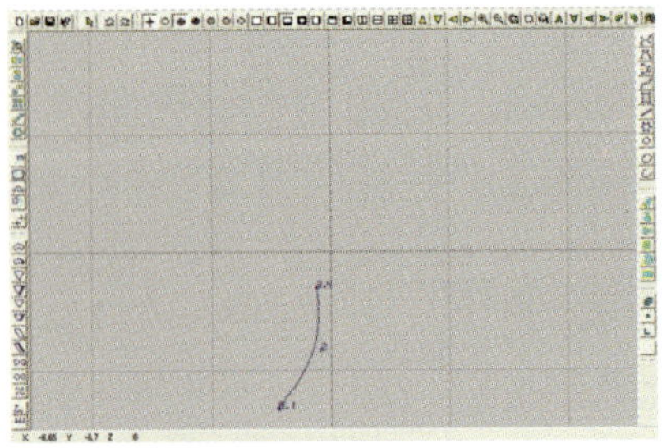

② 거리 이동 후 다시 클릭한다.

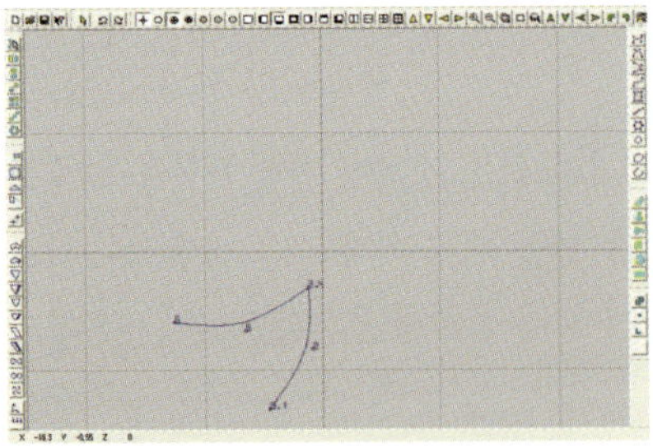

③ 형태를 만들면서 차례로 클릭 한다.

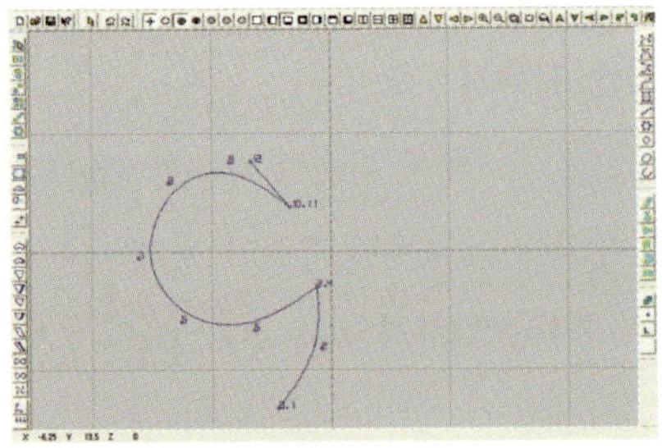

④ 곡선으로 이어진다.

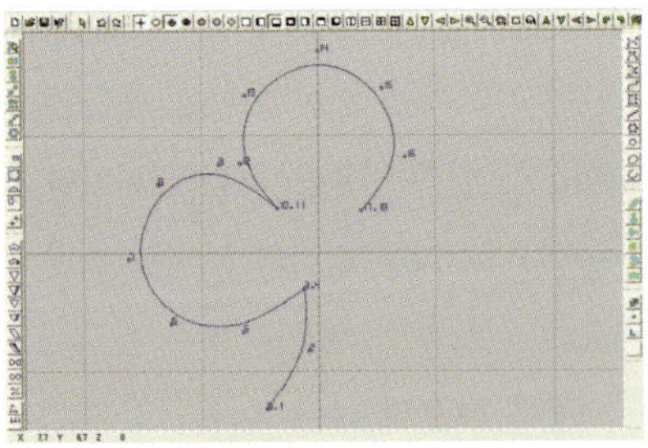

⑤ 꺽어지는 모서리는 2점 클릭한다.

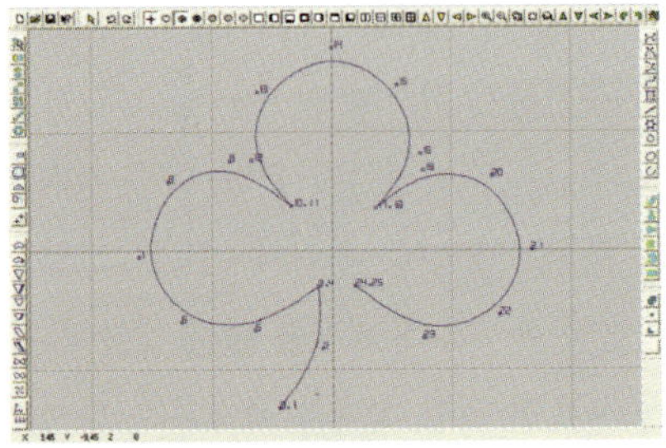

⑥ 전체적인 형태를 만들어 간다.

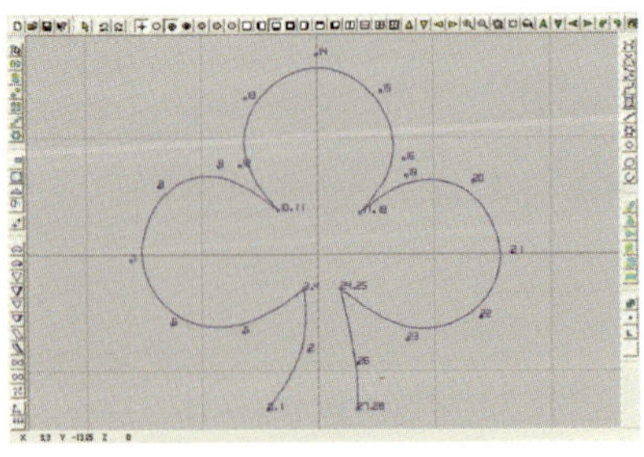

⑦ 마무리 되는 곳에 2점 클릭한다.

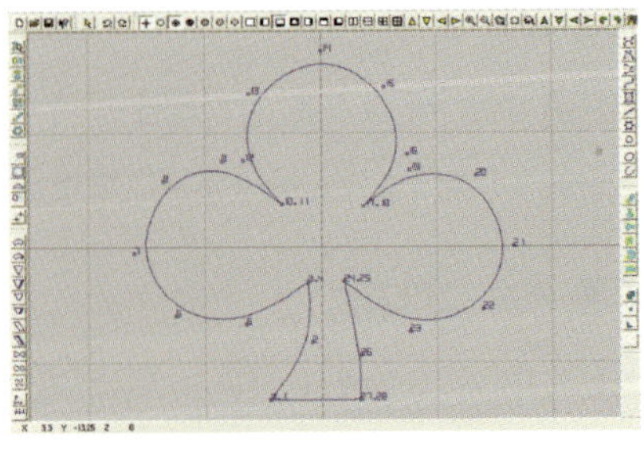

⑧ Curve-Close 명령으로 닫는다.

2. Vertical Mirror(수직축 대칭 선그리기)

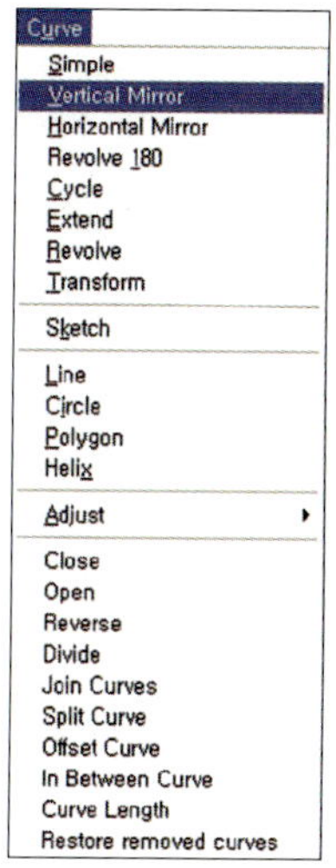

- 아이콘
- 단축키 없음

화면의 수직축에 대해 대칭으로 커브를 만드는 명령이다. 이 명령이 선택되면 JewelCAD는 "Vertical Mirror Curve Drawing" 모드로 들어간다. 이 모드에서의 동작은 정점이 현재 화면의 수직축을 기준으로 반대 방향에 대칭으로 생성되는 것 외에 "Simple Curve Drawing"에서와 동일하다.

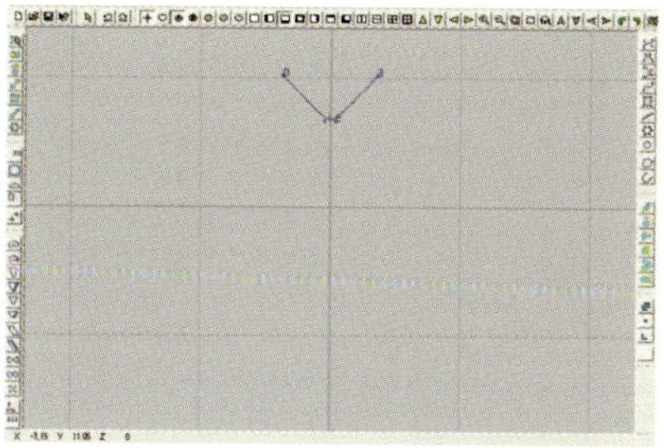

① 왼쪽마우스를 수직축에 대하여 한 점 클릭한다.

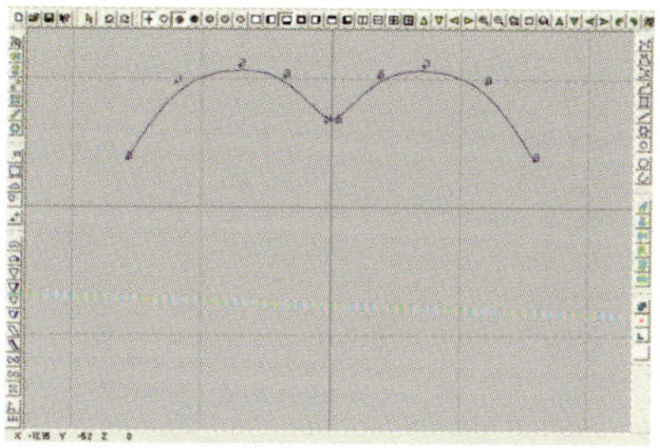

② 왼쪽마우스를 수직축에 대하여 다음 위치에서 클릭한다.

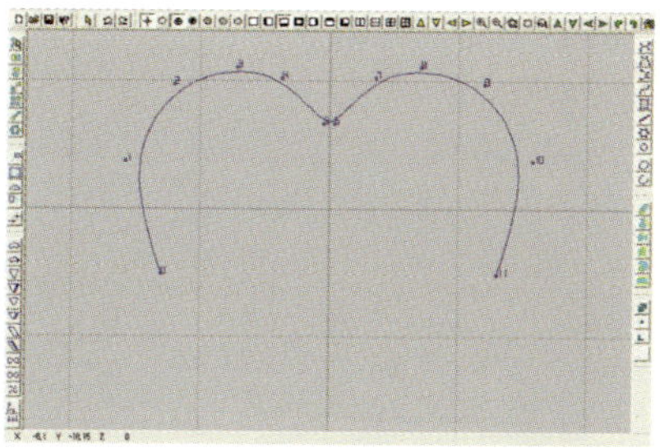

③ 연속적으로 형태를 그리면서 대칭으로 마우스를 클릭한다.

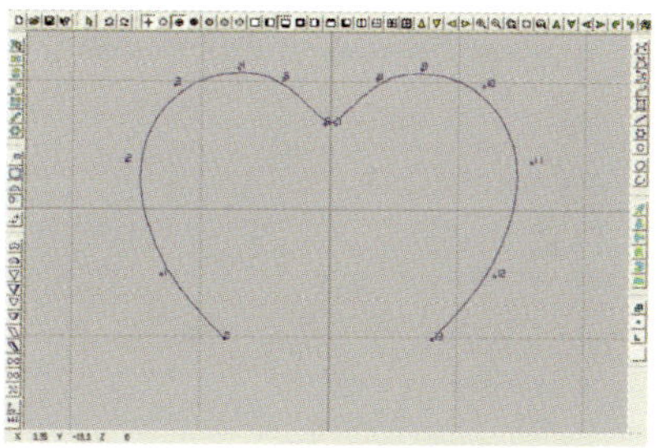

④ 수정할 때에는 왼쪽+오른쪽 마우스를 동시에 누른다.

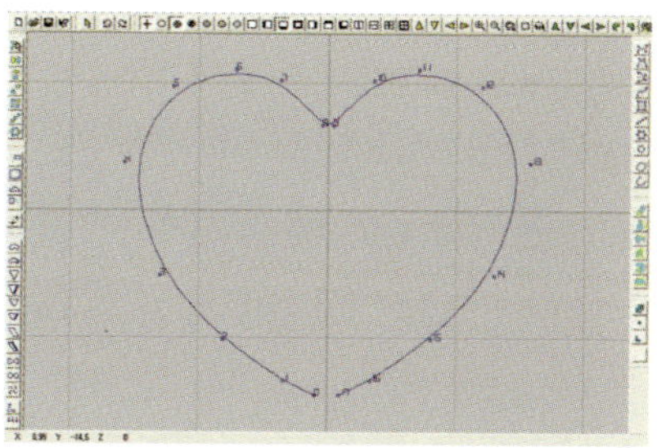

⑤ 적당한 정점 수를 가지로 형태를 마무리 지점까지 만든다.

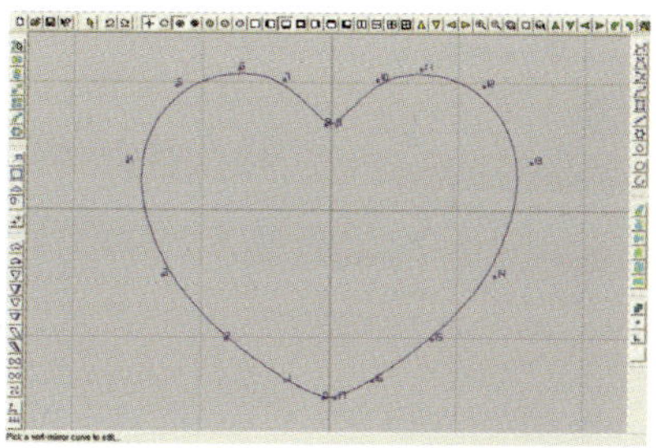

⑥ Curve-Close 를 선택하여 형태를 완성시킨다.

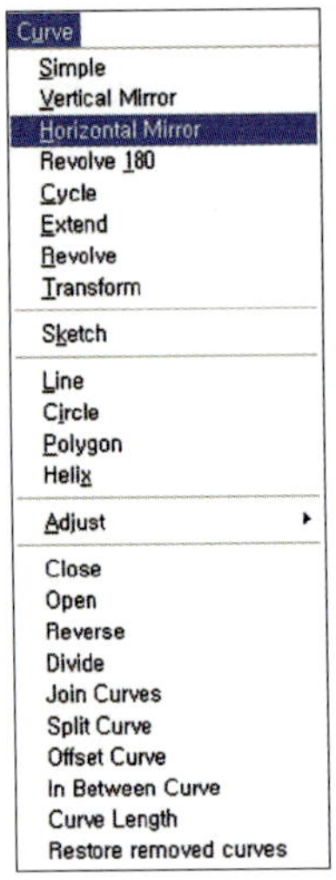

3. Horizontal Mirror(수평축 대칭 선 그리기)

- 아이콘
- 단축키 없음

화면의 수평축에 대해 대칭으로 커브를 만드는 명령이다. 이 명령이 선택되면 JewelCAD는 "Horizontal Mirror Curve Drawing" 모드로 들어 간다. 이 모드에서의 동작은 정점이 현재 화면의 수평축을 기준으로 반대 방향에 대칭으로 생성되는 것 외에 "Simple Curve Drawing"에서와 동일하다.

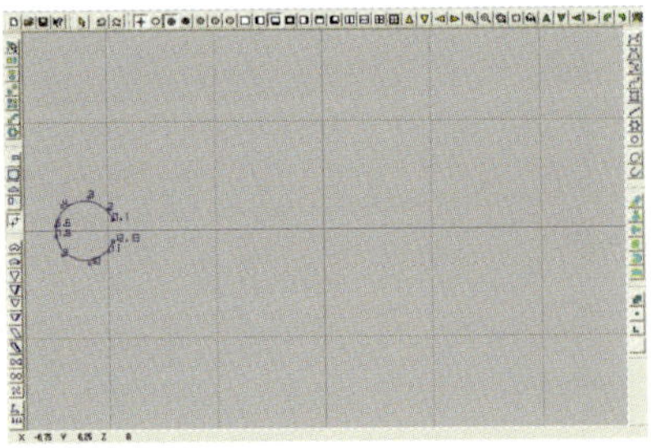

① 왼쪽마우스를 수평축에 대하여 한 점 클릭 한다.

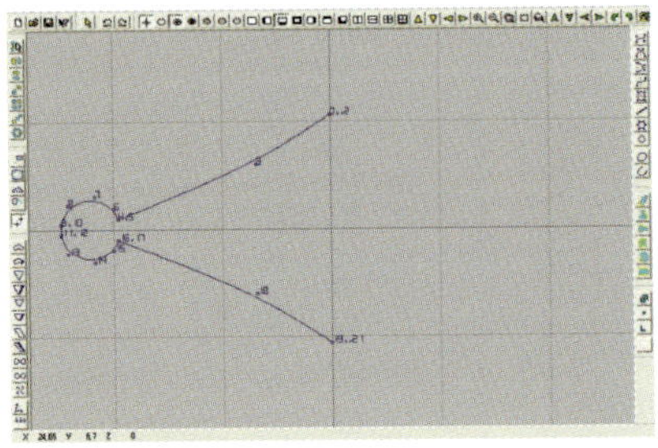

② 왼쪽 마우스를 수평축에 대하여 다음 위치에서 클릭한다.

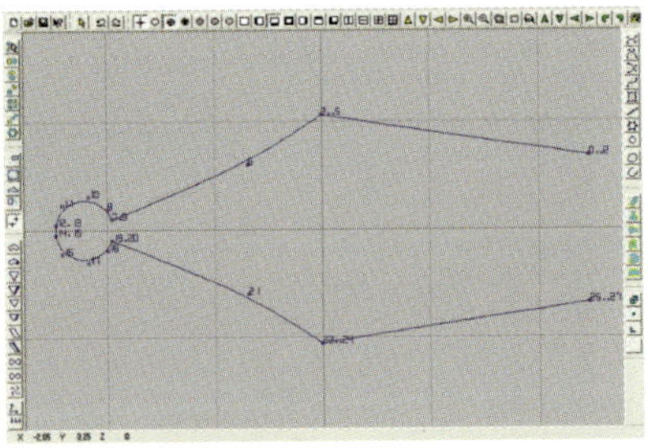

③ 연속적으로 형태를 그리면서 대칭으로 마우스를 클릭한다.

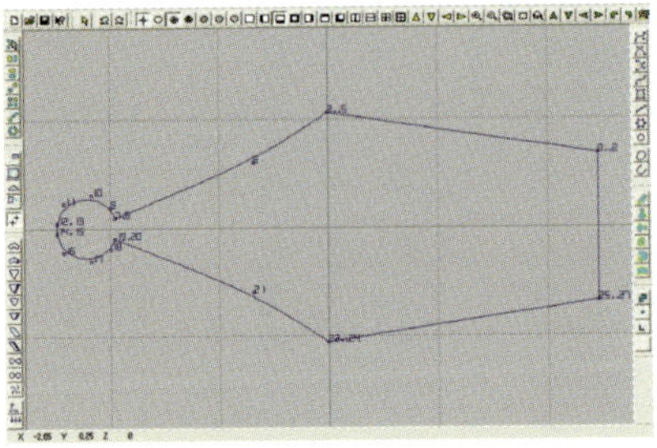

④ 수정할 때에는 왼쪽+오른쪽 마우스를 동시에 누른다. (Curve Close)

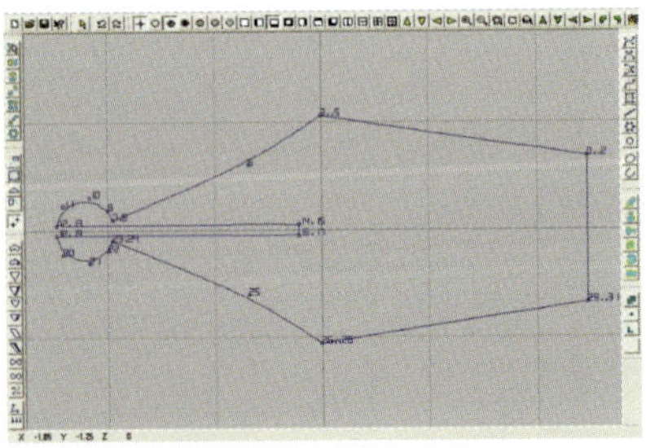

⑤ 적당한 정점 수를 가지고 형태를 마무리 지점까지 만든다.

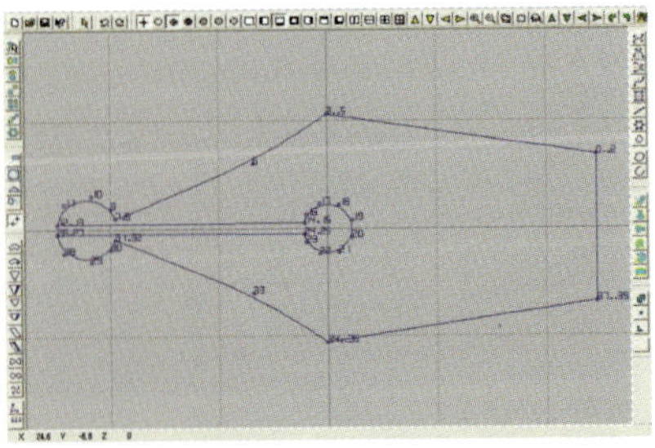

⑥ 형태를 완성시킨다.

4. Revolve 180(180도 회전 선그리기)

- 아이콘
- 단축키 없음

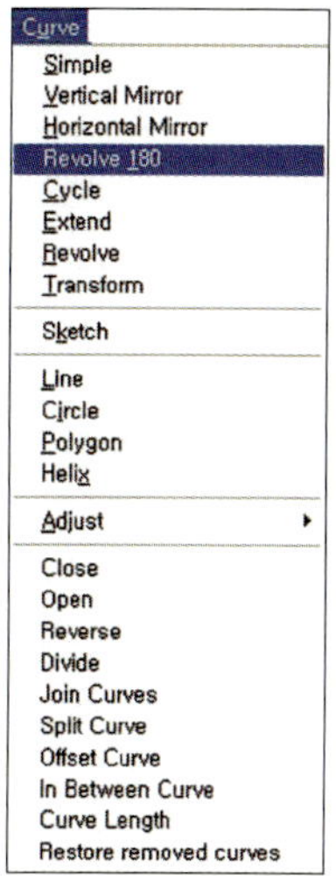

물체의 원래 위치에서 180도 회전하여 커브를 생성시키는 명령이다.

이 명령이 선택되면 JewelCAD는 "Revolve 180 Curve Drawing" 모드로 들어간다. 이 모드에서의 동작은 정점이 현재 화면의 수평과 수직축을 기준으로 반대 방향에 대칭으로 생성되는 것 외에 " Simple Curve Drawing"에서와 동일하다.

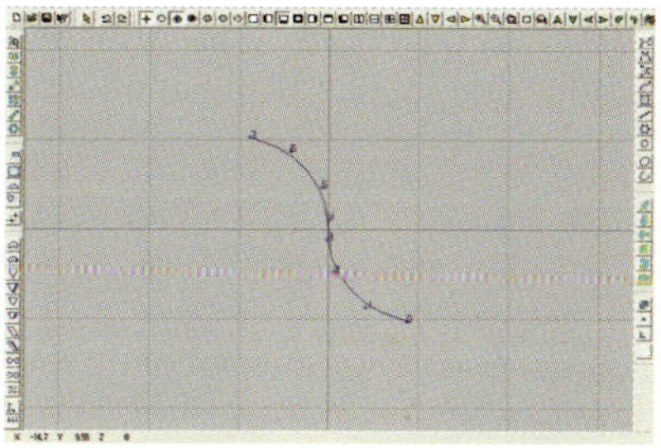

① 중심축에 대하여 Revolve 180 명령으로 화면에 클릭한다.

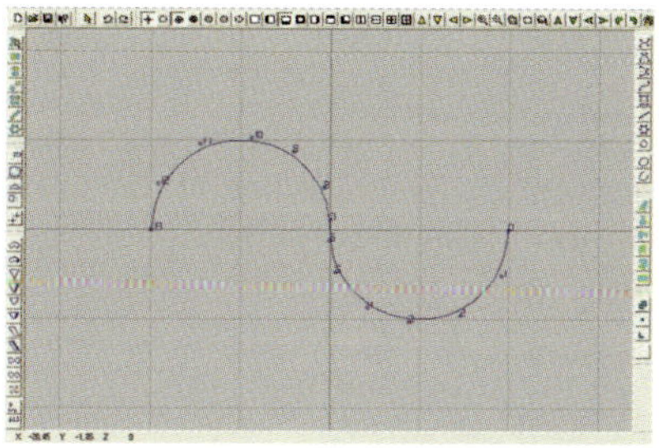

② 형태를 만들면서 한 점씩 클릭하면 180도를 유지한다.

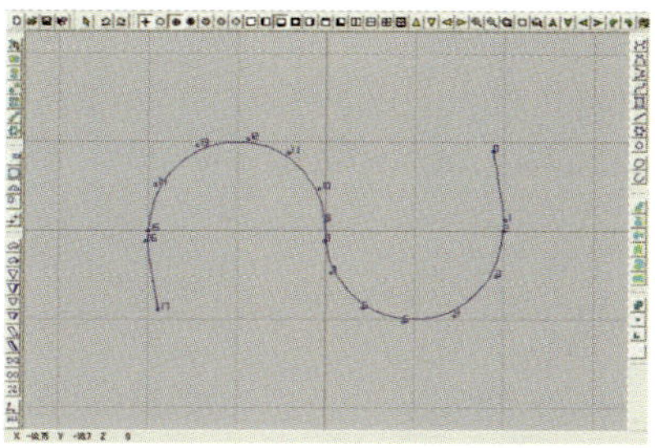

③ 수정할 때에는 왼쪽+오른쪽 마우스를 동시에 누른다.

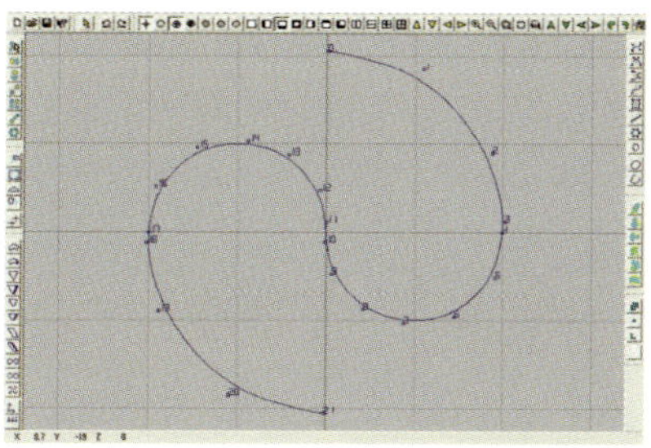

④ 정점의 수는 정당한 수를 사용하는 것이 좋다.

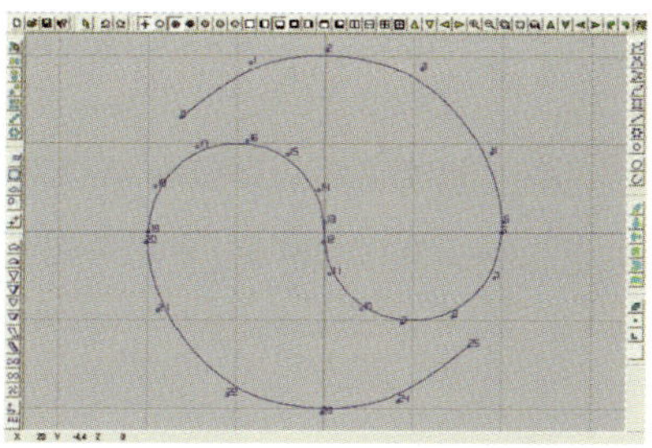

⑤ 최종 형태를 만들 때 까지 클릭한다.

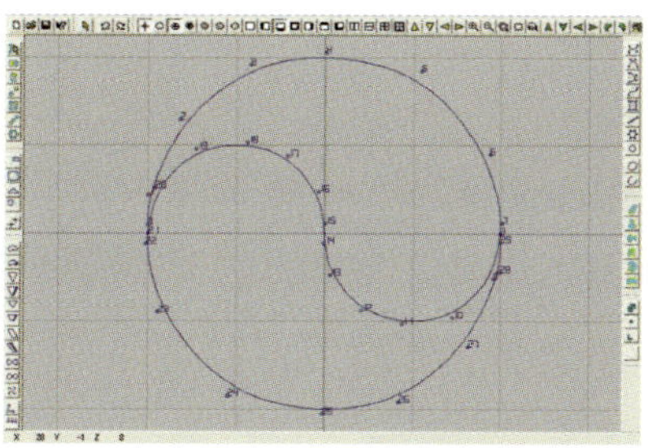

⑥ 태극 문양의 형태가 만들어지면 끝낸다.

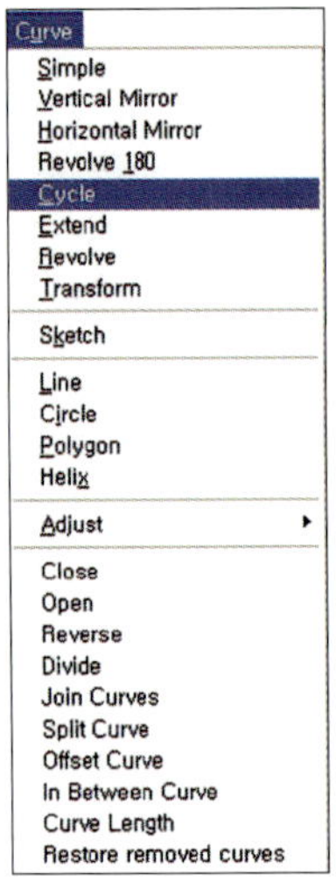

5. Cycle(수평과 수직축에 대칭 선그리기)

- 아이콘
- 단축키 없음

물체의 원래 위치에서 수직축과 수평축 모두에 대하여 커브를 생성시키는 명령이다. 이 명령이 선택되면 JewelCAD는 "Cycle Curve Drawing" 모드로 들어 간다. 이 모드에서의 동작은 정점이 현재 화면의 수평과 수직축을 기준으로 반대 방향에 대칭으로 생성되는 것 외에 "Simple Curve Drawing"에서와 동일하다.

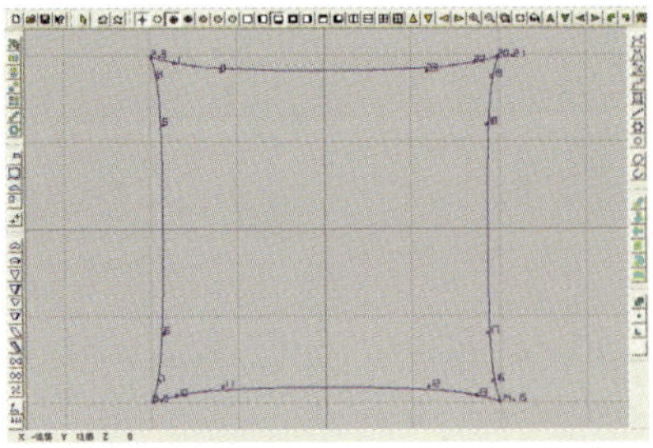

① Cycle 명령으로 화면에 클릭하면 중심축에 대하여 4점씩 생긴다.

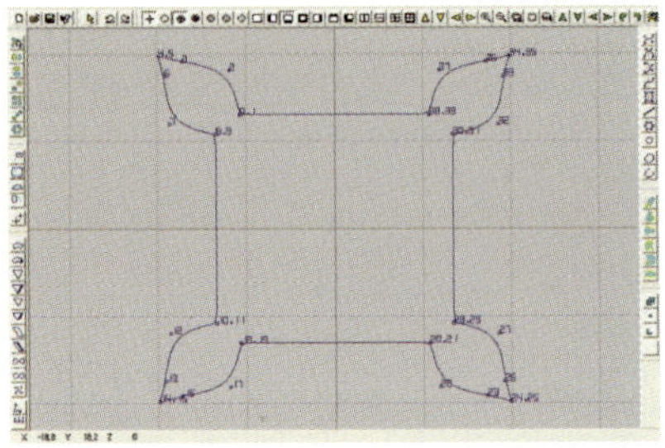

② 두 번째 클릭하면 2배의 정점수가 생겨난다.

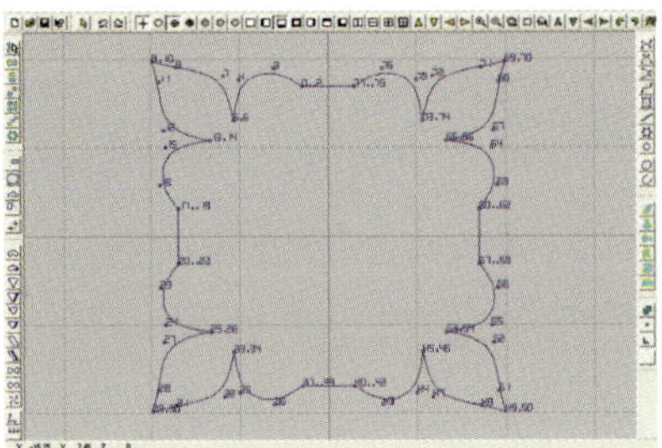

③ 상하, 좌우가 대칭인 형태를 만들어 간다.

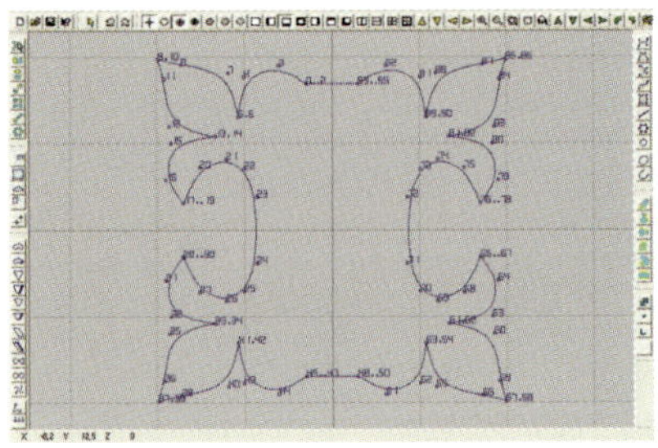

④ 정점의 수는 정당한 수를 사용하는 것이 좋다.

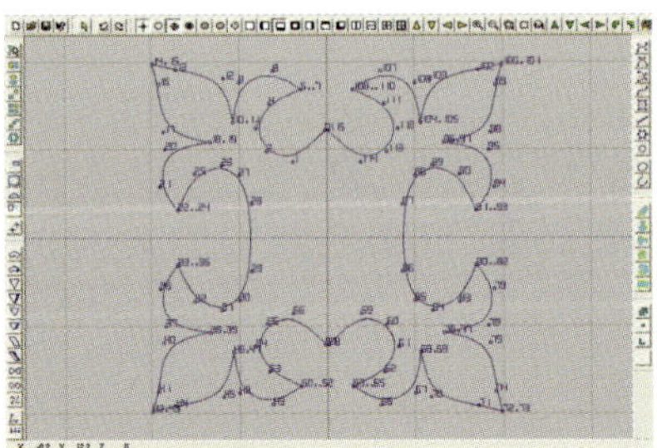

⑤ 수직과 수평축에 최종형태가 만들 때까지 클릭한다.

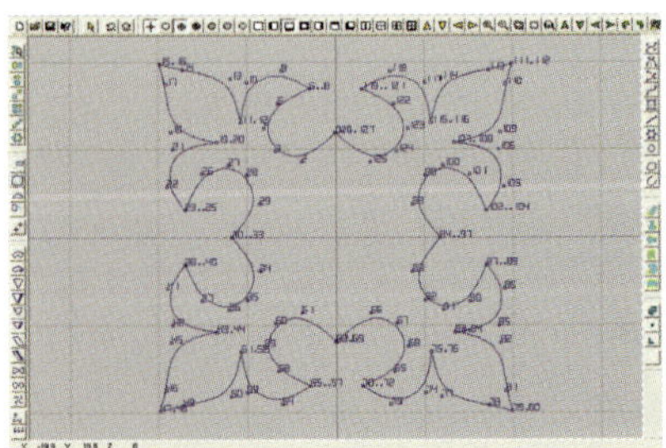

⑥ 원하는 문양이 완성되어지면 끝낸다.

6. Extend(일렬 선그리기)

- 아이콘
- 단축키 없음

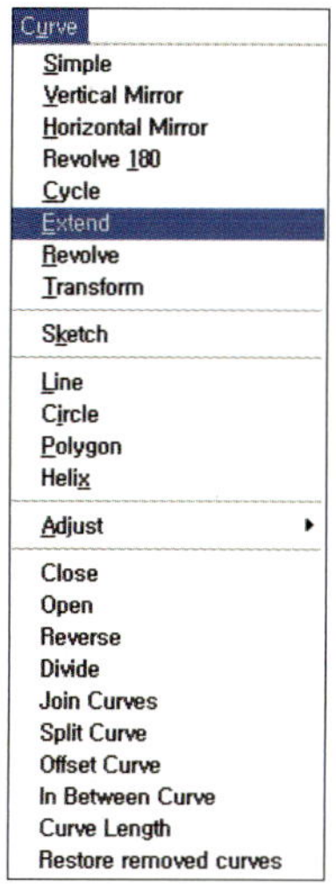

한 방향으로 반복적인 새로운 커브를 생성하는 명령이다.
이 명령이 선택되면 Extend 대화상자가 나타난다.
대화상자는 다음과 같은 항목들을 갖고 있다.

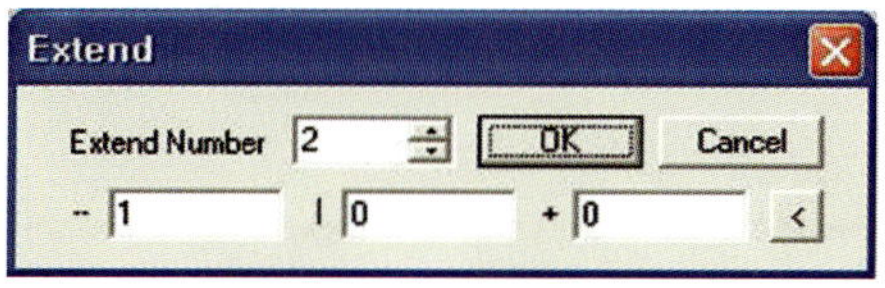

▶ Extend Number

이 항목은 복사되는 커브의 개수이다. 반복 횟수는 2 이상이어야 한다.

▶ Horizontal(-), Vertical (|), In/Out (+)

각각의 커브들은 일정한 거리만큼 떨어져 있게 된다. 이 거리는 현재 화면의 수평, 수직, 인아웃 축에 대해 각각 결정해야 한다. 이에 해당하는 편집박스에 직접 값을 입력하여 결정할 수 있다. 또한 다음과 같이 화면상으로 결정할 수 있다.

① 커서를 화면의 시점에 위치시킨다.

② (a) 마우스 왼쪽 버튼을 누른 채 커서를 수직 혹은 수평방향으로 이동시킨다.
(b) 마우스 오른쪽 버튼을 누른 채 커서를 임의의 방향으로 이동시킨다.

③ 마우스 버튼을 누르고 이동한 만큼이 간격이 된다. 이렇게 얻어진 간격은 수평(−), 수직(|) 편집박스에 나타난다. In/Out 편집박스의 값은 0이다.

④ 마우스 버튼을 뗀다.

▶ < Button

수평, 수직, 인아웃으로 직선 거리를 입력하는 것 외에 각도를 사용하여 간격을 지정할 수 있다. < 버튼을 선택하여, 편집박스의 다음의 값들을 바꿀 수 있다.

(-) Horizontal, (|) Vertical, (+) In/Out
(/) Length, (〈) Angle at horizon, (〉) Angle away from view plane

OK 버튼을 선택되면 Extend 대화상자가 닫힌다. 그러면 JewelCAD는 "Extend Curve Drawing" 모드로 들어간다. 이 모드에서의 동작은 정점이 반복 복사되어 생성되는 것 외에 "Simple Curve Drawing"에서와 동일하다.

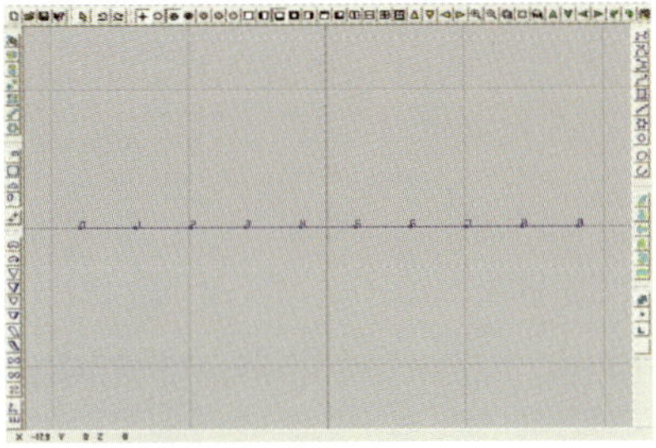

① Extend Curve 정점(10개)을 수평축으로 만든다.

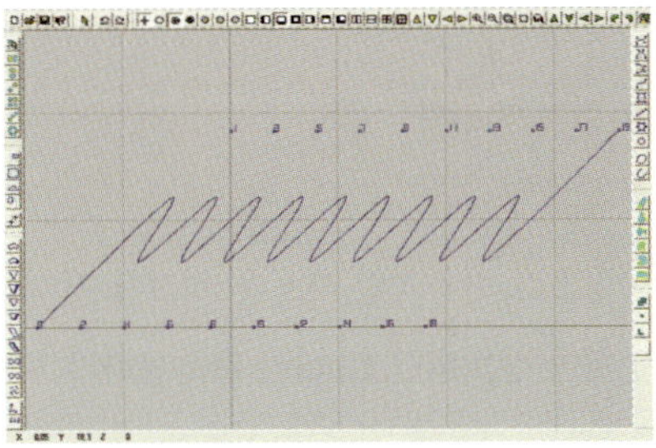

② 화면에 마우스를 클릭하면 2배의 정점이 생긴다.

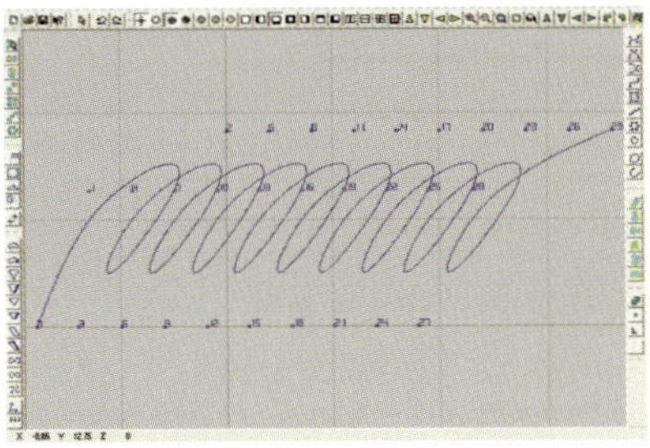

③ 점과 점 사이에 다시 한 점 클릭한 후에 드래그 한다.

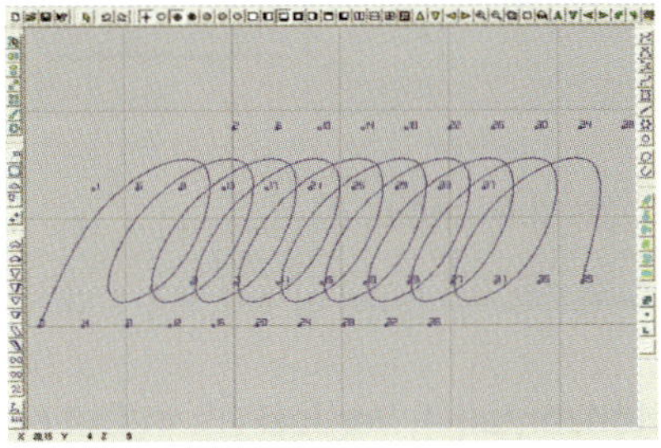

④ 한 점을 더 추가하여 원을 둥글게 만든다.

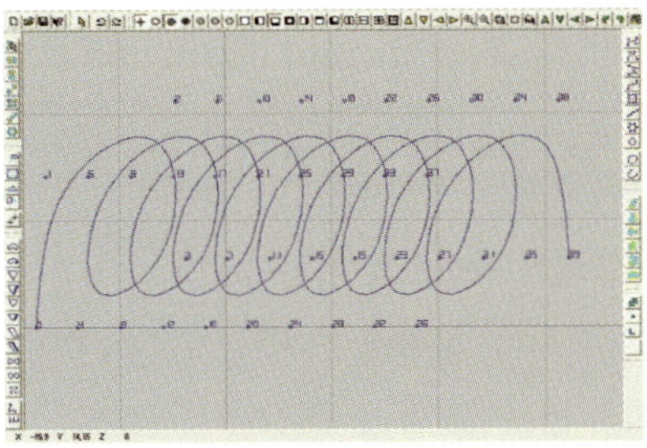

⑤ 왼쪽 마우스로 점을 잡고 형태를 조정한다.

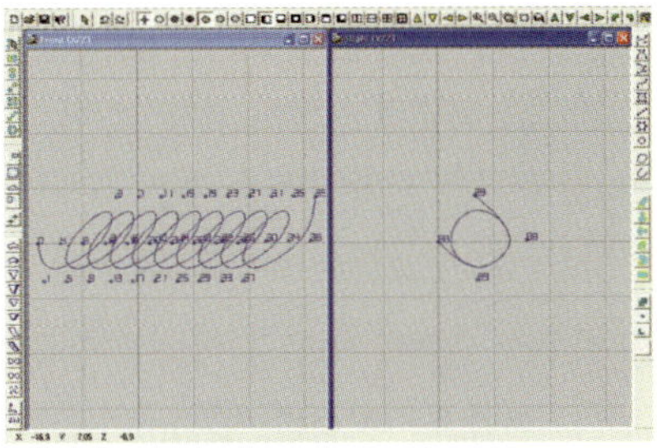

⑥ Right 화면에서 둥글게 원을 만든다.

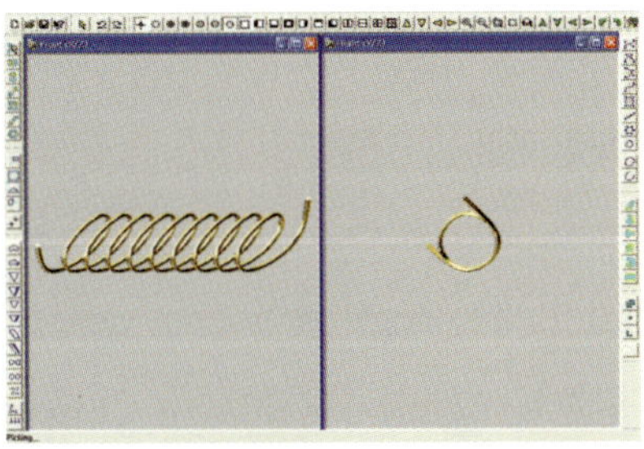

⑦ 입체 만들기 메뉴에서 Pipe-원형을 선택하여 파이프를 만든다.

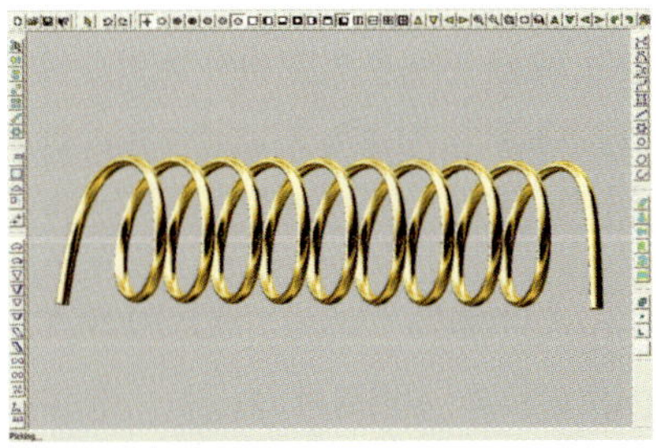

⑧ 렌더링으로 코일링 되어 있는 입체모습을 확인한다.

7. Revolve(회전 선그리기)

- 아이콘
- 단축키 없음

커브를 원주방향으로 반복 복사하는 명령이다.
이 명령이 선택되면 Revolve 대화상자가 나타난다.

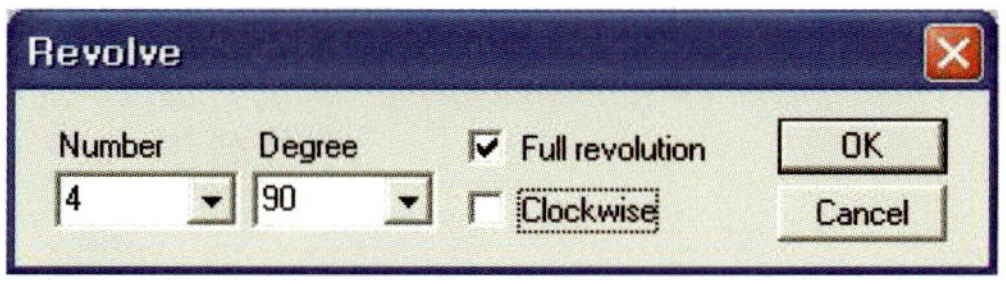

이 대화상자는 다음의 항목을 갖고 있다.

▶ Number

이 항목은 반복되어 나타나는 커브의 개수이다. 이 숫자는 2이상이어야 한다.
숫자 편집박스에 직접 숫자를 입력할 수도 있고 미리 입력되어 있는 숫자를 선택하여도 된다.
이 숫자는 최소 2 이상이다.

▶ Degree

물체의 복사들은 일정한 각도로 회전되어 있다. Revolve 대화상자에서 각도는 "도"로 표시된다.
각도 편집박스에 직접 숫자를 입력할 수도 있고 미리 입력되어 있는 숫자를 선택하여도 된다.

▶ Full Revolution

"Full Revolution" 체크박스가 체크되어 있다면(지정 값) 각도는 자동으로 개수×각도 = 360에 의하여 설정된다. 예로, 개수를 8로 하면 각도는 자동으로 45도(8×45 = 360)가 된다. 또는 각도를 30도로 하면 자동으로 개수는 12(12×30 = 360)가 된다.

▶ Clockwise

지지정 값은 물체는 반시계 방향으로 복사된다. Clockwise가 체크되어 있으면 물체는 시계방향으로 복사된다. 개수, 각도, 시계방향 항목은 화면상에서 설정할 수 있다.
마우스 왼쪽을 누르고 적당한 각도로 드래그 하면 대화상자의 개수와 각도 항목이 이에 따라 변한다. 또 마우스를 반시계로 드래그 하면 Clockwise 체크박스의 체크표시가 사라진다.
Ok 버튼을 클릭하면 Revolve 대화상자가 닫힌다. JewelCAD는 "Revolve Curve Drawing" 모드로 들어간다. 이 모드에서의 동작은 정점이 반복 복사되어 생성되는 것 외에 "Simple Curve Drawing"에서와 동일하다.

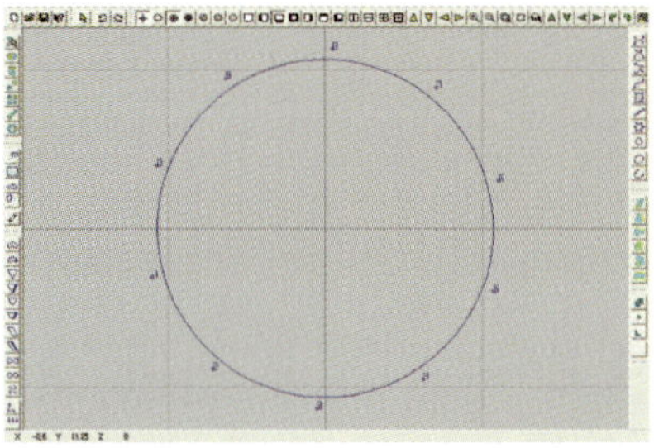

① Revolve Curve 정점(10개)을 만든다.

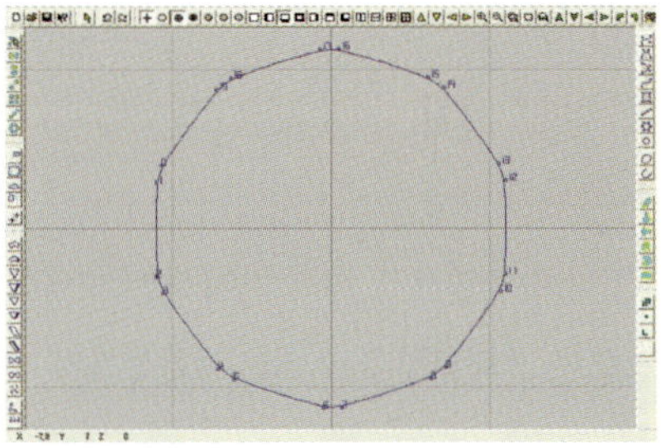

② 왼쪽마우스를 화면에 클릭하며 10개씩 정점이 생긴다.

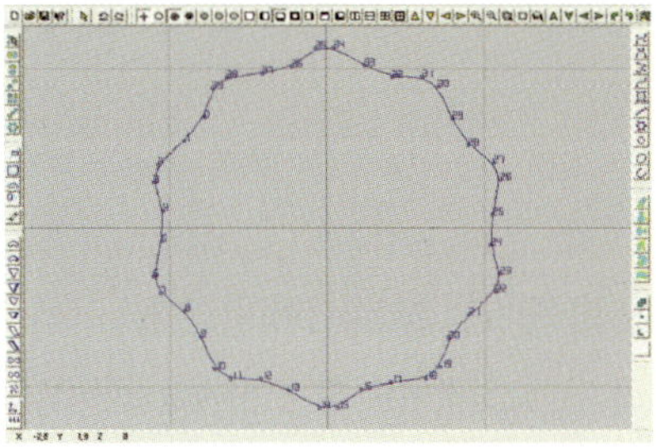

③ 연속적으로 10개씩의 정점이 생긴다.

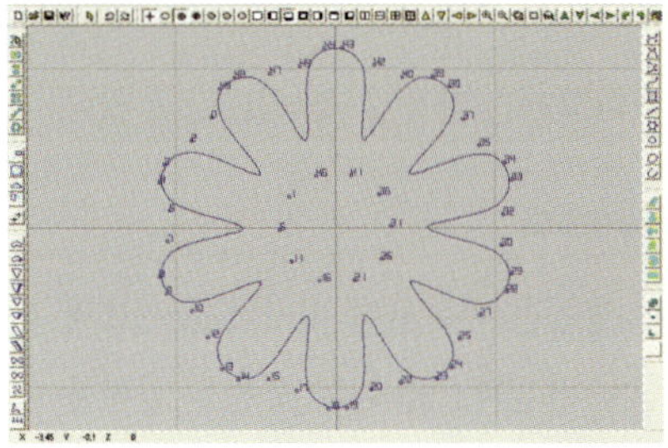

④ 화면에 형태를 만들어 가면서 점을 찍는다.

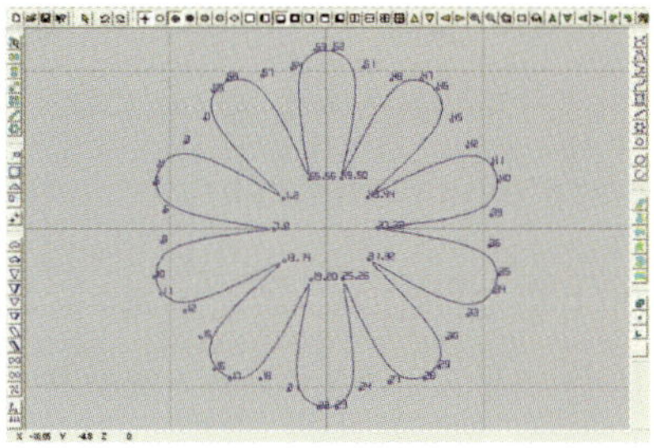

⑤ 전체의 1/10의 모양만 만들면 자동적으로 나머지가 만들어 진다.

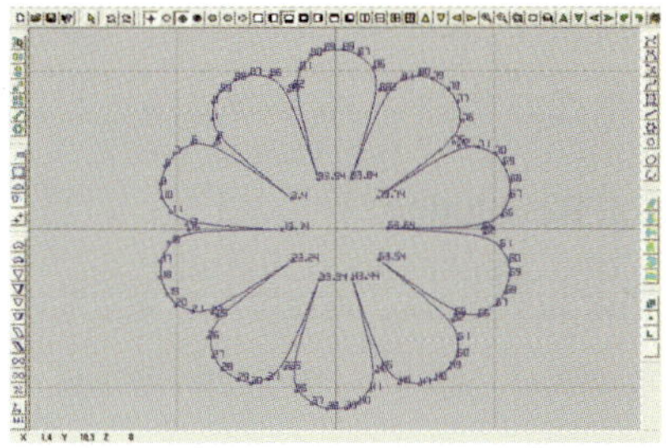

⑥ 꺽이는 부분은 정점을 겹쳐 놓으면 된다.

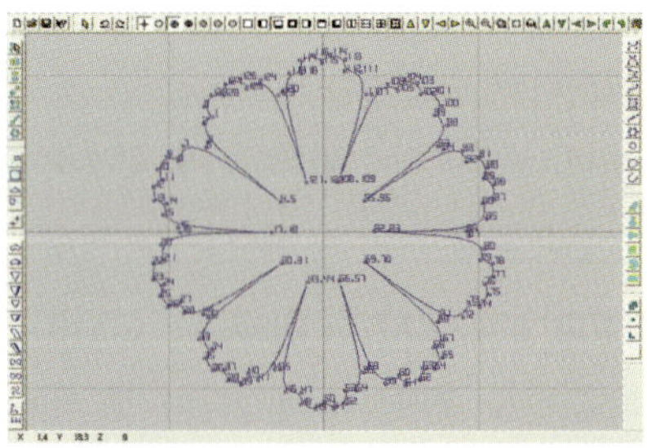

⑦ 정점을 너무 많이 만들지 말고 적당한 개수가 좋다.

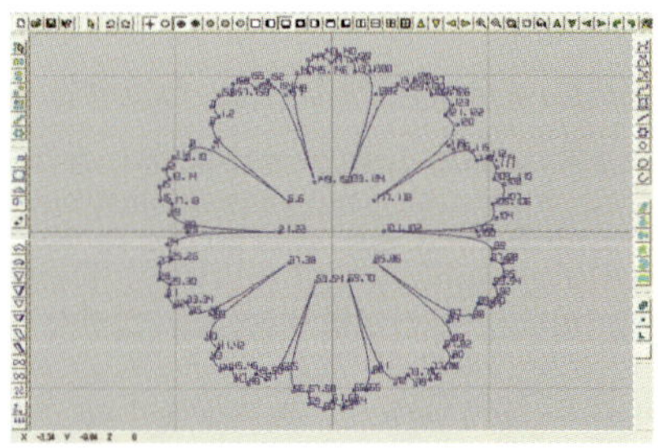

⑧ 꽃잎과 같은 형태를 마무리 짓는다.

8. Transform(변환 선 그리기)

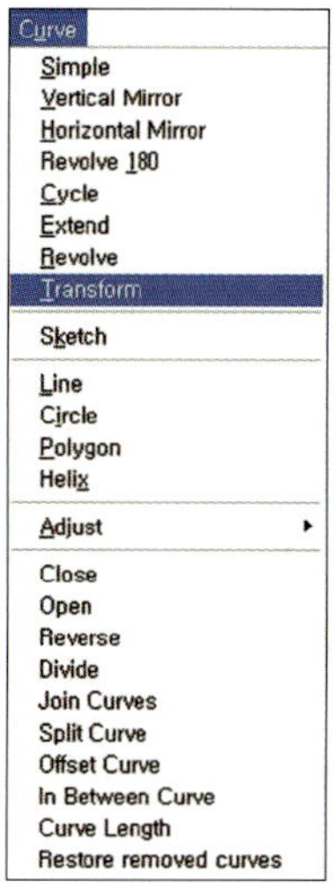

- 아이콘 없음
- 단축키 없음

커브를 Transform 대화상자에서 설정된 형태로 반복 복사하는 명령이다.
이 명령이 선택되면 Transform 대화상자가 나타난다.

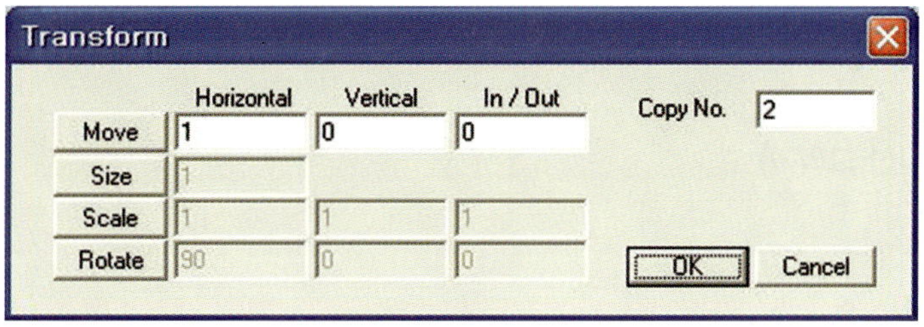

▶ Copy No.

이 항목은 반복되어 생성되는 커브 객체의 숫자이다. 이 숫자는 2이상이어야 한다.
Transform 대화상자의 다른 매개변수는 Deform-Transform 명령의 항목들과 같다.
Revolve 대화상자가 닫히면 JewelCAD는 "Transform Curve Drawing" 모드로 들어간다.
이 모드에서의 동작은 정점이 반복 복사되어 생성되는 것 외에 "Simple Curve Drawing"에서와 동일하다.

9. Sketch(자유 선 그리기)

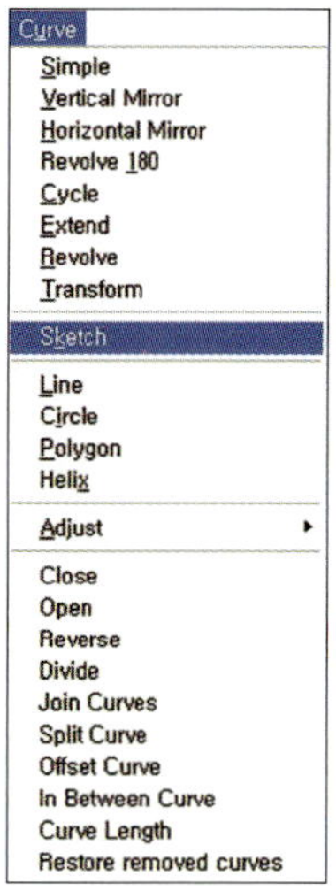

- 아이콘 없음
- 단축키 없음

자유 스케치 된 커브를 만드는 명령이다.
이 명령 선택되면 JewelCAD는 Curve Sketching 모드로 들어간다.
Curve Sketching 모드에서 동작은 다음과 같다.

① 화면 안으로 커서를 이동시킨다. 마우스 왼쪽 버튼을 누르고 있는다.
② 왼쪽마우스를 누르고 있는 동안 자유롭게 커브를 그리며 커서를 이동시킨다.
③ 이때 마우스 왼쪽 버튼을 놓으면, 스케치 커브가 부드러운 커브로 대체된다.
④ 이 동작을 반복하면 더 많은 커브를 그릴 수 있다.

이 모드에서 나가려면, "Pick" 아이콘 혹은 다른 명령은 선택하면 된다.

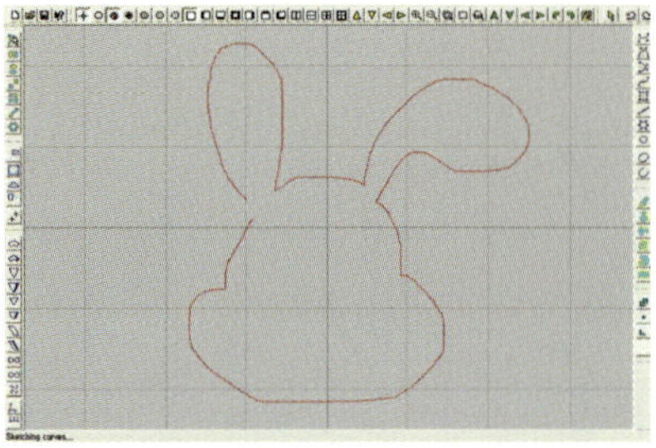

① Sketch를 선택한 후 화면에서 마우스를 떼지 않고 그린다.

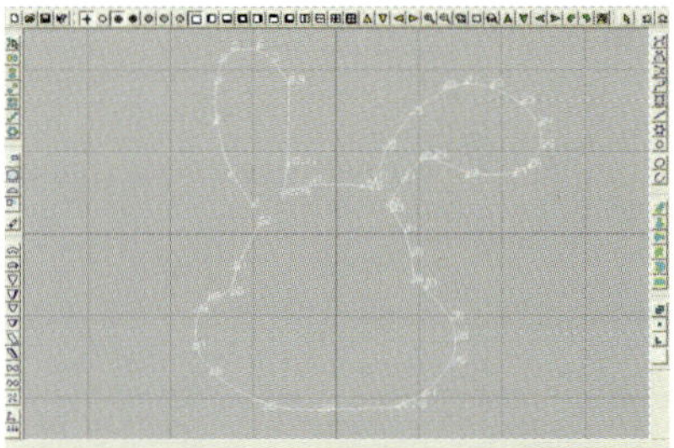

② 다 그린 다음 Curve/Adjust/Simple로 수정한다.

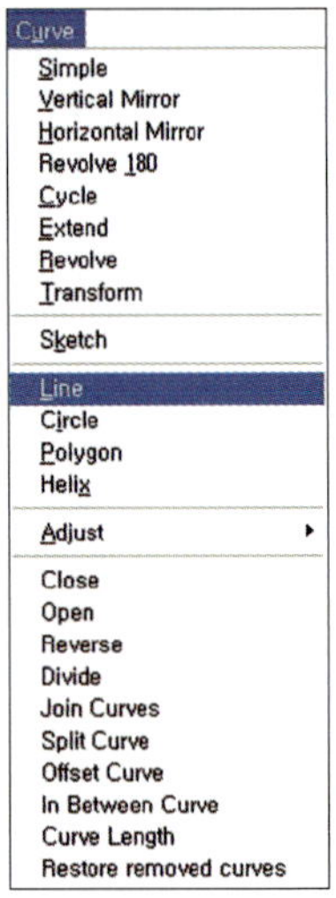

10. Line(직선 그리기)

- 아이콘 없음
- 단축키 없음

직선 형태의 커브를 그릴 수 있는 명령이다.

이 명령이 선택되면 화면에 Line 대화상자가 나타난다.

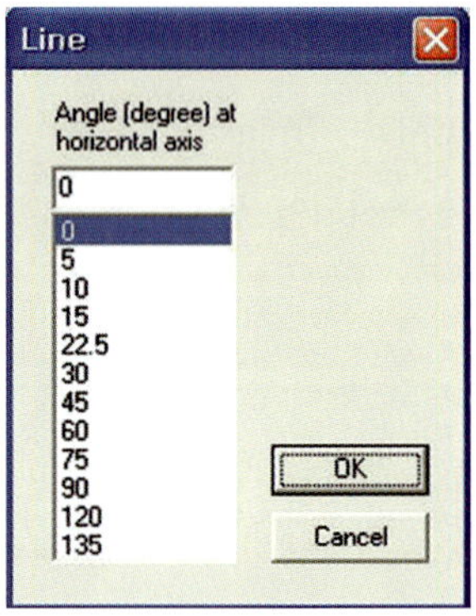

대화상자에서 현재 화면의 수평축을 기준으로 기울어진 커브의 각도를 결정한다. 이 각도는 바로 입력하거나 나열된 값 중에서 선택할 수 있다. 이 대화상자를 닫으면 직선 커브가 만들어 진다.

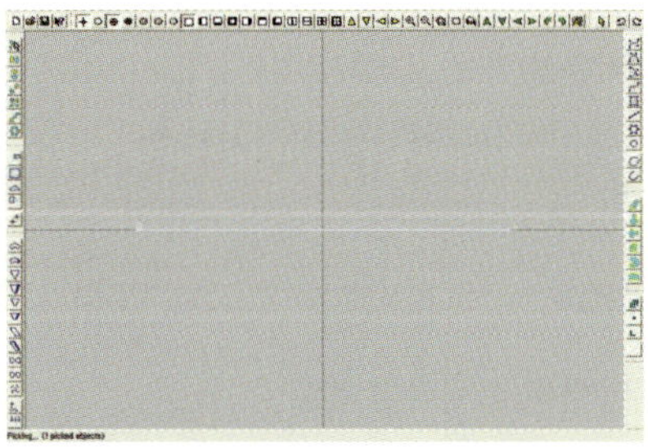

① Line 각도를 0으로 선택했을 때의 모습

② Line 각도를 45로 선택했을 때의 모습

11. Circle(원 그리기)

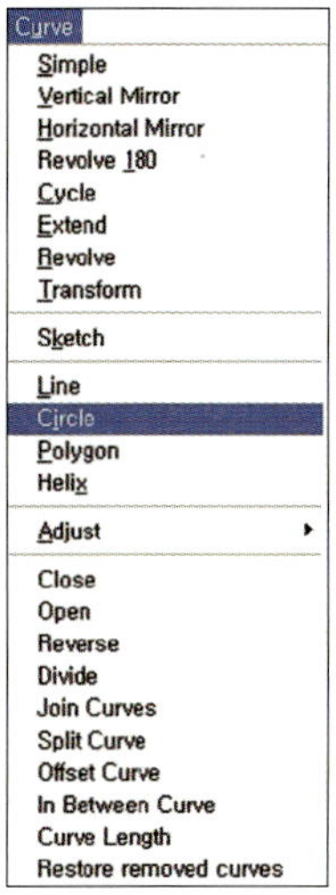

- 아이콘 없음
- 단축키 없음

원의 형태로 커브를 만드는 명령이다. 이 명령이 선택되면 화면에 Circle 대화상자가 나타난다.

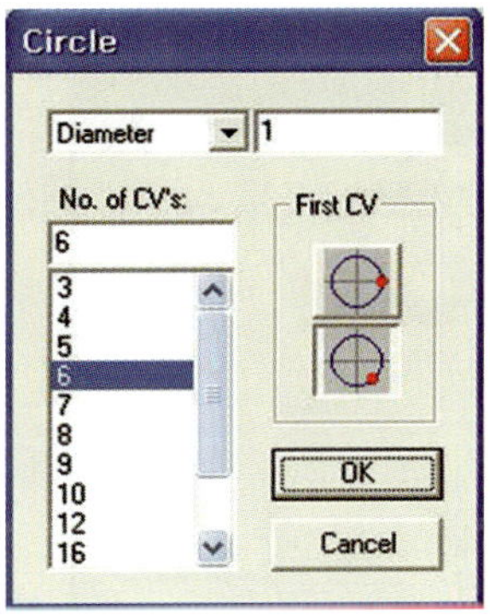

▶ Diameter

드롭다운 상자에서 이 옵션을 선택하여 바로 값을 입력하면, 이 값을 지름으로 한 원이 생성된다.

▶ Radius

드롭다운 상자에서 이 옵션을 선택하여 바로 값을 입력하면, 이 값을 반지름으로 한 원이 생성된다.

▶ No. of CV's

 이 옵션이 선택되면, 정점 0은 수직축 오른쪽에 있는 수평축 위의 점이 된다.

 이 옵션이 선택되면, 정점 0은 수평축 아래쪽에 있는 수직축 위의 점이 된다.

생성된 원은 수직축에 대하여 대칭 복사된 원이다. 대화상자가 닫히면, 원이 생성된다.

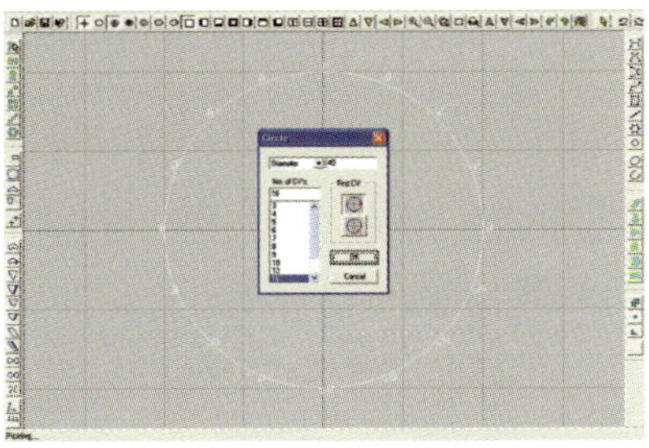

① 정점수 16, 정점 "0"이 3시 방향에 위치함

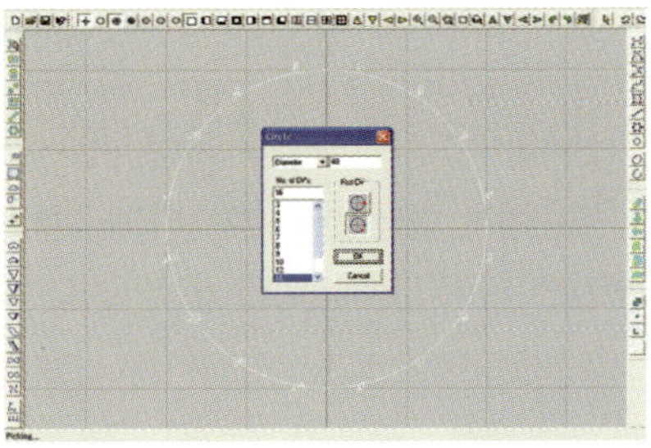

② 정점수 16, 정점 "0"이 5–6시 방향에 위치함

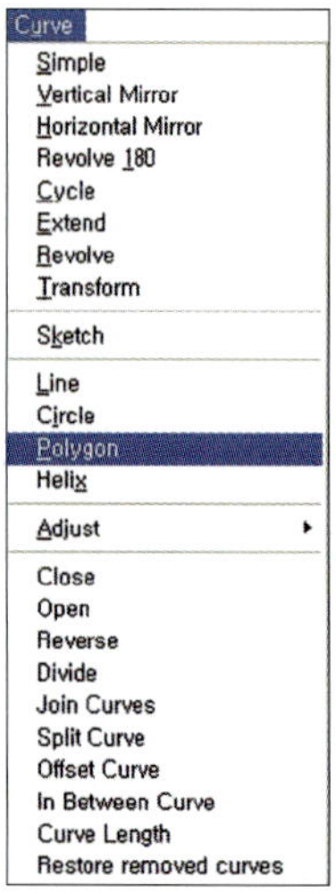

12. Polygon(다각형 그리기)

- 아이콘 없음
- 단축키 없음

다각형의 형태로 커브를 만드는 명령이다.

이 명령이 선택되면 화면에 Polygon 대화상자가 나타난다.

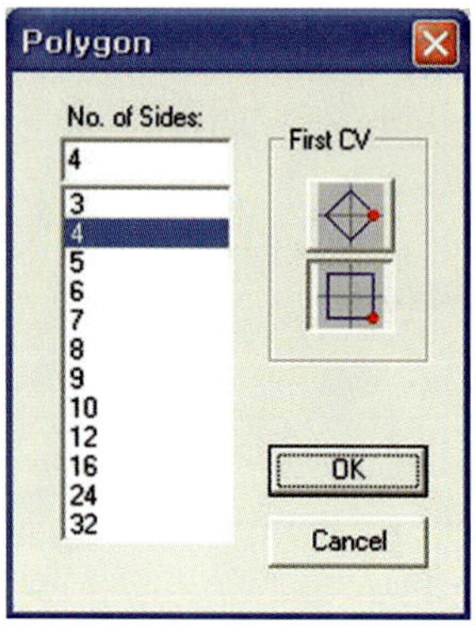

▶ **No. of Sides :** 생성된 다각형 변의 개수

 이 옵션이 선택되면, 정점 0은 수직축 오른쪽에 있는 수평축 위의 점이 된다.

 이 옵션이 선택되면, 정점 0은 수평축 아래쪽에 있는 수직축 위의 점이 된다.

생성된 원은 수직축에 대하여 대칭 복사된 다각형이다.

대화상자가 닫히면, 다각형이 생성된다.

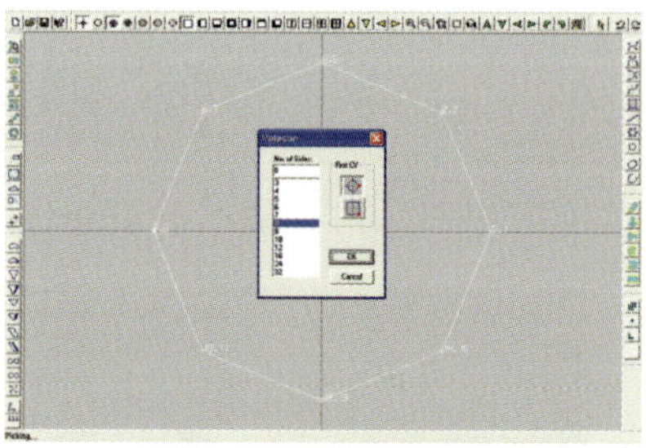

① 8각형, 정점 "0"이 3시 방향에 위치함

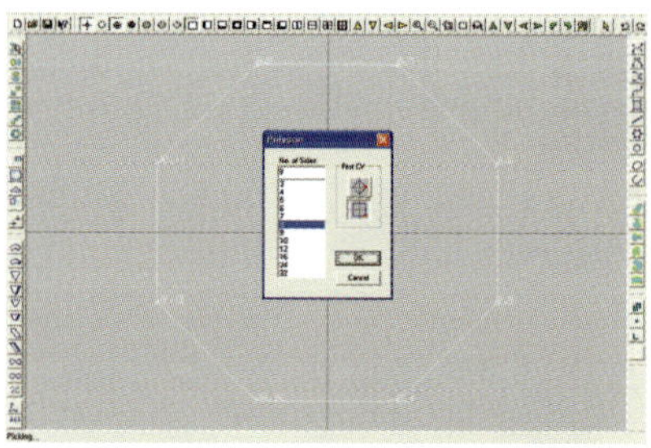

② 8각형, 정점 "0"이 5-6시 방향에 위치함

13. Helix(나선형 그리기)

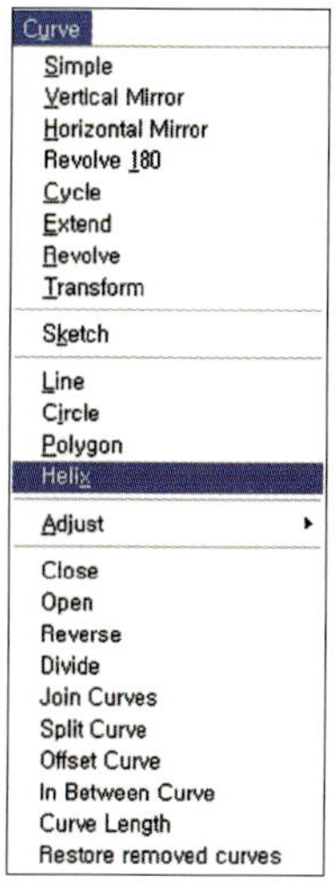

- 아이콘 없음
- 단축키 없음

나선형 커브를 만드는 명령이다.

이 명령이 선택되면 화면에 Helix 대화상자가 나타난다.

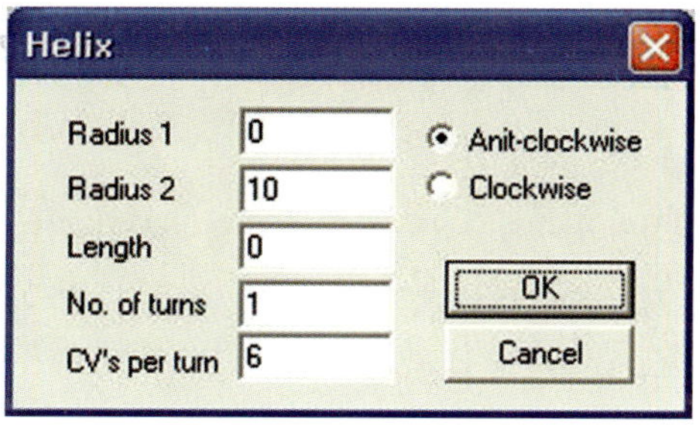

Radius 1	나선이 시작되는 곳의 반지름
Radius 2	나선이 끝나는 곳의 반지름
Length	나선의 길이
No. of turns	회전의 개수
CV's per turn	회전당 정점 개수
Anti-clockwise	반시계방향으로 나선이 회전
Clockwise	시계방향으로 나선이 회전

대화상자가 닫히면 나선이 생성된다.

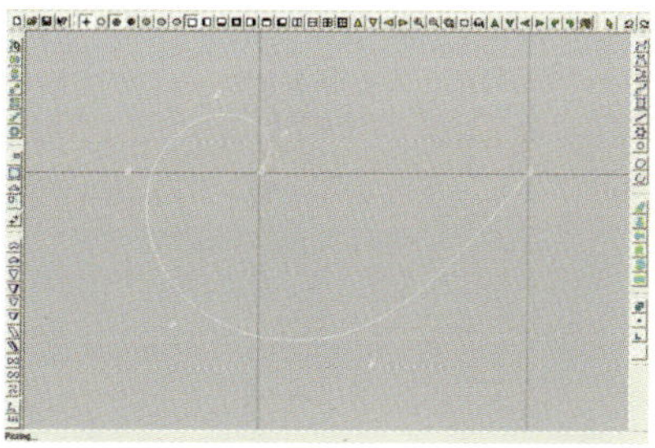

① 정점수 6, 회전수 1, 나선 끝 반지름 10mm인 나선형

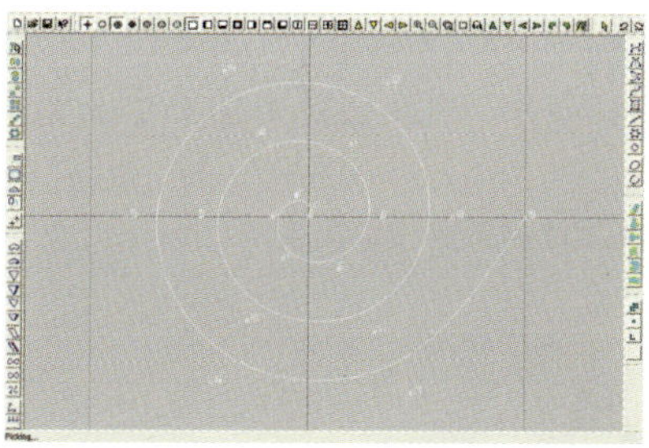

② 정점수 6, 회전수 3, 나선 끝 반지름 10mm인 나선형

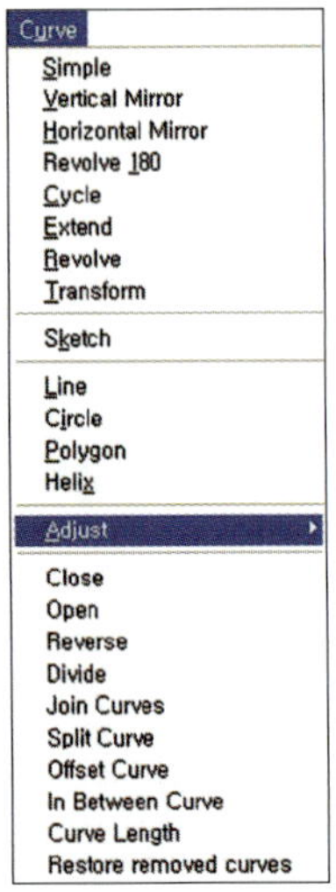

14. Adjust(커브 수정하기)

- 아이콘 없음
- 단축키 없음

이것은 다음 명령들의 롤오버 메뉴이다.

Simple	커브를 수정
Vert-Mirror	수직축에 대해 대칭 반사된 커브로 수정
Hori-Mirror	수평축에 대해 대칭 반사된 커브로 수정
Revolve 180	180도 대칭 회전된 커브로 수정
Cycle	화면의 수평수직축에 대해 대칭 반사된 커브로 수정
Extend	직선 형태로 반복적으로 복사
Revolve	원 형태로 회전 복사
Transform	Transform 대화상자에 선택된 형태로 반복 복사

위의 명령 중 하나가 선택되면, 수정될 커브를 화면에서 선택한다. 커서를 커브에 위치시키고 마우스 왼쪽 버튼을 클릭 하면 색깔이 파란색으로 바뀐다. 또 JewelCAD는 커브 수정모드로 들어간다. 이 모드에서 정점을 추가, 이동, 삭제함으로써 커브를 수정할 수 있다.

이 동작은 Simple, Vert-Mirror, Hori-Mirror, Revolve 180, Cycle, Extend, Revolve and Transform 모드에서와 같다. 수정하기 위해 선택된 커브는 선택된 커브 조정 명령에 매치 되어야 한다. 그렇지 않으면 자동으로 매치된다.

예를 들어 Vert-Mirror curve adjust 명령이 선택되면 수직 대칭 반사된 커브로 바뀐다. 변경된 것을 변경하면 커브 수정모드를 나와서 Edit-Undo 명령을 실행해야 한다.

커브가 수정된 후에도 Edit-Undo 명령으로 원래 상태로 돌아올 수 있다. 변형된 것과 원래의 것이 다 필요할 때는 Edit-Undo 명령을 사용한다.

수정된 것은 그대로 있고 원래의 것이 생성된다.

15. Close(커브 닫기)

- 아이콘 없음
- 단축키 없음

열린 커브를 닫는 명령이다.

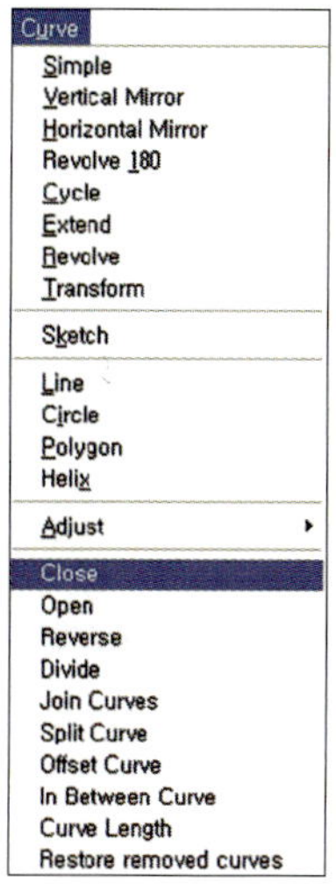

이 명령을 사용하기 전에, 커브가 선택되어져야 한다.

이 명령이 실행되면, 선택된 커브가 닫힌 커브로 바뀐다.

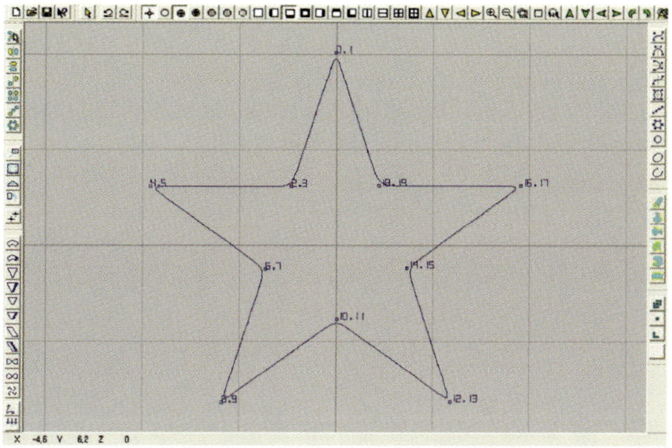

〈처음 정점과 마지막 정점이 닫혀 있다.〉

16. Open(커브 열기)

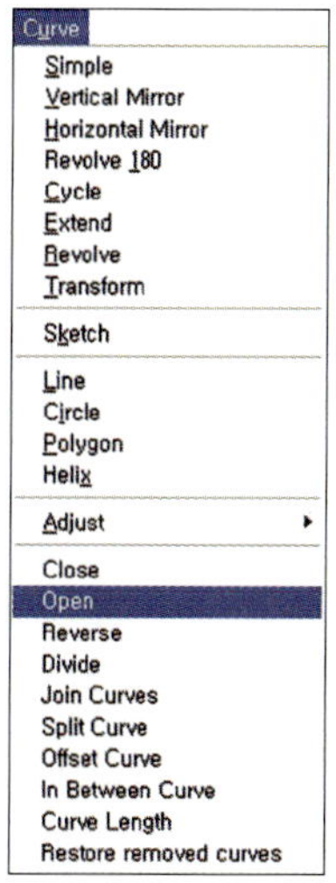

- 아이콘 없음
- 단축키 없음

닫힌 커브를 여는 명령이다.

이 명령을 사용하기 전에 커브가 선택되어져야 한다.

이 명령을 실행하면 선택된 커브가 열린 커브로 바뀐다.

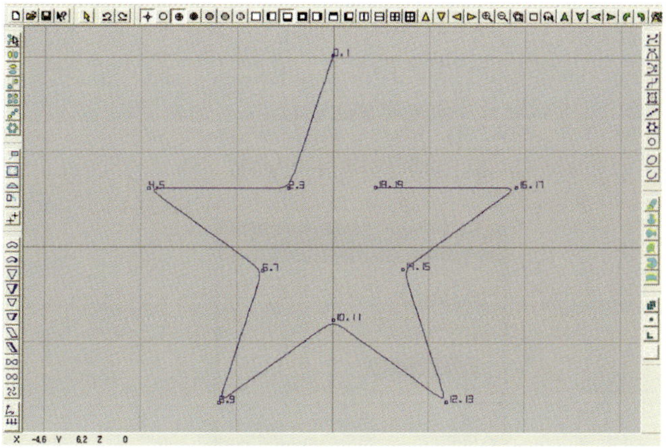

〈처음 정점과 마지막 정점이 열려 있다.〉

17. Reverse(정점 순서 뒤바꾸기)

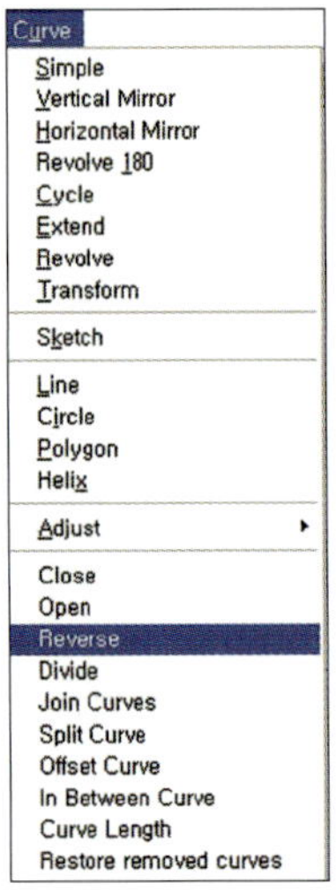

- 아이콘 없음
- 단축키 없음

정점의 순서를 뒤바꾸는(방향을 바꾼다) 명령이다.

이 명령을 사용하기 전에 커브가 선택되어져야 한다.

이 명령을 실행하면 선택된 커브의 정점의 순서는 반대로 바뀐다.

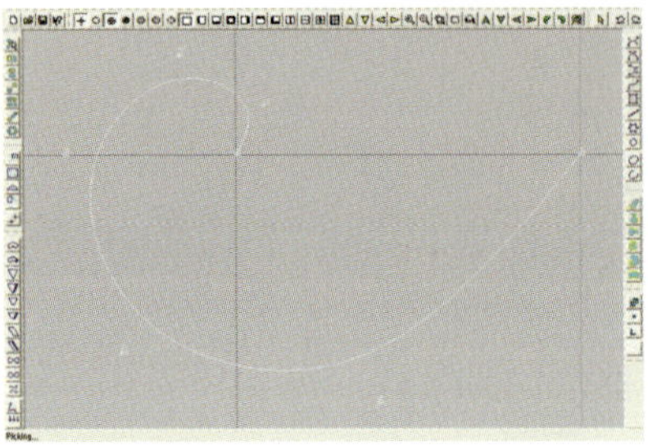

① 정점이 중앙에서부터 반시계 방향으로 진행된다.

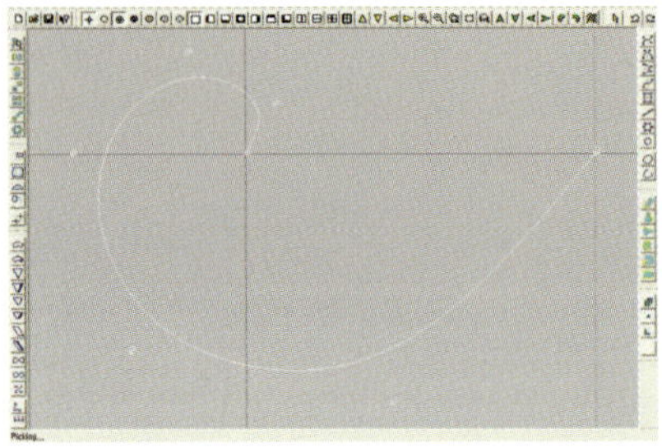

② 정점이 Reverse 명령으로 시계방향으로 바뀌었다.

18. Divide(정점 수 늘리기)

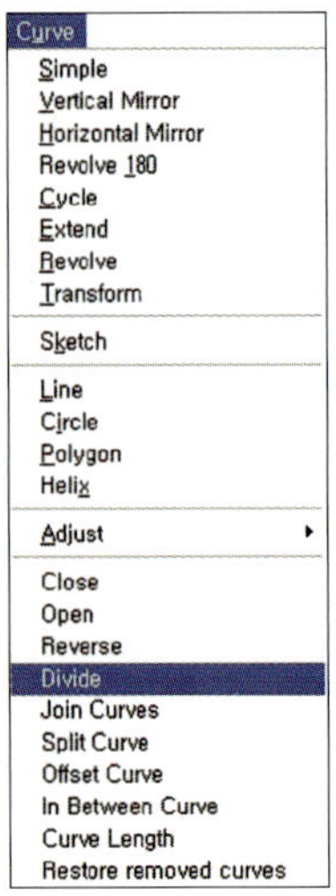

- 아이콘 없음
- 단축키 없음

커브의 모양을 변경하지 않고 정점의 숫자를 늘리는 명령이다.

커브의 모양을 유지하기 위해 정점은 반드시 배로 증가해야 한다. 따라서 각각의 세그먼트들은 균일한 수의 작은 세그먼트들로 나누어야 한다.

이 명령을 사용하기 전에 커브가 선택되어져야 한다.

이 명령이 실행되면 Curve Divide 대화상자가 나타난다.

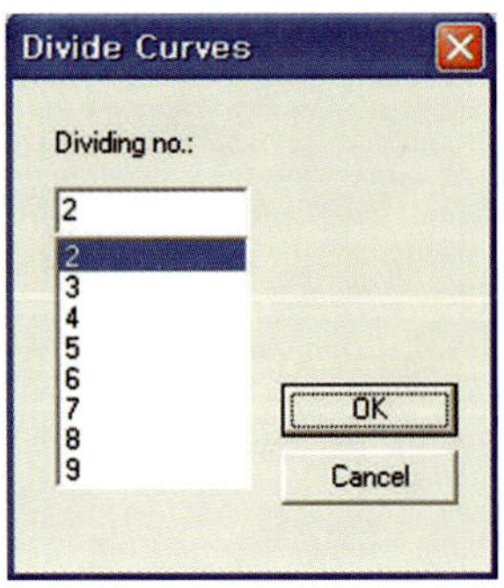

이 대화상자에서 분할 개수를 결정한다. 이 수는 편집박스에 직접 입력하거나 미리 나열된 값들 중에서 결정할 수 있다. 대화상자가 닫히면, 커브는 대화상자에서 주어진 개수만큼으로 분할한다.

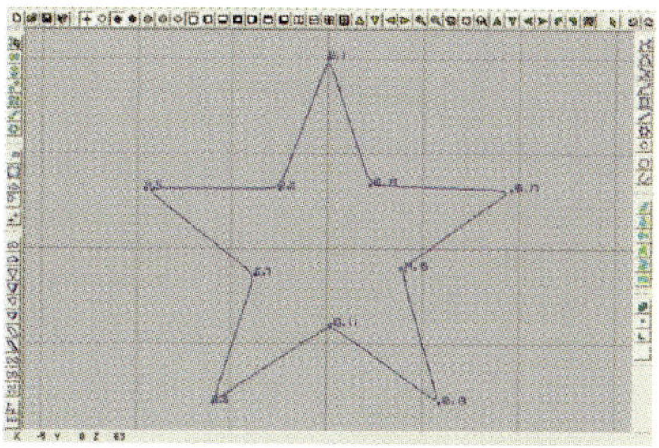

① 정점을 두 번씩만 찍어서 별을 만들었다.

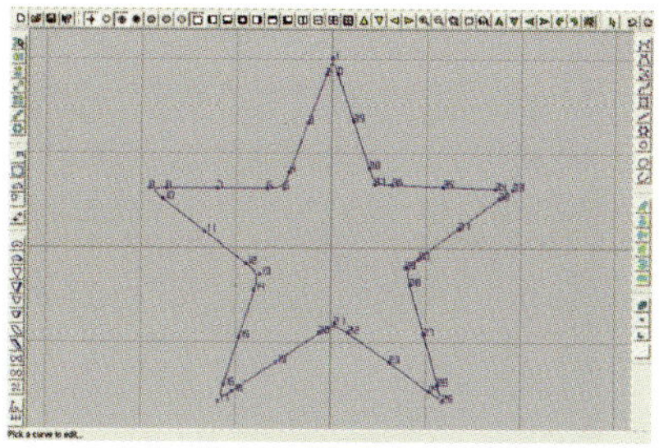

② Divide 명령으로 직선 사이에 정점이 추가되었다.

19. Join Curves(커브 연결)

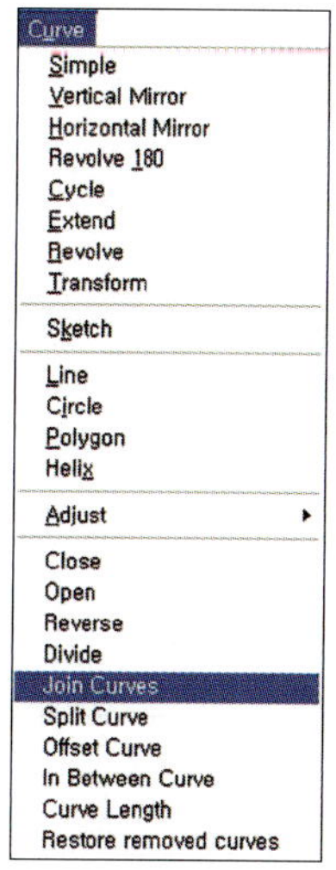

- 아이콘 없음
- 단축키 없음

많은 수의 커브를 결합시킬 수 있다. 앞의 것의 마지막 정점과 뒤의 것의 첫 번째 정정(정점0)이 결합하게 하는 명령이다. (결합 전에 커브들의 방향을 원하는 대로 바꿀 필요가 있다.)

이 명령이 선택되면, JewelCAD는 커브 결합 모드로 들어간다.

이 모드에서의 동작은 다음과 같다.

(1) 첫 번째 커브 선택

커서를 화면으로 이동시키고 포인트를 커브 위에 위치 시킨다. 마우스 왼쪽 버튼을 누른다. 이때 커브의 색깔이 파란색으로 바뀐다. 마우스 오른쪽 버튼을 뗀다.

(2) 다른 커브들의 선택

첫 번째 커브를 선택한 후에 (1)의 방법을 사용하여 다른 커브들을 선택한다. 선택된 커브들은 결합하여 파란색으로 바뀐다.

(3) 선택의 취소

(1)이나 (2)단계에서 잘못 선택하였을 때는 간단하게 오른쪽 버튼을 누르는 것으로 그것을 취소할 수 있다. 취소할 때 마지막 선택된 커브 파란색이 없어지는 것으로 취소되었음을 알 수 있다.

(4) 결합의 완료와 모드 종료

결합을 종료하기 위해 Pick 아이콘이나 다른 명령을 선택한다. 그러면 파란색 커브가 하얀색으로 바뀐다.

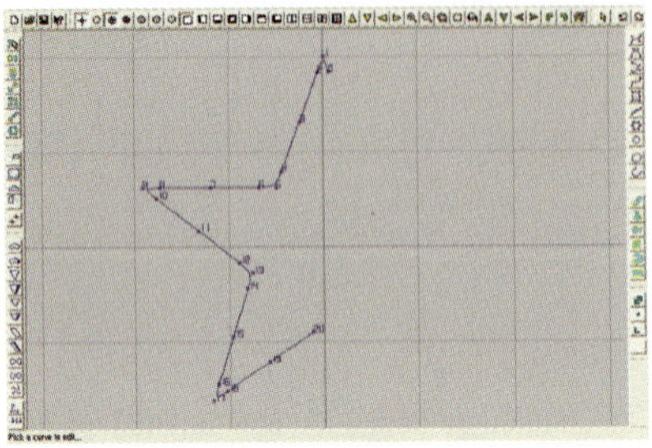

① 두 개의 분할 된 선으로 별을 그린다.

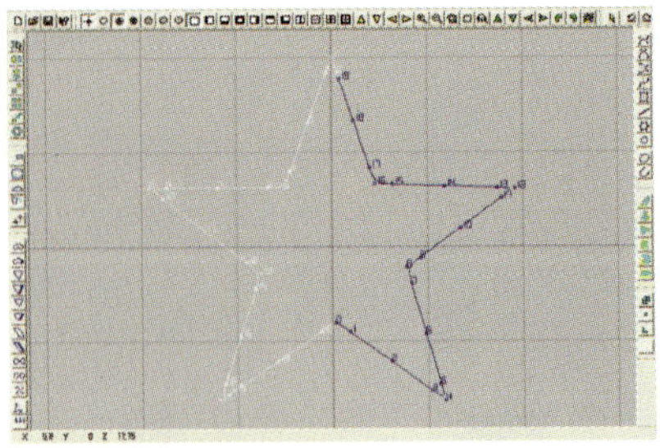

② Join 명령으로 먼저 선택한 선(끝점)과 나중 선(첫째점)이 연결

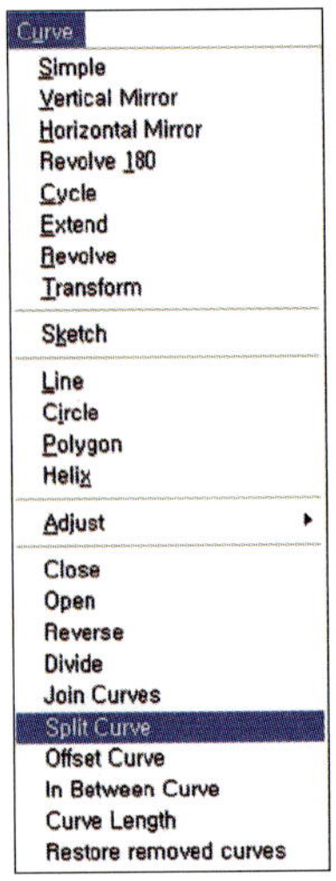

20. Split Curves(커브 분리)

- 아이콘 없음
- 단축키 없음

커브를 둘로 분리하는 명령이다.
이 명령이 선택되면 JewelCAD는 커브 분할 모드로 들어간다.
동작은 다음과 같다.

① 분할하기 위해 마우스 포인트를 커브의 정점 중 하나로 이동한다.
② 왼쪽 버튼을 누른다. 그러면 커서가 위치된 정점에서 분할된다.
③ 이 동작을 반복하면 더 많은 조각으로 분할할 수 있다.

이 모드에서 나오기 위해 "Pick"아이콘이나 다른 명령을 선택한다.

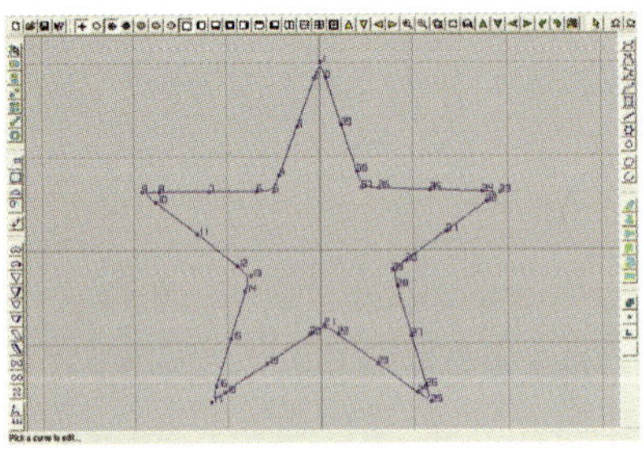

① 하나의 커브로 별을 그려 Close 시킨다.

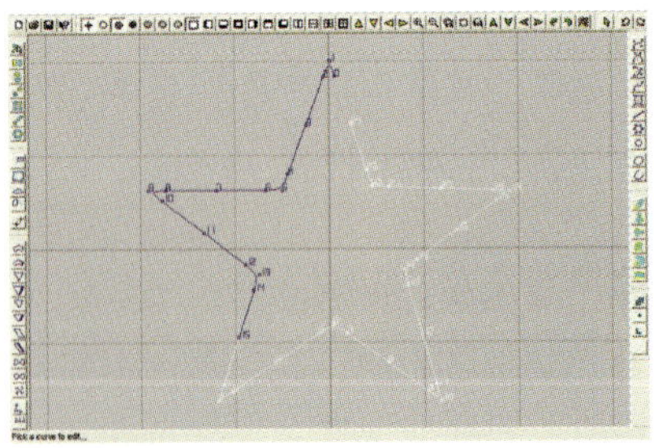

② Split 명령으로 원하는 부분을 클릭하여 점을 분할한다.

21. Offset Curve(커브 복사)

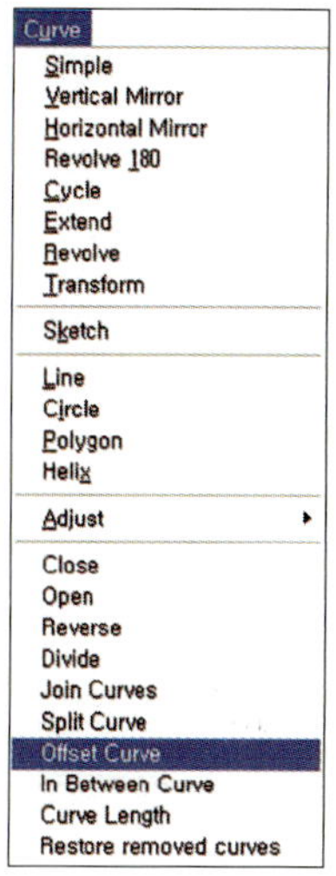

- 아이콘 없음
- 단축키 없음

화면에 선택된 커브로부터 옵셋된 새로운 커브를 만드는 명령이다.

이 명령을 사용하기 전에 커브가 먼저 선택되어져야 한다.

이 명령을 선택하면 "Offset" 대화상자가 열린다.

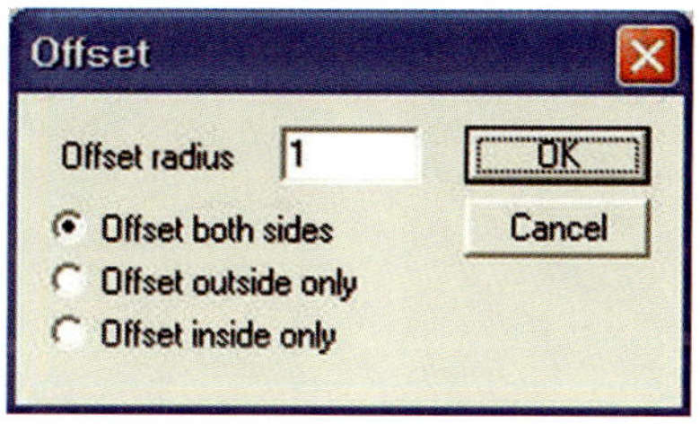

Offset Radius	옵셋 되는 간격
Offset both sides	이 옵션을 선택하면 컵의 양방향(왼쪽과 오른쪽)으로 새로운 커브가 생성된다.
Offset right only	옵션을 선택하면 커브의 오른쪽에만 새로운 커브가 옵셋되어 생성된다.
Offset left only	이 옵션을 선택하면 커브의 왼쪽에만 새로운 커브가 옵셋되어 생성된다.

대화상자가 닫히면 옵셋 커브가 생성된다.

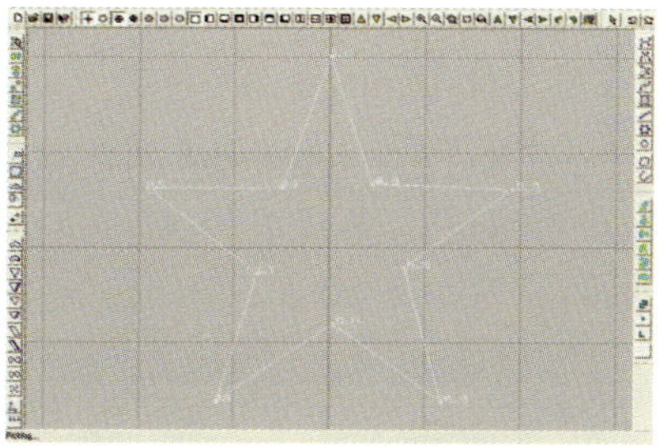

① 하나의 커브로 별을 그려 Close 시킨다.

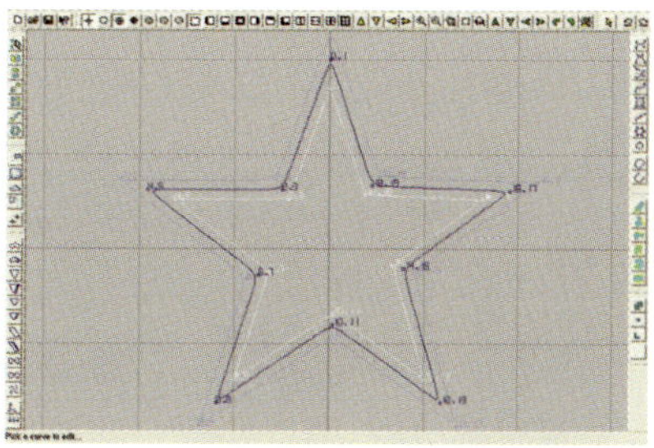

② Offset 명령으로 안쪽과 바깥쪽에 같은 Curve를 만든다.

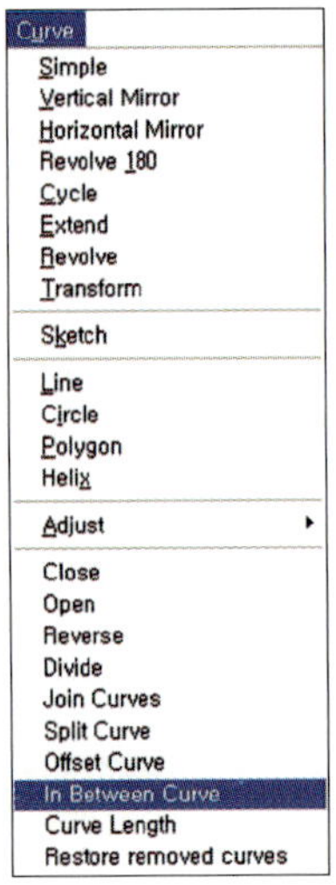

22. In Between Curve(같은 정점 수의 커브 만들기)

- 아이콘 없음
- 단축키 없음

같은 수의 정점을 갖는 커브 사이에 새로운 커브를 생성시키는 명령이다.

이 명령을 선택할 때 스크린에서 두 개의 커브를 선택하는 것이 필요하다. 이 커브들의 정점 숫자는 같아야 한다. 두 커브 사이에서 하나의 커브가 생성된다.

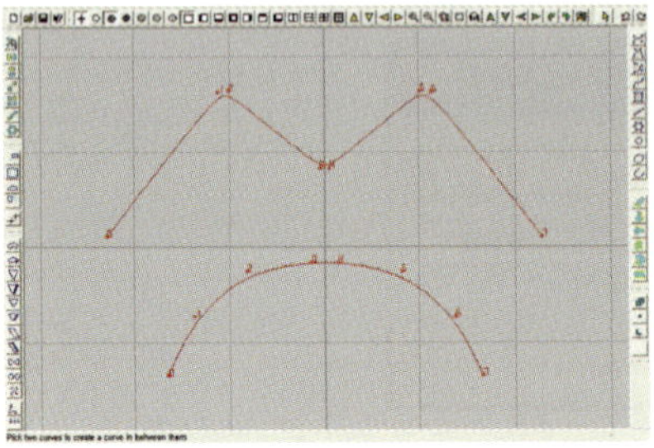

① 정점수가 같은 Curve를 두 개 그린다.

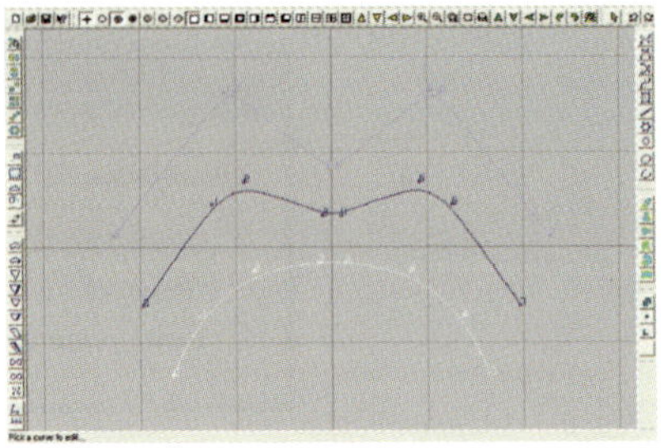

② 두 커브를 클릭하면 사이에 정점수가 같은 Curve가 생긴다.

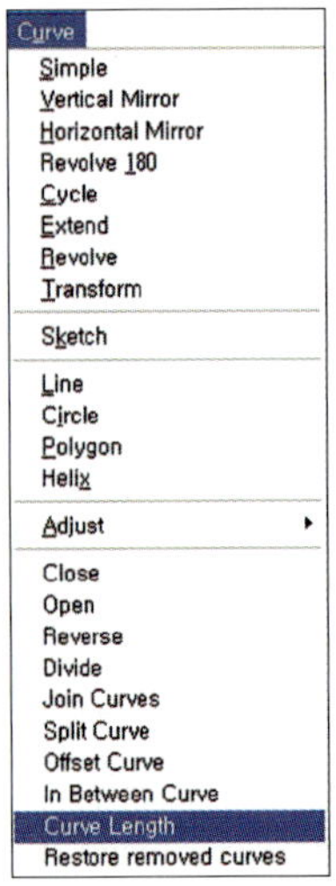

23. Curve Length(커브 길이산정)

- 아이콘 없음
- 단축키 없음

커브의 길이를 산정하는 명령이다.

이 명령이 선택되면 JewelCAD는 Curve Length Estimating 모드로 들어간다. 길이를 알고 싶은 커브들을 하나하나 선택한다. 그러면 계산된 커브의 길이가 상태표시줄에 표시된다.

Curve Length Estimating 모드에서 나오기 위해서 도구표시줄이나 메뉴에서 다른 명령을 선택한다.

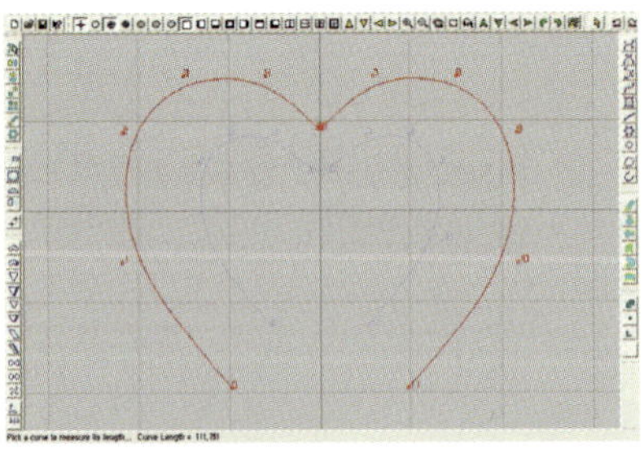

① 바깥쪽의 커브 길이는 111.791㎜로 하단 상태표시줄에 표시된다.

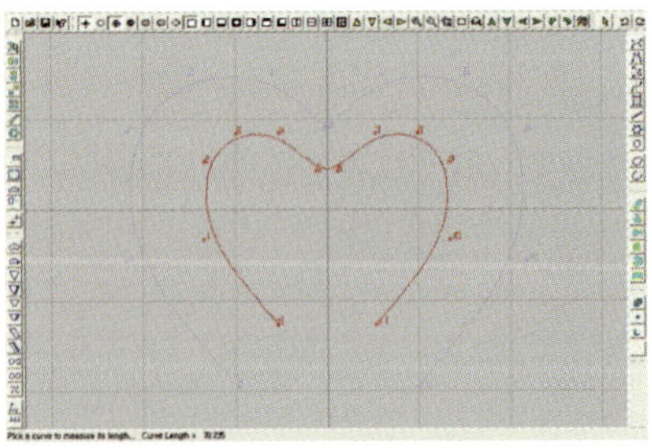

② 안쪽의 커브 길이는 70.235㎜로 하단 상태표시줄에 표시된다.

24. Restore removed curve(삭제된 커브 복원)

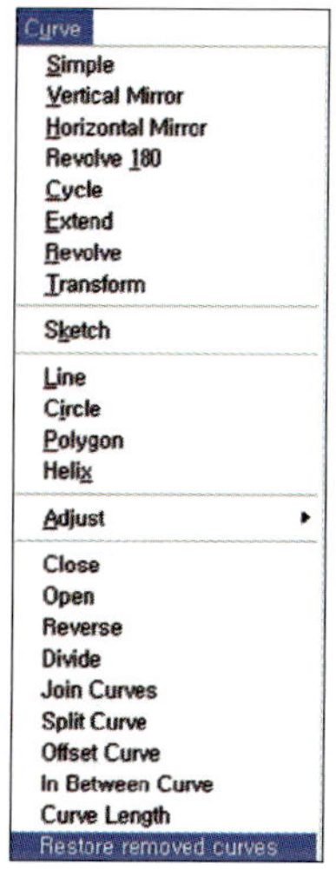

- 아이콘 없음
- 단축키 없음

삭제된 커브를 복원 시켜주는 명령이다.

물체를 만드는 과정(Surface-Extend, Vertical Revolve, Horizontal Revolve 등)에서 제거된 커브를 복원 시켜준다.

이 명령은 커브들이 화면 뒤로 제거된 것을 보이게 놓는다.

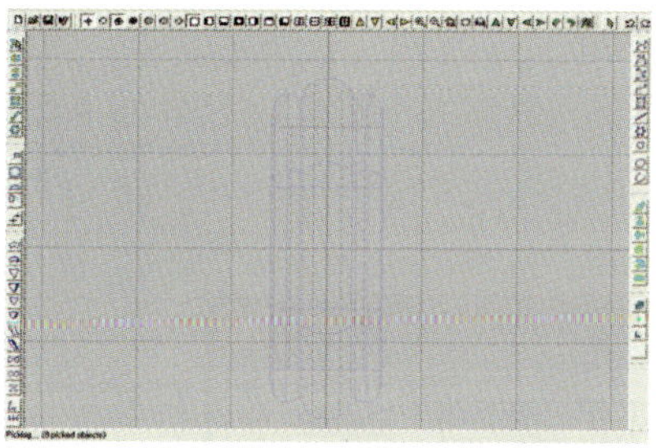

① 커브로 단면을 그리고 Vertical Revolve로 입체를 만든다.

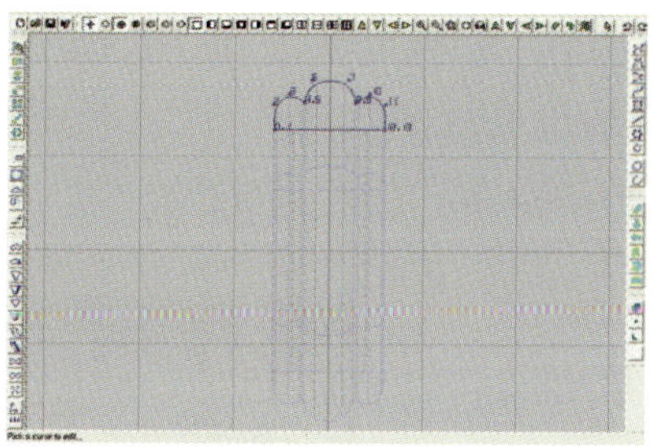

② 입체를 만들면서 사라졌던 커브가 복원된다.

4-8 Surface 메뉴

JewelCAD에서 사용되는 면을 그릴 수 있는 명령으로 화면에서 선택된 커브를 변형시켜 입체를 만드는 기능이 있다. 각각의 입체를 만들 수 있는 명령을 살펴보면 다음과 같다.

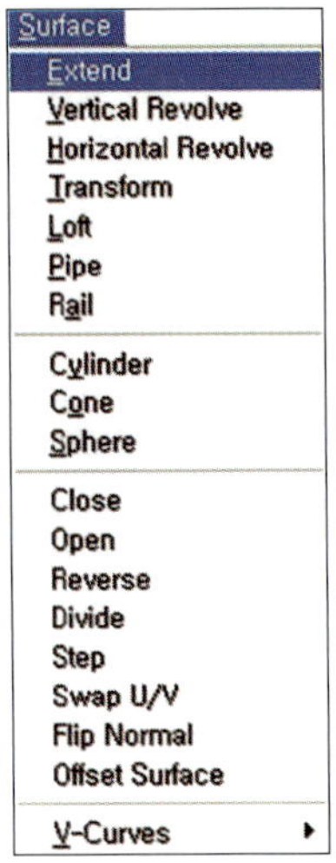

1. Extend(연장된 면 만들기)

- 아이콘
- 단축키 없음

선의 경로를 따라 커브를 밀어 면을 만드는 명령이다.

이 명령을 사용하려면, 먼저 관련된 커브는 선택된 상태로 바꾸어야 한다. 이 명령이 선택되면 Extend 대화상자가 화면에 나타난다.

대화상자는 다음의 항목을 포함하고 있다.

▶ Extend Number

면을 만들기 위해 사용되는 단면의 개수이다. 이 개수는 적어도 2 이상이어야 한다.

▶ Horizontal (-), Vertical (|), In/Out (+)

각각의 서페이스 단면은 거리에 의해 분리되어 있다. 이 거리는 현재 화면의 수직, 수평, 인아웃 축에 대해 각각 결정된다. 편집박스에 직접 값을 입력함으로써 거리가 결정된다. 또한 다음과 같이 화면상으로 결정할 수 있다.

① 커서를 화면의 시점에 위치시킨다.

② (a) 마우스 왼쪽 버튼을 누른 채 커서를 수직 혹은 수평방향으로 움직인다.
(b) 마우스 오른쪽 버튼을 누른 채 커서를 방향에 관계없이 커서를 움직인다.

③ 마우스 버튼을 누르고 있는 동안, 거리를 얻기 위해 커서가 움직인다. 거리를 얻게 되면 수평, 수직 편집박스가 보인다. 인아웃 편집박스는 0으로 고정된다.

④ 마우스 버튼을 놓는다.

▶ < Button

수평, 수직, 인아웃으로 직선거리를 입력하는 것 외에 각도를 사용하여 간격을 지정할 수 있다. < 버튼을 선택하여 편집박스 다음의 값들을 바꿀 수 있다.

(-) Horizontal, (|) Vertical, (+) In/Out
(/) Length, (<) Angle at horizon, (>) Angle away from view plane

OK 버튼이 선택되면, Extend 대화 상자가 닫힌다. 화면에서 선택된 커브는 원하는 서페이스가 된다.

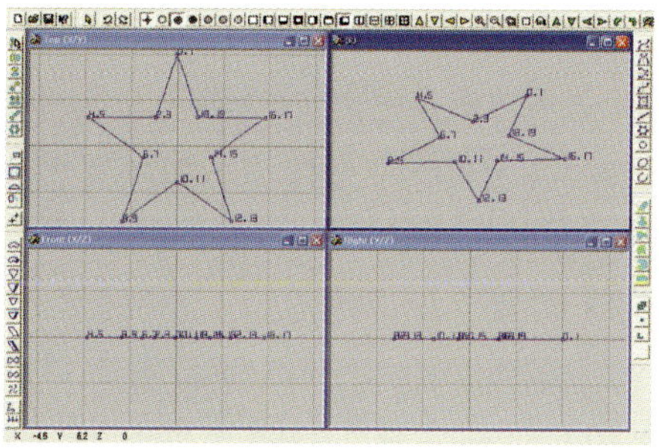

① Curve로 밑그림을 그린 다음 Close로 선을 닫는다.

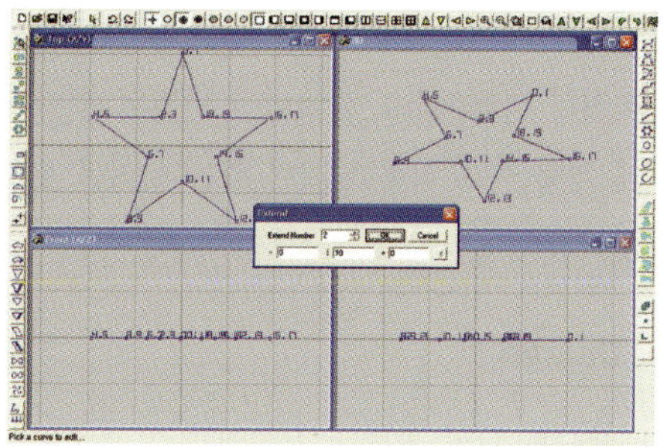

② Surface Extend를 선택하여 높이를 정한다.

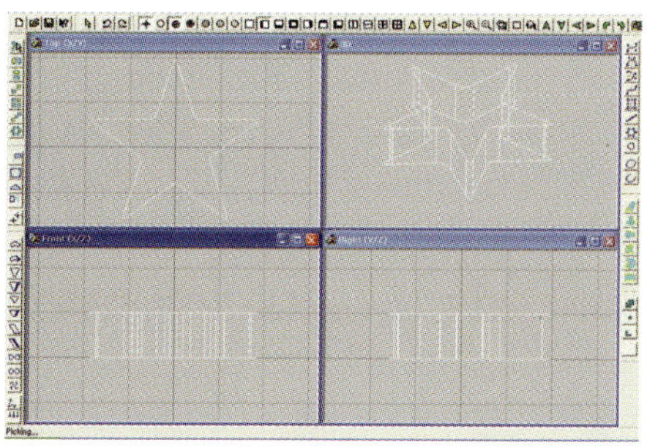

③ 선택된 화면으로 축(axis)이 결정되어 두께가 만들어 진다.

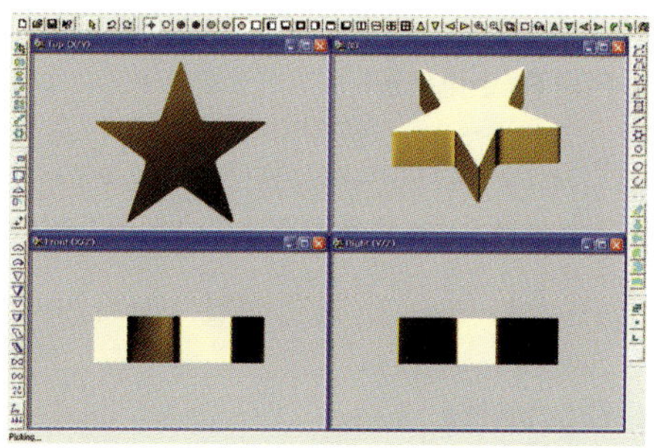

④ Rendering 모드로 입체를 확인할 수 있다.

2) Vertical Revolve(수직축으로 회전 면 만들기)

- 아이콘 
- 단축키 없음

현재 시점에서 수직축 주변을 원의 경로에 따라 커브를 밀어 서페이스를 만드는 명령이다.

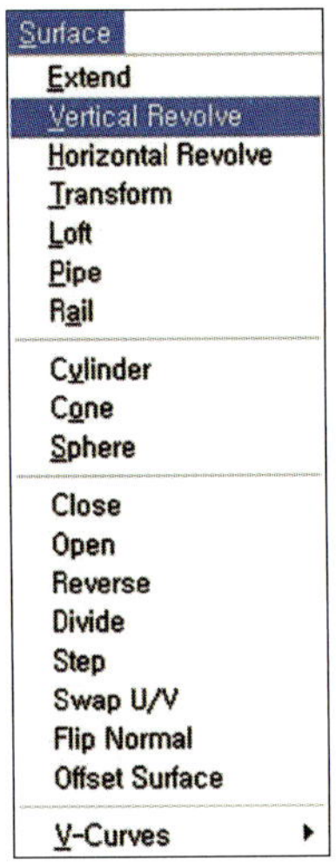

이 명령을 사용하려면, 커브는 먼저 선택된 상태로 바꾸어야 한다.

Revolve 대화상자가 이 명령을 선택하면 화면에 나타난다.

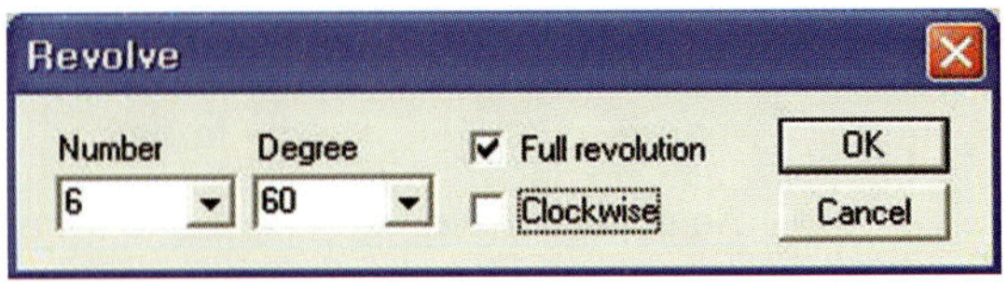

대화상자는 아래의 항목을 포함하고 있다.

▶ Number

회전된 서페이스로 만들어진 단면의 수이며 이 수는 적어도 3 이상이어야 한다. 수치 편집박스에 직접 이 숫자를 넣거나 또는 나열된 숫자 중 하나를 선택할 수 있다. 그 숫자는 적어도 2 이상이다.

▶ Degree

각각의 복사 물체는 각도에 의해서 분리되어 있다. Revolve 대화상자에서 이 각도는 각도를 측정할 수 있다. 각도 편집박스에 직접 각도를 넣거나 나열된 수치값 중 하나를 선택할 수 있다.

▶ Full Revolution

만일 Full Revolution 체크박스에 체크(지정 값)되어 있다면 각도는 Number×Degree= 360이 되어 자동적으로 적용될 것이다. 예를 들면 숫자가 8로 고정되어 있다면 각도는 45(8×45=360)가 되고, 만일 각도가 30에 고정되어 있으면 그 수는 12(12×30=360)가 된다.

▶ Clockwise

지정값에 의해 물체는 반시계 방향으로 복사된다.

그러나 시계방향 체크박스가 체크되면 물체는 시계방향으로 복사된다. 대화상자의 숫자, 각도 그리고 시계방향 항목은 화면에서 또한 결정된다.

화면으로 커서를 옮기고 왼쪽마우스를 누른다. 각도를 끌어 마우스를 움직인다. 대화상자의 숫자와 강도 항목은 점차 변한다. 만일 마우스를 시계방향으로 드래그 하면, 시계방향 체크박스의 대화상자가 체크된다. 만일 반시계 방향으로 드래그 하면, 체크박스는 체크되지 않는다.

OK 버튼을 선택하면 Revolve 대화상자는 닫힌다. 화면에서 선택된 커브는 원하는 서페이스가 되어 있다.

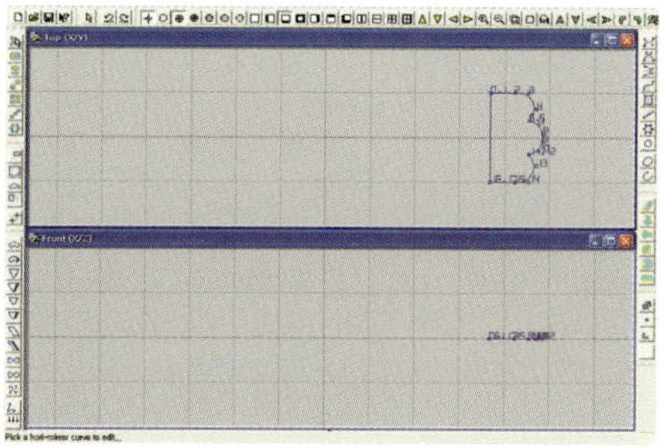

① Top 화면에 Curve로 회전시킬 단면을 그린다.

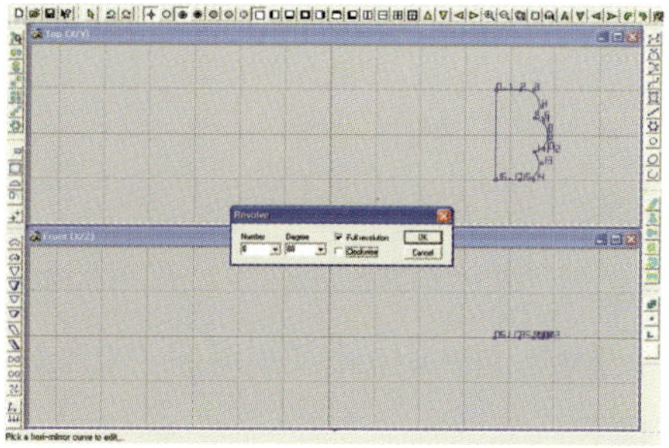

② 서페이스 Vertical Revolve를 선택한다.

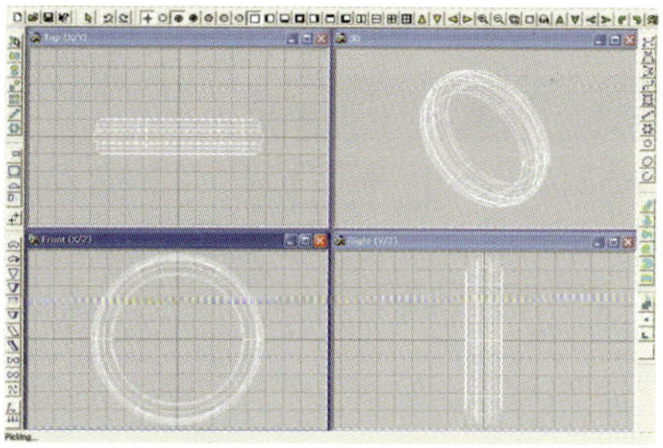

③ Top 화면에서 볼 때 수직축을 중심으로 회전되어 면을 만든다.

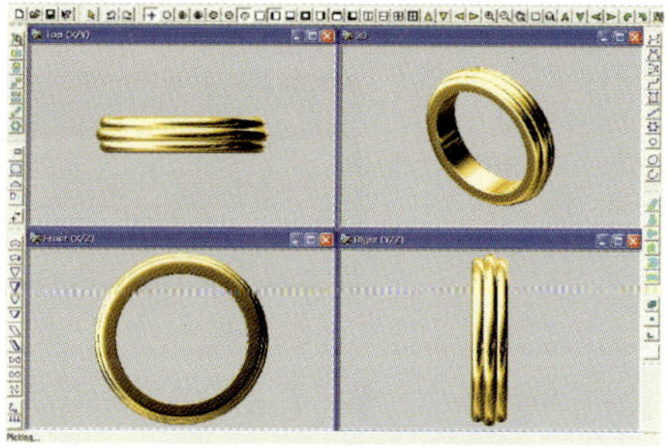

④ Rendering 모드로 입체를 확인한다.

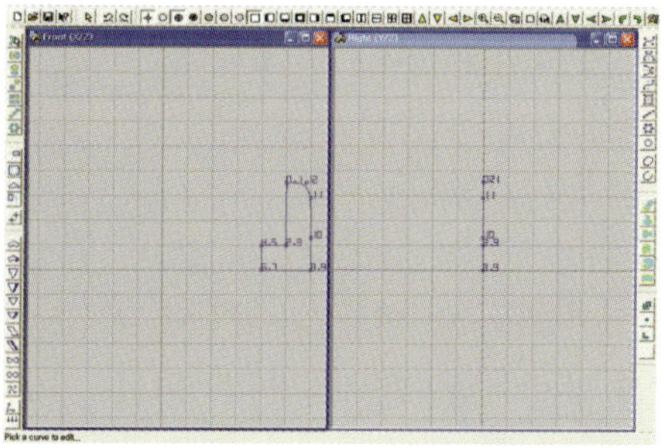

① Front 화면에 Curve로 회전시킬 단면을 그린다.

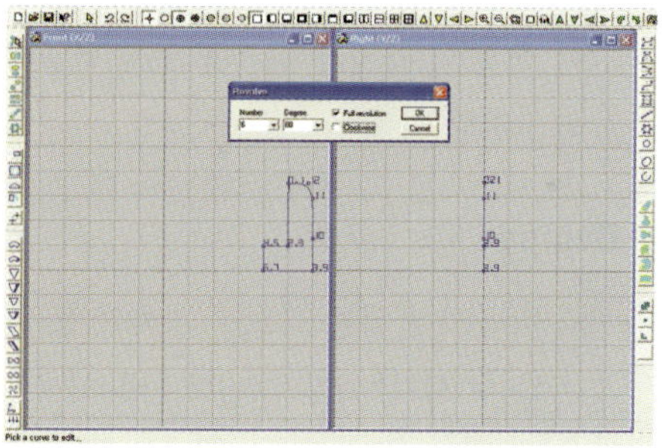

② 서페이스 Vertical Revolve를 선택한다.

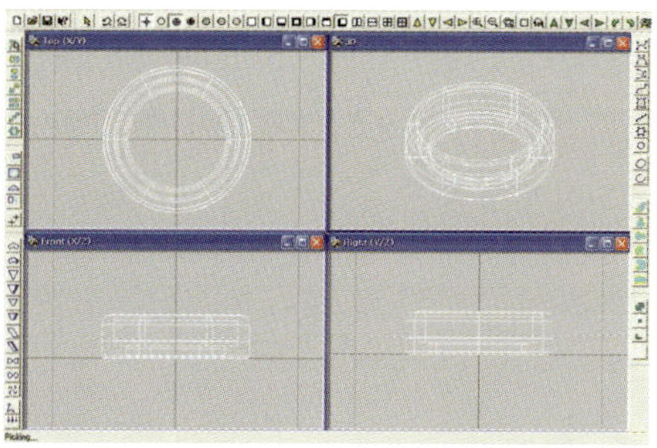

③ Front 화면에서 볼 때 수직축을 중심으로 회전되어 면을 만든다.

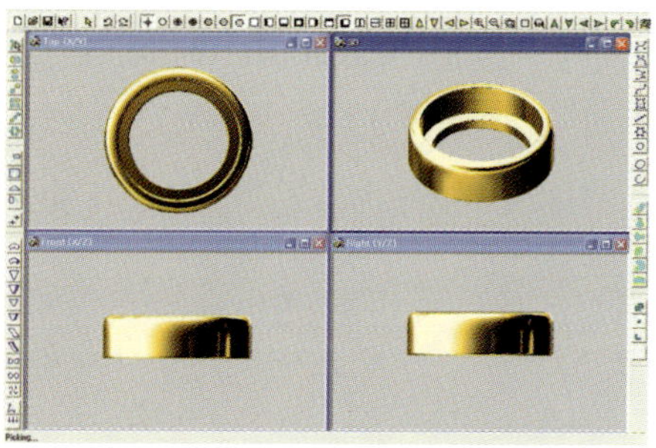

④ Rendering 모드로 입체를 확인한다.

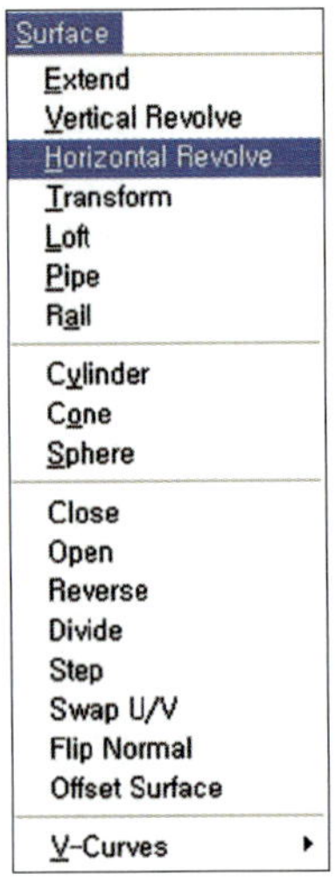

3. Horizontal Revolve(수평축으로 회전 면 만들기)

- 아이콘
- 단축키 없음

현재 시점에서 수평축 주변을 원의 경로에 따라 커브를 밀어 서페이스를 만드는 명령이다.

이 명령은 화면에서 수직축 대신 수평축을 사용한다는 것을 제외하고는 Vertical Revolve 명령과 같다.

이 명령을 사용하려면, 커브는 먼저 선택된 상태로 바꾸어야 한다.

Revolve 대화상자가 이 명령을 선택하면 화면에 나타난다.

대화상자는 아래의 항목을 포함하고 있다.

▶ Number

회전된 서페이스로 만들어진 단면의 수이며 이 수는 적어도 3 이상이어야 한다. 수치 편집박스에 직접 이 숫자를 넣거나 또는 나열된 숫자 중 하나를 선택할 수 있다. 그 숫자는 적어도 2 이상이다.

▶ Degree

각각의 복사 물체는 각도에 의해서 분리되어 있다. Revolve 대화상자에서 이 각도는 각도를 측정할 수 있다. 각도 편집박스에 직접 각도를 넣거나 나열된 수치값 중 하나를 선택할 수 있다.

▶ Full Revolution

만일 Full Revolution 체크박스에 체크(지정 값)되어 있다면 각도는 Number×Degree= 360이 되어 자동적으로 적용될 것이다. 예를 들면 숫자가 8로 고정되어 있다면 각도는 45(8×45=360)가 되고, 만일 각도가 30에 고정되어 있으면 그 수는 12(12×30=360)가 된다.

▶ **Clockwise**

지정값에 의해 물체는 반시계 방향으로 복사된다.

그러나 시계방향 체크박스가 체크되면 물체는 시계방향으로 복사된다. 대화상자의 숫자, 각도 그리고 시계방향 항목은 화면에서 또한 결정된다.

화면으로 커서를 옮기고 왼쪽 마우스를 누른다. 각도를 끌어 마우스를 움직인다. 대화상자의 숫자와 강도 항목은 점차 변한다. 만일 마우스를 시계방향으로 드래그 하면, 시계방향 체크박스의 대화상자가 체크된다. 만일 반시계 방향으로 드래그 하면, 체크박스는 체크되지 않는다.

OK 버튼을 선택하면 Revolve 대화상자는 닫힌다. 화면에서 선택된 커브는 원하는 서페이스가 되어 있다.

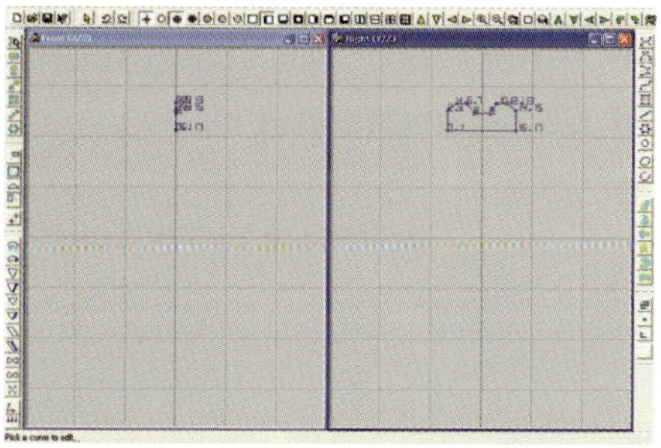

① Right 화면에 Curve로 회전시킬 단면을 그린다.

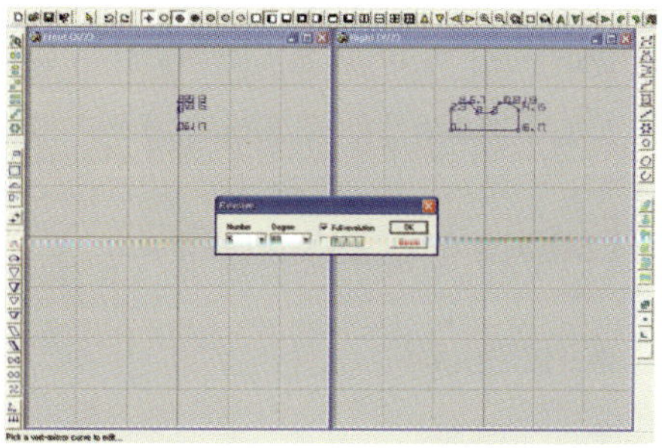

② 서페이스 Horizontal Revolve를 선택한다.

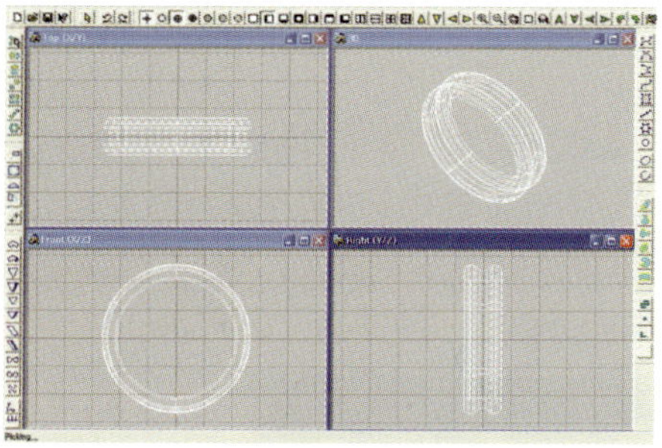

③ Right 화면에서 볼 때 수평축을 중심으로 회전되어 면을 만든다.

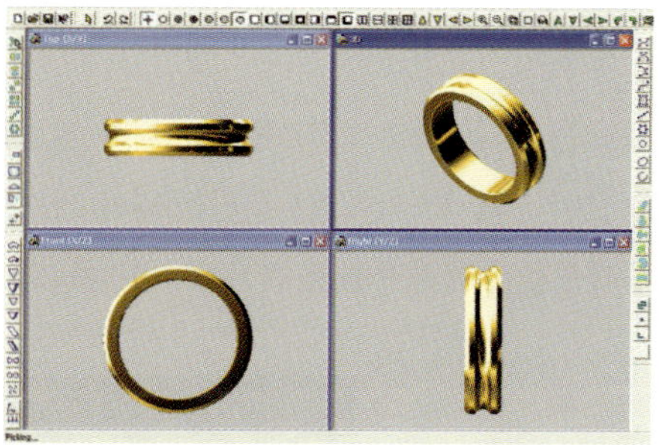

④ Rendering 모드로 입체를 확인한다.

4. Transform(변형 면 만들기)

■ 아이콘 없음

■ 단축키 없음

"Transform" 대화상자에 의해서 결정하는 방법에 있어 커브를 밀어 서페이스를 만드는 명령이다.

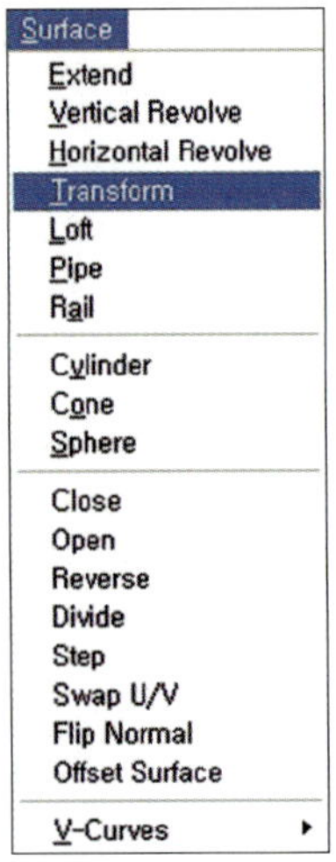

이 명령을 사용하려면 커브는 먼저 선택된 상태로 바꾸어야 한다.

"Transform" 대화상자는 이 명령을 선택했을 때 화면에 나타난다.

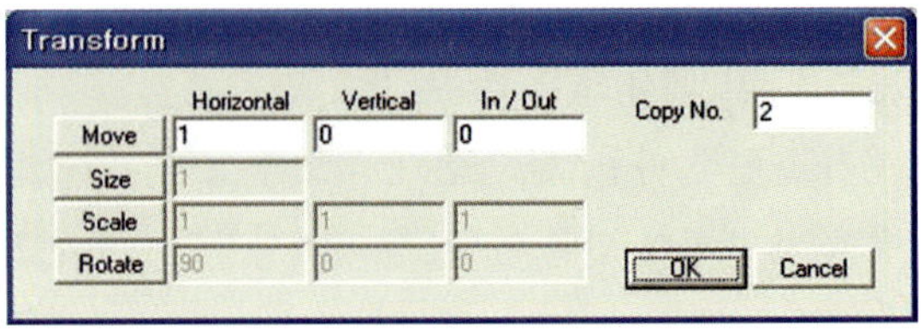

▶ **Copy No.**

서페이스를 만들기 위해 사용되는 단면의 수이다. 이 수는 적어도 2 이상이다.

Transform 대화상자의 다른 매개변수는 Deform-Transform의 그것과 같다. Transform 대화상자가 선택되었을 때 화면에 선택된 커브는 원하는 서페이스를 만든다.

5. Loft(커브 연결 표면 만들기)

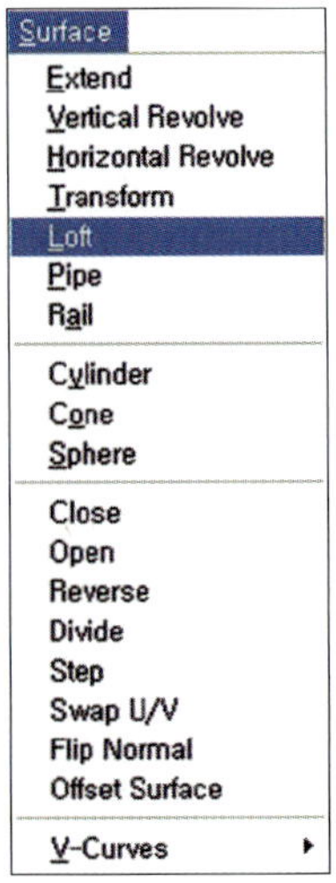

- 아이콘
- 단축키 없음

여러 개의 커브를 함께 연결하여 서페이스를 만드는 명령이다.

하나의 서페이스에 여러 개의 서페이스를 함께 연결하여 사용된다.

이 명령을 사용하려면, 커브와 관련된 서페이스를 다음과 같이 조화시켜야 한다.

① 모든 서페이스의 V커브뿐만 아니라 커브들의 정점 수는 같아야만 한다.

② 모던 서페이스의 V커브뿐만 아니라 커브들은 모두 열려 있거나 닫혀 있어야만 한다.

이 명령을 선택하면 Loft 대화상자가 나타나고 JewelCAD는 Loft Surface 모드로 들어간다.

이 모드에서의 동작은 다음과 같다.

(1) 첫 번째 커브나 서페이스 선택하기

화면의 시점으로 커서를 옮기고 커브나 서페이스를 왼쪽마우스 버튼으로 누른다. 커브나 서페이스는 빨갛게 색이 바뀌면 왼쪽마우스 버튼을 놓는다.

(2) 더 많은 커브나 서페이스를 선택하기

첫 번째 커브나 서페이스를 선택한 후에, 더 많은 커브나 서페이스를 선택하기 위해 단계

(1)과 같은 방법을 사용한다. 그러나 이런 커브나 서페이스는 앞에서 설명한 첫 번째 커브나 서페이스와 연결되어야만 한다.

(3) 모서리를 갖는 커브 선택하기

로프트 서페이스는 커브가 많은 정점을 가지는 것과 같이 여러 번 선택된 커브를 가질 수 있다. 많은 정점이 예리하게 돌면서 커브를 만드는 동안 많이 선택된 커브는 예리한 모서리를 갖는 로프트 서페이스로 만들어진다. 각진 로프트 서페이스를 위해 커브를 여러 번 선택하려면 간단히 커브를 몇 번 더 선택하면 된다.

(4) 선택된 커브나 서페이스를 취소하기

만일 단계 (1)에서 (3)까지 커브나 서페이스를 잘못 선택했다면 오른쪽마우스를 한 번 눌러 간단히 취소할 수 있다.

(5) 꼬인 로프트 서페이스 풀기

선택된 커브나 서페이스는 항상 의도된 정점의 순서를 가지는 것은 아니다. 꼬인 로프트 서페이스의 경우가 그 결과이다.

이 문제의 해결은 다음과 같은 Loft 대화상자의 버튼을 실행하면 된다.

Reverse Section 이 버튼을 선택하면 현재 선택된 커브나 서페이스는 정점의 순서를 뒤집는다.

Reverse Surface 현재 선택이 서페이스라면, 이 버튼을 사용한다. 전체 선택된 서페이스를 되돌리기 위해 이 버튼을 선택할 수 있다.

Swap UV 현재 선택이 서페이스라면 이 버튼을 사용한다. 선택된 서페이스의 U커브와 V커브를 바꾸기 위하여 이 버튼을 선택할 수 있다.

(6) 로프트 서페이스를 끝내고 이 모드에서 나가기

로프트 서페이스를 끝내기 위하여 툴바에서 Pick 아이콘이나 메뉴의 Pick 명령을 선택한다. 그러면 로프트 서페이스는 만들어지고 화면에서 하얀색(Pick)으로 보인다.

만들어진 로프트 서페이스는 커브가 모든 정점을 지나지 않는 것처럼 모든 선택된 커브나 서페이스를 지나지 않는다.

만들어진 서페이스는 열린 서페이스이며, 서페이스를 닫기 위하여 서페이스를 선택된 상태로 만들어 서페이스 메뉴의 Close 명령을 선택한다.

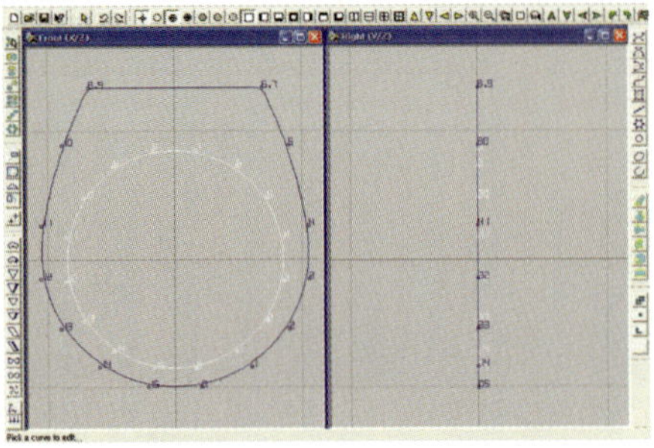

① Front 화면에 두 개의 커브를 그린다.(정점 수, 진행방향 동일)

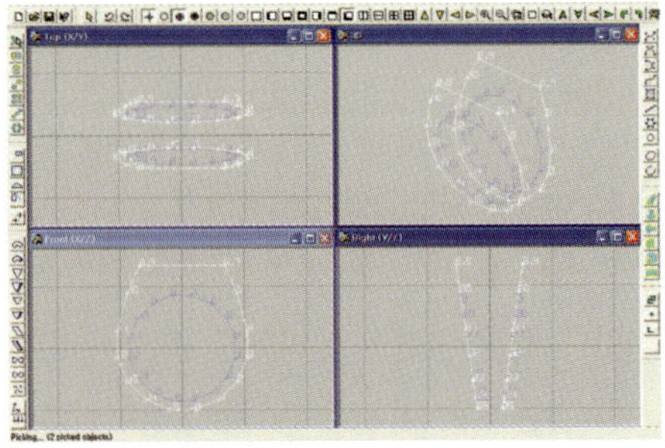

② Right 화면에서 Vertical Mirror Copy 한다.

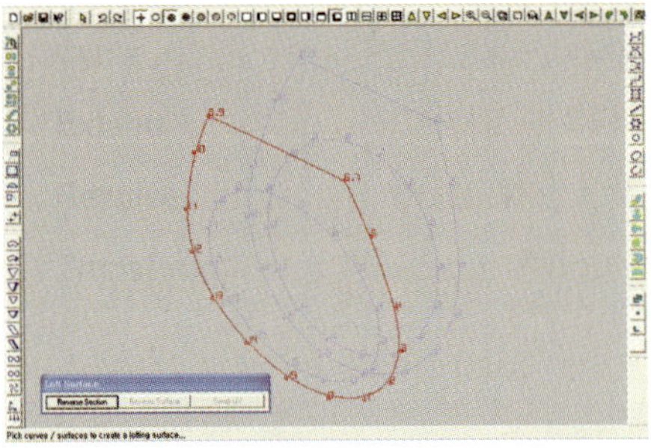

③ Loft선택 후 화면에서 첫 커브를 왼쪽마우스로 두 번 클릭한다.

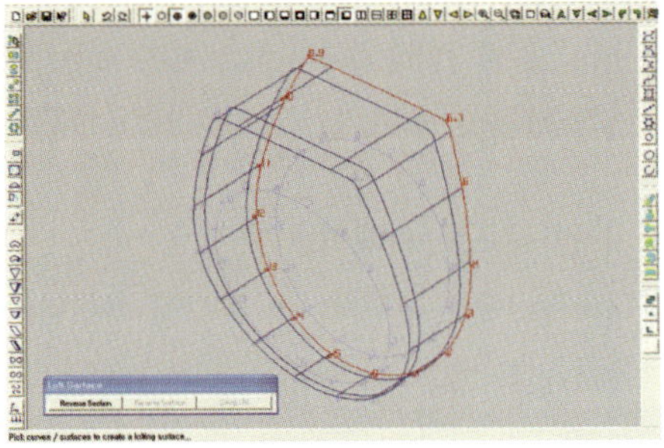

④ 두 번째 커브를 두 번 클릭한다.

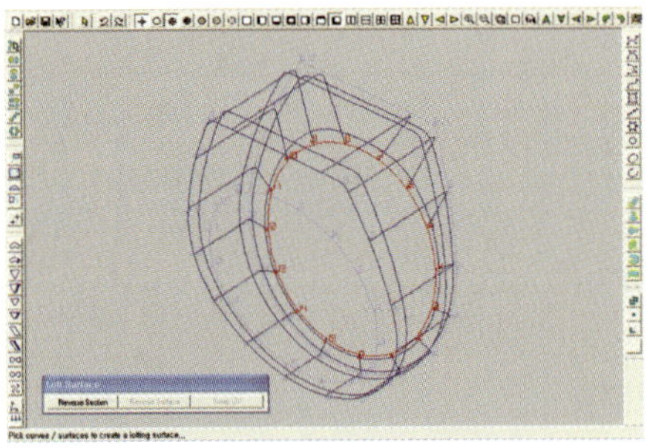

⑤ 진행방향을 따라 커브가 꼬이지 않도록 다음 커브를 선택한다.

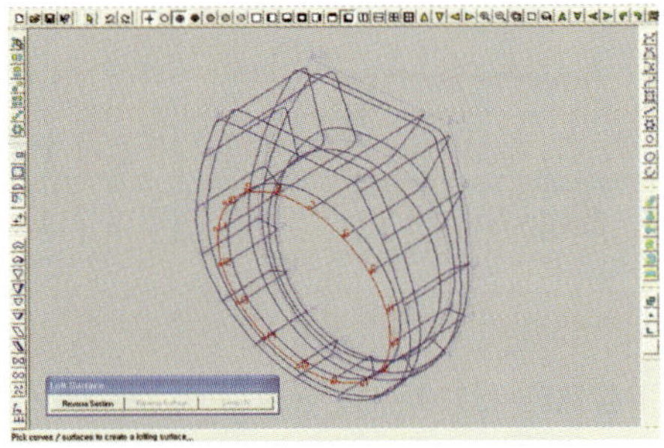

⑥ 나머지 마지막 커브선을 두 번 클릭한다.

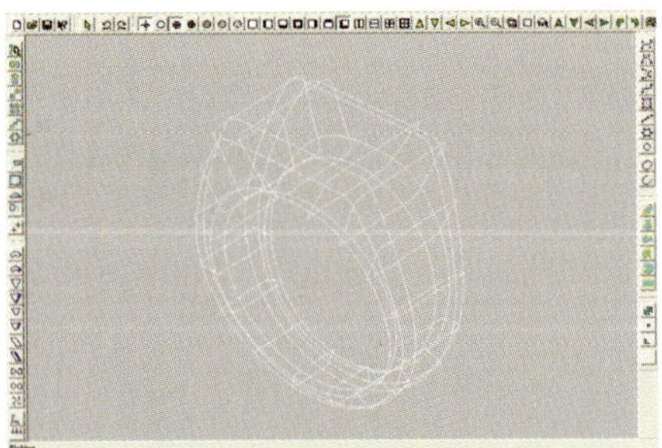

⑦ 마지막 커브를 선택한 다음에 Surface Close를 클릭한다.

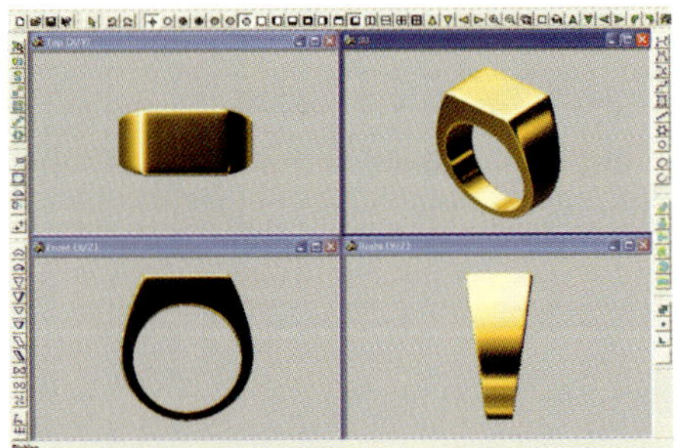

⑧ Rendering 모드로 입체가 완성되었음을 확인한다.

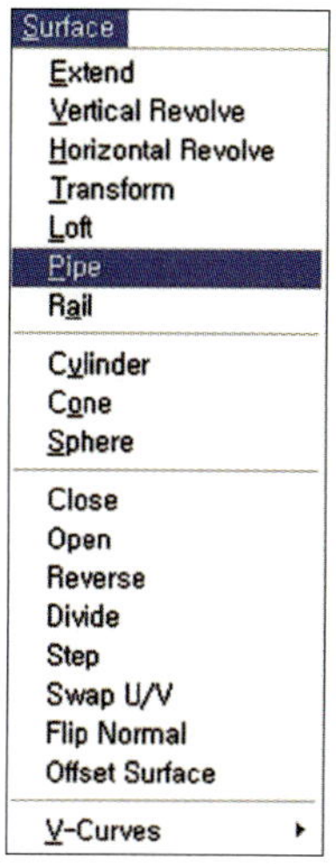

6. Pipe(파이프 만들기)

- 아이콘
- 단축키 없음

화면에서 선택된 커브를 따라 단면 커브를 밀어 서페이스를 만드는 명령이다.

균일한 횡단면을 가진 파이프처럼 보이는 서페이스가 된다.

이 명령을 사용하려면, 관련된 커브는 선택된 상태로 먼저 바꾸어야 한다. 이 명령이 선택되면 Pipe 대화상자가 화면에 나타난다.

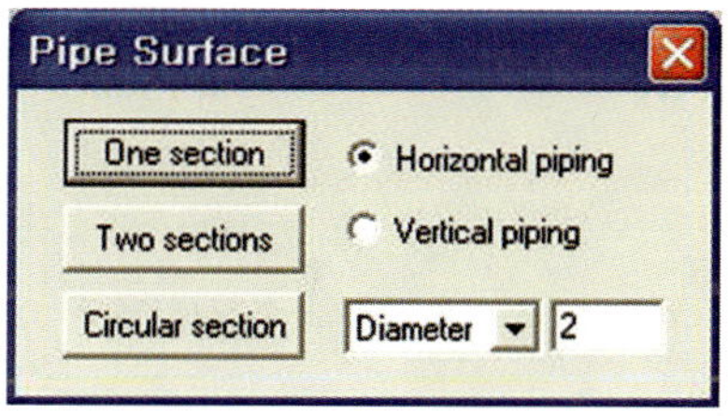

▶ One section

이 버튼을 선택하려면 화면에서 커브를 선택해야 한다. 선택된 커브는 화면에서 모든 선택된 커브를 따라 단면을 밀어 서페이스로 사용된다. 파이프 서페이스는 이렇게 만들어진다. 파이프 서페이스를 만드는 서페이스 단면의 방위는 수평/수직 파이프 옵션에 의해 결정된다.

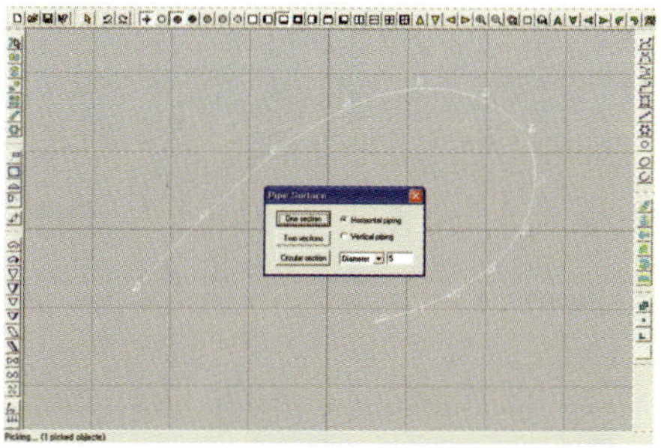

① 화면에서 커브선 한 개와 단면 커브를 한 개 그린다.

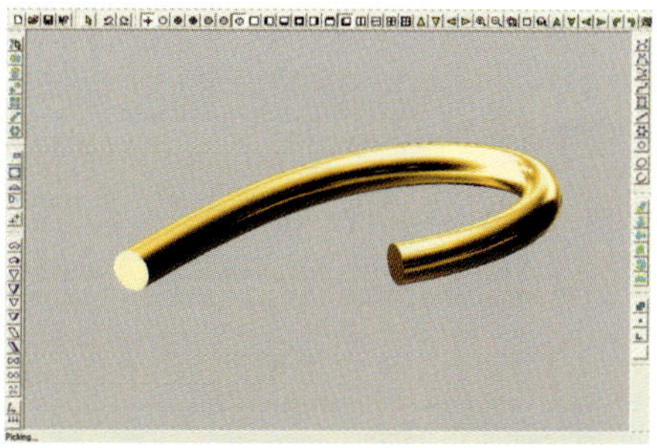

② Pipe 선택 후 One Section 버튼을 누르고 Curve를 클릭한다.

▶ Two sections

이 버튼을 선택하려면 화면에서 두 개의 커브를 선택해야 한다. 선택된 두 개의 커브는 화면에서 선택된 커브로부터 파이프 서페이스 만들기에 있어 처음과 마지막 서페이스 단면으로 사용된다.

선택된 두 개의 커브는 정점의 수가 같아야 하고 파이프 서페이스를 만드는 방위는 수평/수직 파이프 옵션에 의해 결정된다.

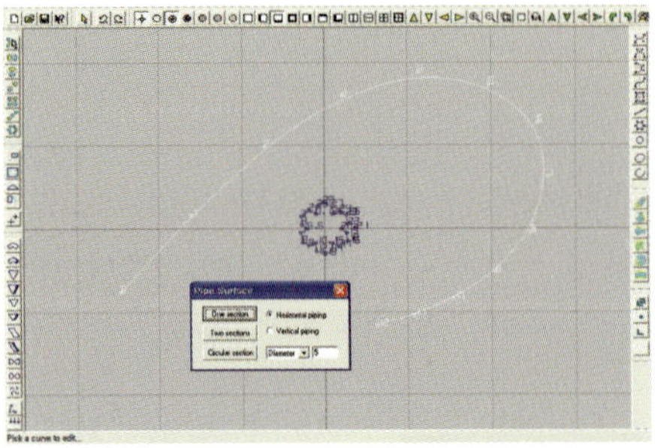

① 화면에서 커브선 한 개와 단면 커브를 두 개를 그린다.

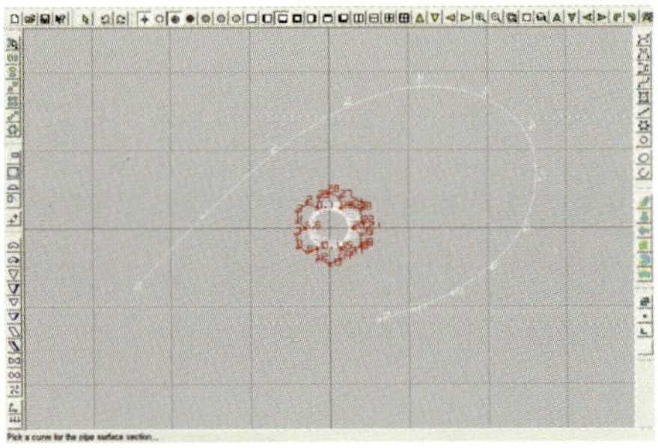

② 두 개의 단면커브는 정점 수가 동일해야 한다.

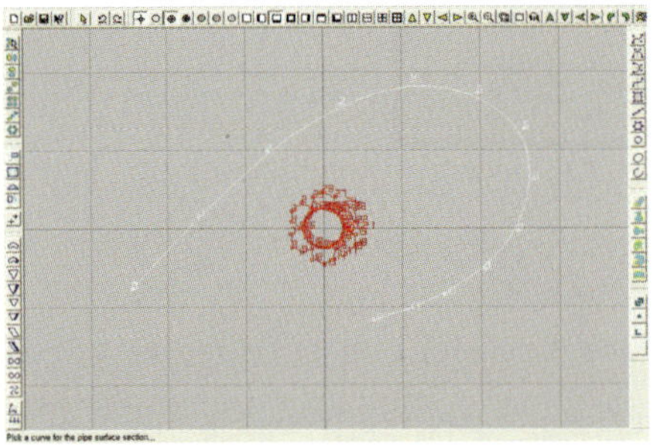

③ 왼쪽마우스로 첫 단면을 클릭한 다음 두 번째 단면을 클릭한다.

④ 커브라인의 첫 정점과 마지막 정점에 각각 다른 단면이 생긴다.

▶ Circular section

이 버튼을 사용하면, 원은 화면에서 선택된 커브를 따라 단면을 밀어 서페이스로 만들게 된다. 원의 지름 또는 반지름은 편집박스 옆에 있는 Circular section 버튼으로 결정된다.

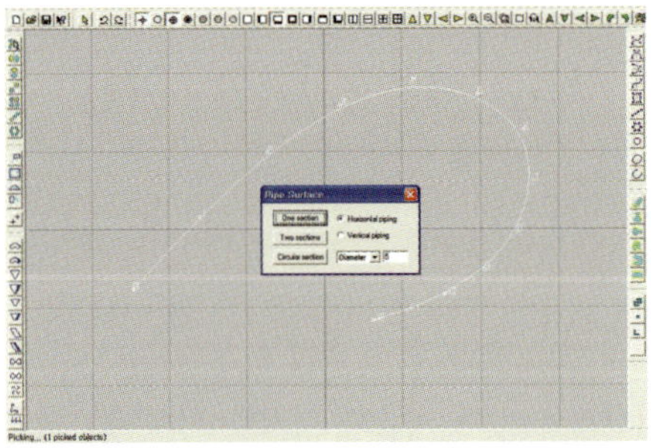

① 화면에서 커브선 한 개를 그린 다음 지름(반지름) 값을 입력한다.

② Pipe Circular Section을 클릭하면 파이프가 만들어진다.

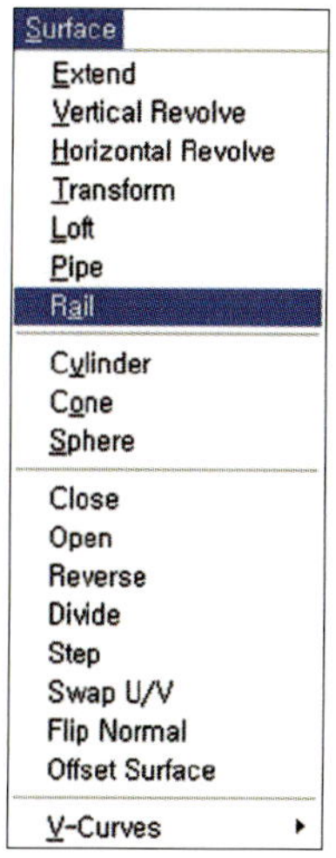

7. Rail(레일 만들기)

- 아이콘
- 단축키 없음

여러 개의 레일 커브를 따라 단면 커브를 밀어 서페이스를 만드는 명령이다. 이 명령을 사용하려면 화면에서 먼저 원하는 단면 커브와 레일 커브가 보여져야 한다.

이 명령이 선택되면 Rail 대화상자가 나타난다.

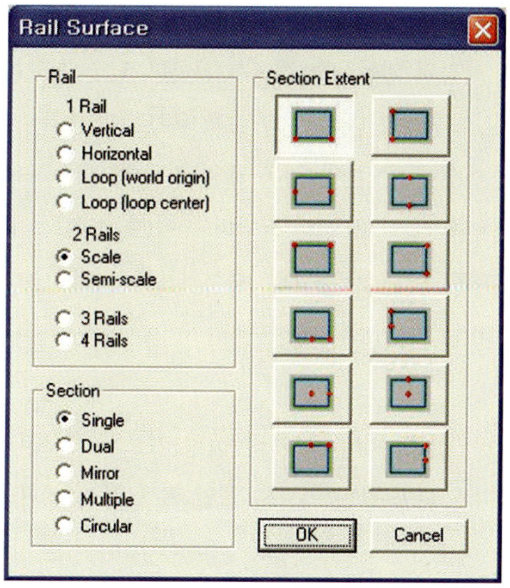

▶ Rails

레일 명령은 기본적으로 두 개의 레일을 따라 단면을 밀어 서페이스를 만든다. 레일에 사용되는 몇 가지 변화가 있는데 이것은 다음의 표에 따른다.

레일 옵션	첫 번째 레일	두 번째 레일	단면의 축소 · 확대
Vertical	수직축	한 개의 레일	비례
Horizontal	수평축	한 개의 레일	비례
Loop(Wold Origin)	절대좌표의 인아웃축	한 개의 레일	비례가 아님
Loop(Self Centroid)	레일중심의 인아웃축	한 개의 레일	비례가 아님
Scale	왼쪽/위의 레일	오른쪽/아래의 레일	비례
Semi-scale	왼쪽/위의 레일	오른쪽/아래의 레일	비례가 아님
3 Rails	왼쪽/위의 레일	오른쪽/아래의 레일	세 번째 레일에 의한 축소 · 확대
4 Rails	왼쪽/위의 레일	오른쪽/아래의 레일	세 번째와 네 번째 레일에 의한 축소 · 확대

① **1 Rail**

Vertical : 레일 서페이스를 만들기 위하여 단지 하나의 레일 커브가 요구되며 다른 레일은 시점의 수직축이다. 단면 커브는 수직축과 레일 커브 사이에 놓이며 단면 커브는 수직축과 레일 커브 사이의 거리를 따라 비례적으로 축소·확대된다.

Horizontal : 레일 서페이스를 만들기 위하여 한 개의 레일 커브가 요구되며 다른 레일은 시점의 수평축이다. 단면 커브는 수평축과 레일 커브 사이에 놓이고 단면 커브는 수평축과 레일 커브 사이의 거리를 따라 비례적으로 축소·확대된다.

Loop(World Origin) : 레일 서페이스를 만들기 위해 한 개의 레일 커브가 요구되며 다른 레일은 시점의 인아웃축(절대좌표)이다. 단면 커브는 레일 커브와 인아웃축 사이에 놓여진다. 단면 커브의 폭(또는 높이는 Section Extent에서 선택된 옵션에 달려 있다.)은 레일 커브와 인아웃축 사이의 거리를 따라 축소·확대된다. 그러나 단면의 높이(또는 폭)는 변하지 않고 남아 있다.

Loop(Self Centroid) : 절대좌표 대신 레일의 중심좌표를 사용하는 것을 제외하고는 Loop (World Origin)과 유사하다.

② **2 Rail**

Scale : 레일 서페이스를 만들기 위해 두 개의 레일 커브가 요구된다. 단면 커브는 두 개의 레일 사이에 놓이게 되고 단면 커브는 레일 커브 사이의 거리를 따라 비례적으로 축소·확대된다.

Semi-scale : 레일 서페이스를 만들기 위해 두 개의 레일 커브가 요구된다. 단면 커브는 두 개의 레일 커브 사이에 놓이게 된다. 단면 커브의 폭(또는 높이는 Section Extent에서 선택된 옵션에 달려 있다.)은 레일 커브 사이의 거리를 따라 축소·확대된다. 그러나 단면의 높이(또는 폭)는 변하지 않고 남아 있다.

③ **3 Rail**

레일 서페이스를 만들기 위해 세 개의 레일 커브가 요구된다. 단면 커브는 처음 두 개 레일 커브 사이에 놓이게 된다. 단면의 폭(또는 높이는 Section Extent에서 선택된 옵션에 달려 있다.)은 처음 두 개 레일 커브 사이의 거리를 따라 축소·확대된다. 다른 한편으로 단면의 높이(또는 폭)는 처음 두 개의 레일 커브와 세 번째 레일 커브 사이의 거리를 따라 축소·확대된다.

④ **4 Rail**

레일 서페이스를 만들기 위해 네 개의 레일 커브가 요구된다. 단면 커브는 처음 두 개 레일 커브 사이에 놓이게 된다. 단면의 폭(또는 높이는 Section Extent에서 선택된 옵션에 달려 있다.)

은 처음 두 개 레일 커브 사이의 거리를 따라 축소·확대된다. 다른 한편으로 단면의 높이(또는 폭)는 처음 세 개의 레일 커브와 네 번째 레일 커브 사이의 거리를 따라 축소·확대된다.

▶ Section Extent

Section Extent옵션은 레일 커브에 단면 커브가 놓이는 방향을 결정한다. 이 옵션은 다음과 같이 설명된다.

 레일은 단면의 아래에 놓이며 단면의 왼쪽에서 오른쪽까지이다.

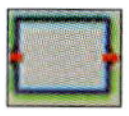 레일은 단면의 중간에 놓이며 단면의 왼쪽에서 오른쪽까지이다.

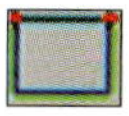 레일은 단면의 위에 놓이며 단면의 왼쪽에서 오른쪽까지이다.

 레일은 단면의 아래에 놓이며 단면의 중간 폭에서 오른쪽까지이다.

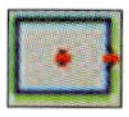 레일은 단면의 중간에 놓이며 단면의 중간 폭에서 오른쪽까지이다.

 레일은 단면의 위에 놓이며 단면의 중간 폭에서 오른쪽까지이다.

 레일은 단면의 왼쪽 편에 놓이며 단면의 위에서 아래까지이다.

 레일은 단면의 중간 편에 놓이며 단면의 위에서 아래까지이다.

 레일은 단면의 오른쪽 편에 놓이며 단면의 위에서 아래까지이다.

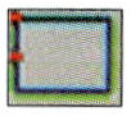 레일은 단면의 왼쪽 편에 놓이며 단면의 위에서 중간 높이까지이다.

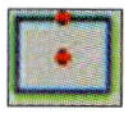 레일은 단면의 중간 편에 놓이며 단면의 위에서 중간 높이까지이다.

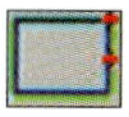 레일은 단면의 오른쪽 편에 놓이며 단면의 위에서 중간 높이까지이다.

Single 전체 레일 서페이스를 만들기 위해 단면으로 한 개의 커브를 사용한다.

Dual 단면으로 두 개의 커브를 사용한다. 첫 번째 커브는 첫 번째 단면에, 그리고 두 번째 커브는 마지막 단면이 된다. 첫 번째와 마지막 단면 사이의 단면은 첫 번째 단면에서부터 마지막 단면까지 점차적으로 바뀌어 진다.

Mirror 단면으로 두 개의 커브를 사용한다. 첫 번째 커브는 첫 번째와 마지막 단면이 된다. 두 번째 커브는 중간 단면이 된다. 첫 번째와 중간 그리고 마지막 단면 사이의 단면은 점차적으로 바뀌어 진다.

Multiple 서페이스 단면으로 많은 커브를 사용한다.

Circular 전체 레일 서페이스를 만들기 위한 단면으로 원을 사용한다.

"Rail" 대화상자의 OK 버튼을 선택하면, 화면에서 대화상자가 사라진다. 그런 다음 대화상자에서 선택된 옵션에 따라 레일 서페이스를 완성하기 위해 몇 개의 커브를 선택하는 것이 필요하다. 레일과 단면을 포함한 커브들이다. 레일 커브를 먼저 선택하고 단면 커브를 그 다음 선택한다.

레일의 수직, 수평 또는 루프 옵션을 선택하면 화면에서부터 한 개의 레일 커브를 선택하는 것이 필요하다.

레일 명령은 레일 서페이스를 만들기 위해 화면의 수직, 수평, 인아웃축을 사용하여야 하기 때문에 화면에서 레일 커브를 선택하는 것이 중요하다.

수직, 수평, 인아웃축이 불분명한 화면인 3D 화면에서의 레일 커브를 선택하면 안 된다.

Scale 또는 Semi-scale 옵션을 선택하면 화면에서부터 두 개의 커브를 선택해야 한다.

만일 3 레일 또는 4 레일 옵션을 선택하면 세 번째 또는 네 번째 커브가 필요하다. JewelCAD에는 이러한 레일을 선택하는 것에 맞게 상태표시줄에 즉시 표시된다.

모든 레일 커브를 선택한 후에는 단면 커브를 선택한다. JewelCAD에서는 한 개씩 단면 커브를 선택하기 위해 상태표시줄에 즉시 표시된다. 단면의 Single 옵션이 선택되면 화면에서 단지 한 개의 단면 커브를 선택하면 된다.

Dual 또는 Mirror 옵션이 선택되면, 두 개의 단면 커브를 선택하면 된다. Circle 옵션이 선택되면, 단면 커브가 필요하지 않다.

Multiple 옵션이 선택되면, 단면 커브를 선택하기 위해 다음과 같은 동작을 실행하면 된다.

① 정점 "0"을 위한 단면 커브를 선택한다.

② 처음 선택된 레일 커브 위의 정점을 선택한다.

③ 단면 커브를 선택한다.

④ 첫 번째 레일과 단면 커브가 일치하는 마지막 정점까지 ②와 ③을 반복하면서 선택한다.

모든 단면 커브를 선택했을 때 레일 서페이스는 화면에 만들어진다.

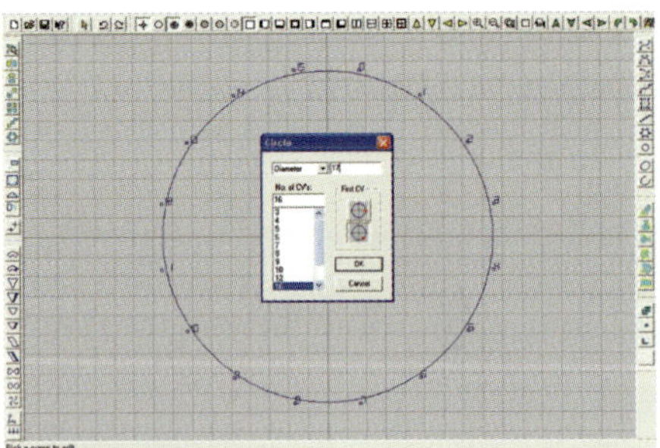

① Front에 Circle 17㎜, 21㎜(정점 수 16개씩 동일하게) 만든다.

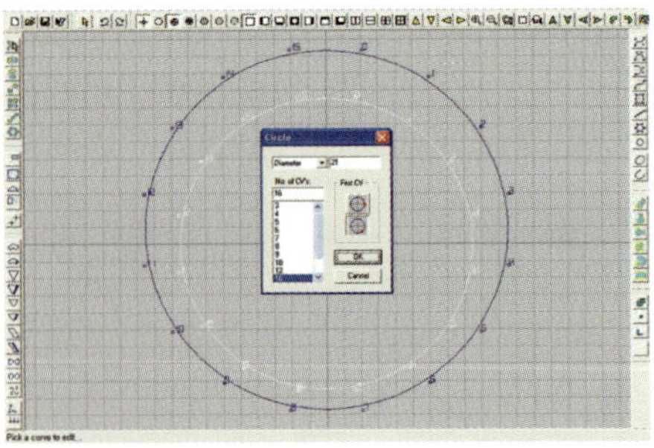

② 두 원을 180도 회전하여 바깥쪽 원을 살짝 올린다.

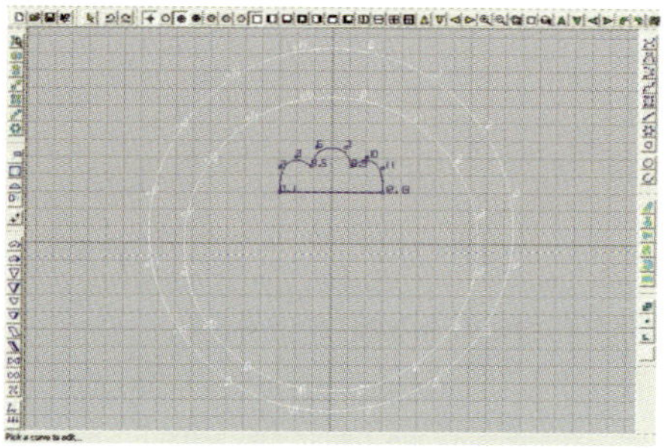

③ 레일에 쓰일 단면을 한 개 그린다.

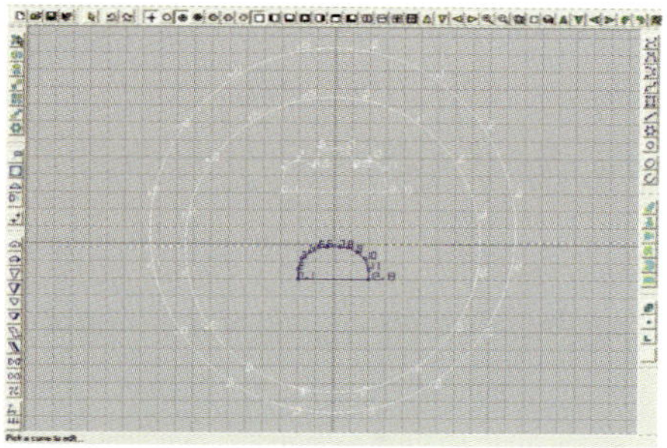

④ 두 번째 단면을 그린다.(반드시 정점수와 진행방향 일치)

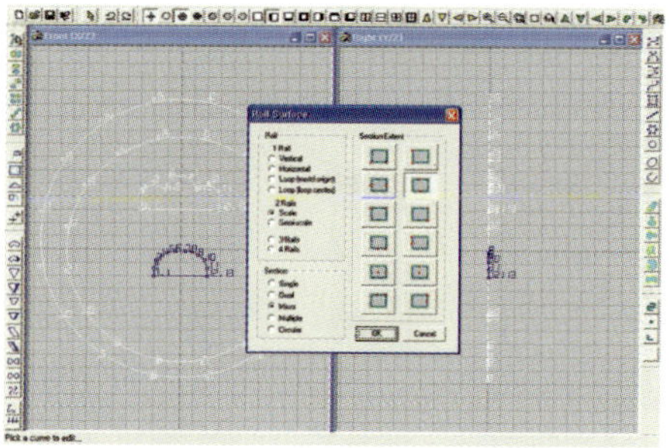

⑤ Rail 명령 후 대화상자에서 2Rail (Scale/Mirror/높이)를 선택

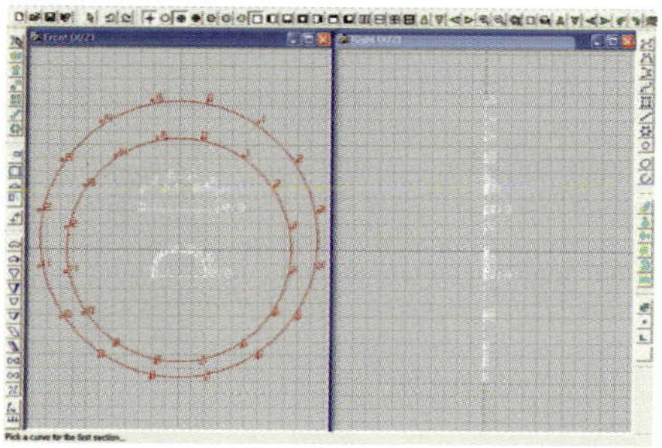

⑥ 상태표시줄의 지시에 따라 두 개의 레일 선을 클릭한다.

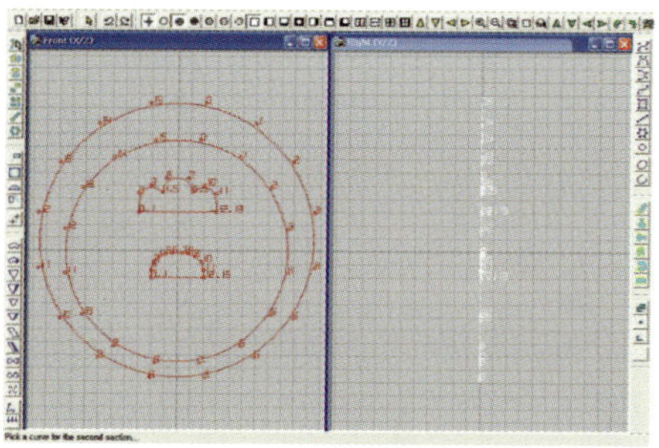

⑦ 상태표시줄의 지시에 따라 두 개의 단면을 클릭한다.

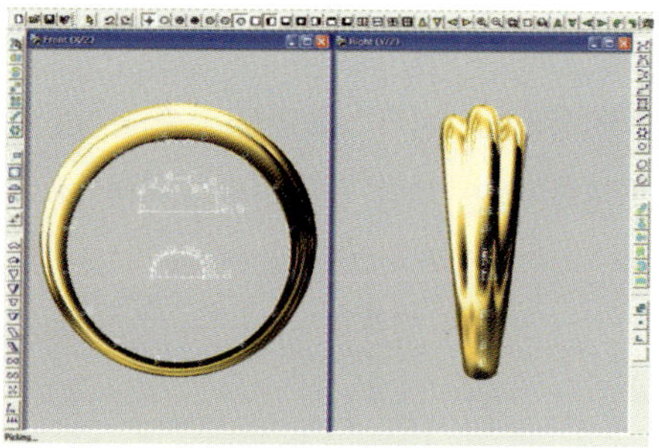

⑧ Rendering 모드로 입체를 확인한다.

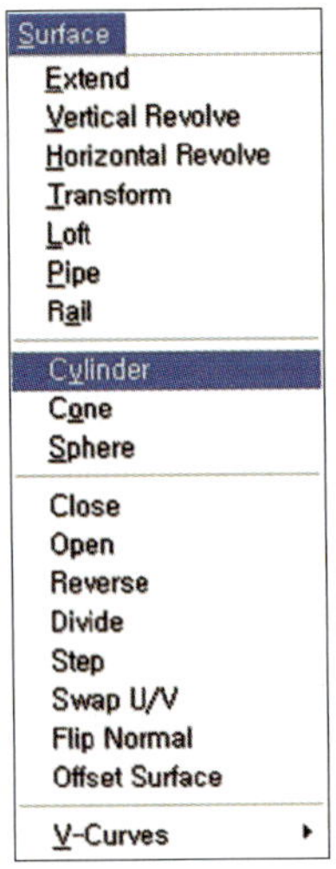

8. Cylinder(원통 만들기)

- 아이콘 없음
- 단축키 없음

실린더의 형태로 서페이스를 만들어 주는 명령이다.

이 명령이 선택되면 실린더 형태로 서페이스가 화면의 절대좌표상에 만들어진다.

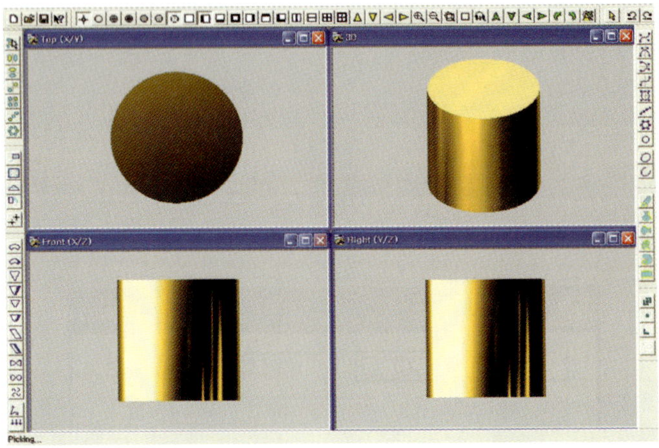

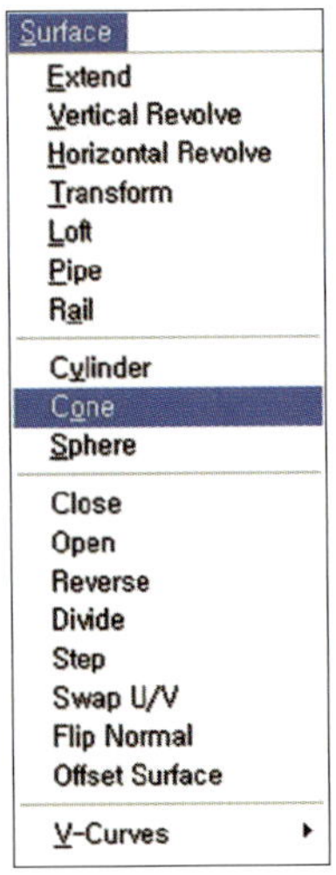

9. Cone(원뿔 만들기)

- 아이콘 없음
- 단축키 없음

원뿔 형태로 서페이스를 만들어 주는 명령이다.

이 명령이 선택되면 원뿔 형태의 서페이스가 화면의 절대좌표상에 만들어진다.

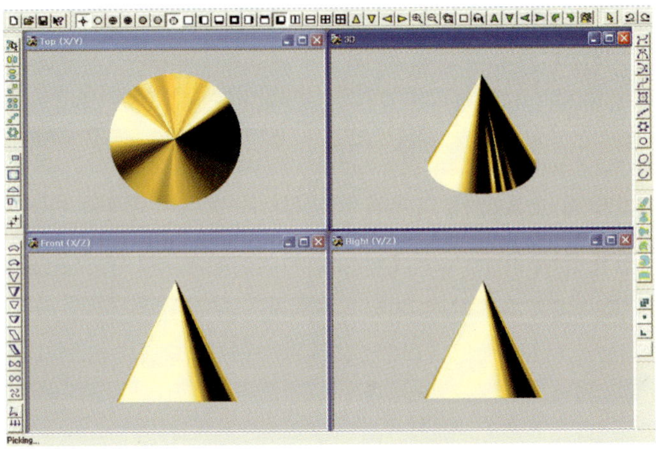

10. Sphere(구 만들기)

- 아이콘 없음
- 단축키 없음

구 형태의 서페이스를 만들어 주는 명령이다.

이 명령이 선택되면 구 형태의 서페이스가 화면의 절대좌표상에 만들어진다.

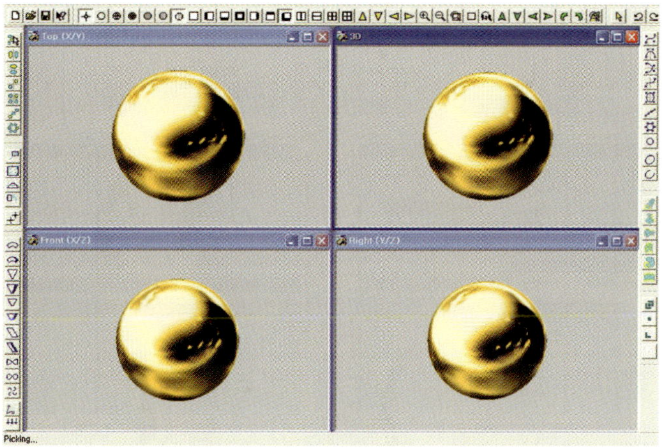

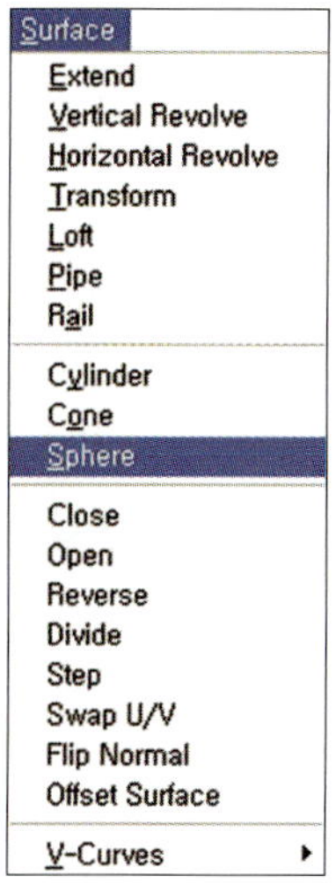

11. Close(서페이스 닫기)

- 아이콘 없음
- 단축키 없음

U 커브가 닫힌 서페이스로 바꾸어 주는 명령이다.

이 명령을 사용하려면 관련된 서페이스를 먼저 선택된 상태로 바꾸어 주어야 한다. 화면에서 선택된 서페이스는 이 명령이 선택되었을 때 U 커브가 닫혀진 서페이스로 바뀌어진다.

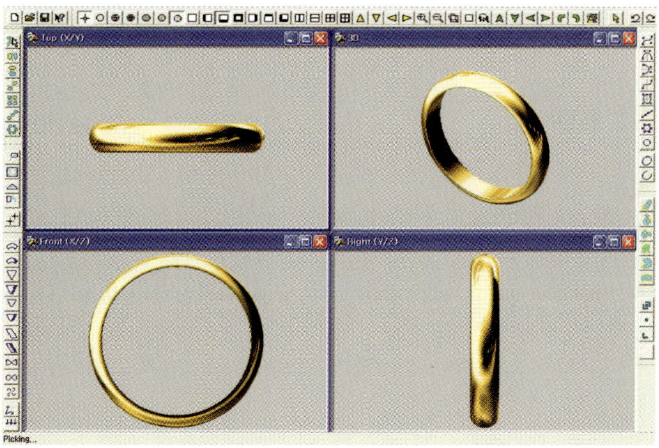

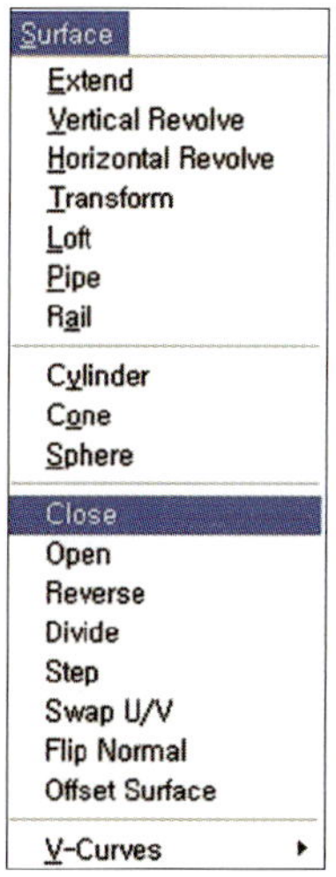

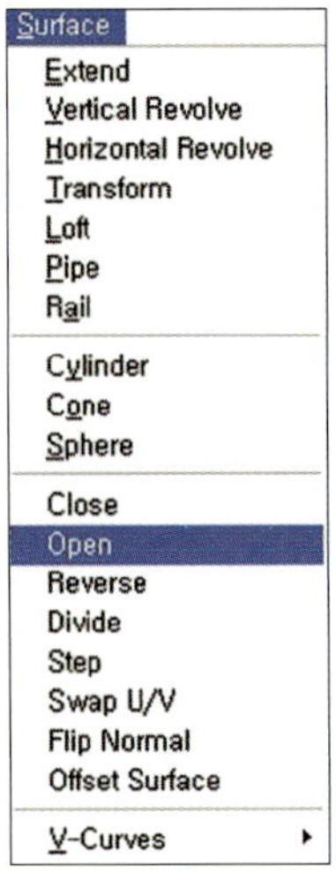

12. Open(서페이스 열기)

- 아이콘 없음
- 단축키 없음

U 커브가 열린 서페이스로 바꾸어 주는 명령이다.

이 명령을 사용하려면 관련된 서페이스를 먼저 선택된 상태로 바꾸어 주어야 한다.

화면에서 선택된 서페이스는 이 명령이 선택되었을때 U 커브가 열려진 서페이스로 바뀌어 진다.

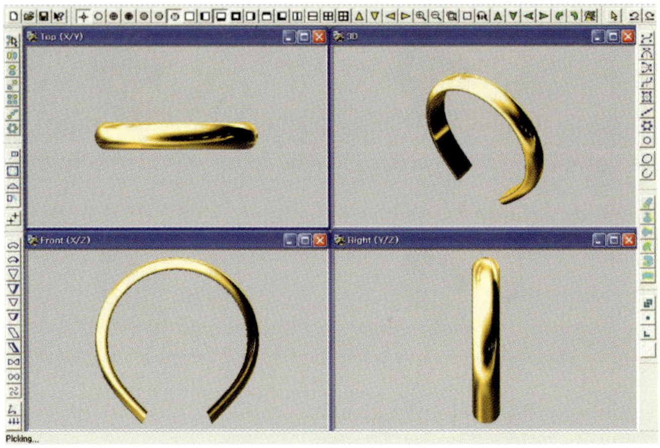

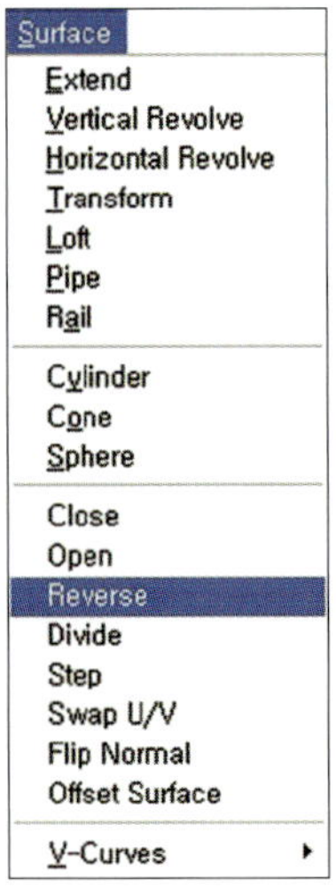

13. Reverse(정점 순서 바꾸기)

- 아이콘 없음
- 단축키 없음

서페이스의 U 커브의 정점 순서를 뒤바꾸어 주는 명령이다.

이 명령을 사용하려면 관련된 서페이스를 먼저 선택된 상태로 바꾸어 주어야 한다.

화면에서 선택된 U 커브의 정점 순서는 이 명령이 선택되었을 때 뒤바뀌어진다.

14. Divide(정점 분할)

- 아이콘 없음
- 단축키 없음

서페이스 형태가 변화됨이 없이 서페이스의 정점 수를 증가시키는 명령이다.

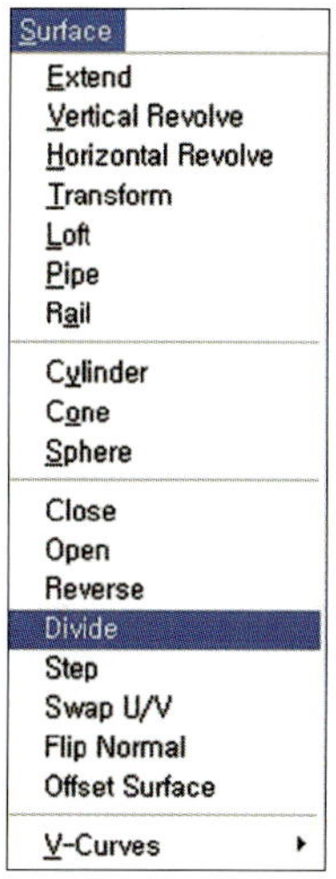

이 명령을 사용하려면 관련된 서페이스를 먼저 선택된 상태로 바꾸어 주어야 한다.
이 명령이 선택되면 화면에 Surface Divide 대화상자가 화면에 나타난다.

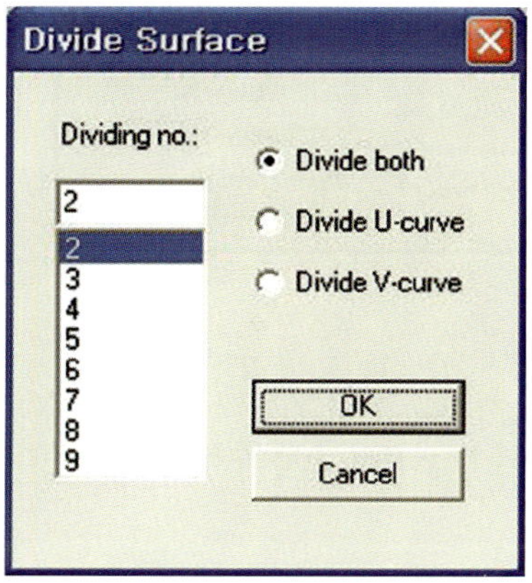

▶ **Dividing no.**

U 커브와 V 커브를 따라 서페이스의 정점 수를 증가시키기 위한 배수이며 숫자를 직접 편집 박스에 입력하거나 밑에 주어진 수중에서 하나를 선택하여 결정할 수 있다.

▶ **Divide both**

만일 이 옵션을 선택하면 정점의 수는 서페이스의 U 커브와 V 커브 둘 다 증가하게 된다.

▶ **Divide U-curve**

만일 이 옵션을 선택하면 정점의 수는 서페이스의 U 커브만 증가하게 된다.

▶ **Divide V-curve**

만일 이 옵션을 선택하면 정점의 수는 서페이스의 V 커브만 증가하게 된다.

대화상자가 닫히면 화면에 선택된 서페이스는 나뉘어져 있다.

15. Steps(스텝 조절)

- 아이콘 없음
- 단축키 없음

서페이스의 스텝 수를 바꾸어 주는 명령이다.

스텝 수가 많을 수록 서페이스는 더 부드러워지지만 서페이스를 처리하는 데 소요시간 (shading, rendering, slicing and nc programming과 같은)은 더 길어진다.

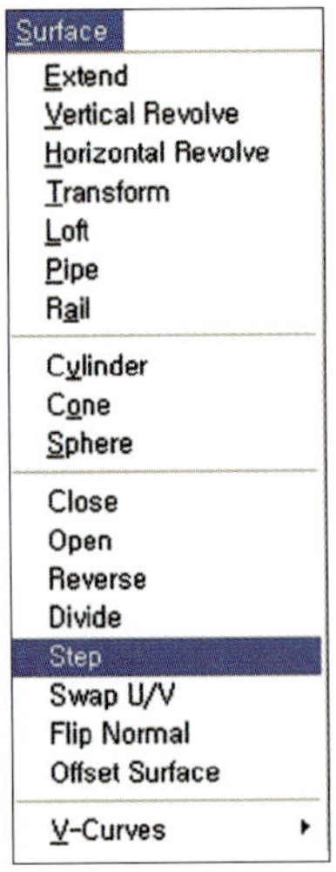

이 명령을 사용하려면 관련된 서페이스를 먼저 선택된 상태로 바꾸어야 한다.

이 명령이 선택되면 화면에 Surface Step 대화상자가 화면에 나타난다.

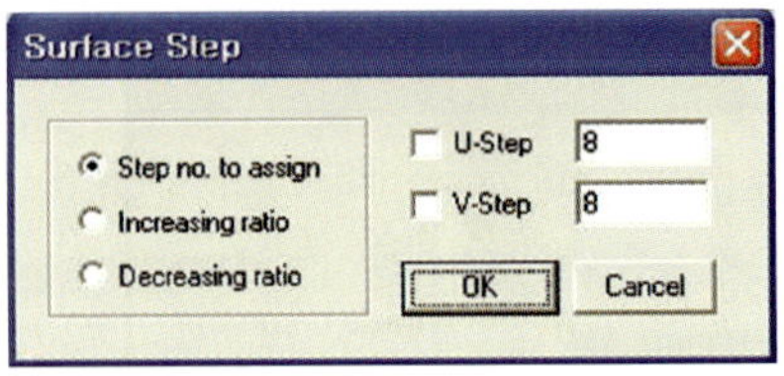

▶ U-Step edit box

화면에서 선택된 서페이스의 U 커브의 스텝 수를 바꾸어 준다.

▶ U-Step check box

만일 이 체크 박스가 체크되지 않으면, 화면에서 선택된 서페이스의 U 커브의 스텝 수는 U-Step 편집박스에 수치를 넣어도 바뀌어 지지 않은 채로 있다.

▶ V-Step edit box

화면에서 선택된 서페이스의 V 커브의 스텝 수를 바꾸어 준다.

▶ V-Step check box

만일 이 체크 박스가 체크되지 않으면, 화면에서 선택된 서페이스의 V 커브의 스텝 수는 V-Step 편집박스에 수치를 넣어도 바뀌어 지지 않은 채로 있다.

▶ Step no. to assign

만일 이 옵션이 선택된다면, U-Step 과 V-Step 편집박스에 입력된 수치는 화면에서 선택된 서페이스의 U 커브와 V 커브의 스텝 수에 적용되게 된다.

▶ Increasing ratio

만일 이 옵션이 선택되면, U-Step과 V-Step 편집박스에 입력된 수치는 화면에서 선택된 서페이스의 U 커브와 V 커브의 스텝 수를 증가시키는 요인이 된다. 예를 들면, 만일 서페이스의 최초 스텝 수가 8 이고 편집박스에 입력된 수가 2 라면 서페이스의 새로운 스텝 수는 8×2 = 16 이 된다.

▶ Decreasing ratio

만일 이 옵션이 선택된다면 U-Step과 V-Step 편집박스에 입력된 수치는 화면에서 선택된 서페이스의 U 커브와 V 커브의 스텝 수를 감소시키는 요인이 된다. 예를 들면, 만일 서페이스의 최초 스텝 수가 8이고 편집박스에 입력된 수가 2 라면 서페이스의 새로운 스텝 수는 8/2 = 4가 된다.

▶ **V-Step check box**

만일 이 체크 박스가 체크되지 않으면, 화면에서 선택된 서페이스의 V 커브의 스텝 수는 V-Step 편집박스에 수치를 넣어도 바뀌어 지지 않은 채로 있다.

대화상자가 닫히면 화면에서 선택된 서페이스는 바뀌어져 있다.

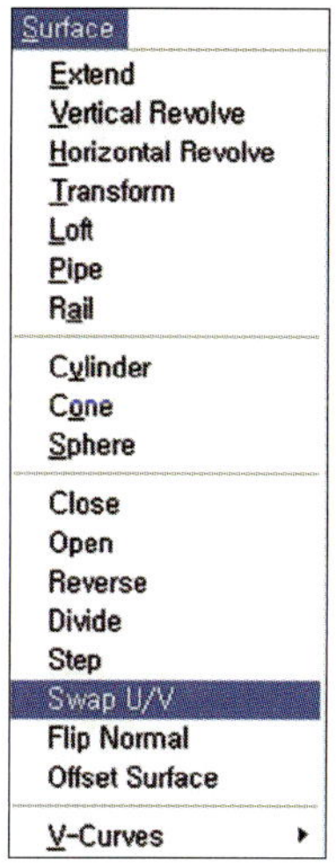

16. Swap U/V(U/V선 바꾸기)

- 아이콘 없음
- 단축키 없음

서페이스의 U커브와 V커브를 바꾸어 주는 명령이다.

이 명령을 사용하려면 관련된 서페이스를 먼저 선택된 상태로 바꾸어 주어야 한다.

이 명령이 선택되면 화면에서 선택된 서페이스의 U커브와 V커브는, U커브는 V커브가 되고 V커브는 U커브로 바뀌게 된다.

17. Flip Normal(면 앞뒤 바꾸기)

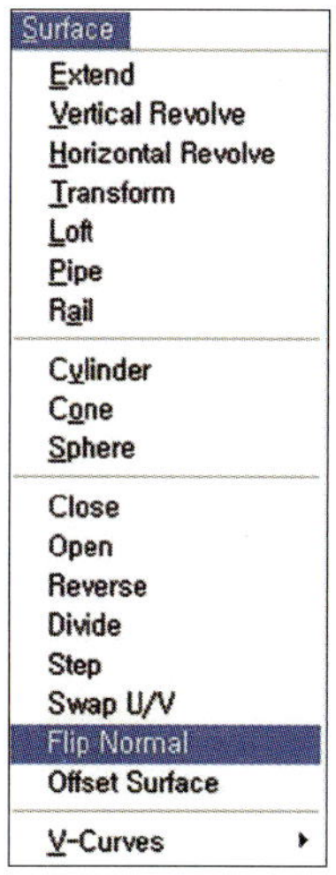

- 아이콘 없음
- 단축키 없음

서페이스를 정상적인 방향으로 바꾸어 주는 명령이다.

이 명령을 사용하려면 관련된 서페이스를 먼저 선택된 상태로 바꾸어 주어야 한다.

이 명령이 선택되면 화면에서 선택된 서페이스는 정상적인 방향으로 바뀌게 된다.

18. Offset Surface(옵셋 면)

- 아이콘 없음
- 단축키 없음

화면에서 선택된 서페이스로부터 옵셋된 새로운 서페이스를 만드는 명령이다.

이 명령을 사용하려면 관련된 서페이스를 선택된 상태로 바꾸어 주어야 한다.

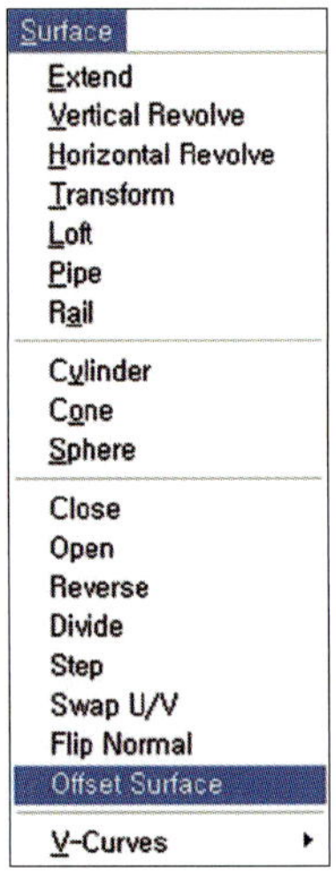

이 명령이 선택되면 화면에 Offset 대화상자가 나타난다.

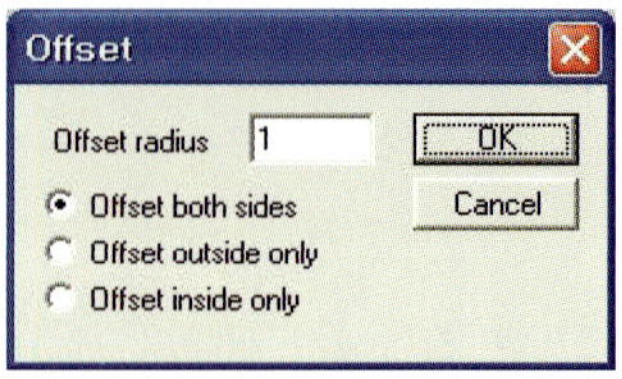

▶ Offset Radius

옵셋 서페이스를 위한 반지름

▶ Offset both sides

만일 이 옵션을 선택하면 두 개의 옵셋 서페이스(바깥쪽과 안쪽 둘 다)는 각각 선택된 서페이스에 대하여 만들어지게 된다.

▶ Offset outside only

이 옵션은 한 개의 옵셋 서페이스는 각 선택된 서페이스의 바깥쪽에만 만들어지게 된다.

▶ Offset inside only

이 옵션은 한 개의 옵셋 서페이스는 각 선택된 서페이스의 안쪽에만 만들어지게 된다.
대화상자가 닫히면 옵셋 서페이스는 만들어진다.

19. V-Curves(V커브 변화)

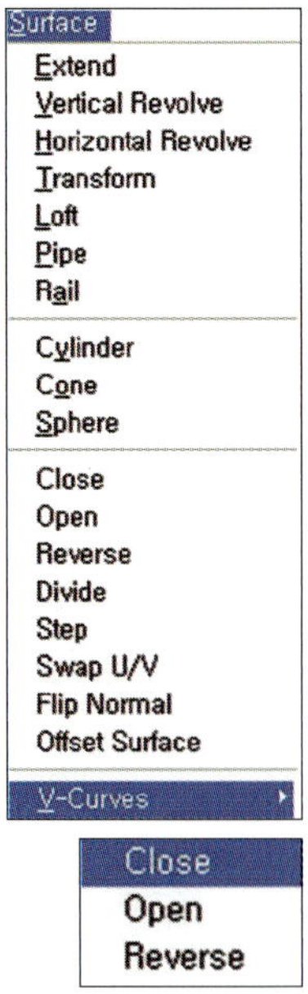

- 아이콘 없음
- 단축키 없음

서페이스를 V 커브에 대하여 변화시켜 만드는 명령이다.
롤오버 메뉴의 명령은 다음과 같다.

Close	화면에서 선택된 서페이스를 V커브가 닫혀진 서페이스로 바꾸어 준다.
Open	화면에서 선택된 서페이스를 V커브가 열려진 서페이스로 바꾸어 준다.
Reverse	화면에서 선택된 서페이스의 V커브의 정점 순서를 반대로 바꾸어 준다.

위의 명령을 사용하려면 서페이스를 먼저 선택된 상태로 바꾸어 주어야 한다.
따라서 위의 명령이 선택되면 화면에서 선택된 서페이스는 바뀌어 진다.

4-9 Misc 메뉴

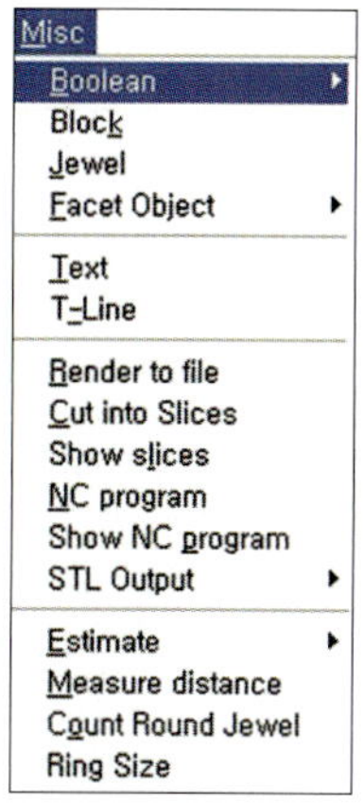

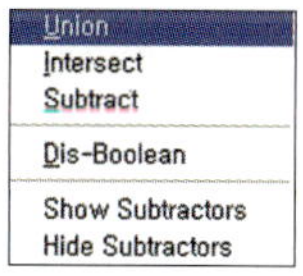

1. Boolean(논리연산)

- 아이콘 있음
- 단축키 없음

▶ **Union**(합집합)(단축키)

여러 개의 물체를 함께 합쳐서 Boolean 물체를 만드는 명령이다.

이 명령을 사용하려면 관련된 물체는 먼저 선택된 상태로 바꾸어야 한다. 명령이 선택되면 이런 물체들은 Union Boolean 물체가 된다.

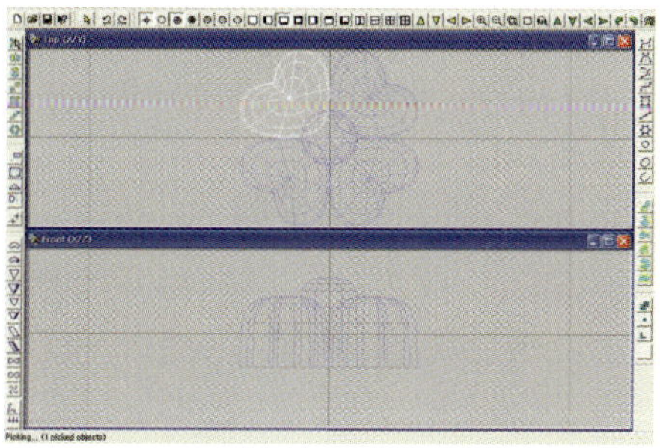

① Union(합집합)하고 싶은 물체를 하얗게 선택한다.

② Union 명령을 주기 전에 모두 선택한다.

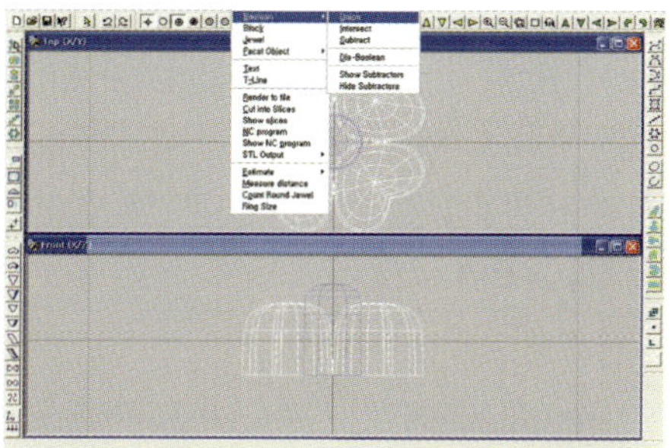

③ Misc 메뉴의 Boolean-Union을 클릭한다.

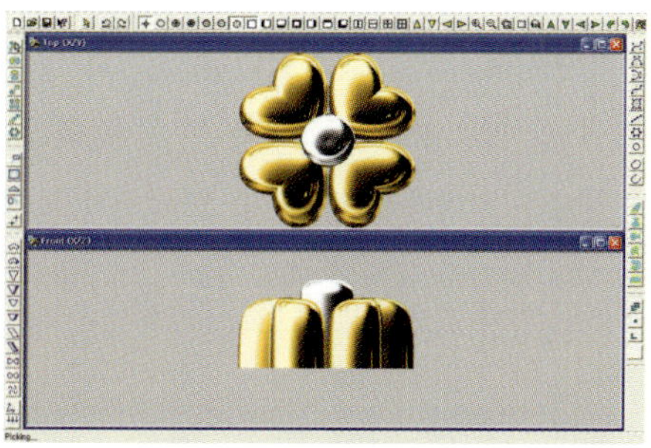

④ 한 번 클릭에 4개의 물체가 하나로 인식되도록 물체가 합쳐졌다.

▶ **Intersect**(교집합)(단축키)

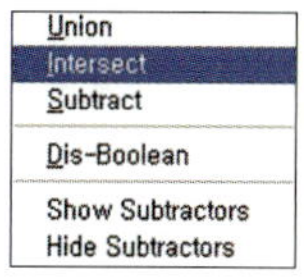

2개 이상의 물체를 서로 교차시켜 Boolean 물체를 만드는 명령이다.

결과적으로 서로의 물체를 교차시킨 부분만이 남는다. 이 명령을 사용하려면 관련된 물체는 먼저 선택된 상태로 바꾸어야 한다.

이 명령이 선택되면 이런 물체들은 Intersect Boolean 물체가 된다.

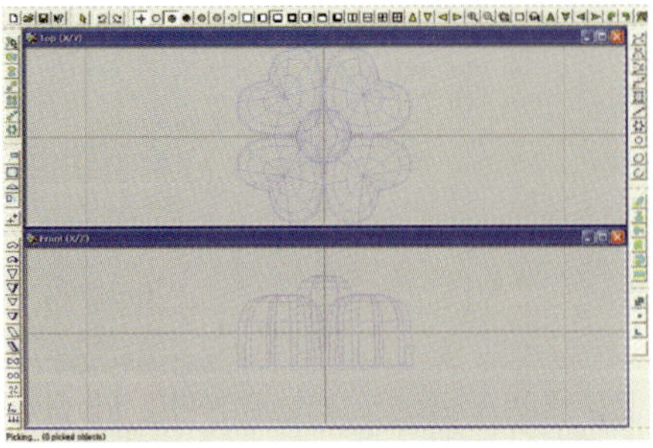

① 교집합하려는 물체 1을 화면에 불러들인다.

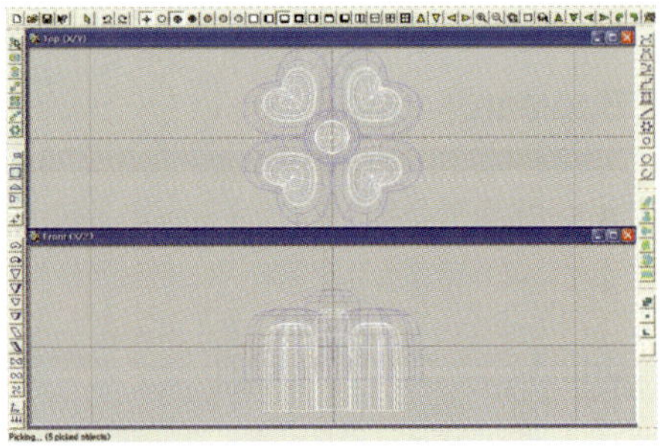

② 교집합하려는 물체 2를 화면에 불러들인다.

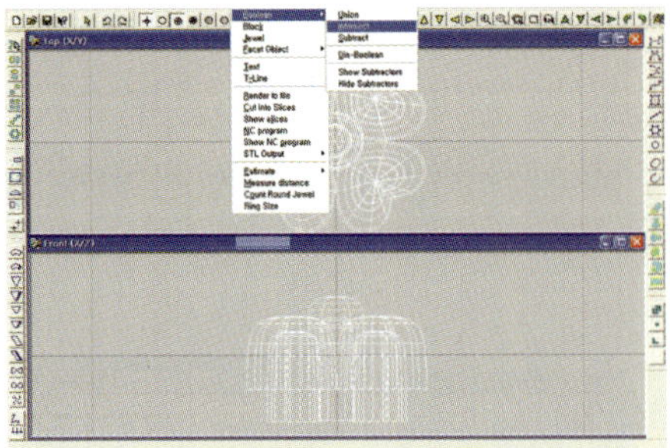

③ Misc 메뉴의 Boolean-Intersect를 클릭한다.

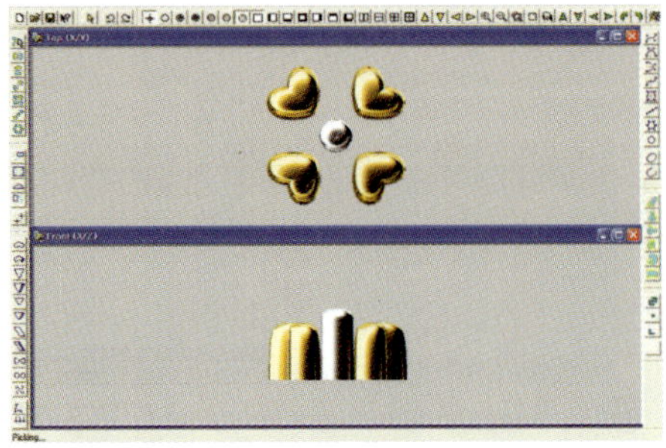

④ 교차된 물체만이 화면에 남아 있게 된다.

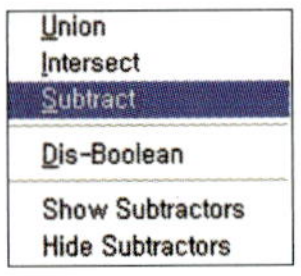

▶ Subtract(차집합)(단축키 L)

하나의 물체(남겨질 물체)로부터 여러 개의 물체(빠질 물체)를 빼서 Boolean 물체를 만드는 명령이다.

이 명령을 사용하려면 관련된 물체(빠질 물체)는 먼저 선택된 상태로 바꾸어야 한다. 남겨질 물체는 왼쪽마우스 버튼을 클릭하면 물체가 빠진다. 물체(남겨질 물체)는 화면에서 선택되어 지며 남겨질 물체와 빠질 물체는 Subtract Boolean 물체가 된다.

① 화면에서 빼고 싶은 물체를 모두 하얗게 선택해 놓는다.

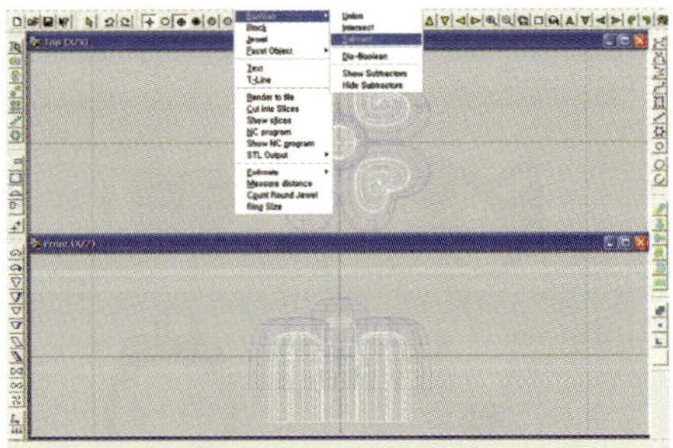

② Misc 메뉴의 Boolean-Subtract를 클릭한다.

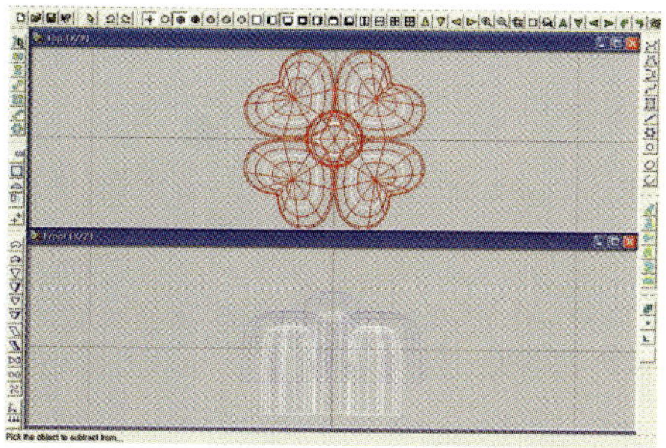

③ 남길 물체(합집합)를 마우스로 클릭하면 색이 변하면서 빠진다.

④ 물체가 빠진 것은 Rendering 모드로 확인(3D)에서 확인한다.

▶ **Dis-Boolean**(집합 해제)(단축키)

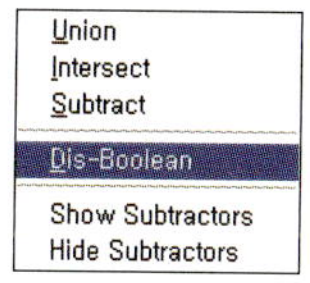

Boolean 물체를 각각의 구성된 물체로 되돌리는 명령이다.

이 명령을 사용하려면 관련된 물체는 먼저 선택된 상태로 바꾸어야 한다.

이 명령이 선택되면 구성된 물체들로 되돌려진다.

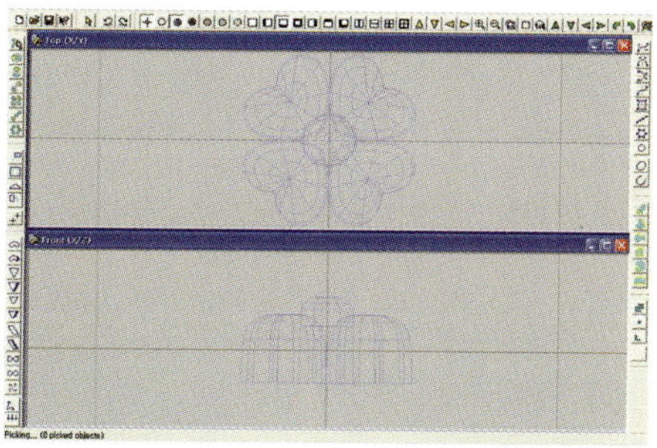

① 화면에서 물체를 분리하고 싶은 물체를 불러들인다.

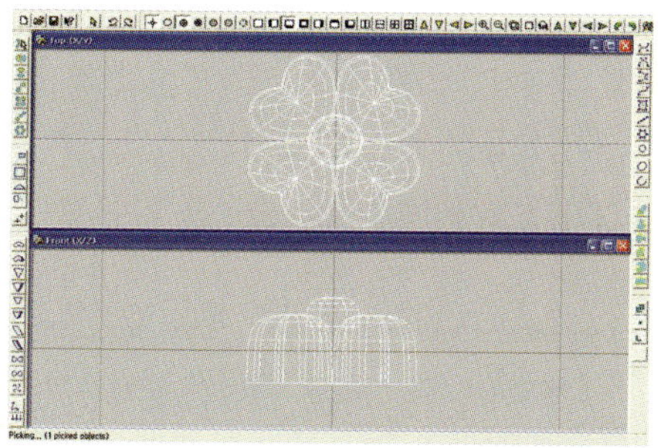

② 화면에서 물체를 하얗게(Pick) 선택한다.

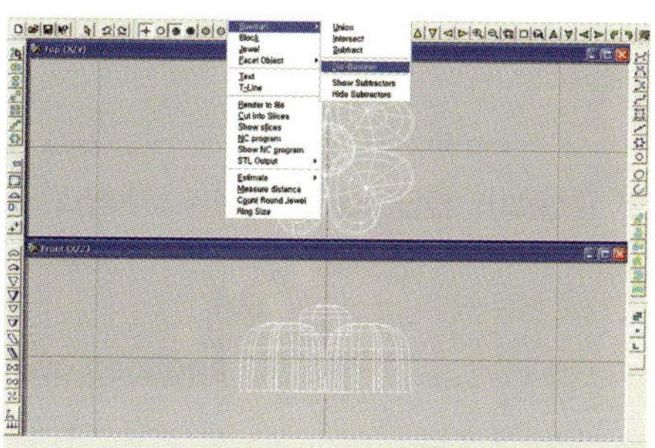

③ Misc 메뉴에서 Dis-boolean을 선택한다.

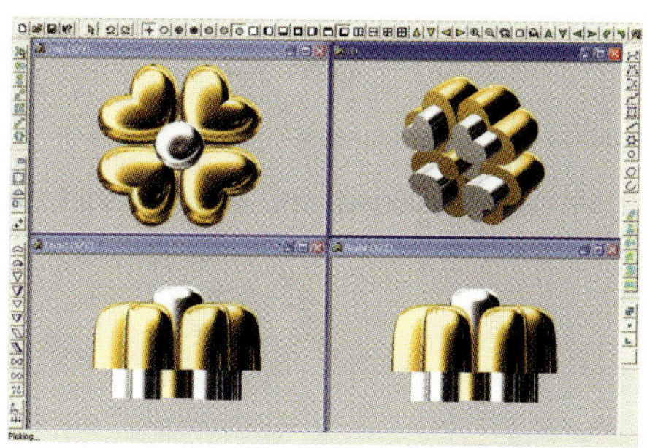

④ 논리연산으로 작업되었던 물체들이 모두 해제된다.

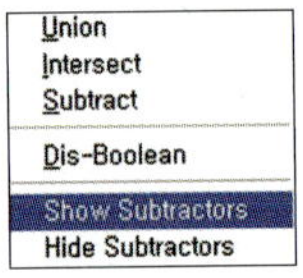

▶ Show Subtractors(빠진 물체 보이기)

Subtract Boolean 물체의 빠진 물체를 보이게 하는 명령이다.

Subtract Boolean 물체는 하나의 물체로부터 여러 개의 물체를 빼서 만든다. 빠진 물체는 화면에서 감추어져 있다.

이 명령은 화면에서 사라진 물체를 보여주게 한다. 이 명령을 사용하려면, 관련된 물체가 먼저 선택된 상태로 바꾸어야 한다.

이 명령이 선택되면 화면에서 빠진 물체들이 보인다.

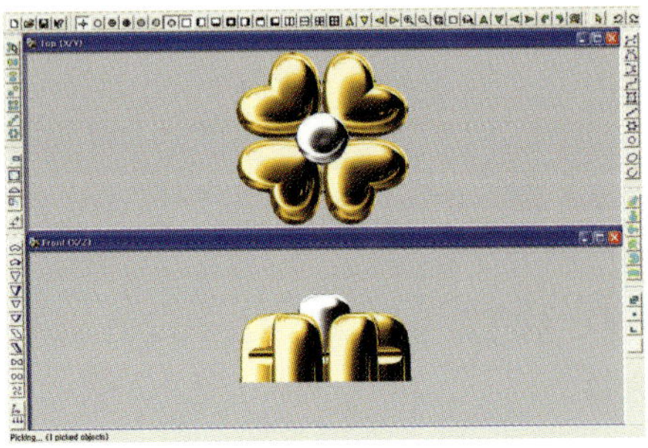

① 화면에서 Subtract 작업이 된 물체를 가져온다.

② Show Subtractor는 컬러 모드에서 안 보이는 물체를 보여준다.

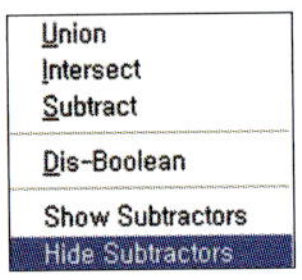

▶ Hide Subtractors(빠진 물체 감추기)

Subtract Boolean 물체의 빠진 물체를 감추는 명령이다.

이 명령을 사용하려면 관련된 물체는 먼저 선택된 상태로 바꾸어야 한다.

명령이 선택되면 빠진 물체는 감추어진다.

① 화면에서 Subtract 작업이 된 물체를 가져온다.

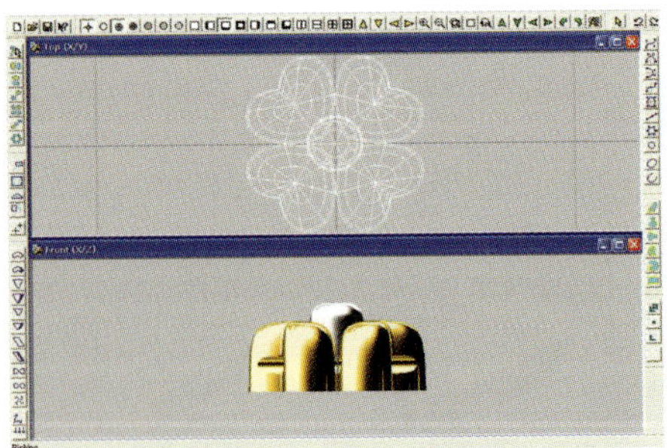

② Hide Subtractor는 보이던 물체를 다시 감추어 준다.

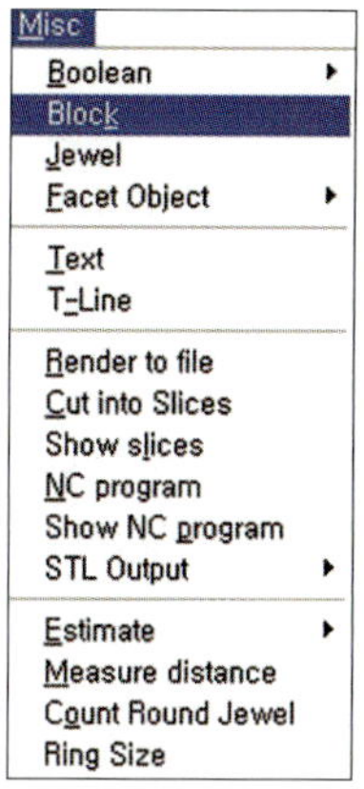

2. Block(블록)

- 아이콘 없음
- 단축키 없음

Block 물체를 만드는 명령이다.
블록 물체는 고형물체에서 몇 개의 커브를 확장시켜 만든다.

① 모든 커브는 2차원의 닫힌 커브여야 한다.
② 커브들은 서로 교차되지 않지만 둘러 쌓여야 한다.
③ 가장 바깥쪽의 커브는 반시계방향으로 돌아야 한다.
④ 각각의 커브, 만일 다른 커브에 둘러져 쌓여 있다면 각각의 커브는 둘러져 쌓여진 커브와 반대의 방향으로 돌아야 한다. (즉, 시계방향의 커브들은 반시계방향의 커브들로 둘러져 쌓여 있어야 한다.

다음은 위에서 설명한 것처럼 커브를 확장시켜 만들어진 Block 물체이다.

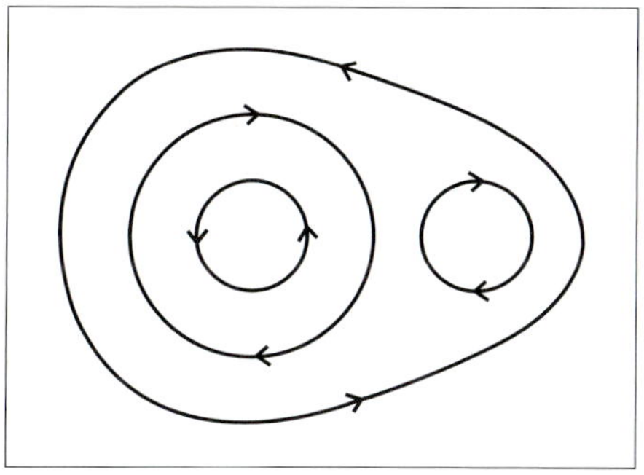

Block 명령을 사용하려면 인아웃 축이 관련된 커브를 확장하기 위한 축이 되기 위해 현재 시점을 선택한다. 관련된 커브를 선택된 상태로 바꾸고 이 명령을 선택한다.

Block 대화상자가 화면에 나타나고 대화상자에 매개변수를 결정하면 Block 물체가 만들어진다.

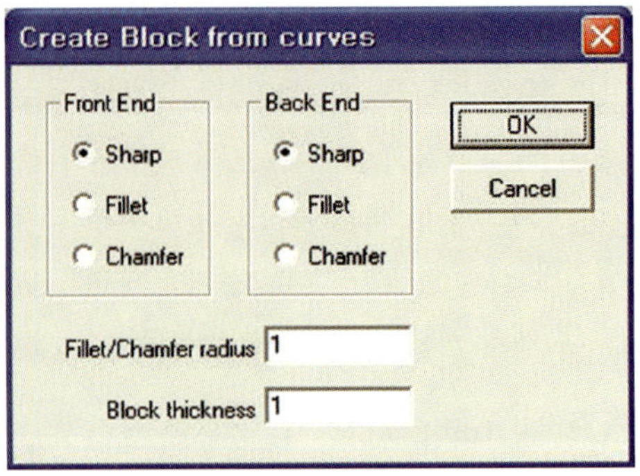

▶ Front end / Back end

Block 물체는 앞쪽의 끝과 뒤쪽의 끝이 날카롭고, 둥글고, 모서리가 각이 지게 만들 수 있다.

▶ Fillet/Chamfer radius

만일 Block 물체를 모서리가 둥글고 각이 지게 만들고 싶으면, 이 반경은 둥글고 각이 지게 만들기 위하여 사용될 것이다.

만일 반경이 "0"으로 설정된다면 모서리가 둥글거나 각이 지게 만들어 지지 않는다.

▶ Block thickness

이것은 Block 물체가 확장될 길이다.

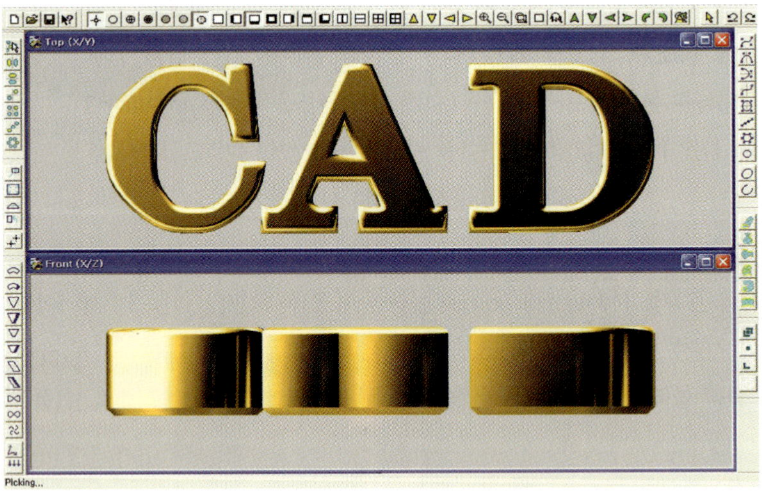

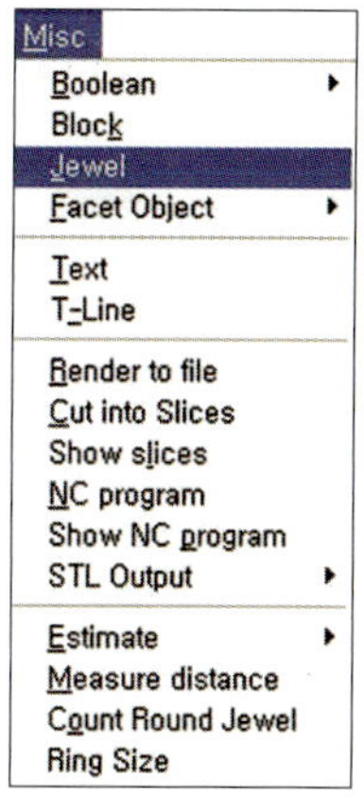

3. Jewel(보석)

- 아이콘 없음
- 단축키 없음

화면에 보석을 불러들이는 명령이다.

이 명령이 선택되면 Jewel 대화상자가 화면에 나타난다.

Jewel 대화상자의 목록박스는 보석의 다른 형태를 포함하고 있다. 목록박스에서 보석의 형태를 선택하면, 선택된 보석의 형태가 화면에 나타난다.

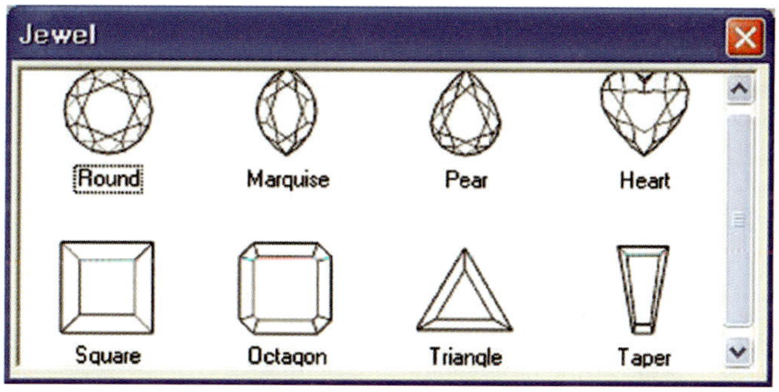

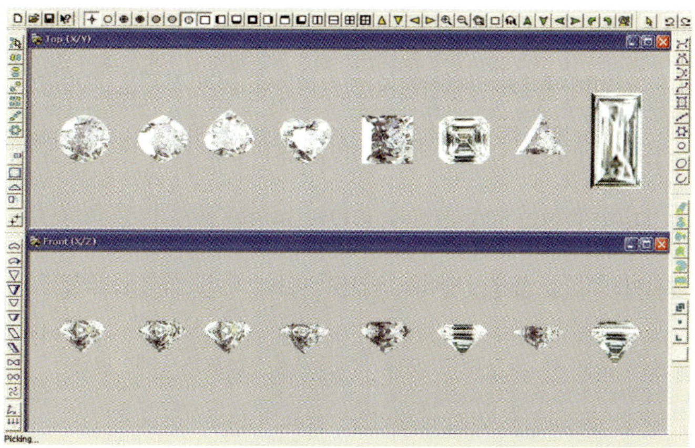

일반 보석은 크기가 1mm로 화면에 들어온다. 그러나 원형(Round) 보석은 크기를 묻는 대화상자가 나온다.

단위가 mm와 carat으로 되어 있어 수치에 따라 원형 보석의 크기가 달라진다.

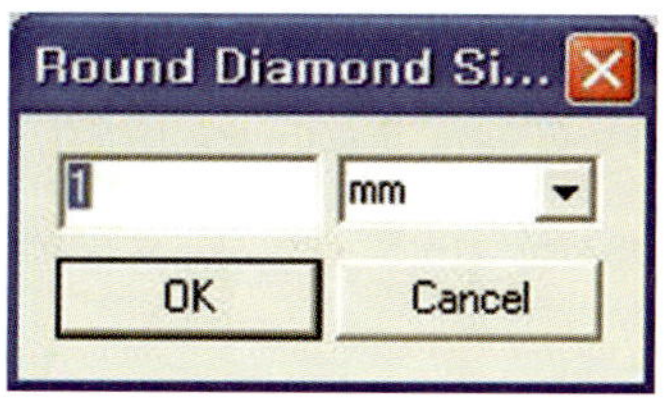

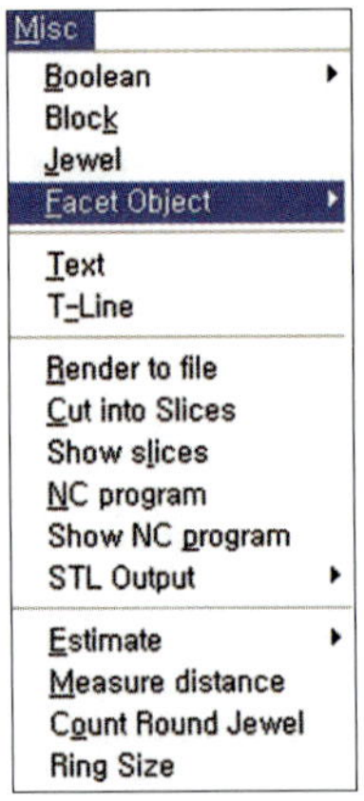

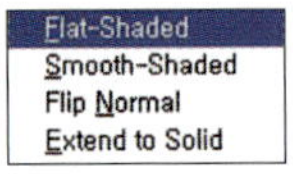

4. Facet Object(Facet 물체)

- 아이콘 없음
- 단축키 없음

▶ Flat Shaded

Facet 물체를 flat shaded facet 물체로 바꾸는 명령이다.

flat shaded facet 물체는 면 사이 모서리의 각을 예리하게 보여준다. 이 명령을 사용하려면 관련된 물체는 먼저 선택된 상태로 바꾸어야 한다.

명령이 선택되면 화면에서 선택된 Facet 물체는 flat shaded facet 물체가 된다.

▶ Smooth Shaded

Smooth shaded facet 물체를 위해 Facet 물체를 바꾸는 명령이다. smooth shaded facet 물체는 면 사이의 모서리가 없게 보이고 부드러운 물체로서 나타난다.

이 명령을 사용하려면 관련된 물체들은 먼저 선택된 상태로 바꾸어야 한다. 이 명령이 선택되면 화면에서 선택된 Facet 물체는 smooth shaded facet 물체가 된다.

▶ Flip Normal

Facet 물체의 정상적인 방향을 바꾸는 명령이다. 이 명령을 사용하려면, 관련된 물체들은 먼저 선택된 상태로 바꾸어야 한다. 명령이 선택되면 화면에서 선택된 Facet 물체의 정상적인 방향이 바뀌어 진다.

▶ Extend to Solid

Solid 물체를 위해 Facet 물체를 확장하는 명령이다.

이 명령을 사용하려면 관련된 물체들은 먼저 선택된 상태로 바꾸어야 한다. 명령이 선택되면 Extend Facet Object to Solid 대화상자가 나타난다.

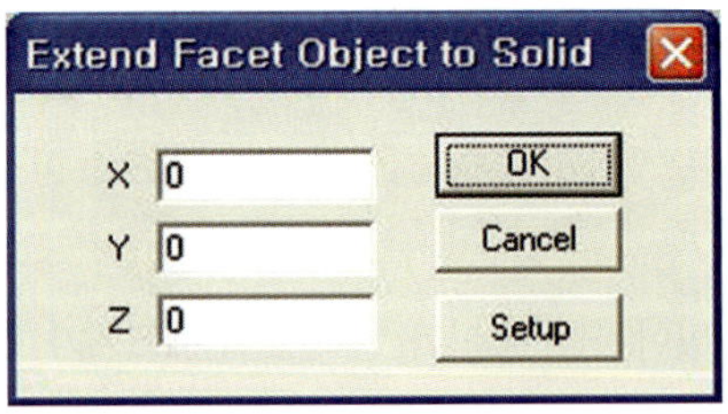

▶ X, Y, Z

Facet 물체를 확장하기 위한 방향과 길이는 대화상자에서 결정한다. X, Y, Z 편집박스에 값을 직접 넣음으로써 결정할 수 있다.

▶ **Setup...**

Setup 버튼은 위에 보이는 X, Y, Z 값을 결정하기 위해 행한다. 이 버튼을 선택하면 대화상자가 사라지고 값을 결정하기 위하여 다음과 같은 동작을 실행한다.

① 화면에 시점으로 커서를 움직인다.

② (a) 왼쪽마우스 버튼을 누르고 수평이나 수직 방향으로 커서를 움직인다.

(b) 오른쪽마우스 버튼을 누르고 어느 방향이든 커서를 움직인다.

③ 마우스 버튼을 누르고 있는 동안 행할 거리까지 커서를 움직인다.

④ 마우스 버튼을 놓는다.

왼쪽 또는 오른쪽마우스 버튼을 놓으면 대화상자가 다시 나타난다. 결정된 X, Y, Z 값이 편집박스에 보여 진다. OK 버튼이 선택되면, 대화상자는 닫히고 화면에서 선택된 Facet 물체는 Solid 물체로 확장된다.

5. Text(문자)

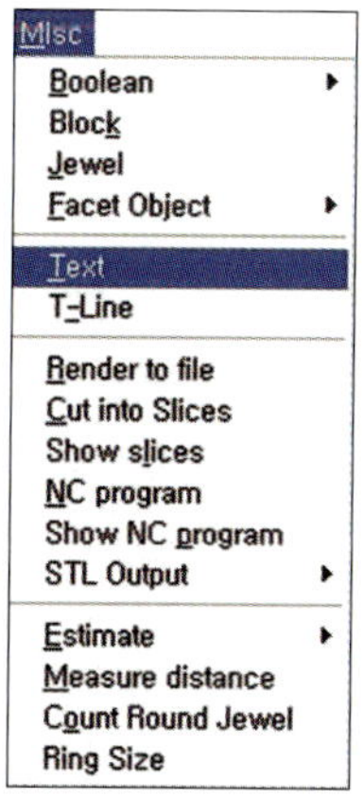

- 아이콘 없음
- 단축키 없음

문자를 만드는 명령이다.
이 명령이 선택되면 Text 대화상자가 화면에 나타난다.

▶ **Text**

편집박스에 커서를 클릭하고 원하는 문자를 만든다.

▶ **Create Block Text**

지정값에 의해 요구된 문자를 나타내기 위해 커브가 만들어진다. 그러면 만일 Create Block Text 체크박스가 체크되어 있으면 Block 물체가 대신 만들어진다. 각각 만들어진 Block 물체는 각각 문자의 특성과 일치되어 진다.

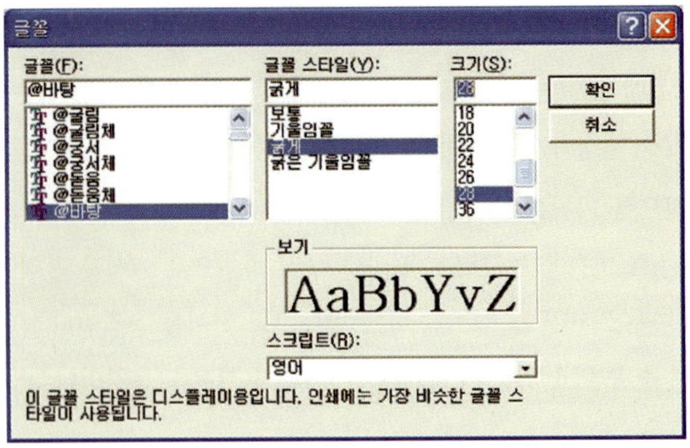

▶ **Set font**

Set font 버튼은 만들고자 하는 문자의 형식을 결정한다. 이 버튼을 선택하면 Font 대화상자가 화면에 나타나고 윈도우 시스템에 설치된 실물 그대로의 모든 문자가 대화상자의 목록에 만들어진다. 사용될 문자의 형태, 양식, 크기 등을 결정하기 위해 대화상자를 사용한다.

Font 대화상자를 빠져나오면 Text 대화상자로 되돌아가게 된다.

Text 대화상자를 닫으면 원하는 문자가 만들어진다.

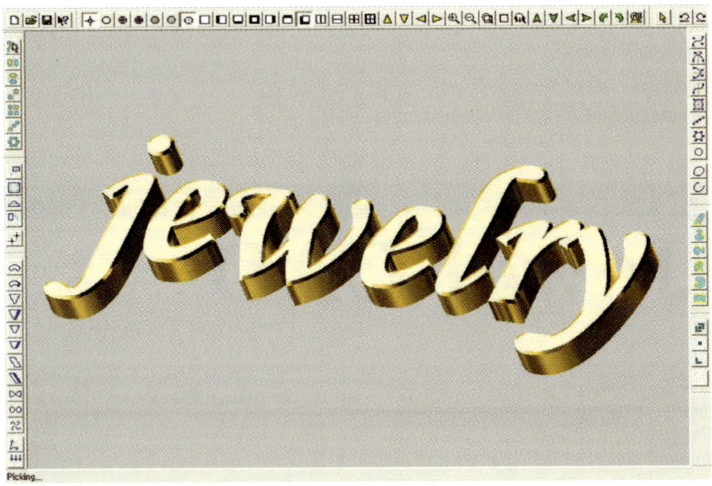

6. T-Line(T-라인)

- 아이콘 없음
- 단축키 없음

화면에 T-Line을 만드는 명령이다.

선을 그릴 때 한계를 정하거나 크기, 지시로써 사용할 수 있다. 이 명령이 선택되면 JewelCAD는 T-Line 그리기 모드로 들어간다.

이 모드에서 실행동작은 다음과 같다.

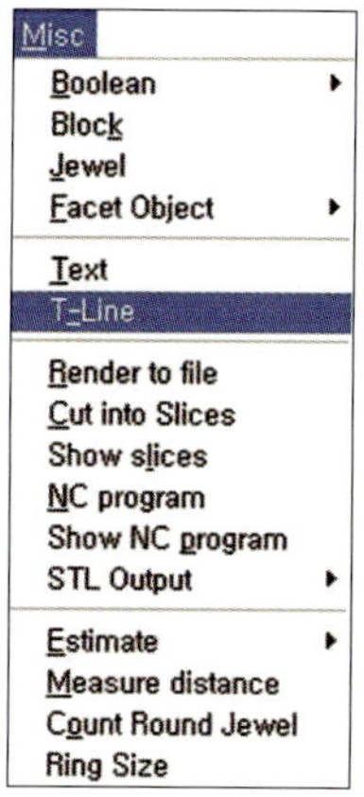

① Front, Right, Top의 시점으로 커서를 이동한다.

② 왼쪽마우스 버튼을 누른다.

③ 마우스 버튼을 누르고 있는 동안,

(a) 커서를 수직으로 움직이면 수평 T-Line이 화면에 나타난다.

(b) 커서를 수평으로 움직이면 수직 T-Line이 나타난다.

④ 계속 커서를 움직이면 T-Line이 커서의 움직임을 따르고 T-Line의 위치는 상태표시줄에 보이게 된다.

⑤ T-Line이 원하는 위치에 놓였을 때 왼쪽마우스 버튼을 놓는다. 또 만일 방금 그린 T-Line을 취소하고 싶으면 왼쪽마우스 버튼을 놓기 전에 오른쪽마우스 버튼을 한 번 누른다.

⑥ 더 많은 T-Line을 그리려면 위의 과정을 반복한다.

이 모드에서 빠져 나오려면, Pick 아이콘이나 다른 명령을 선택하면 된다.

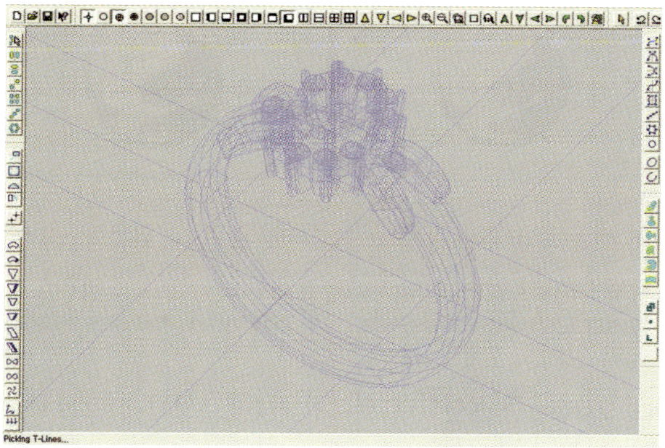

7. Render to file(렌더링 파일)

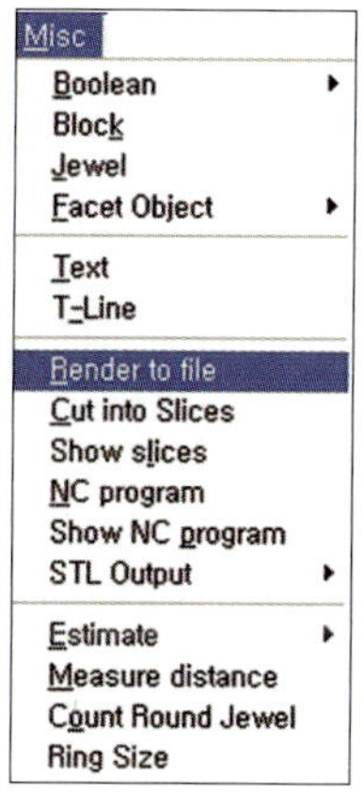

- 아이콘 없음
- 단축키 없음

현재 시점을 렌더링하고 그 결과를 이미지 파일로 저장하는 명령이다.

이 명령이 선택되면 Render to file 대화상자가 나타난다.

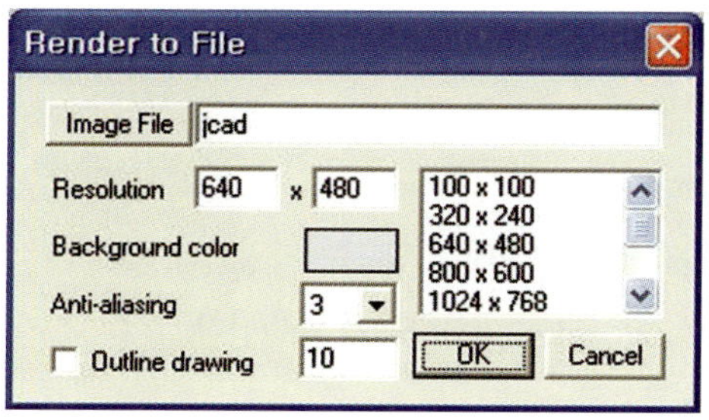

대화상자는 다음의 항목을 포함하고 있다.

▶ Image file

이미지 파일은 이미지 파일 편집박스에 직접 입력하여 결정할 수 있다. 또는 이미지 파일 버튼을 선택하면 Save As 대화 상자가 화면에 나타난다. 이미지 파일 이름을 결정하기 위하여 대화상자를 사용할 수 있다.

▶ Resolution

이미지 해상도는 이미지의 폭과 높이를 포함한다. 관련된 편집박스 안에 이미지의 폭과 높이를 직접 입력하여 결정할 수 있다. 또한 나열된 목록박스에 이미 지정된 해상도 중에서 하나를 사용할 수 있고 선택된 해상도는 자동적으로 편집박스 안에 폭과 높이로 보이게 된다.

▶ Background Color

그림출력 색상에 대하여 배경색은 바꿀 수 있다. 배경색 박스를 선택하면 Color 대화상자가 화면에 나타난다. 배경색을 결정하기 위해 대화상자를 사용할 수 있다.

▶ Anti-alias

출력할 이미지의 질을 anti-alias 요소를 설정하여 높일 수 있으나 렌더링 시간은 더 길어진다. 선택할 수 있는 세 가지의 값이 있다.

① anti-aliasing이 없어도 실행될 수 있다.

② 2단계의 anti-aliasing은 실행되며, 렌더링 시간은 1보다 2×2=4배의 시간이 걸린다.

③ 3단계의 anti-aliasing은 실행되며, 렌더링 시간은 1보다 3×3=9배의 시간이 걸린다.

▶ Outline Drawing

이 박스가 체크되면 시점은 색채 그림 대신 검은색과 흰색 외곽선 그리기로 렌더링할 수 있다. 외곽선 그림에 대해 정교한 출력으로 바꿀 수 있다. Outline drawing 체크박스 옆의 편집박스에 높은 수치값을 입력하면 출력 외곽선 그림은 더욱 정교해 진다. 대화상자에서 OK 버튼을 선택하면 요구된 이미지 파일이 만들어진다.

8. Cut into slices(고속모형제작을 위한 슬라이스)

- 아이콘 없음
- 단축키 없음

고속원형제작을 위한 슬라이스 데이터를 만드는 명령이다.

이 명령이 선택되면 Cut into slice 대화상자가 나타난다.

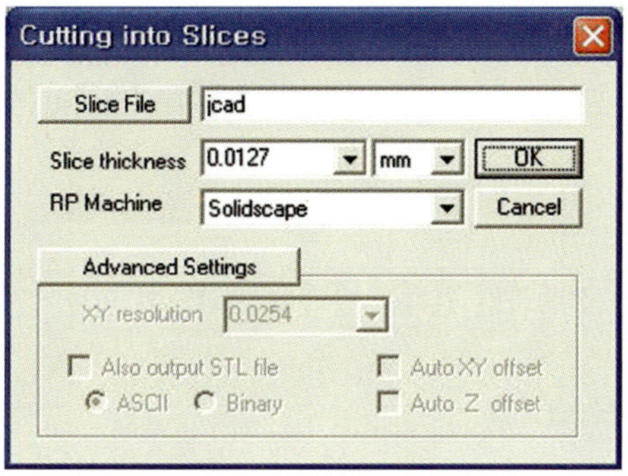

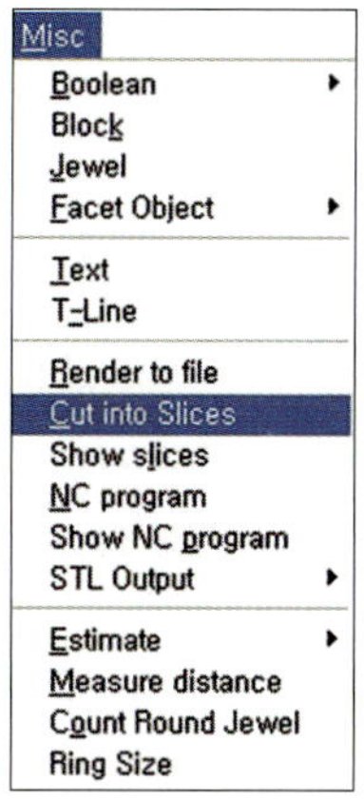

대화상자는 다음의 항목을 포함하고 있다.

▶ Slice file

이것은 만들어질 슬라이스 데이터를 기록하기 위한 파일이다. 편집박스에 파일 이름을 직접 입력하거나 Slice file 버튼을 선택하면 Save As 대화상자가 화면에 나타난다.

슬라이스 파일 이름을 결정하기 위하여 이 대화상자를 사용할 수 있다.

▶ Slice thickness

이것은 만들어질 슬라이스의 두께이다.

▶ Slice Output Unit

이것은 만들어질 슬라이스 데이터를 기록하기 위한 단위로 mm 또는 inch이다.

▶ Advanced Settings

이 버튼을 선택하면, 아래의 항목이 가능해진다.

▶ XY Resolution(mm)

슬라이스 데이터를 만들기 위한 해상도(단위 mm)이다. 더 높은 해상도는 더 정확한 슬라이스 데이터를 만든다. 그러나 슬라이스 파일 크기가 더 커지고 처리 시간이 더 길어진다.

▶ Also output STL file

이 박스가 체크되면 STL format에 있어 3D 모델 파일이 또한 만들어진다. STL 파일은 슬라이스 데이터로부터 전환된다. ASCII나 Binary 할 수 있다.

▶ Auto XY Offset

만일 이 체크박스가 체크되어 있으면 만들어진 슬라이스 데이터는 자동적으로 X와 Y좌표를 산출한다.

▶ Auto Z Offset

만일 이 체크박스가 체크되어 있으면 만들어질 슬라이스 데이터는 자동적으로 Z좌표를 산출한다.

대화상자의 OK 버튼을 선택하면 원하는 슬라이스 파일이 만들어진다.

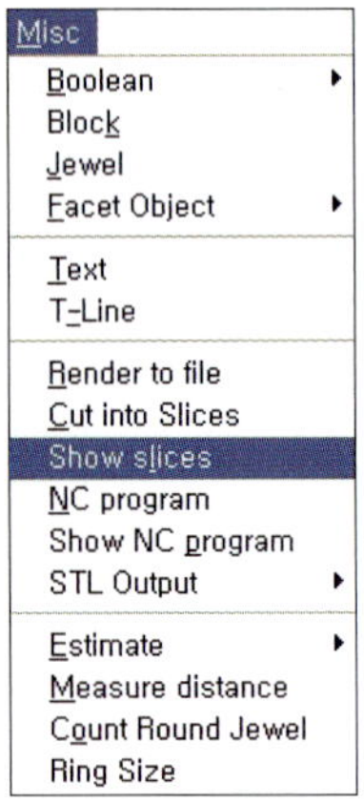

9. Show slices(슬라이스 보기)

- 아이콘 없음
- 단축키 없음

슬라이스 데이터 파일로 저장된 슬라이스를 보여주는 명령이다.
이 명령이 선택되면 화면에 Show Slice 대화상자가 나타난다.

대화상자는 아래의 항목을 포함한다.

▶ Slice file

보여줄 슬라이스 파일은 대화상자의 타이틀 바에 나타난다. Open 버튼을 선택하여 바꿀 수 있다. File Open 대화상자가 화면에 나타난다. 다른 슬라이스 파일을 결정하기 위하여 이 대화상자를 사용한다.
슬라이스 파일이 결정되면 Show Slice 대화상자로 되돌아간다. 결정된 슬라이스 파일 이름은 타이틀 바에 나타난다.

▶ Show All (>)

이 버튼을 누르면 슬라이스 파일의 모든 슬라이스가 화면에 보여진다.

▶ Scroll Bar

슬라이스 파일의 슬라이스를 하나씩 화면에 보여준다.

10. NC Program(수치제어 프로그램)

- 아이콘 없음
- 단축키 없음

수치제어 프로그램을 만드는 명령이다.
이 명령을 선택하면 화면에 NC Machining 대화상자가 나타난다.

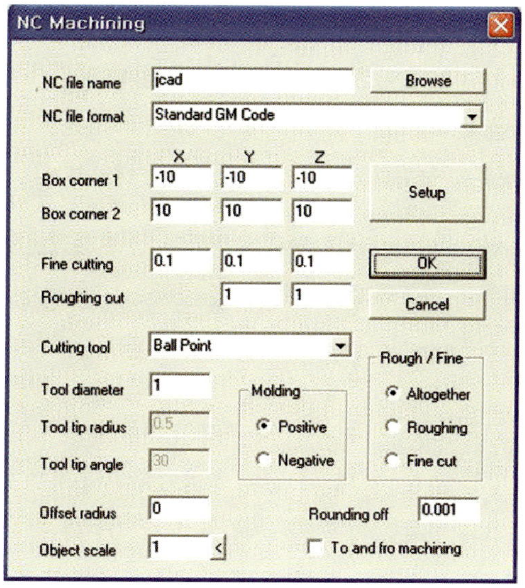

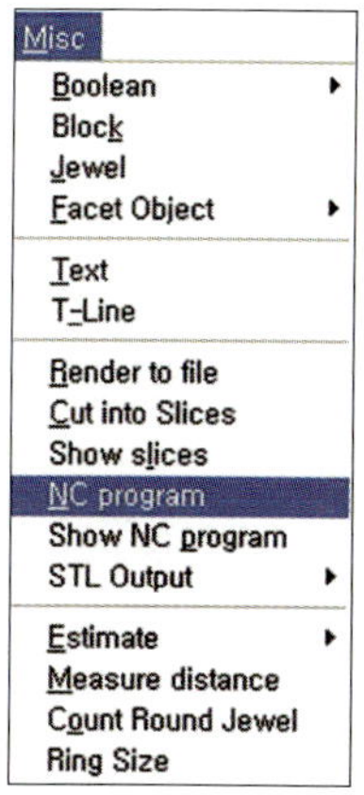

대화상자는 다음 항목을 포함하고 있다.

▶ NC file

수치제어 프로그램 파일을 만든다.

편집박스에서 파일 이름을 직접 입력하여 결정하거나 편집박스 옆에 있는 Browse 버튼을 선택하면 Save As 대화상자가 화면에 나타난다. NC file name을 결정하기 위하여 이 대화상자를 사용할 수 있다. 파일 이름을 결정하면 NC Program 대화상자가 다시 나타나며 결정된 NC file name은 편집박스에 보여질 것이다.

▶ NC file format

나열 목록박스는 NC Program을 출력하기 위해 NC file name을 선택할 수 있다.

▶ Machining bound box

이것은 가공될 형태를 감싸게 될 가상의 박스이다.

이 박스를 만들기 위해 편집박스에서 Box corner 1과 Box corner 2 안에 두 개가 마주 보고 있으며 경계가 되는 박스 모퉁이의 X, Y, Z 좌표에 바로 입력할 수가 있다. 또한 Setup 버튼을 선택하여 박스를 경정할 수 있다.

이 버튼을 선택하면 NC Machining 대화상자는 사라지고 화면에서 선으로 그려진 박스가 보이게 된다. 실행방법은 다음과 같다.

① 박스의 모서리나 모퉁이 지점으로 커서를 이동한 다음 마우스의 왼쪽 버튼을 누른다.

② 마우스의 왼쪽 버튼을 계속 누른 상태로 커서를 이동하면 박스의 선택된 모서리나 모퉁이는 따라서 움직이며 그 위치는 상태표시줄에 보이게 된다.

③ 선택된 모서리나 모퉁이가 원하는 위치에 있을 때 마우스 버튼을 놓는다.

④ Machining bound box가 원하는 위치와 크기로 고정될 때까지 다른 모서리 또는 모퉁이를 잡고 위의 방법을 반복한다.

⑤ 마우스의 오른쪽 버튼을 눌렀다 놓으면 NC Program 대화상자로 되돌아간다.

Machining bound box는 machining 단위로 측정되며 만일 화면에서 Machining bound box를 설정하기 위해 Setup 버튼을 사용한다면 원하는 Object Scale의 매개변수를 먼저 정해야 한다. 화면에서 정해진 bound box는 machining 단위로 전환되게 된다.

▶ Fine Cutting X, Y

이 값은 가공하는 정밀성을 결정하며 이 값이 작을수록 가공하는 정밀성은 높아지지만 NC Program을 만드는 시간과 실제로 가공하는 시간은 오래 걸린다.
거친 커팅으로 만들어져도 Fine Cutting X, Y는 알맞게 정해져야 한다.

▶ Fine Cutting Z

fine cutting에 의해서 절삭되는 재질의 두께이다.

▶ Roughing Out Y

Y축에서 거친 모양을 만드는 과정이며 이 값은 Fine Cutting Y 보다 더 커야하며 절삭공구의 직경보다는 더 작아야만 한다. 단단한 재료는 이 값이 작게 정해져야 하기 때문이다.

▶ Roughing Out Z

Z축에서 거친 모양을 만드는 과정이며 이 값은 절삭공구의 절삭 길이보다 작게 설정되어야 한다. 단단한 재료는 이 값이 작게 정해져야 하기 때문이다.

▶ Cutting Tool

이것은 사용될 절삭공구의 종류이며 끝이 둥근 형태나 끝이 평평한 형태로 나타난다.

▶ Tool Diameter

이것은 사용될 절삭공구의 직경이다.

▶ Tool Tip Radius

이것은 conical milling cutter가 절삭공구의 목록박스에서 선택된다면 원뿔 공구 끝 반지름이다.

▶ Tool Tip angle

이것은 conical milling cutter가 절삭공구 목록박스에서 선택된다면 원뿔 공구 끝 각도이다.

▶ Offset Radius

이 값은 양과 음의 반경에 의한 가공을 Offset 한다.

▶ Rounding Off

이 값은 사용될 NC milling machining center의 값을 반올림하여 설정해야 한다.

▶ Object Scale

이 값은 화면의 단위를 가공 단위로 바꿔주며 화면 단위는 자신이 결정한다. 반면에 가공 단위는 기계에 의존한다.

예를 들면 만일 화면 단위를 inch로 결정하고 반면에 machining center가 mm 라면 이 값은 25.4로 설정해야 한다. 또는 〈 버튼을 선택한 다음 inch to mm 옵션을 선택할 수 있다.

▶ Molding

양각 또는 음각의 금형을 가공하기 위하여 선택할 수 있다.

▶ Rough / Fine

거친 그리고 정밀한 절삭 작업 또는 하나의 절삭 작업을 할 수 있는 NC Program을 만들 수 있다.

▶ To and fro machining

설정에 의해 NC 절삭가공 경로는 왼쪽에서부터 오른쪽까지 항상 하나의 방향을 만든다.

그러나 만일 To and fro machining 체크박스가 체크되어 있으면 절삭가공 경로는 To and fro manner로 만들어지기 때문에 오른쪽에서부터 왼쪽까지, 왼쪽에서부터 오른쪽까지 하나의 경로를 만든다. 대화상자가 닫히면 화면에서 물체를 위한 제어수치 프로그램이 만들어진다.

11. Show NC Program(수치제어 프로그램 보기)

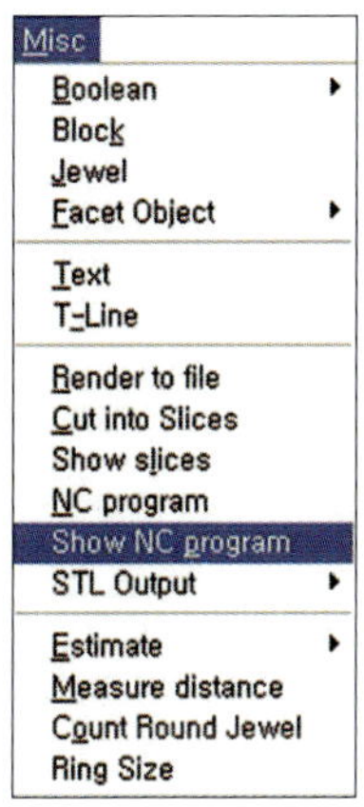

- 아이콘 없음
- 단축키 없음

수치제어 프로그램을 보여주는 명령이다.

이 명령이 선택되면 NC Show Path 대화상자가 화면에 나타난다.

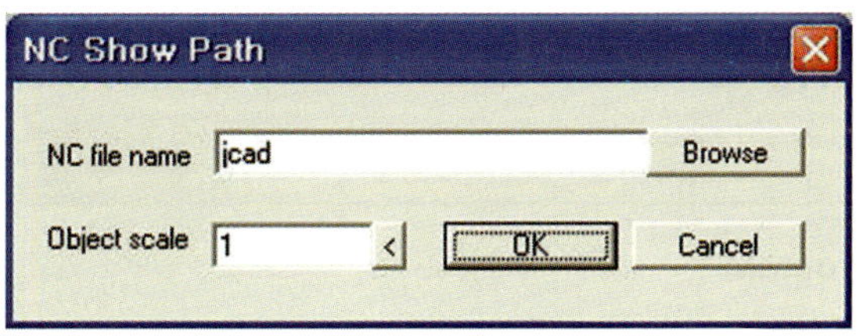

▶ NC file name

이것은 보여준 수치제어 프로그램의 파일 이름이다.

편집박스에 파일 이름을 직접 입력하여 결정할 수 있으며 또한 편집박스 옆에 Browse 버튼을 선택하면 File Open 대화상자가 화면에 나타난다.

이 대화상자를 사용하여 원하는 프로그램 파일 이름을 결정할 수 있다. 프로그램 파일 이름이 결정되면 Show NC Program 대화상자가 다시 나타나며 결정된 프로그램 파일 이름이 편집 박스에 나타날 것이다.

▶ Object Scale

적당한 크기로 수치제어 프로그램을 화면에서 보기 위해 NC Show Path 대화상자에서 Object Scale이 적절하게 설정되어야 한다.

수치제어 프로그램을 만들 때 NC machining 대화상자에서 사용되었던 Object Scale과 똑같이 설정되어야 한다.

대화상자가 닫히면 결정된 NC Program이 화면에 나타나며 NC Program을 제거하기 위하여 그것을 선택하고 Edit-Delete 명령을 선택한다.

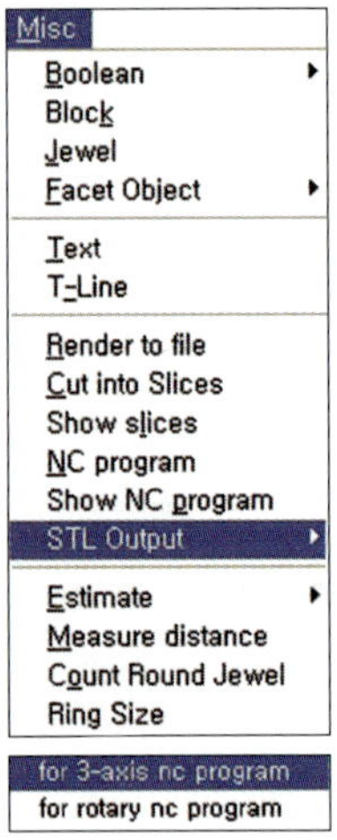

12. STL Output(STL 파일로 전환)

- 아이콘 없음
- 단축키 없음

수치제어 프로그램 파일 중 3-axis와 rotary의 STL의 형식의 기계에 맞는 STL 파일로 만들 때 사용한다.

▶ for3-axis nc program

NC 제작 방식 중 3-axis 방식에 맞는 STL 파일을 생성해 준다.

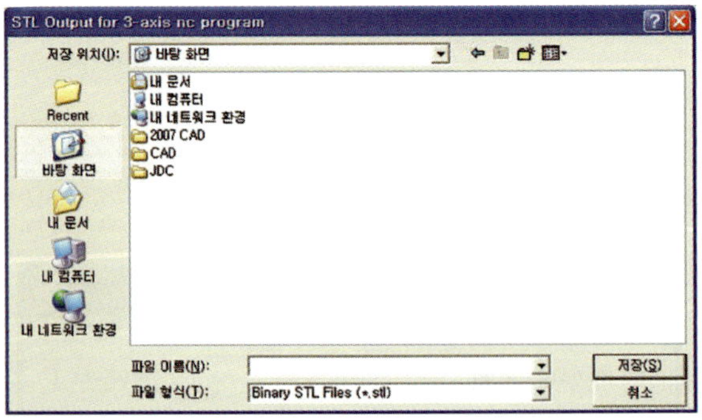

▶ for rotary nc program

rotary 방식에 맞는 STL 파일을 생성해 준다.

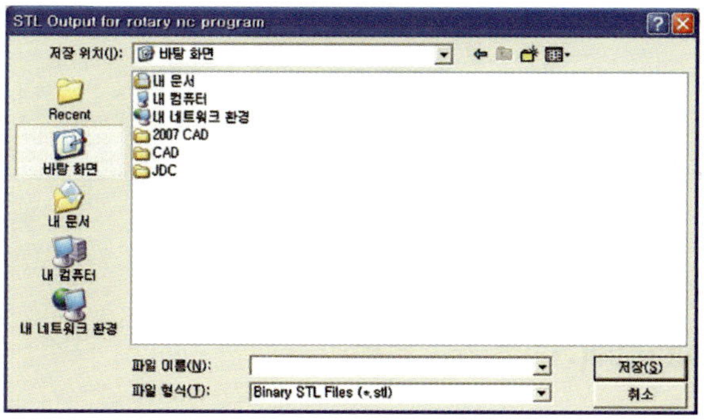

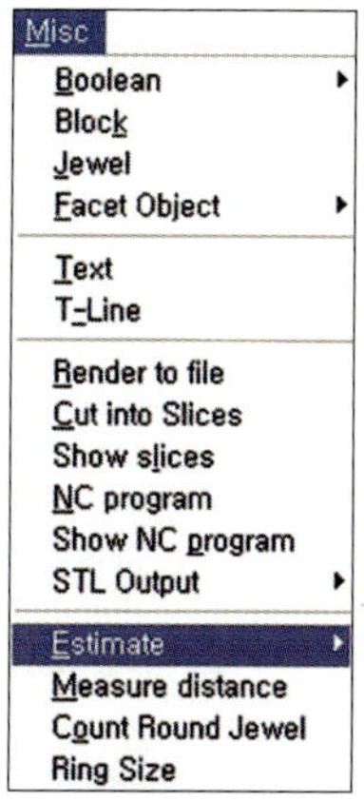

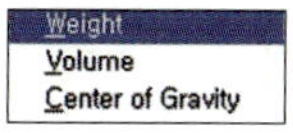

13. Estimate(중량, 부피 등의 측정)

- 아이콘 없음
- 단축키 없음

▶ Weight

물체의 중량을 측정하는 명령이다.

명령이 선택되면, Estimate Weight 대화상자가 화면에 나타난다.

대화상자에서 중량을 판단하기 위해 물체의 구체적인 무게를 기입할 수 있다. 대화상자의 OK 버튼을 선택하면 시점에서 물체의 중량이 측정된다. 측정 후에 그 결과는 화면에 나타난다.

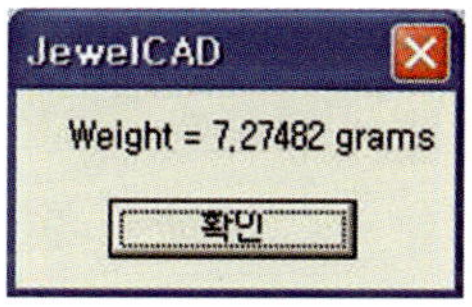

▶ Volume

물체의 부피를 측정하는 명령이다. 이 명령이 선택되면 시점에서 물체의 부피가 측정된다. 측정 후에는 그 결과가 화면에 나타난다.

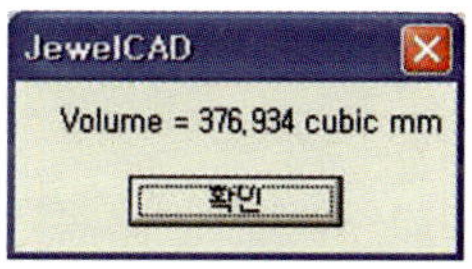

▶ Centre of Gravity

물체 무게의 중심을 측정하는 명령이다. 이 명령이 선택되면 시점에서 물체 무게의 중심이 측정된다. 측정된 후에는 그 결과가 화면에 나타난다.

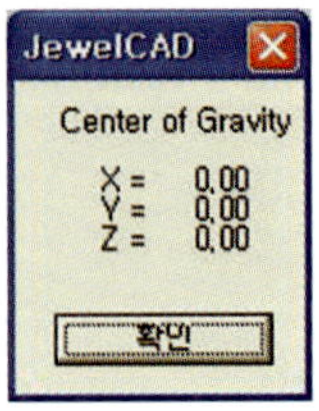

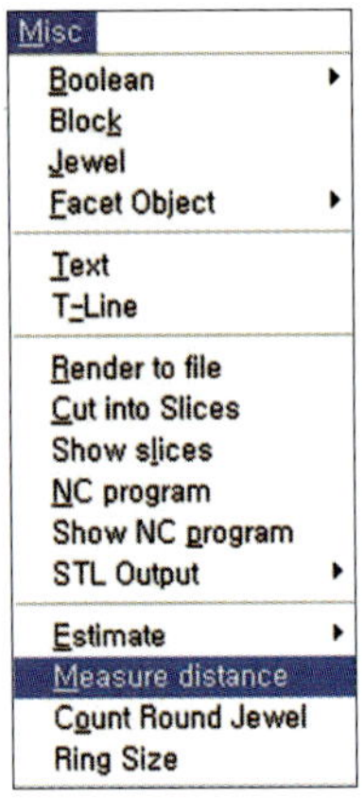

14. Measure Distance(거리와 각도 측정)

- 아이콘 없음
- 단축키 없음

두 점 사이의 거리와 두 직선 사이의 각도를 측정하는 명령이다.

이 명령이 선택되면 JewelCAD는 측정 모드로 들어간다.

이 모드에서 동작은 다음과 같다.

① 두 점 사이의 거리를 측정하기 위한 동작은 다음과 같다.

(a) 측정될 첫 번째 점의 위치로 커서를 이동하고 왼쪽마우스 버튼을 한 번 클릭한다.

(b) 두 번째 점의 위치까지 커서를 이동하고 왼쪽마우스 버튼을 누르면 첫 번째 점과 두 번째 점 사이의 거리가 상태표시줄에 보이게 된다. 그런 다음 마우스 버튼을 놓는다.

② 두 직선 사이의 각도를 측정하기 위한 동작은 다음과 같다.

(a) 측정될 첫 번째 점의 위치로 커서를 이동하고 왼쪽마우스 버튼을 한 번 클릭한다.

(b) 두 번째 점의 위치까지 커서를 이동하고 왼쪽마우스 버튼을 한 번 클릭한다.

(c) 세 번째 점의 위치로 커서를 이동하고 왼쪽마우스 버튼을 누른다. 첫 번째 점에서부터 두 번째 점까지와 두 번째 점에서부터 세 번째 점까지의 직선 사이에 나타난 가도의 단계가 상태표시줄에 보여진다. 그 다음 마우스 버튼을 놓는다.

위에서 선택된 점들은 시점에서 물체의 상부 또는 평면(x = 0, y = 0, z = 0)에 만들어진다. 시점의 평면에서 점들을 원한다면 위의 단계를 하기 전에 wire frame 모드에서 시점에 보여지는 모드로 바꾸어야 한다.

물체의 상부에서 점들을 원한다면 컬라모드가 보이는 모드로 바꾸어야 한다.

③ 측정 모드 동안에 그 이상의 거리와 각도를 측정하기 위하여 위의 단계를 반복해야 한다.

④ 이 모드를 빠져나가려면, 툴바의 Pick 아이콘이나 다른 메뉴를 선택해야 한다.

15. Count Round Jewel(원형 보석 측정)

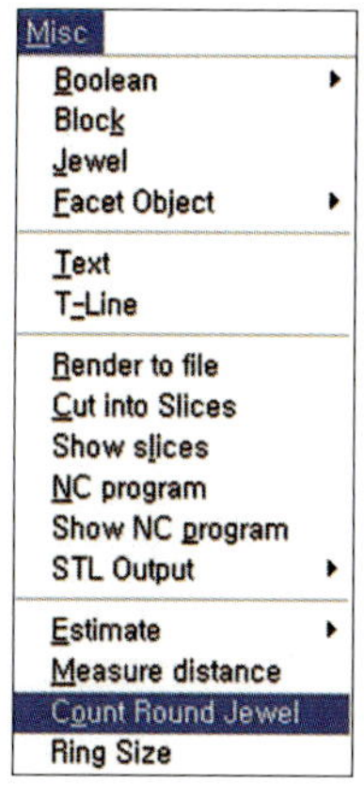

- 아이콘 없음
- 단축키 없음

시점에서 여러 개의 라운드(원형) 보석의 수를 세는 명령이다.

이 명령이 선택되면 시점에서 서로 다른 지름을 가진 라운드 보석의 수를 셀 수 있다. 세어진 다음 결과가 화면에 보여진다.

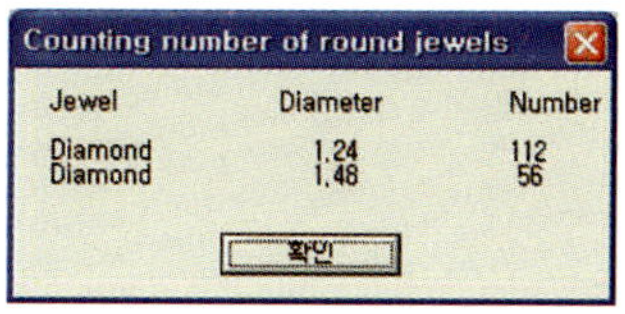

16. Ring Size(반지 크기)

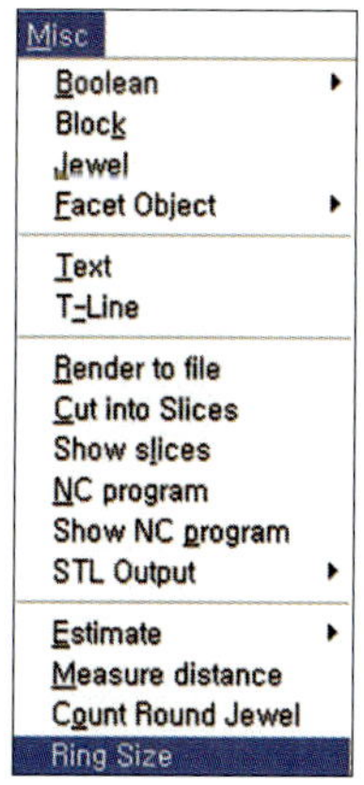

- 아이콘 없음
- 단축키 없음

정밀한 반지 사이즈의 원을 만들어 내는 명령이다.

Ring Size 대화상자에서 한 개의 반지 사이즈를 선택하면 Circle 대화상자가 화면에 나타난다. Circle 대화상자의 지름/ 반지름의 매개 변수는 반지 사이즈 코드를 선택한 값으로 놓여진다.

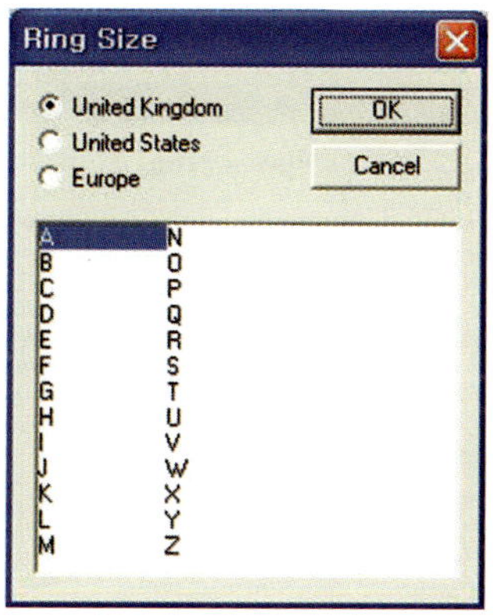

United Kingdom(영국식)

United States(미국식)

Europe(유럽식)

Appendix 2:

Approximate Ring Diameters

Size	Diameter	Size	Diameter	Size	Diameter
A	12.05	L	16.4	W	20.7
B	12.45	M	16.8	X	21
C	12.9	N	17.2	Y	21.4
D	13.25	O	17.6	Z	21.8
E	13.65	P	18	1	22.2
F	14	Q	18.4	2	22.5
G	14.4	R	18.75	3	22.8
H	14.8	S	19.1	4	23.2
I	15.2	T	19.5	5	23.6
J	15.6	U	19.9	6	24.6
K	16	V	20.3		

4-10 Help 메뉴

1. Contents(목차 설명)

- 아이콘 없음
- 단축키 **F1**

JewelCAD의 Help 파일을 보여주는 명령이다.

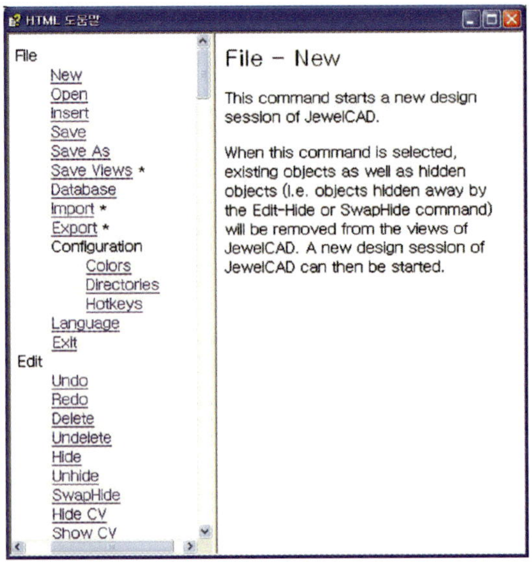

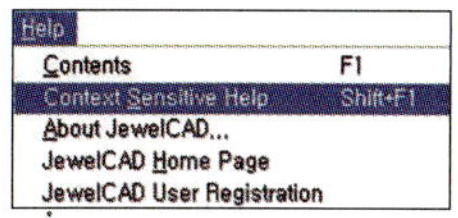

2. Context Sensitive Help(도움 정보)

- 아이콘
- 단축키 Shift + F1

툴 버튼이나 메뉴 명령에서의 도움 정보 명령이다.

이 명령이 선택되면 커서는 화살표와 물음표로 바뀐다. 툴 버튼이나 메뉴명령 위에 커서를 이동시키고 왼쪽마우스 버튼을 누르거나 더블 클릭한다. 버튼이나 메뉴 명령의 도움정보가 화면에 나타난다.

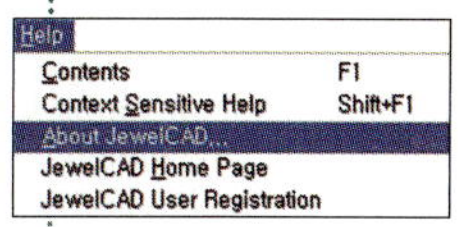

3. About JewelCAD(JewelCAD에 관련된)

- 아이콘 없음
- 단축키 없음

이 명령은 JewelCAD에 관한 안내로 버전 및 ID및 메일, 홈페이지 주소, 제작자 등에 관한 간단한 정보를 볼 수 있다.

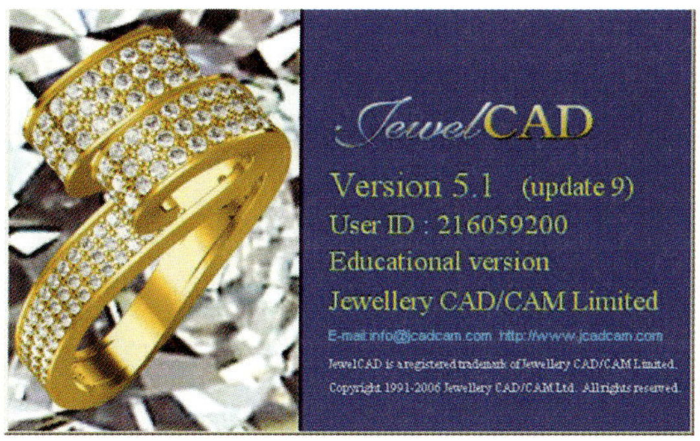

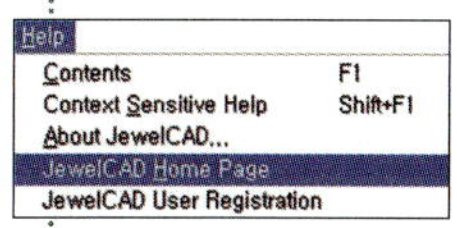

4. JewelCAD Home Page(JewelCAD 홈페이지)

- 아이콘 없음
- 단축키 없음

이 명령은 인터넷에서 JewelCAD의 홈페이지로 연결한다.

(홈페이지 주소 http://jcadcam.com , 한국본사 http://www.sjit.co.kt)

5. JewelCAD User Registration(JewelCAD 사용자 등록)

- 아이콘 없음
- 단축키 없음

이 명령은 JewelCAD 홈페이지의 사용자 등록페이지로 연결이 된다.

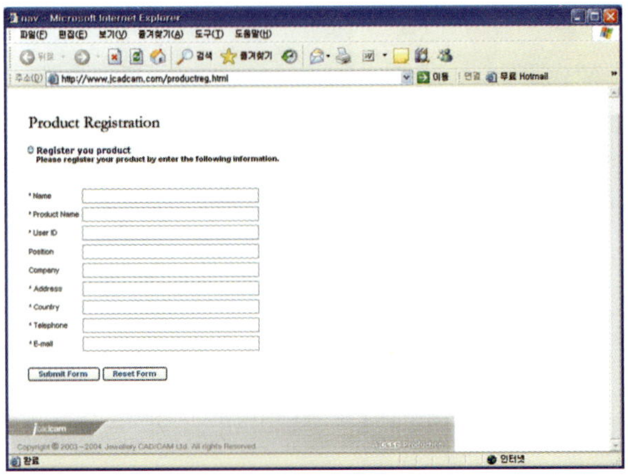

05 Chapter

JewelCAD

예제

예제1

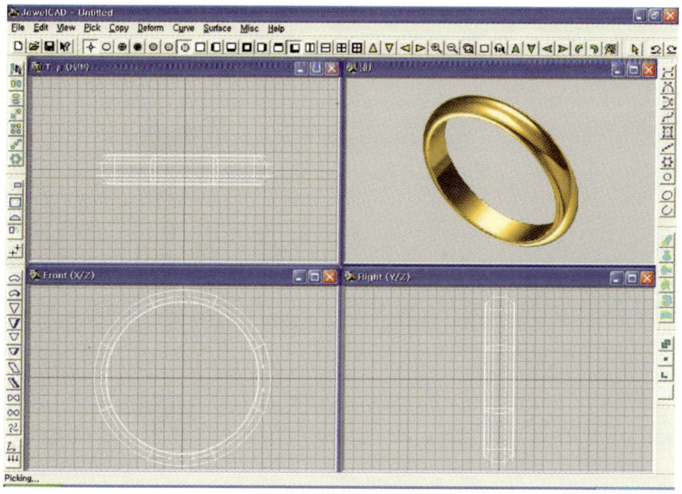

〈1〉
File 메뉴를 선택한 다음 메뉴얼의 Database를 클릭한다.
Database의 Rings를 선택한다.
Rings의 Ring1-002를 클릭하여 화면에 반지를 불러온다.

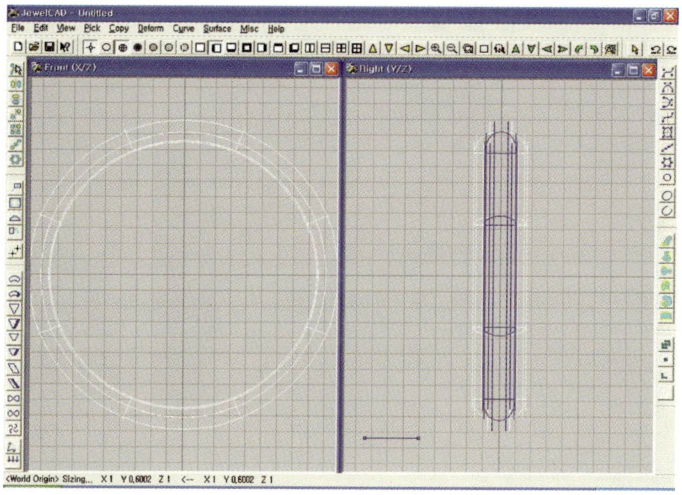

〈2〉
Right 화면에서 Size 오른쪽마우스로 반지의 폭을 줄여준다.

〈3〉
반지의 폭을 2mm 정도 줄인 후 Copy Extend로 대화상자를 불러 2개의 반지를 복사하기 위해 반지의 폭을 측정해 준다.

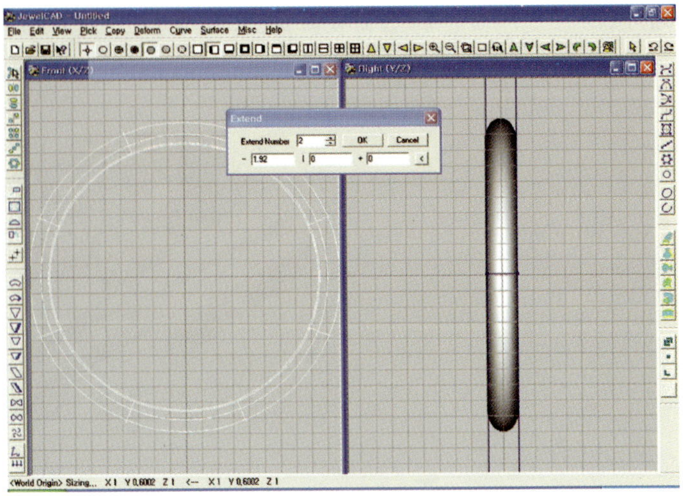

〈4〉
2개의 반지가 중심축으로부터 오른쪽(플러스 방향)으로 복사되었다.

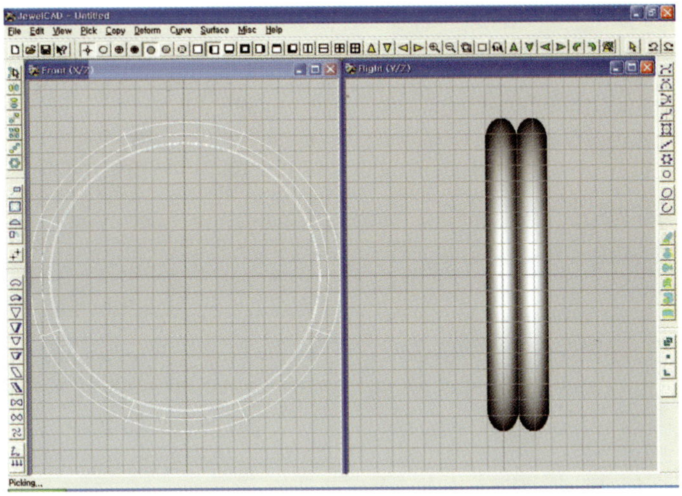

〈5〉
반지 2개를 좌표의 중심으로 이동시킨다.

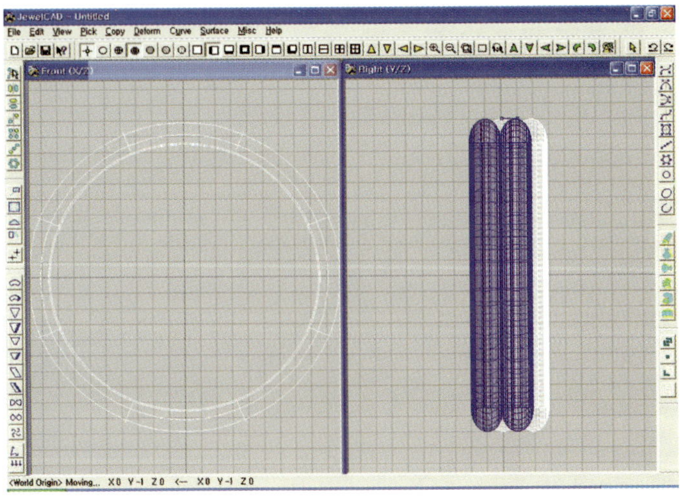

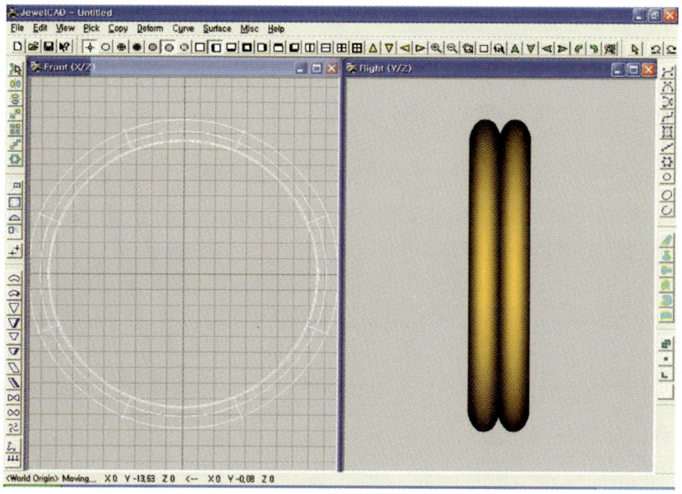

〈6〉
컬라 모드로 두 개의 반지를 확인할 수 있다.

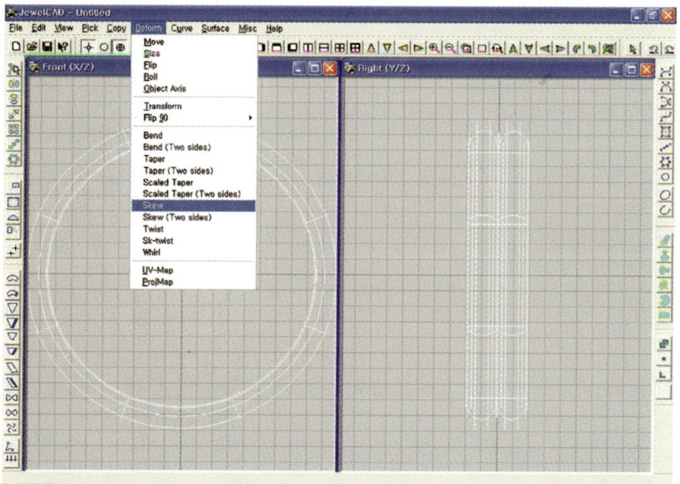

〈7〉
Right 화면에서 반지를 약간 비스듬하게 기울이기 위하여 Deform 메뉴의 Skew 명령을 선택한다.

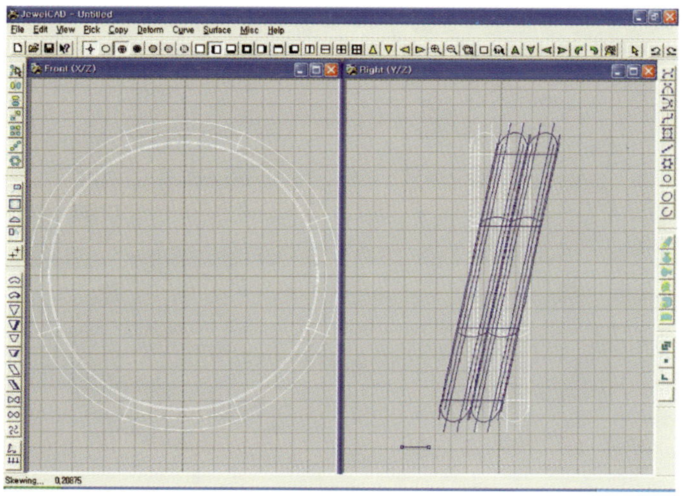

〈8〉
Right 화면에서 왼쪽마우스를 수평방향으로 드래그하여 적당한 모습으로 기울여 준다.

〈9〉

비스듬히 기울어진 반지를 좌표중심에 반지 끝 부분이 오도록 Move로 이동시킨다.

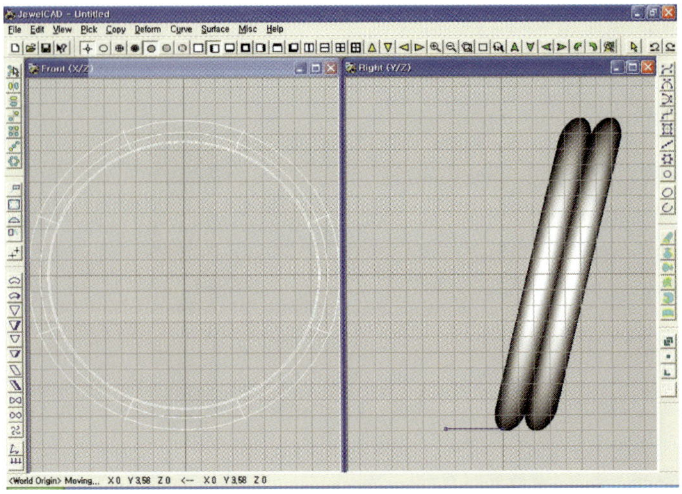

〈10〉

Vertical Mirror Copy 명령으로 수직축에 대하여 대칭인 복사물을 만든다.

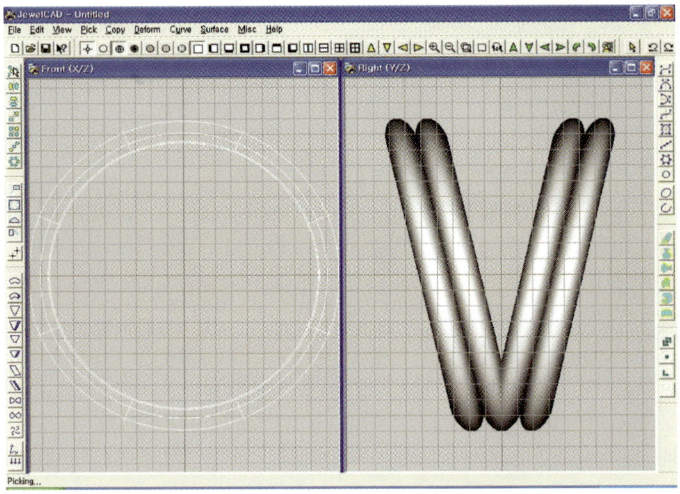

〈11〉

Top 화면으로 본 모습이다.
Database의 Settings를 선택하여 Heart1-Hrt00002를 클릭하여 화면으로 불러온다.

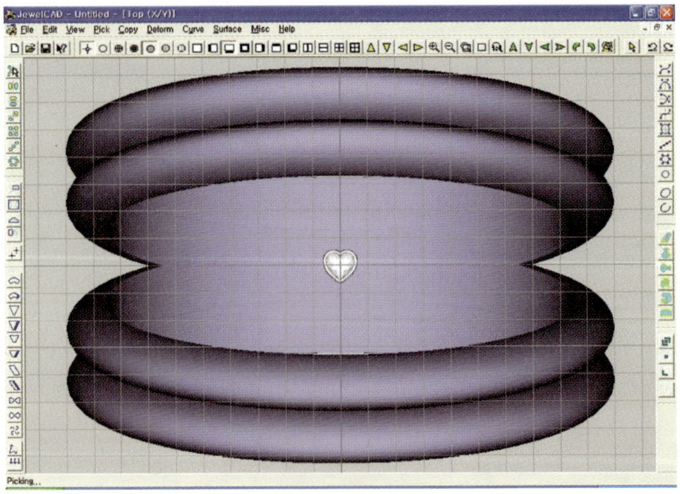

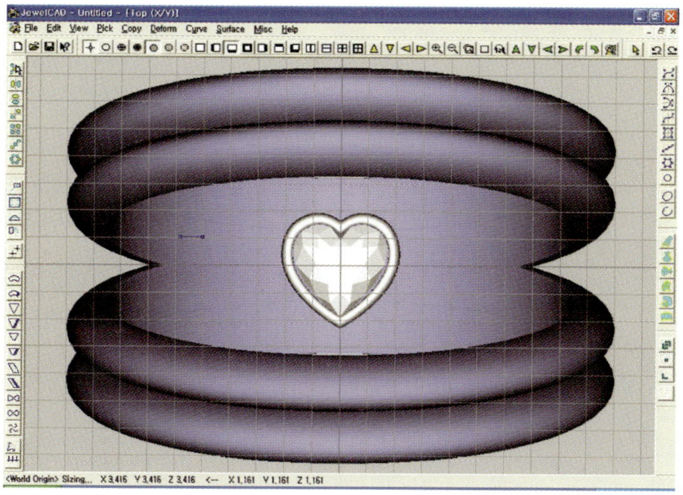

〈12〉
Size 명령을 왼쪽마우스로 비례적인 크기로 확대시킨다.

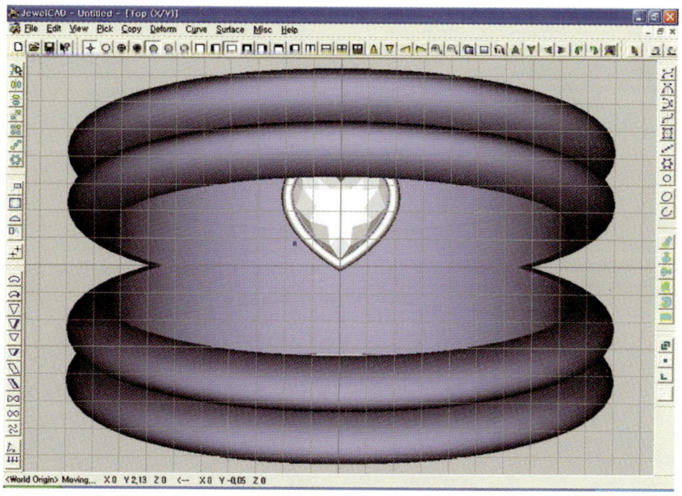

〈13〉
원하는 크기로 보석을 확대시킨 후 Move로 중심축에 보석 끝이 놓이도록 이동시켜 준다.

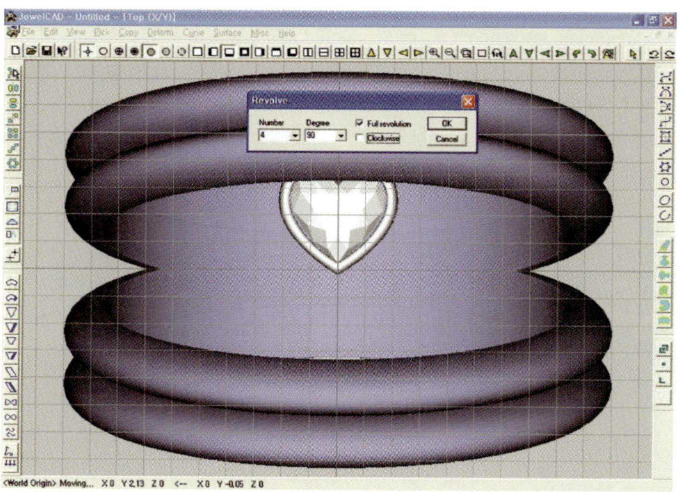

〈14〉
Revolve Copy 명령을 선택하여 화면에 대화상자를 불러들인다.
복사 개수는 4개이며 OK를 클릭한다.

〈15〉
화면에 4개의 복사물이 회전되어 생겨난다.

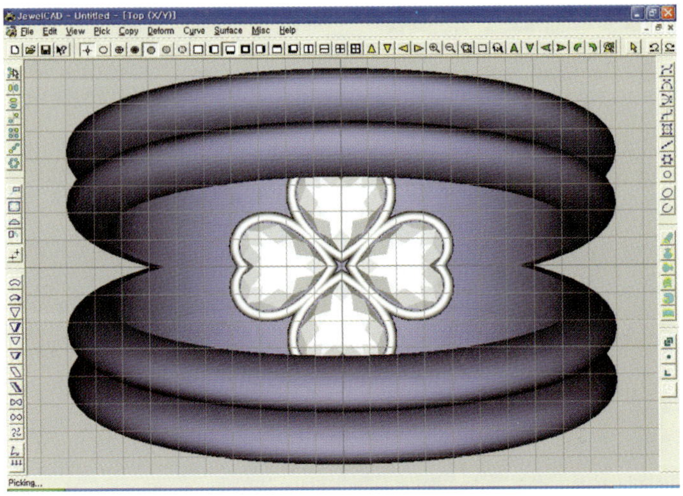

〈16〉
Front 화면에서 보면 좌표의 중심에 보석이 놓여 있기 때문에 Move 명령으로 반지의 상단으로 이동시킨다.

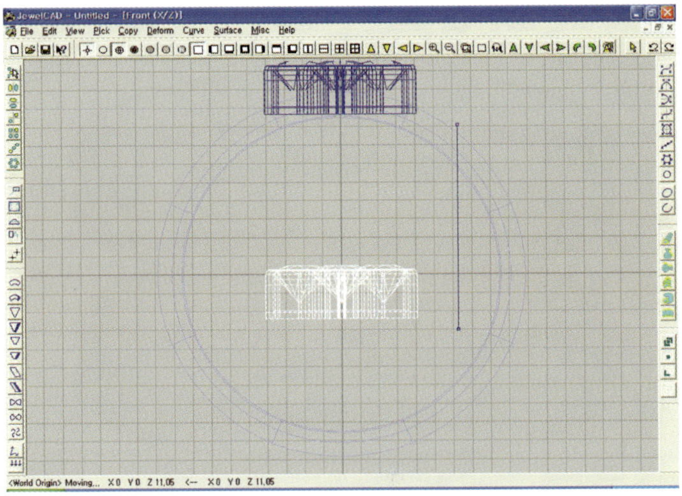

〈17〉
Top 과 Front 화면에서 보석의 위치를 확인한다.

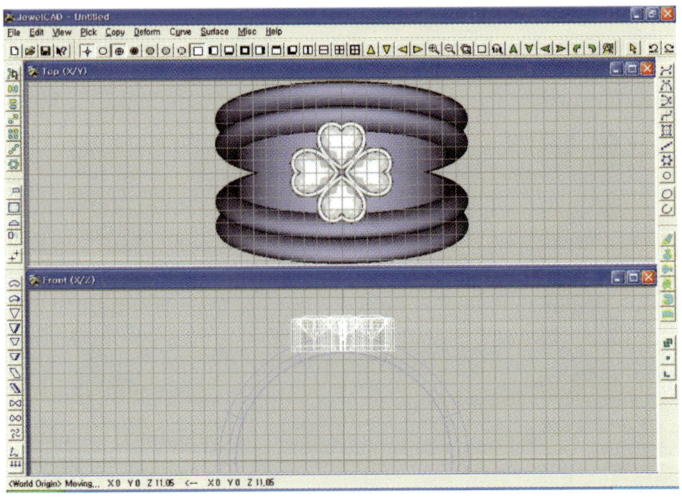

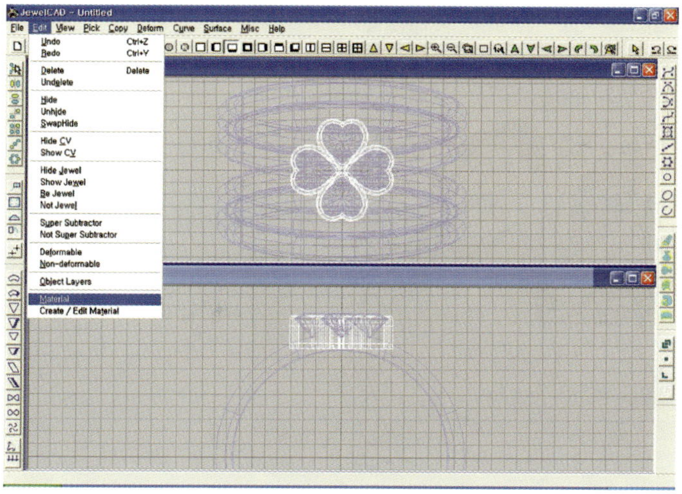

〈18〉

난집의 색상을 정하기 위하여 먼저 보석과 Dis-Boolean을 시킨다.

보석을 선택한 후에 난집을 반대로 마우스를 드래그하면 난집을 선택하기에 용이하다.

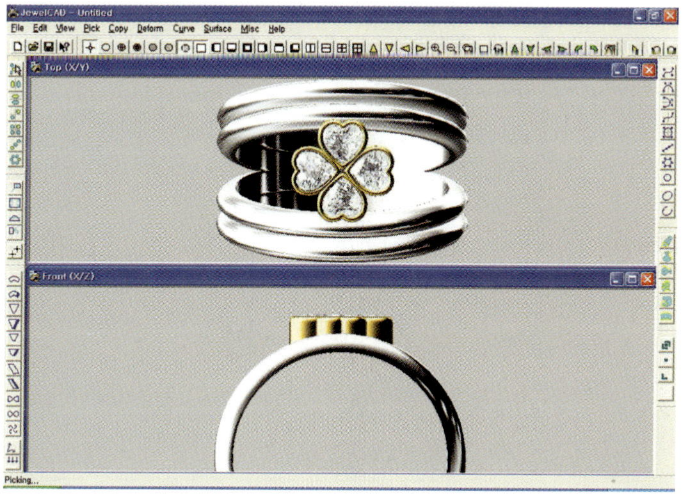

〈19〉

Rendering 모드로 물체를 볼 수 있다.

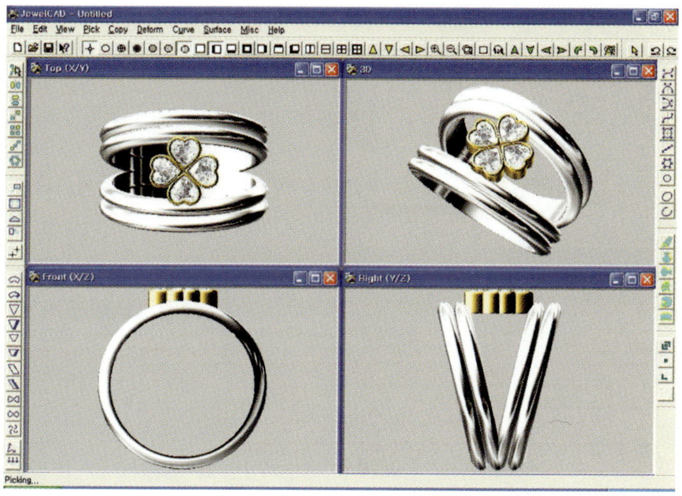

〈20〉

Four Views로 각각의 물체를 렌더링으로 확인한다.

예제2

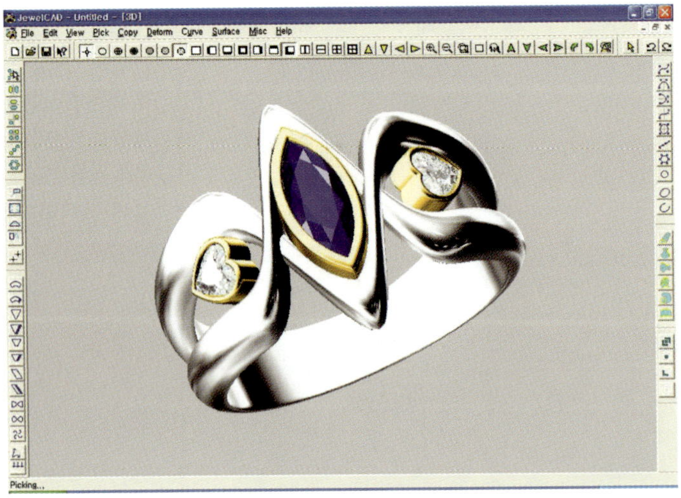

〈1〉
File 메뉴를 선택한 다음 메뉴얼의 Database를 클릭한다.
Database의 Ring1를 선택한다.

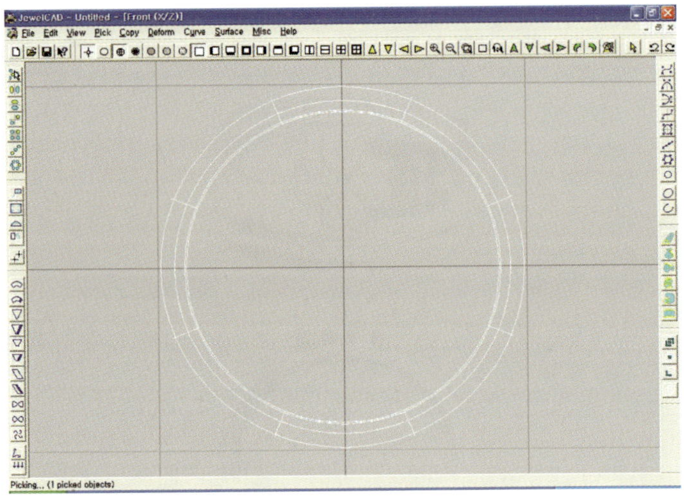

〈2〉
Front 화면에서 Surface 메뉴의 Divide를 선택한다.

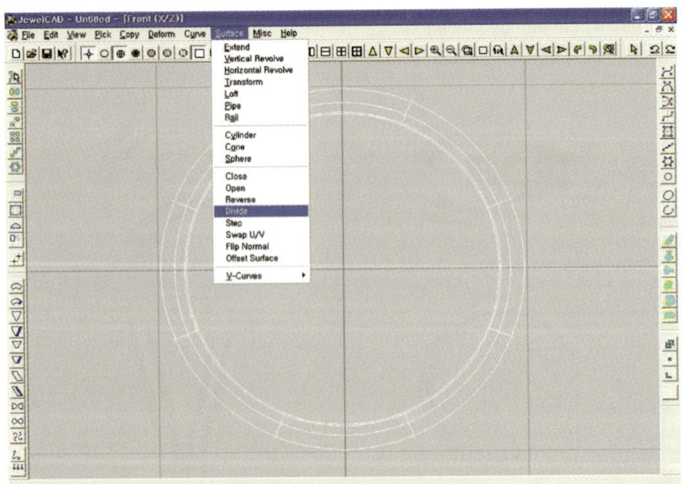

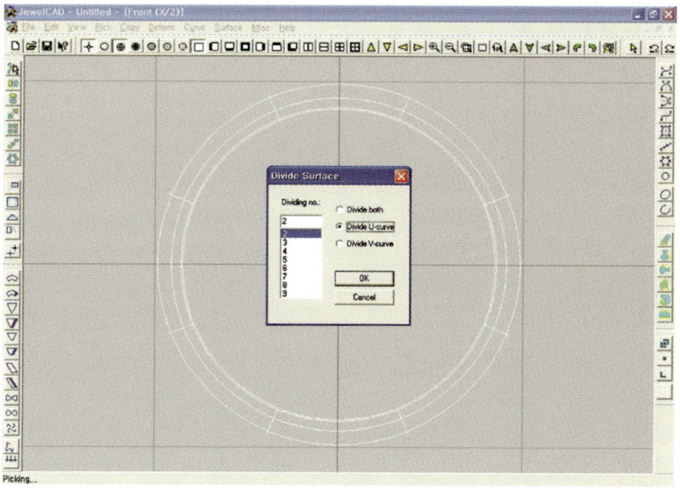

〈3〉
물체의 마디를 나눌 수 있도록 Divide 대화상자가 나오면 나누어 줄 개수 2, 나누어 줄 커브(Divide U-Curve)를 입력한 다음 OK 버튼을 누른다.
(입체인 반지의 원형으로 돌아가는 선이 V-Curve이고 반지의 마디 선들이 U-Curve이다.)

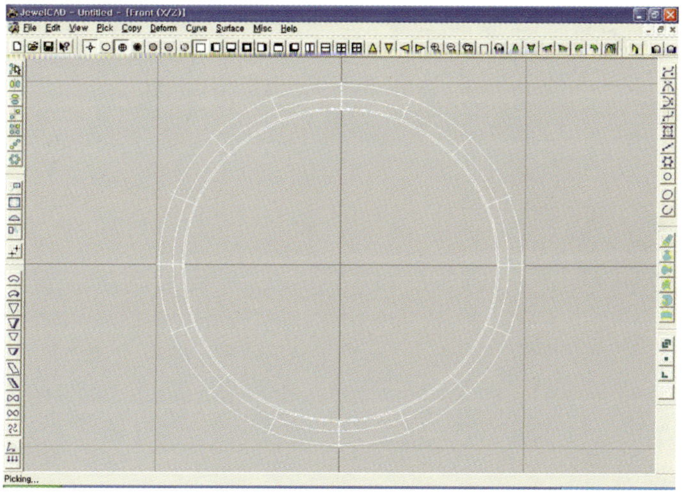

〈4〉
처음의 반지 보다 마디 수가 두 배로 늘었다.
(숫자 2는 한 마디를 두 개로 나눈다는 뜻이다.)

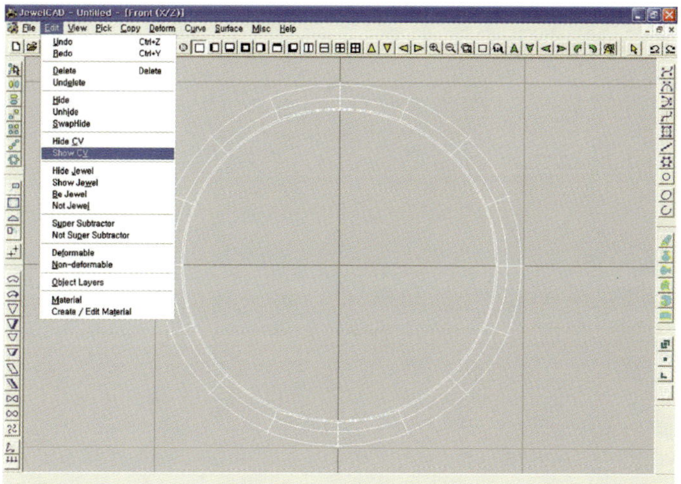

〈5〉
Show CV를 선택하여 물체의 정점을 보이게 한다.

〈6〉

물체의 정점이 화면에 들어와 보인다.

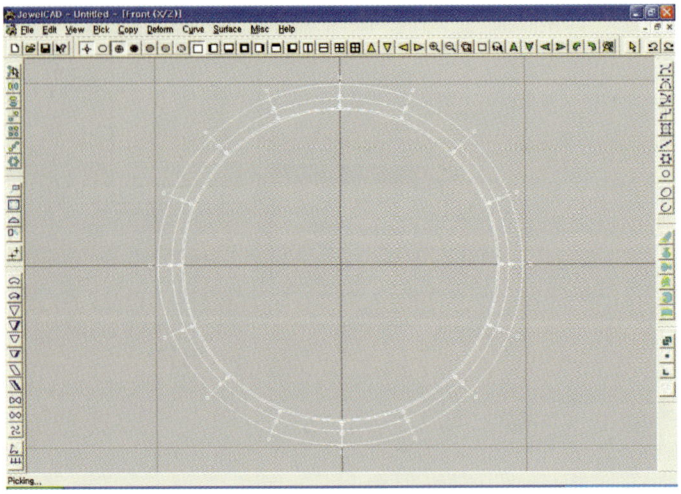

〈7〉

정점을 활용하기 위해서 물체가 하얗게 선택되어 있으면 안되므로 Pick 버튼이나 스페이스바를 누른 후 물체를 선택하여 파랗게 만든다.

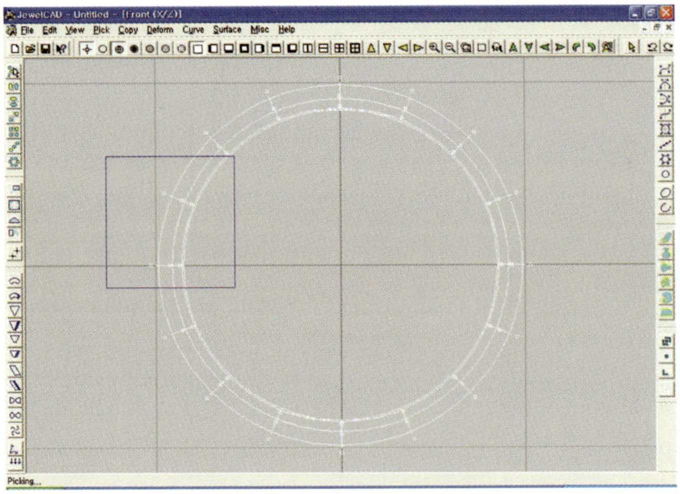

〈8〉

파랗게 취소된 물체에서 Pick CV를 선택하여 정점을 잡을 준비를 한다.

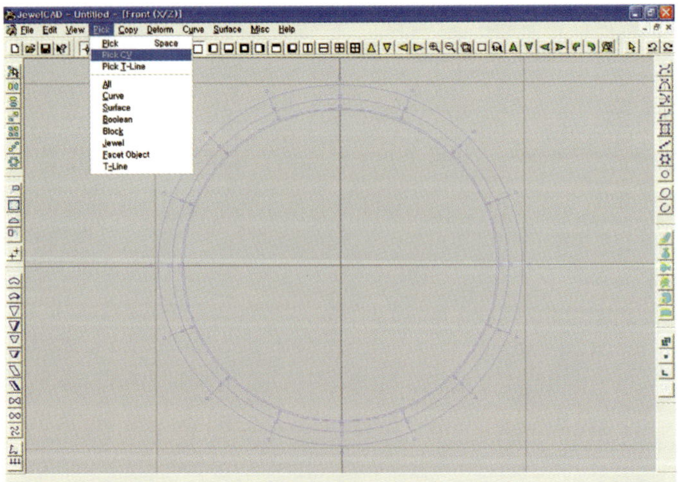

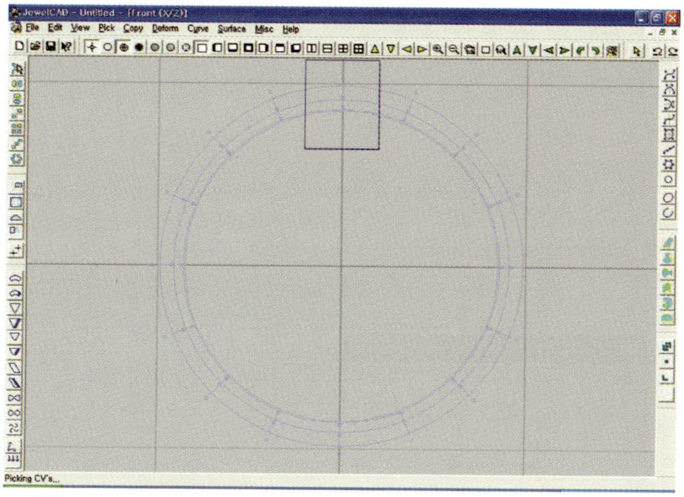

〈9〉

Front 화면에서 위쪽 정 중앙에 있는 정점을 마우스로 드래그하여 선택한다.

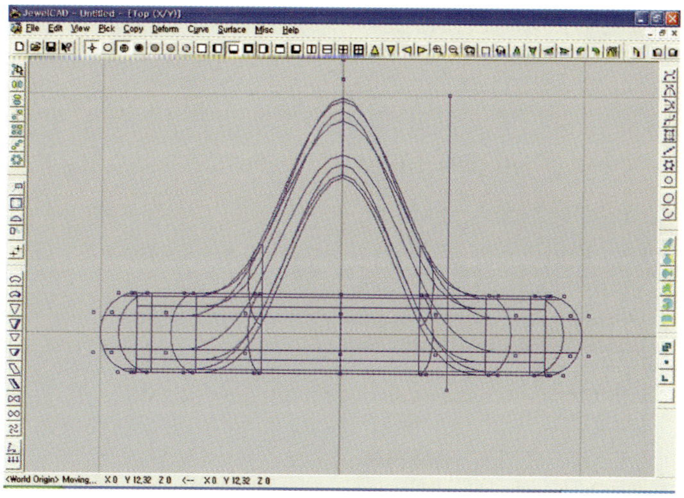

〈10〉

Top 화면에서 Move를 이용하여 10mm 정도 위로 이동시킨다.

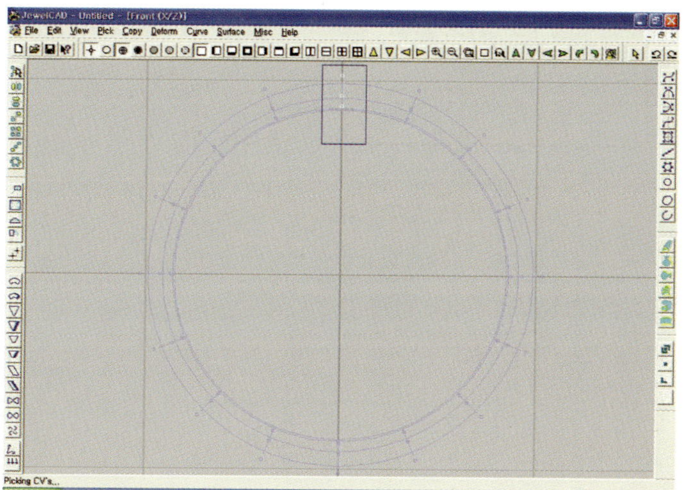

〈11〉

작업이 끝나면 Pick CV 버튼을 클릭한 다음 하얀색의 정점을 다시 선택한다.

〈12〉
파랗게 정점이 취소되면 왼쪽 상단 한 개의 정점을 선택한다.

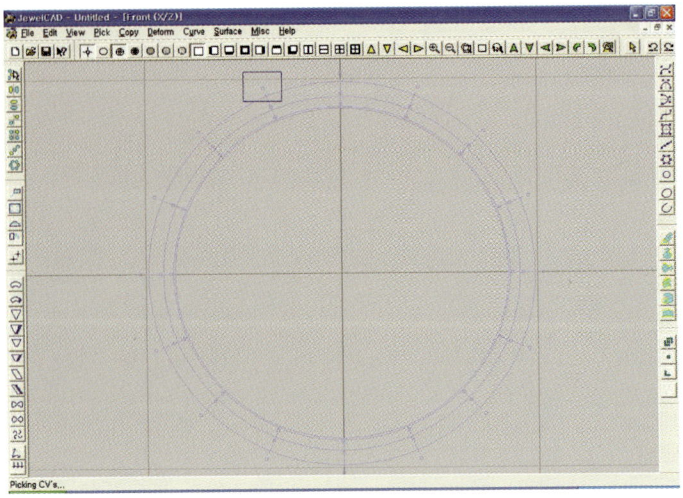

〈13〉
Move 명령으로 살짝 위쪽으로 이동시켜 준다.
작업이 끝나면 정점을 파랗게 취소시켜 놓는다.

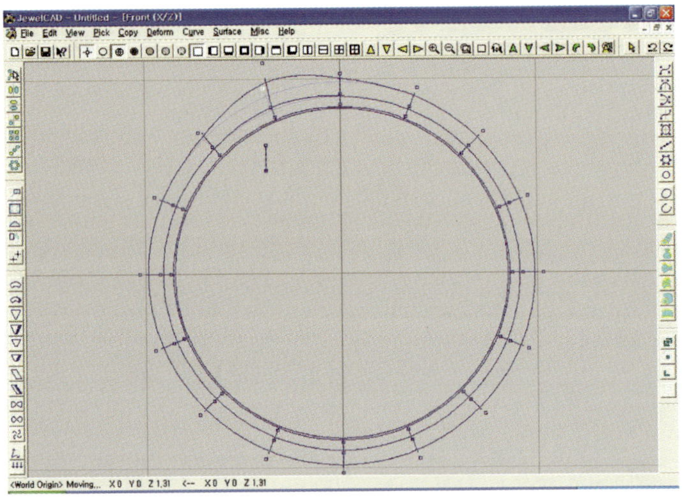

〈14〉
이번에는 오른쪽 상단 한 개의 정점을 선택한다.

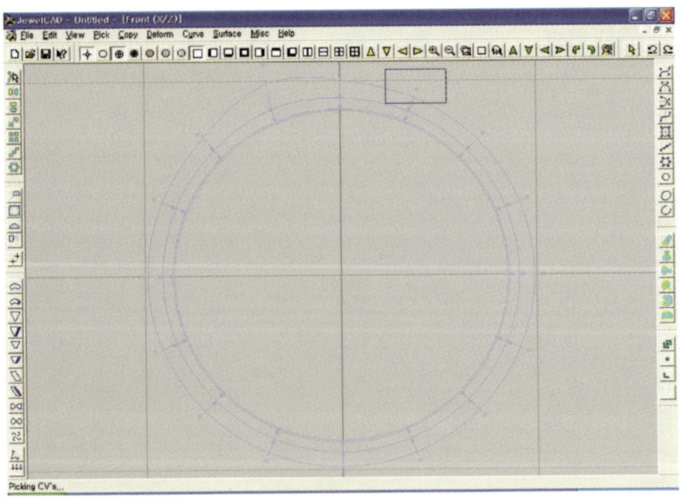

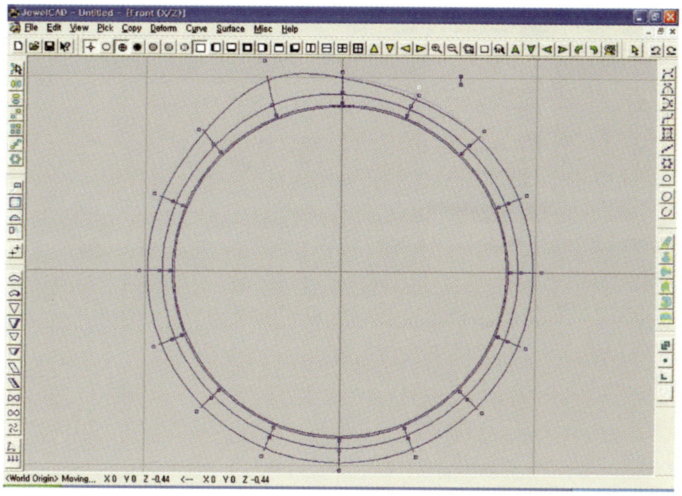

〈15〉
아래쪽 방향으로 Move를 이용하여 정점을 이동시킨다.

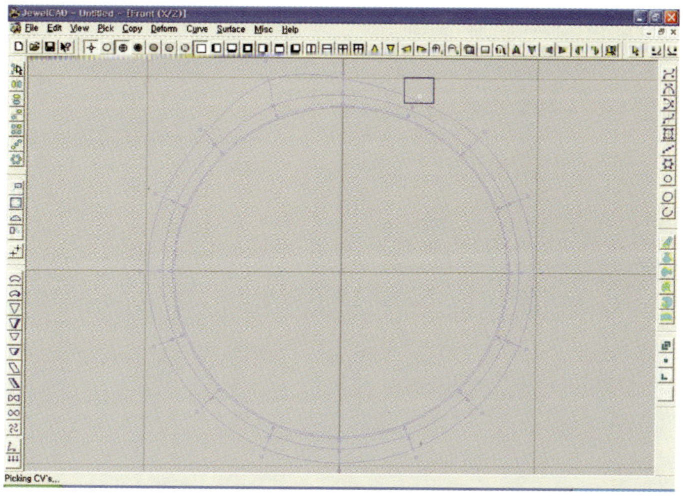

〈16〉
작업이 완료된 정점을 Pick CV를 이용해 다시 정점을 선택하여 파랗게 취소시켜 놓는다.

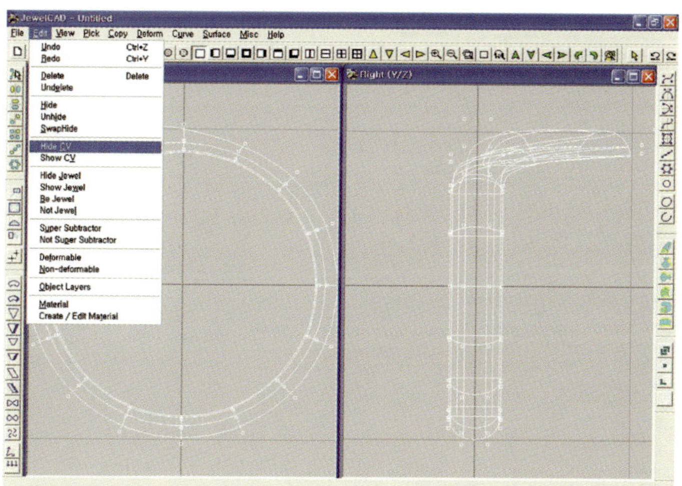

〈17〉
Top과 Front 화면에서 물체를 확인하고 Hide CV를 이용해 물체의 정점을 숨긴다.

〈18〉
Deform 메뉴의 Skew 명령을 선택한다.
(화면의 단축 아이콘을 사용하면 편리하다.)

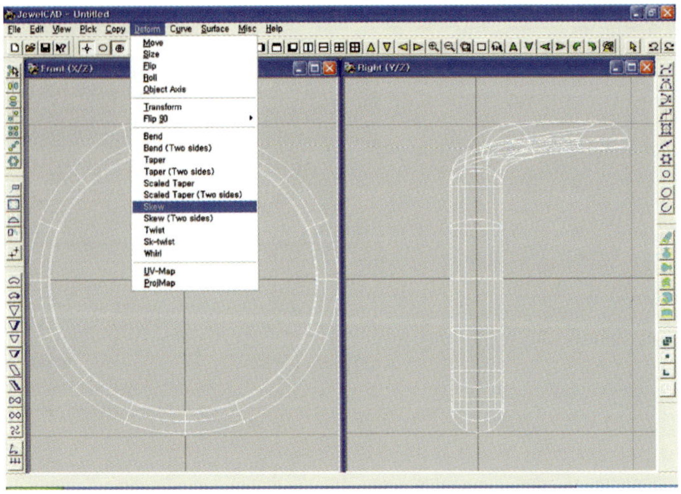

〈19〉
Right 화면에서 반지를 약간 비스듬히 기울여 놓는다.

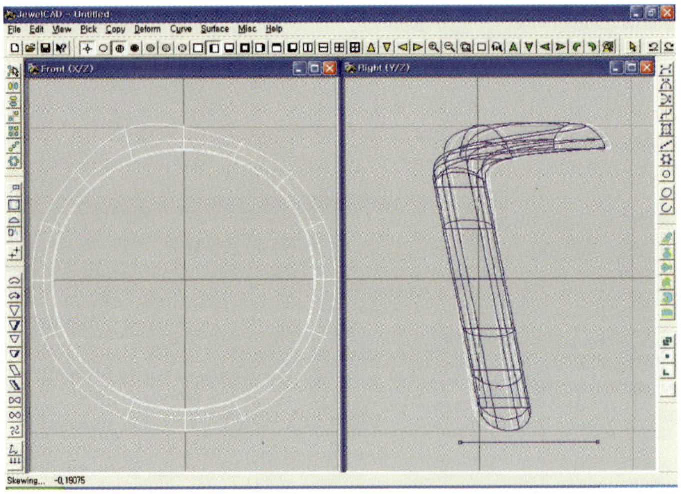

〈20〉
반지 밑 부분이 좌표 수직축 중심에 오도록 Move로 이동한다.

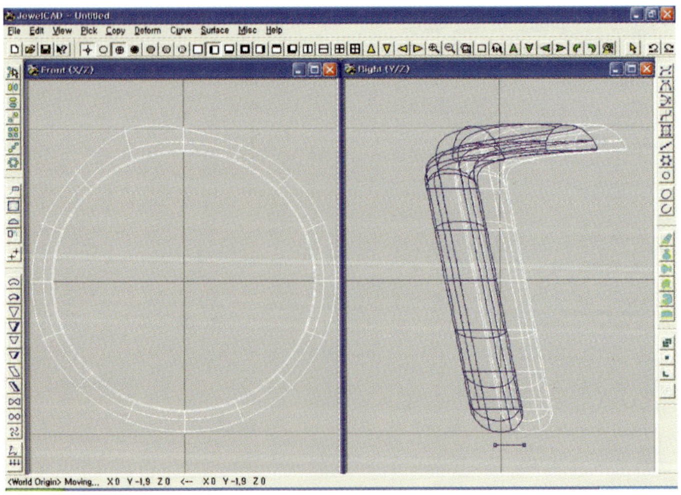

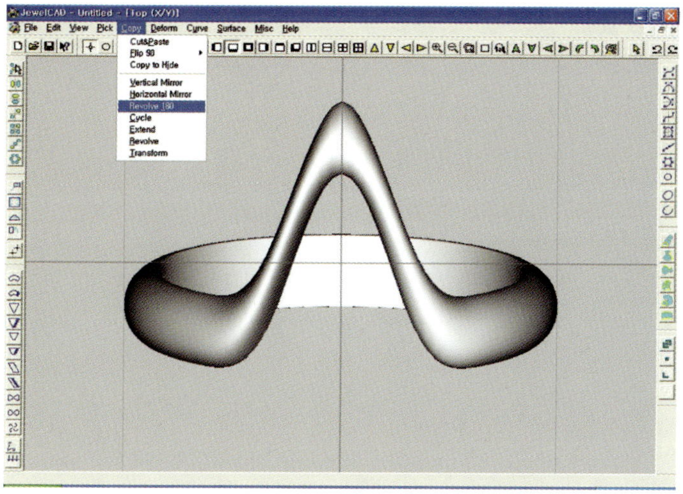

〈21〉
Top 화면에서 물체를 확인하고 Copy Revolve 180 명령을 선택한다.

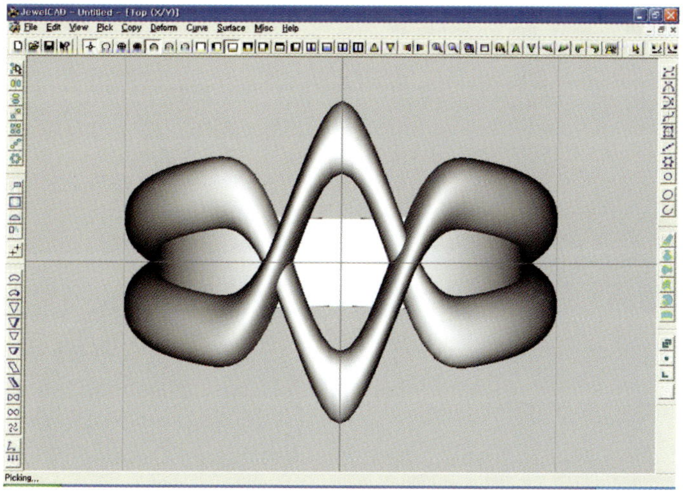

〈22〉
Copy 메뉴의 Revolve 180이나 Revolve의 대화상자에서 복사 개수를 2개 입력한다.
(수평복사를 하면 반지의 좌우 높이가 같은 모양이 오기 때문에 사용할 수 없다.)

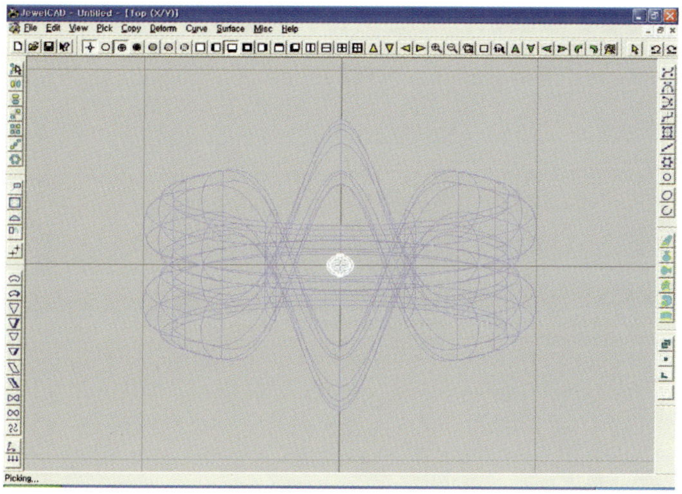

〈23〉
Database의 Settings를 선택한다. Marquise1-Mrq00002를 화면에 불러온다.

〈24〉
Size 왼쪽마우스를 드래그하여 물체를 확대시킨다.

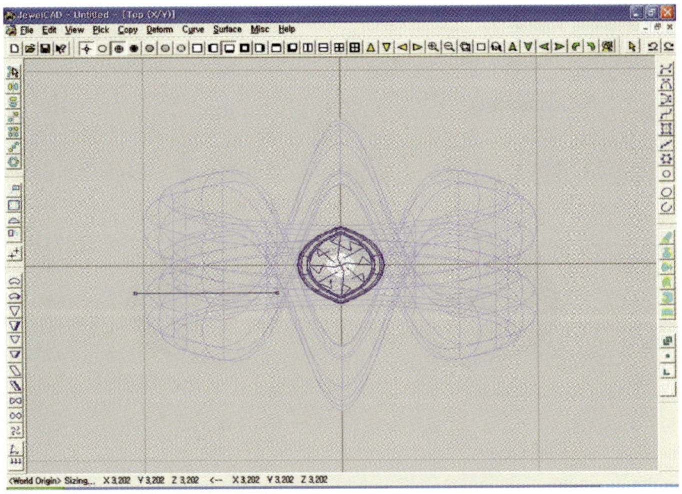

〈25〉
Size 오른쪽마우스를 사용하여 보석의 폭을 줄여 형태를 만든다.

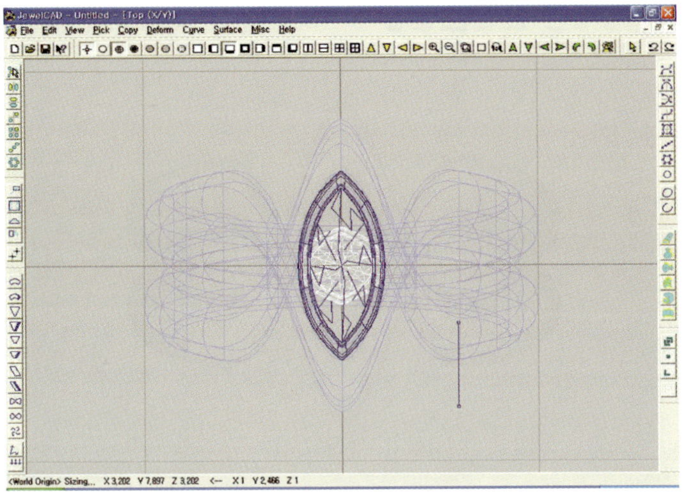

〈26〉
Front 화면에서 보석을 반지의 상단으로 Move 시킨다.

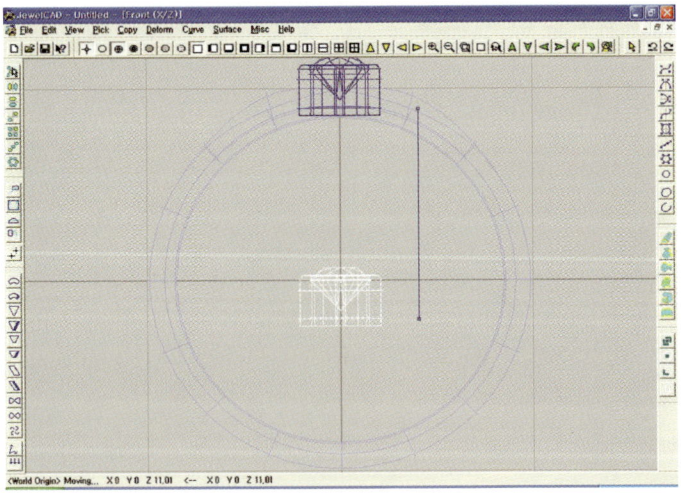

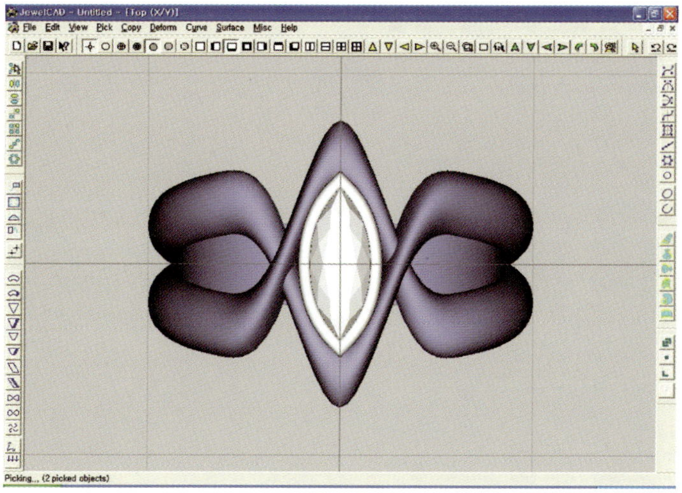

〈27〉

Fast Shading으로 물체를 간단한 컬라모드로 확인할 수 있다.

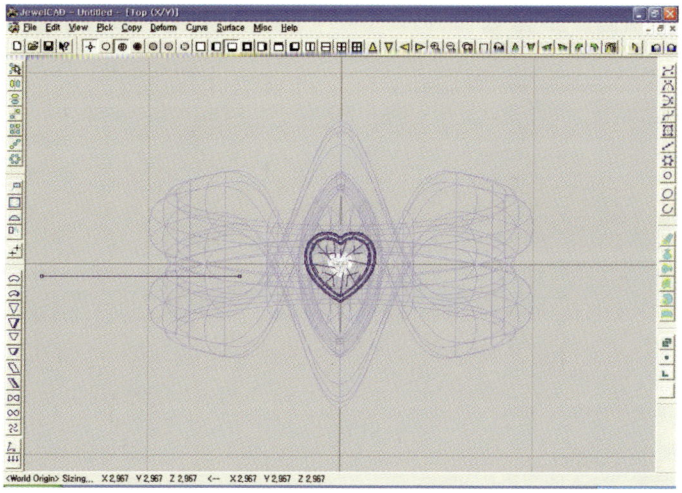

〈28〉

Database의 Settings를 선택한다. Heart1-Hrt00002를 화면에 불러 Size로 확대 시킨다.

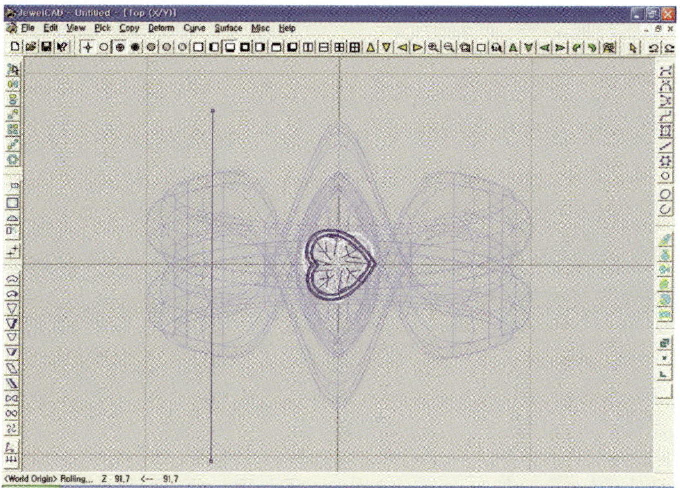

〈29〉

Roll을 선택하여 90도 회전시켜 놓는다.

〈30〉
Front 화면에서 반지의 상단에 Move로 이동 시킨다.

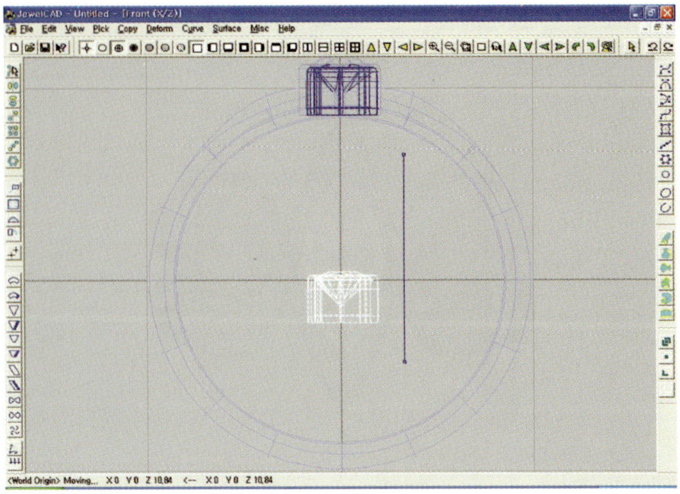

〈31〉
Roll 명령으로 반지의 중심축으로 원하는 위치만큼 회전 시킨다.

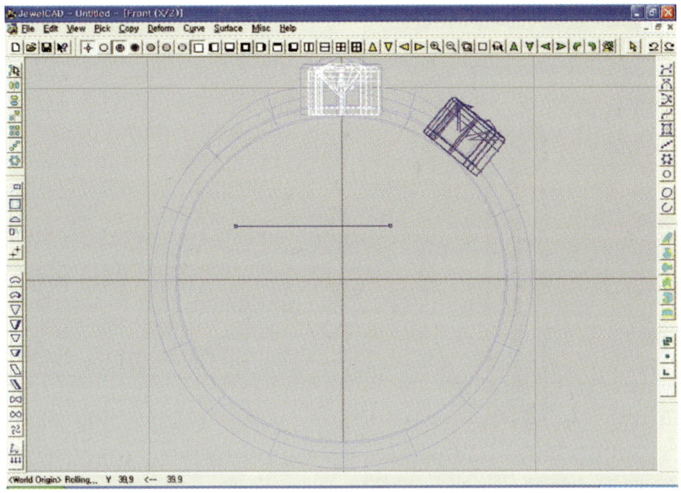

〈32〉
Fast Shading으로 하트가 정확한 위치에 들어왔는지 확인한다.

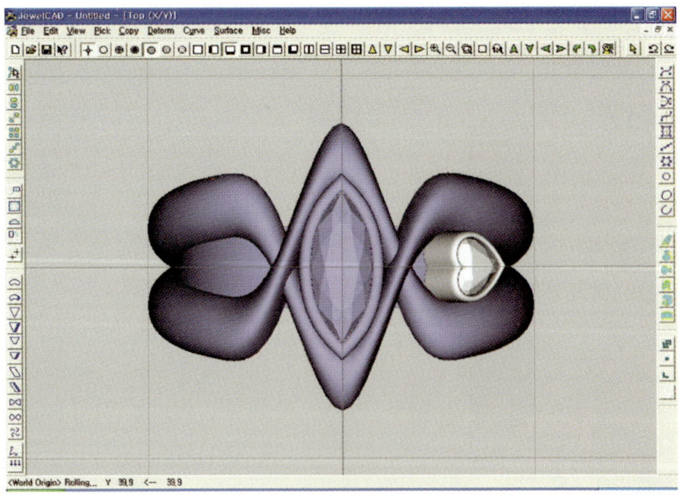

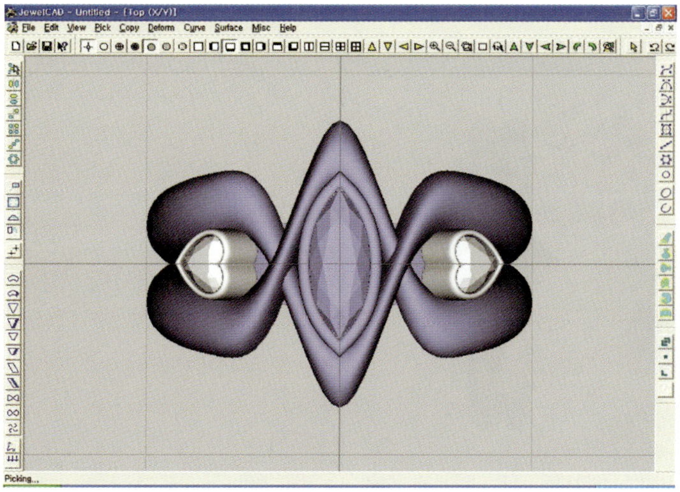

〈33〉
Vertical Mirror Copy로 수직축에 대하여 대칭으로 복사물을 만들어 준다.

〈34〉
Top과 Front 화면에서 보석이 잘 놓여 있는지 확인할 수 있다.

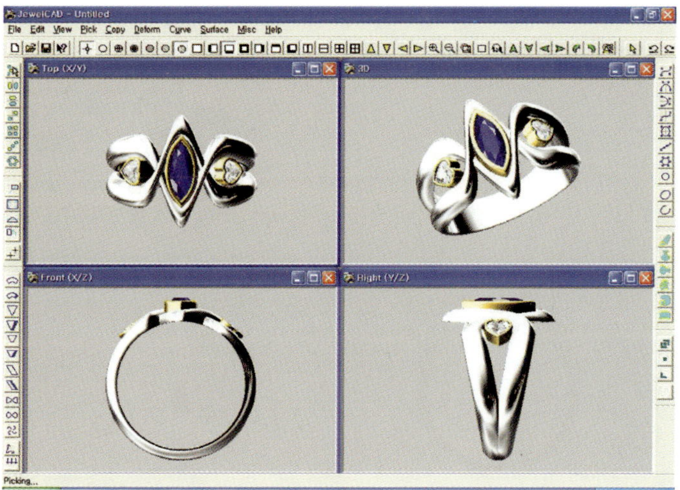

〈35〉
Four Views로 각각의 물체를 확인한다.

예제3

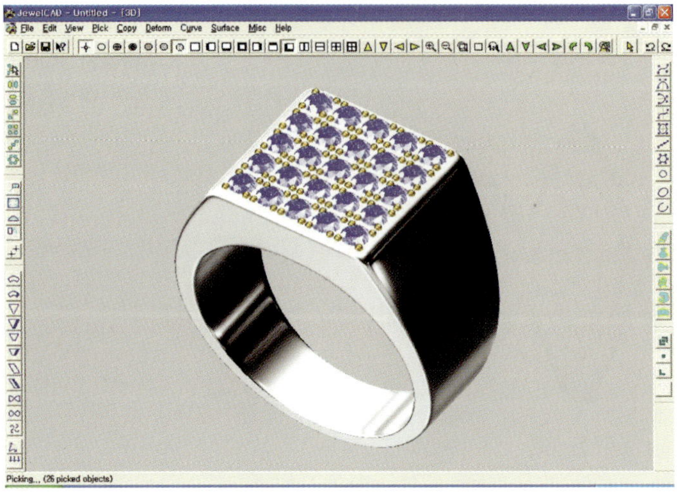

〈1〉
File 메뉴를 선택한 다음 메뉴얼의 Database를 클릭한다.
Database의 Rings를 선택한다.

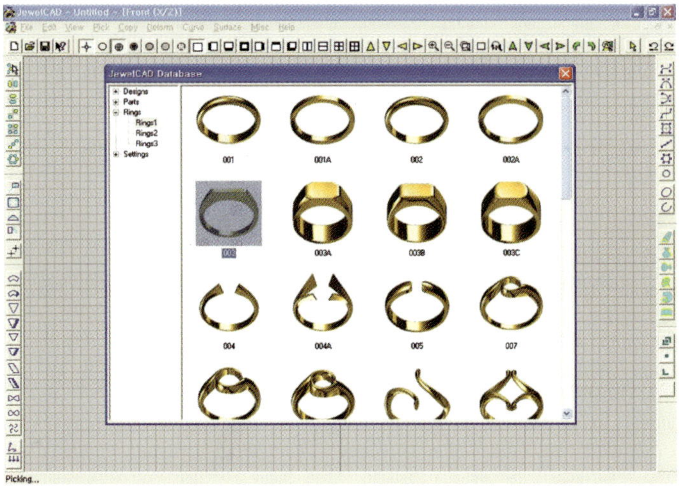

〈2〉
Rings의 Ring1-003를 클릭하여 화면에 반지를 불러온다.

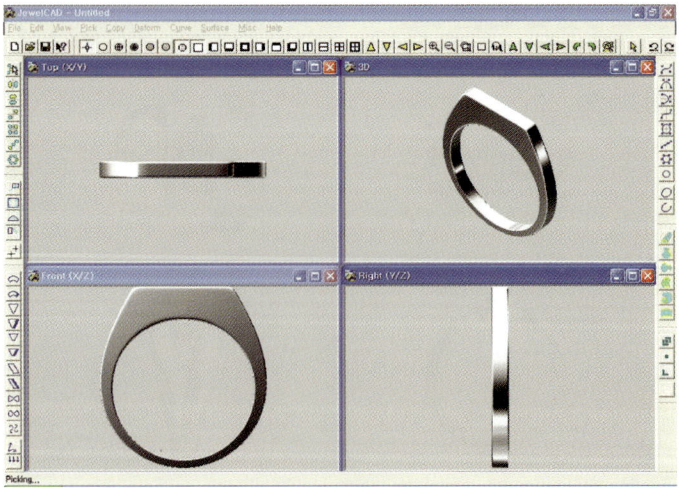

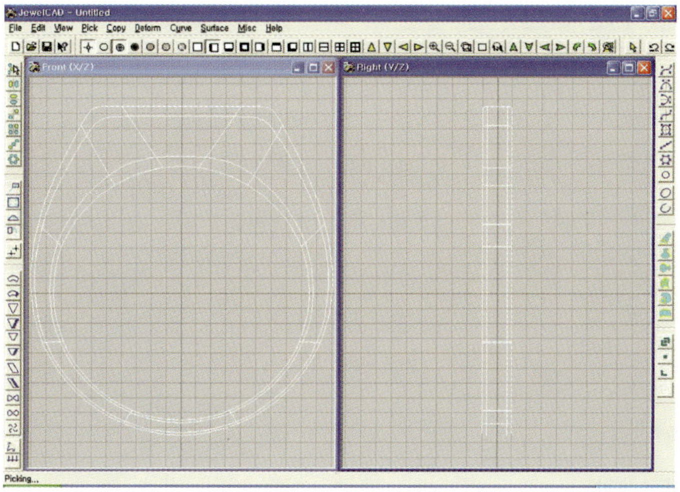

〈3〉

Front와 Right 화면에 반지가 선택되어 졌다.

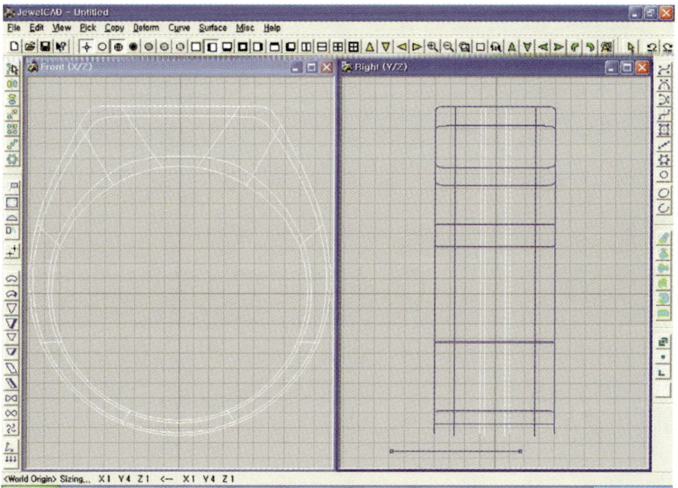

〈4〉

Right 화면에서 Size를 선택한 다음 오른쪽 마우스를 이용해서 반지의 폭을 넓힌다.

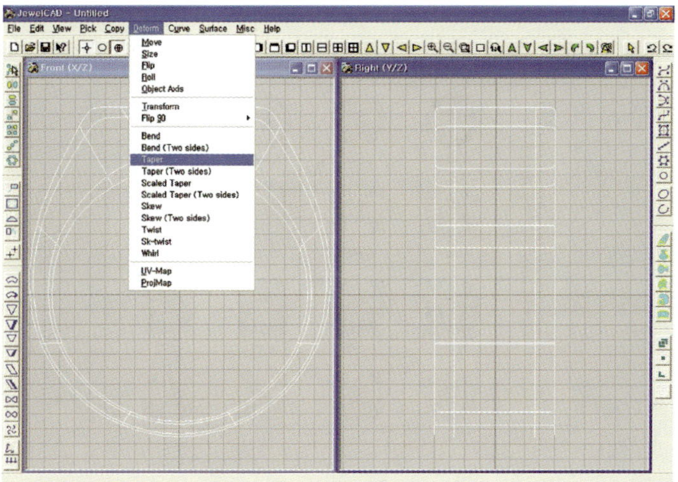

〈5〉

Right 화면에서 Deform 메뉴의 Taper 명령(Taper 아이콘)을 선택한다.

〈6〉
왼쪽마우스를 수평으로 드래그하여 반지의 윗부분은 넓게 아래 부분은 좁게 만든다.

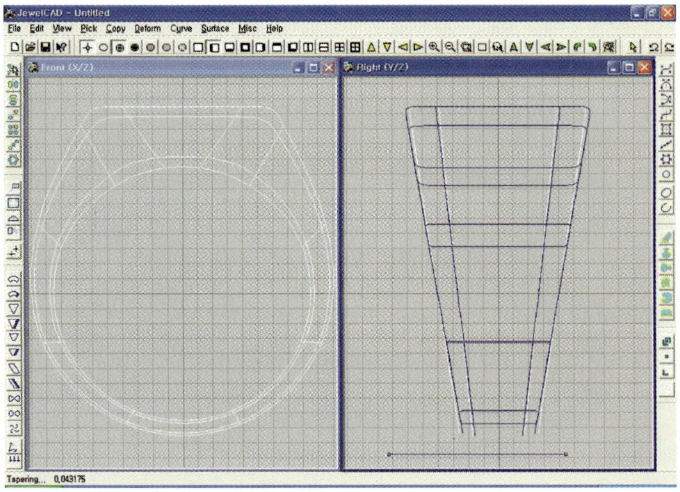

〈7〉
Right 화면에서 반지 작업을 마친 다음 Pick 아이콘을 선택해 물체를 파랗게 취소한다.

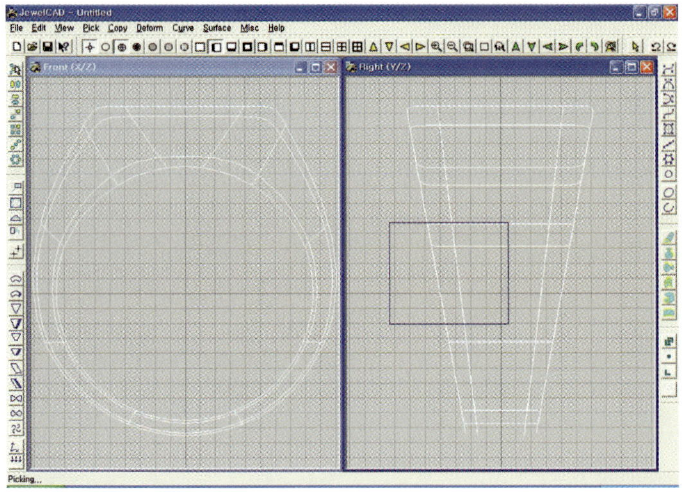

〈8〉
Database의 Settings Round1의 보석 Rnd00013을 선택한다.

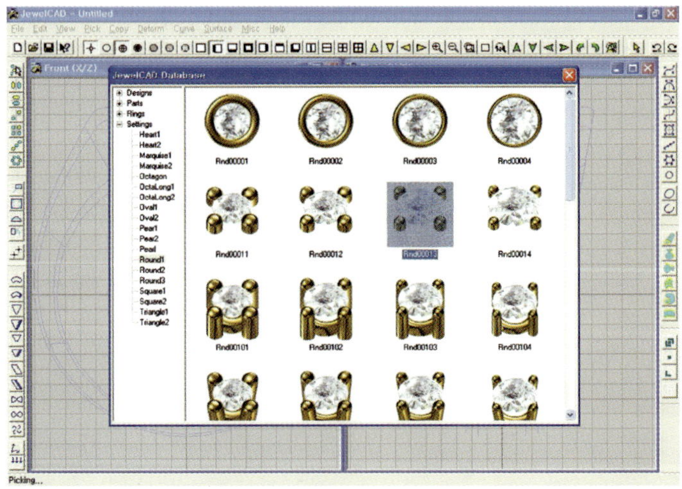

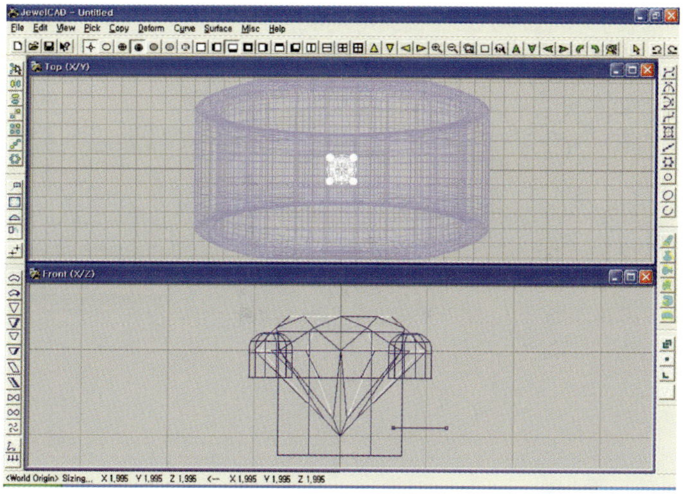

〈9〉

화면에 사용하고자 하는 보석이 중앙에 들어와 있다.

Front 화면을 확대시킨 후 보석의 Size를 2mm로 확대시킨다.

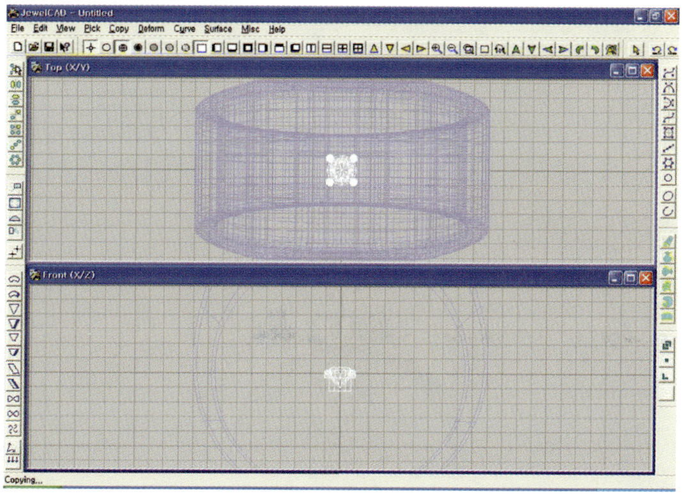

〈10〉

Front 화면의 중심에 보석이 있다.

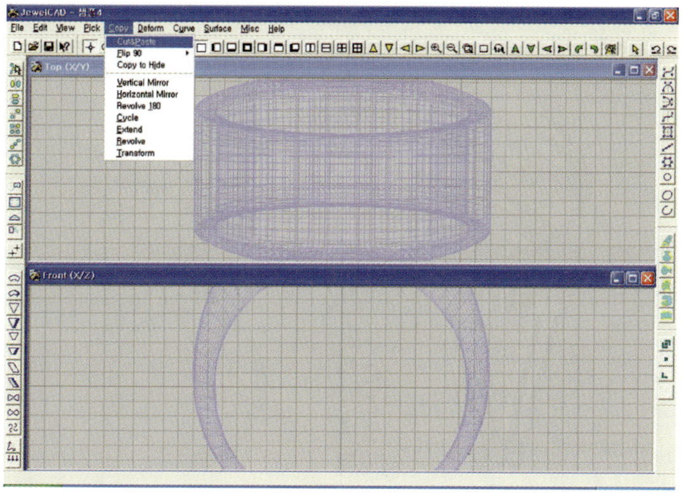

〈11〉

보석을 반지의 위 표면에 붙이기 위하여 Copy 메뉴의 Cut & Paste 명령을 선택한다.

Cut & Paste 명령을 받은 보석은 화면에서 사라진다.

〈12〉
Cut&Paste 명령으로 반지의 표면에 보석을 붙이려면 컬라모드(3개 중 하나 선택)를 선택하고 Top 화면에서 왼쪽마우스로 반지표면에 클릭한다.

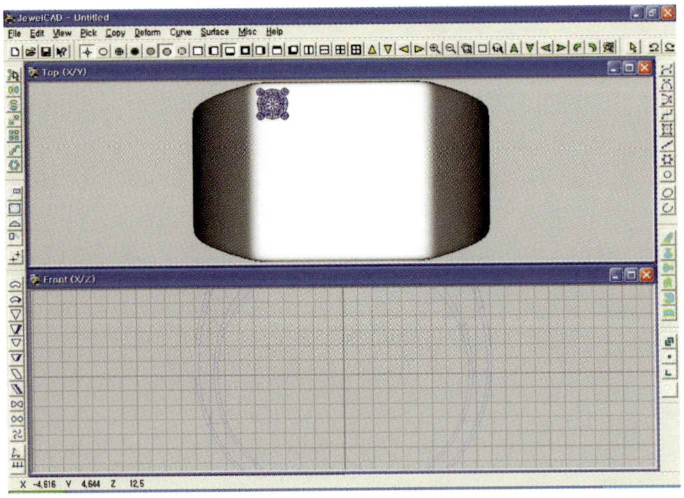

〈13〉
Cut&Paste는 연속적으로 붙일 수 있는 기능이므로 보석 옆에 다음 보석을 마우스로 클릭한다.

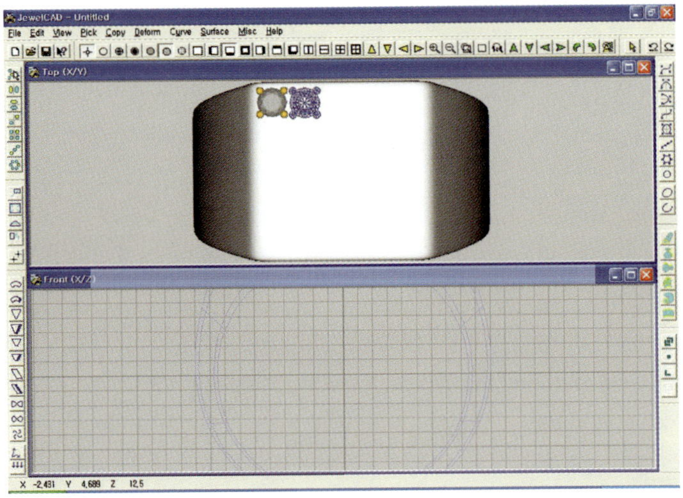

〈14〉
Cut&Paste는 원하는 만큼 붙일 수 있다.

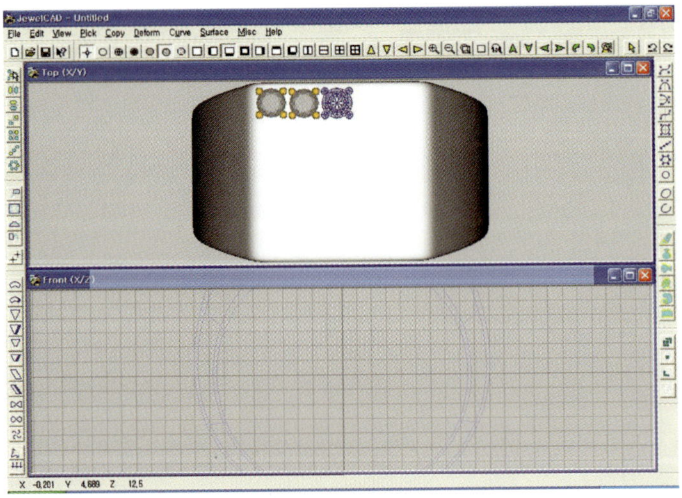

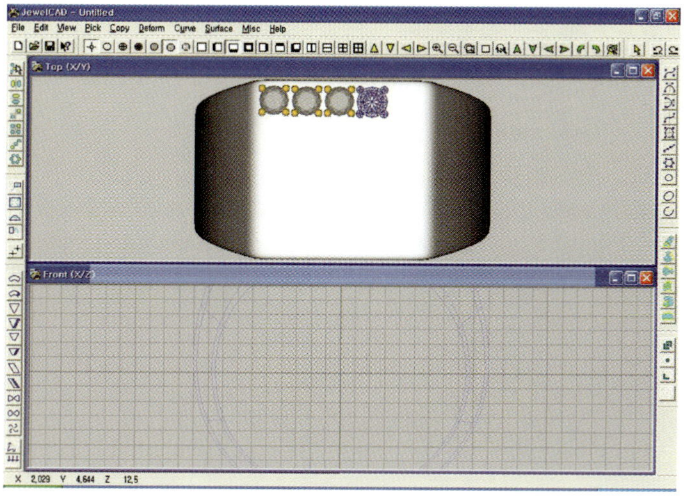

〈15〉
Cut&Paste 기능 중에 다른 아이콘이 나 명령을 누르면 작업이 끝나므로 주의해야 한다.

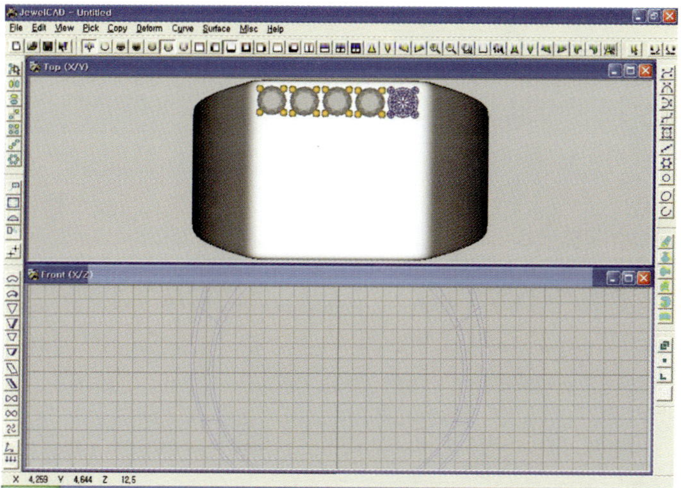

〈16〉
반지 표면에 한 줄로 나열해서 보석을 붙였다.
표면이 굴곡이 있다면 Cut&Paste 기능이 물체에 잘 표현된다.

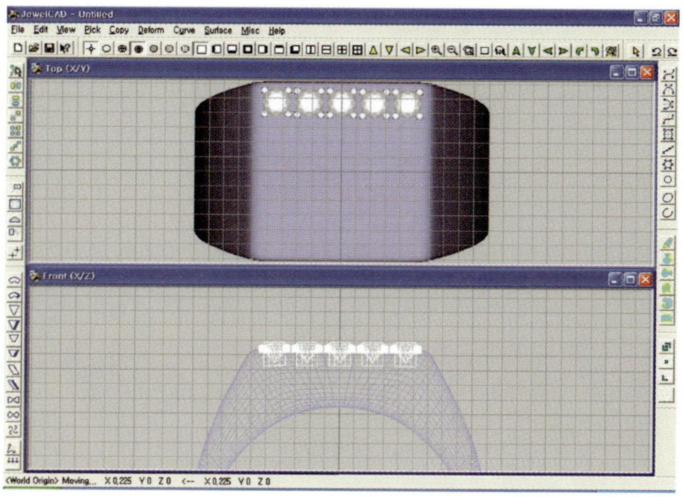

〈17〉
Top 과 Front 화면에서 보석이 세팅되어 있음을 확인한다.

〈18〉
반지 위의 보석을 Cut&Paste로 계속 면 전체에다 붙일 수 있지만 똑같은 위치에 붙이기는 어렵다.
Copy Extend를 이용하여 직선방식으로 복사해 주는 것이 좋다.

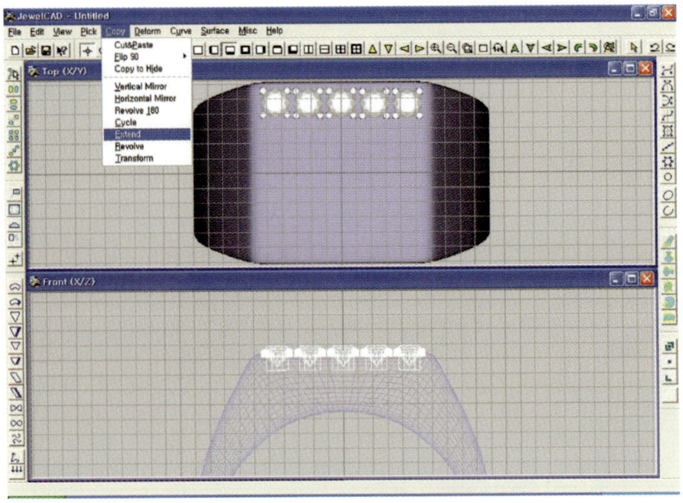

〈19〉
Top 화면에서 Copy Extend를 선택하면 대화상자가 나온다.
복사 개수, 거리, 축 등을 수치로 입력할 수 있지만 <을 눌러 왼쪽마우스로 거리를 드래그한다.
(복사 개수: 5, 거리: 23, 축: 수직축 -90)

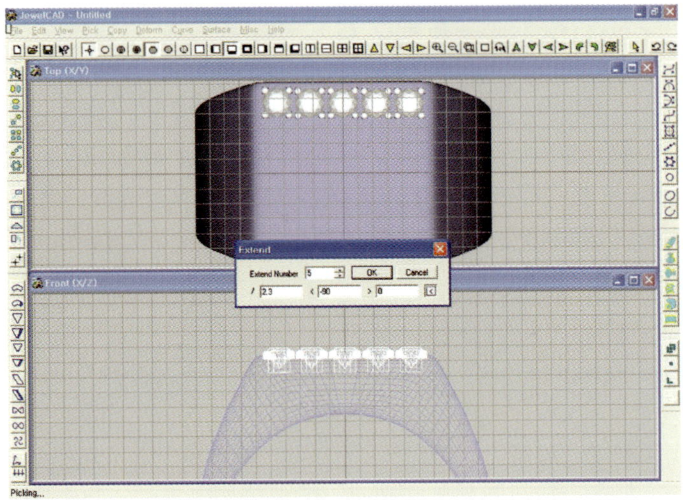

〈20〉
반지의 표면에 원하는 수 만큼 보석이 복사되었다.

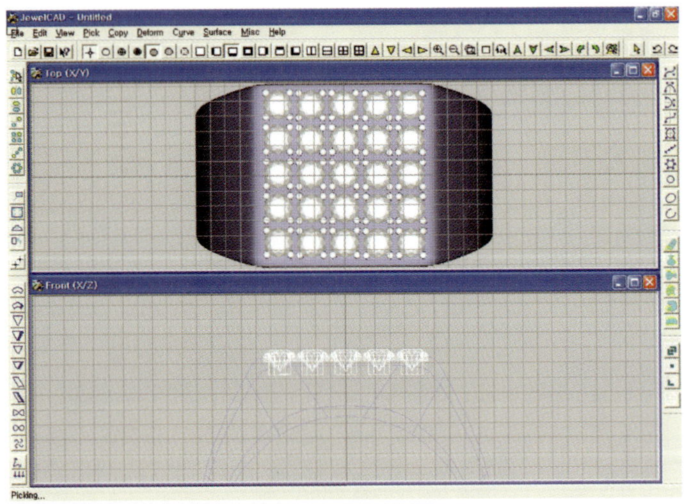

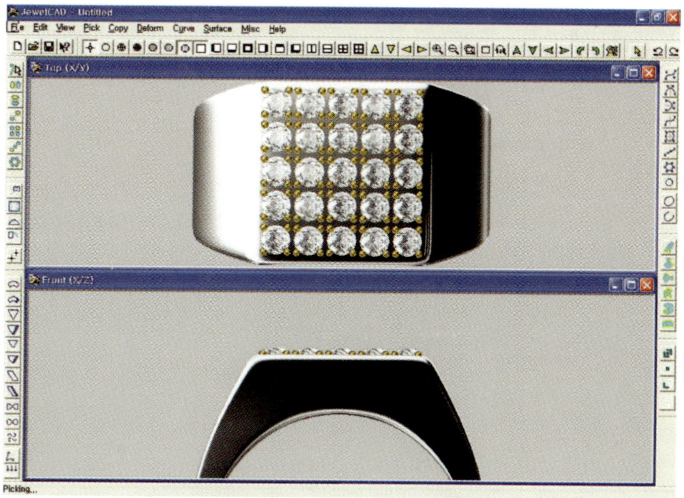

〈21〉
반지 재질을 화이트로 정하고 칼라모드로 확인한다.

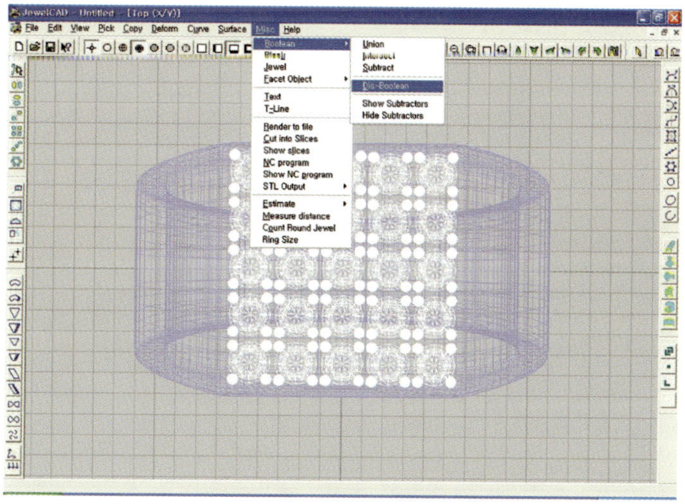

〈22〉
반지 위의 보석 색상을 바꿔 보기 위해 보석만 하얗게 선택한다.
보석과 난발은 이미 합집합이 된 상태로 Database에서 나오게 된다.
보석만 색을 바꾸기 위해 Boolean 메뉴의 Dis-Boolean을 선택하다.

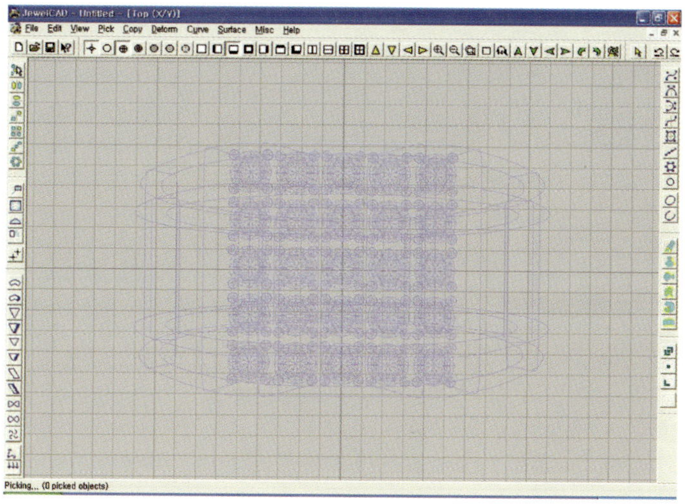

〈23〉
보석은 이제 난발과 알이 서로 분리되었다.

〈24〉
보석만 선택하기 위해 모든 물체를 파랗게 취소시켜 놓은 후에 Pick 메뉴의 Jewel 명령을 선택한다.

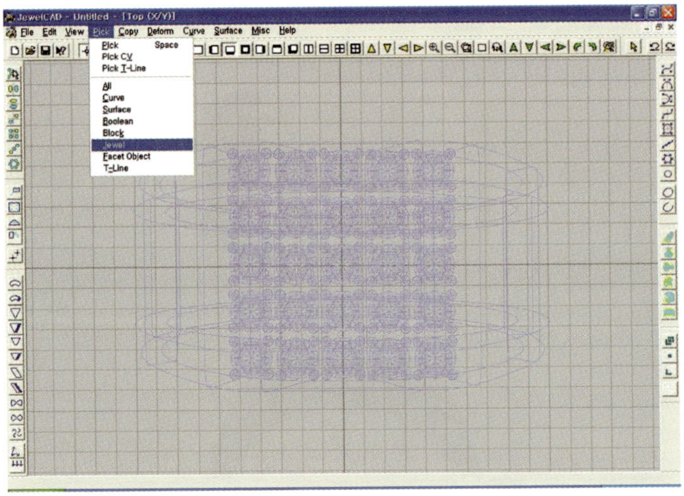

〈25〉
보석 알만 하얗게 선택이 되었다.

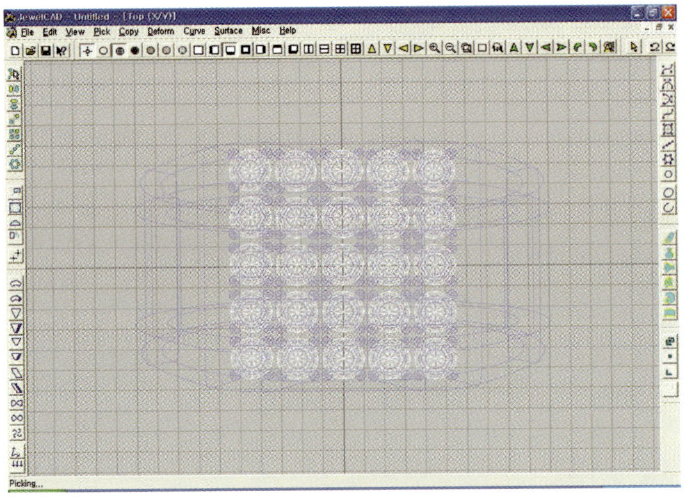

〈26〉
보석의 색을 바꾸기 위해 Edit 메뉴의 Material을 선택한다.

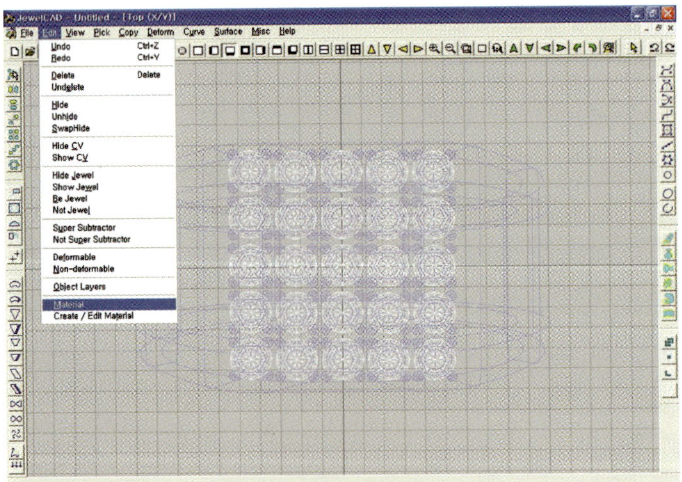

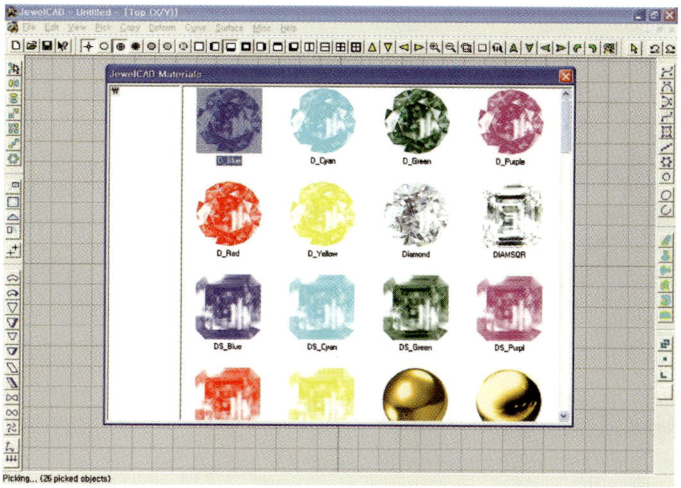

〈27〉
화면에 재질 대화상자가 나오고 원하는 색을 지정한다.

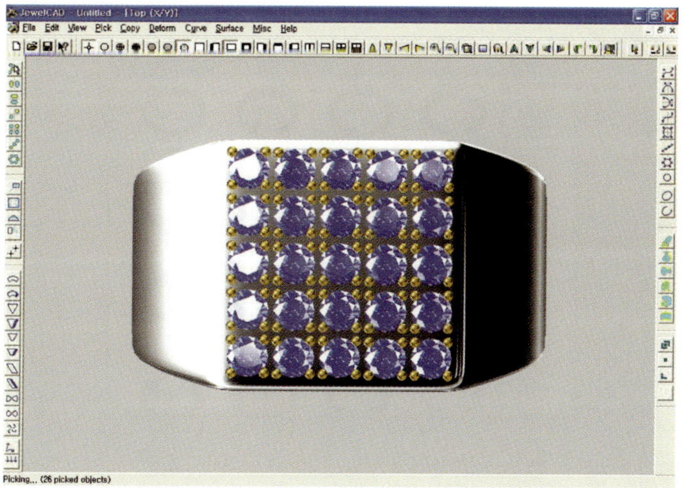

〈28〉
화이트 보석이 블루색으로 바뀌어져 있다.

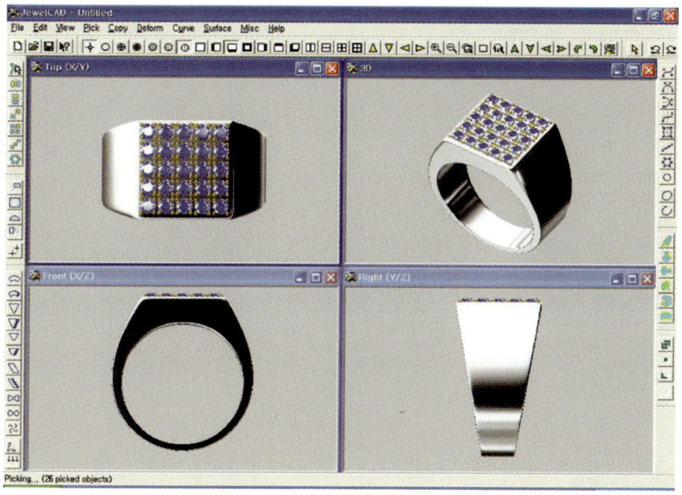

〈29〉
각각의 화면을 렌더링 모드로 확인할 수 있다.

예제4

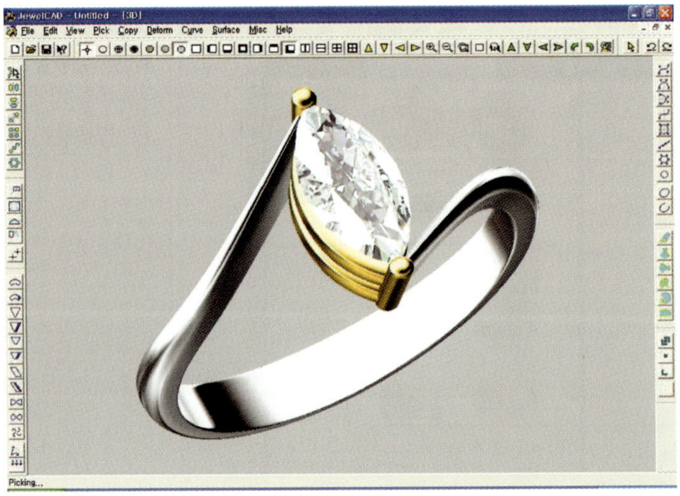

〈1〉
Database의 Rings를 선택한다.
Rings의 Ring1-004를 클릭하여 화면에 반지를 불러온다.

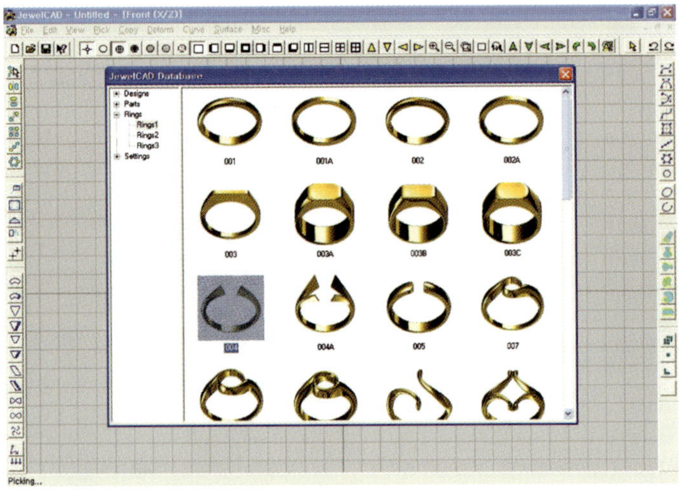

〈2〉
Front 화면에 반지가 들어온다.

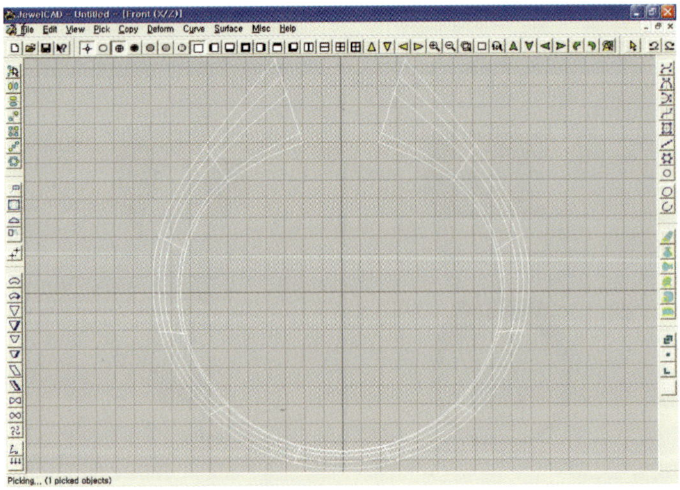

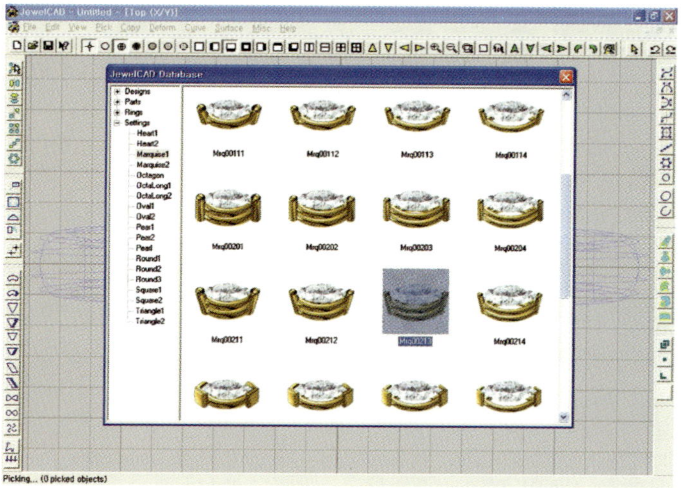

〈3〉
Database의 Settings를 선택한 후 Marquise1-Mrq00213을 클릭한다.

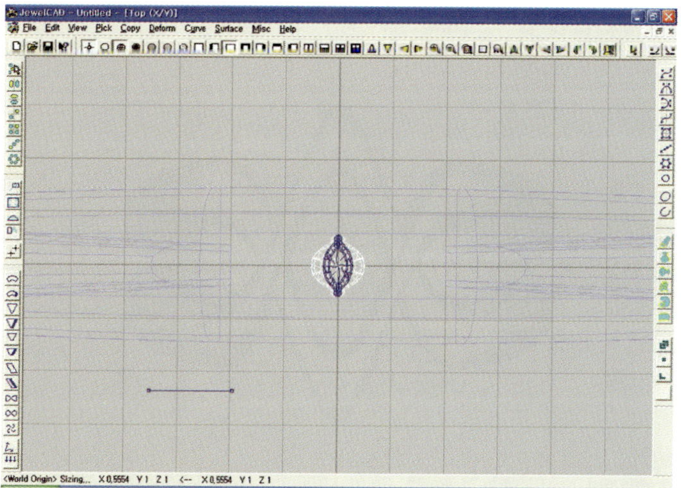

〈4〉
마퀴즈 보석이 화면에 나오면 Size 오른쪽마우스로 폭을 줄여 모양을 만든다.

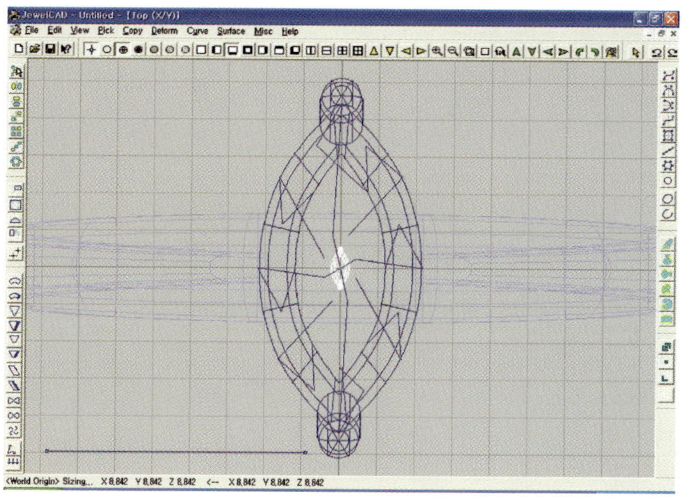

〈5〉
마퀴즈 보석의 형태가 만들어 지면 Size 왼쪽마우스로 보석의 크기를 확대시킨다.

〈6〉
Front 화면에서 보석의 높이를 Size 오른쪽마우스로 줄여 준다.

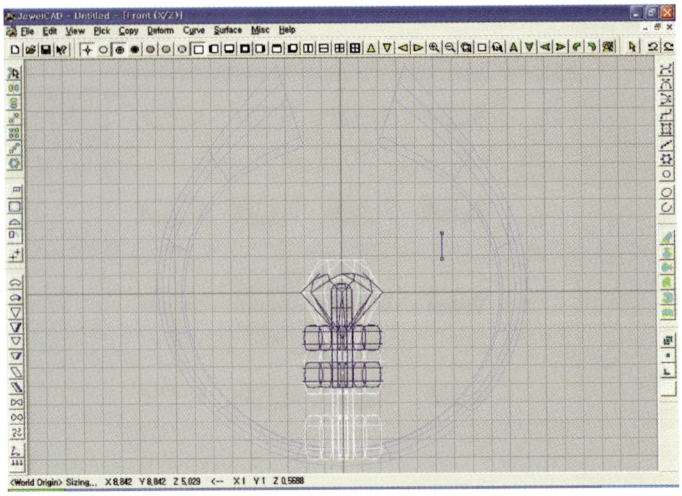

〈7〉
보석을 반지의 위 부분으로 Move 시킨다.

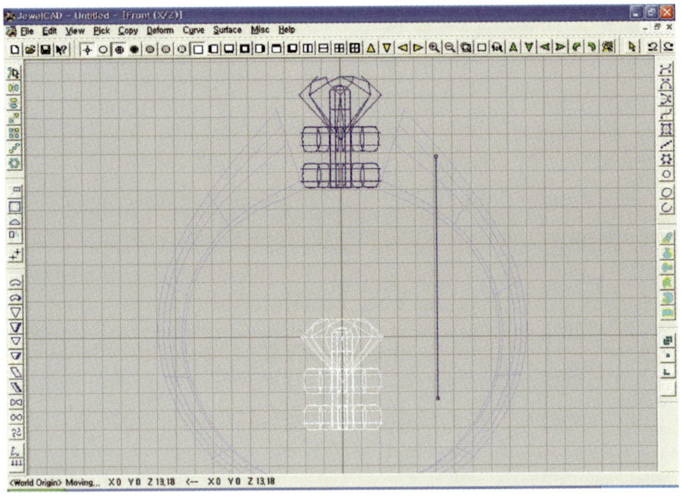

〈8〉
반지을 선택하여 정점을 보이게 만든다.

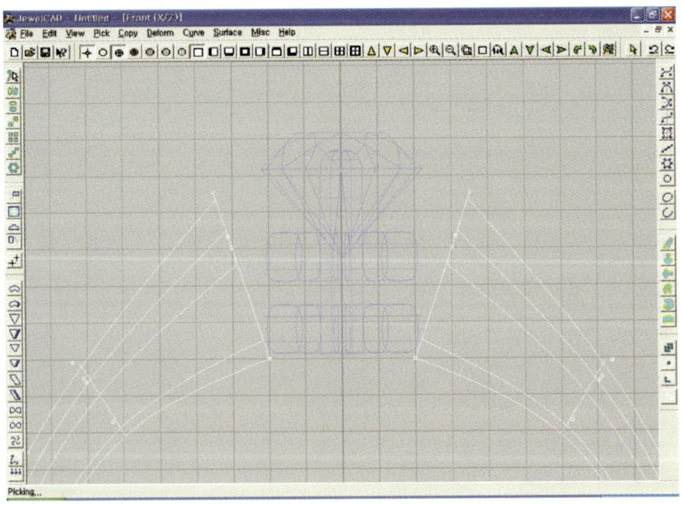

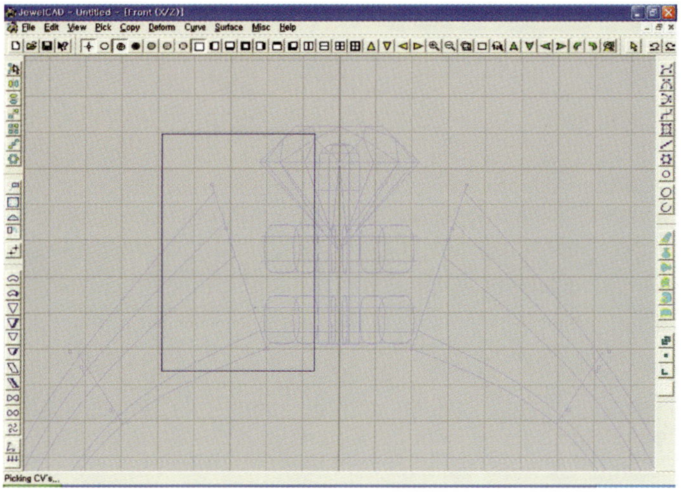

〈9〉
반지의 왼쪽 부분을 Pick CV 명령 후에 정점을 마우스로 드래그하여 선택한다.

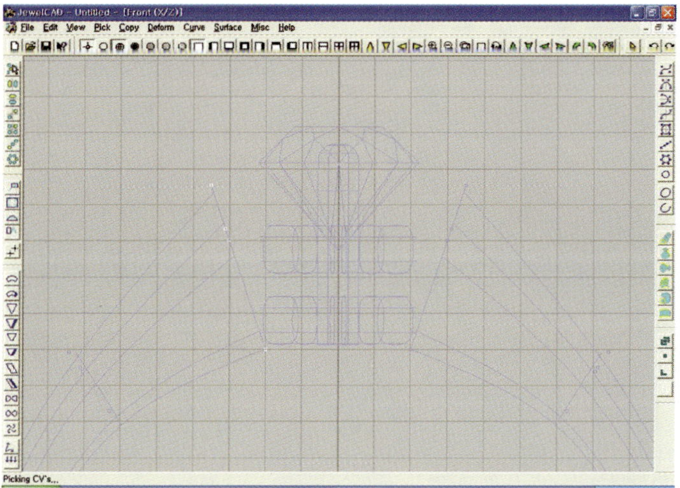

〈10〉
성섬이 하얗게 선택되어 진다.

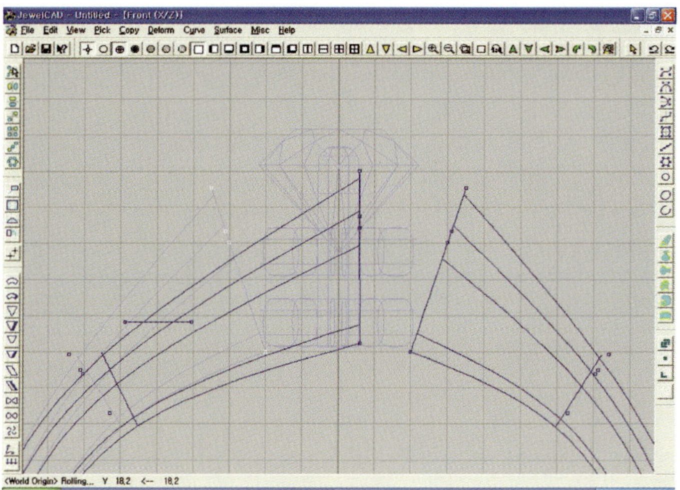

〈11〉
Roll 명령으로 회전시켜 정점이 수직선에 나란하게 만든다.

〈12〉
Move를 이용하여 정점을 수직축에 놓는다.

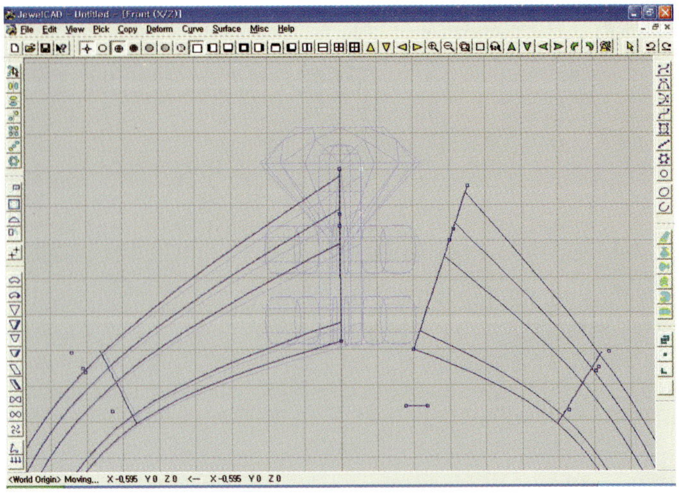

〈13〉
Top 화면에서 정점을 Move로 위쪽 난발에 맞도록 이동시킨다.

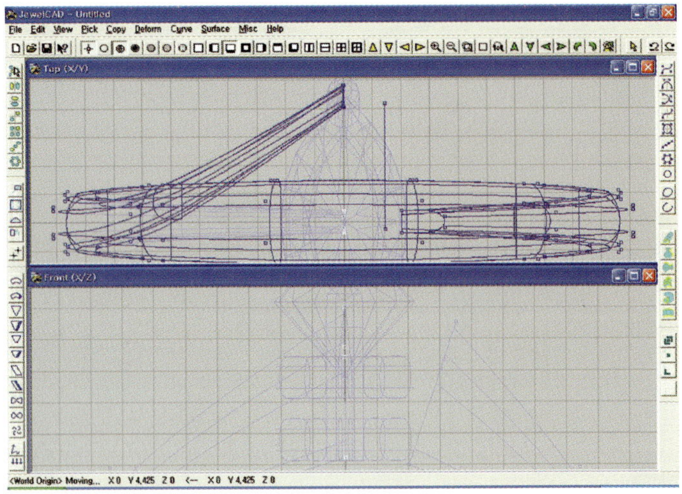

〈14〉
Pick CV 명령 후에 Front 화면에서 선택된 정점과 다음 작업을 할 선택되지 않은 정점을 같이 왼쪽마우스로 드래그하여 준다.

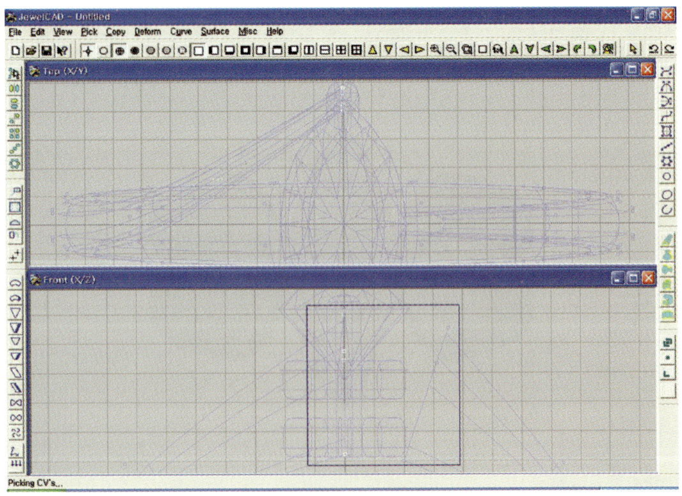

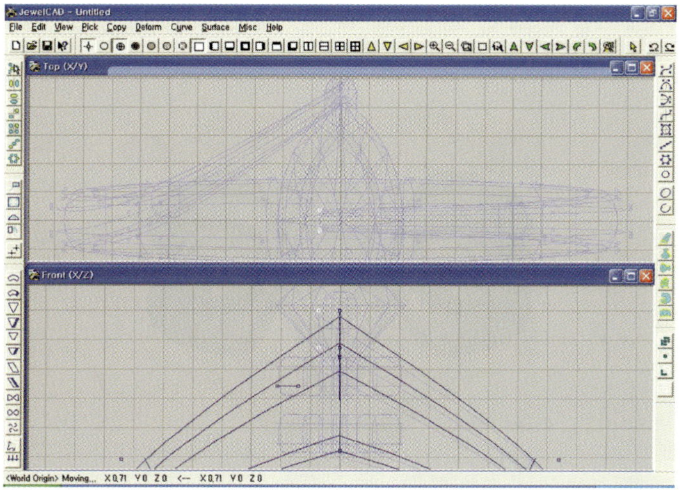

〈15〉
나중에 선택된 정점을 앞의 작업과 같은 방법으로 수직축에 놓아 준다.

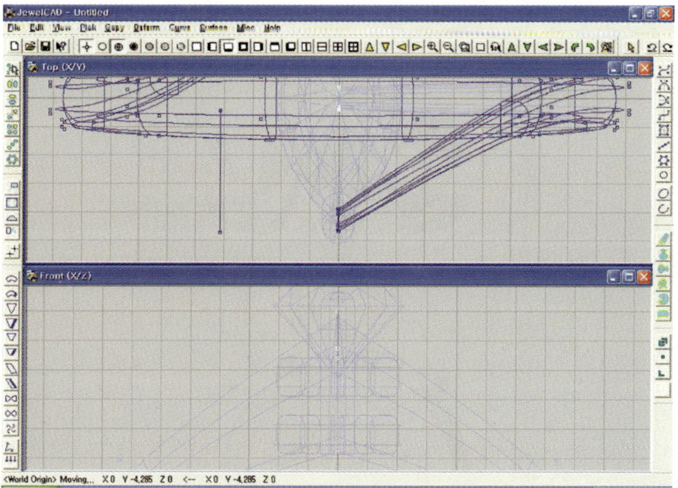

〈16〉
Top 화면에서 보석의 반대편 난발에 정점을 Move 시켜준다.

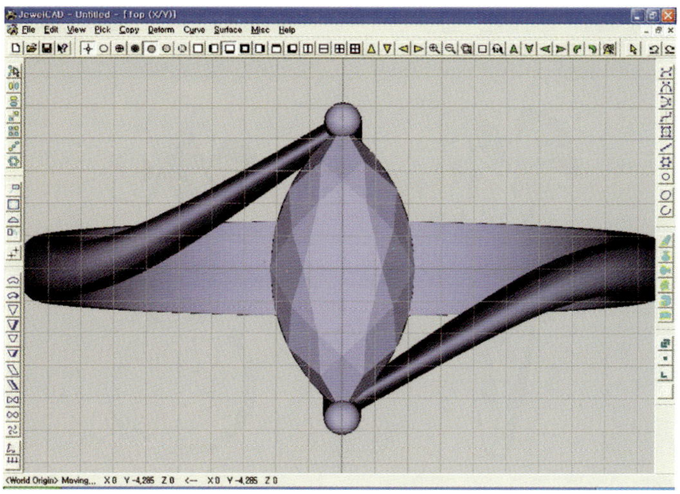

〈17〉
Fast Shading으로 반지와 보석의 모양을 확인한다.

〈18〉

Top 화면에서는 보석과 반지의 형태가 무리가 없어 보이지만 Right 화면에서 보면 문제가 있음을 알 수 있다. (보석의 난발은 경사져 있으며 반지는 수직인 형태이기 때문이다.)

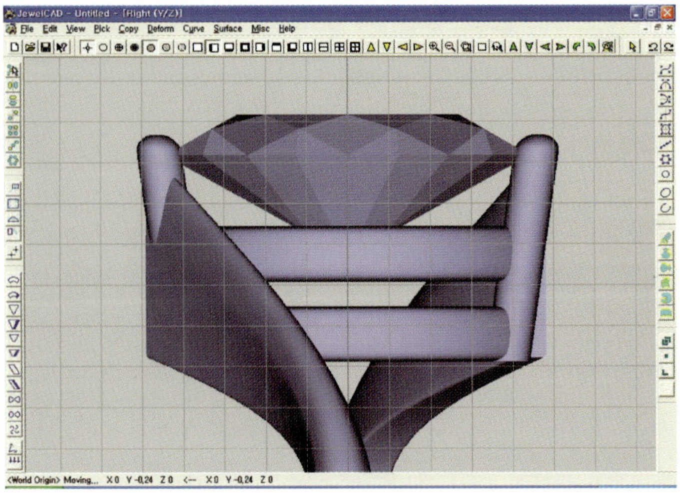

〈19〉

다시 반지의 왼쪽 부분 정점을 보이게 한다.

이번에는 각각의 정점을 따로 따로 선택을 하여 부분 수정을 해주는 것이 좋다

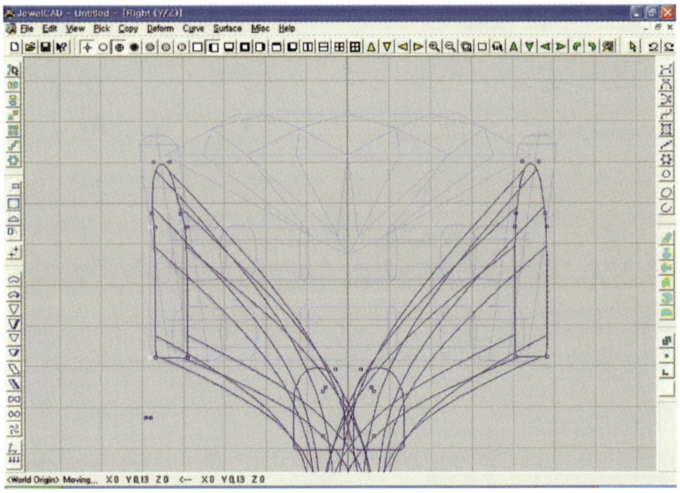

〈20〉

반지의 끝 정점들도 단계적인 정점 수정을 통해 난발의 경사면과 나란하게 만들어 준다.

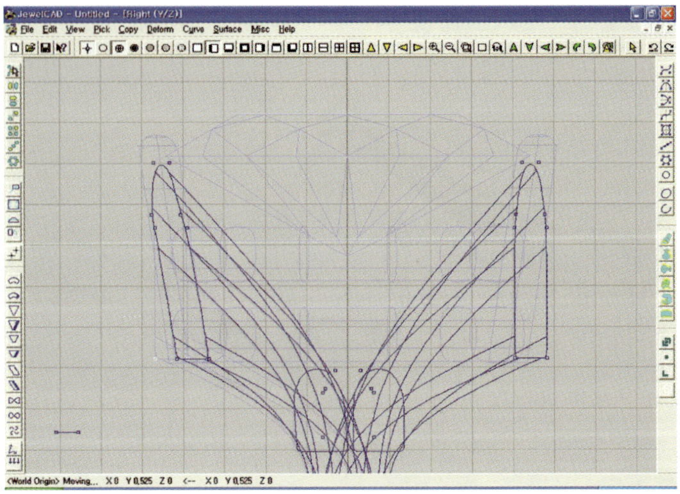

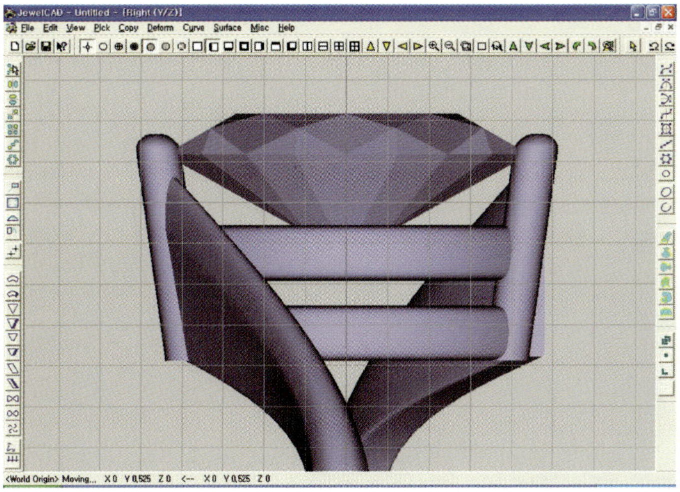

〈21〉
왼쪽 부분은 반지의 끝 부분과 난발의 경사 부분이 만난다.

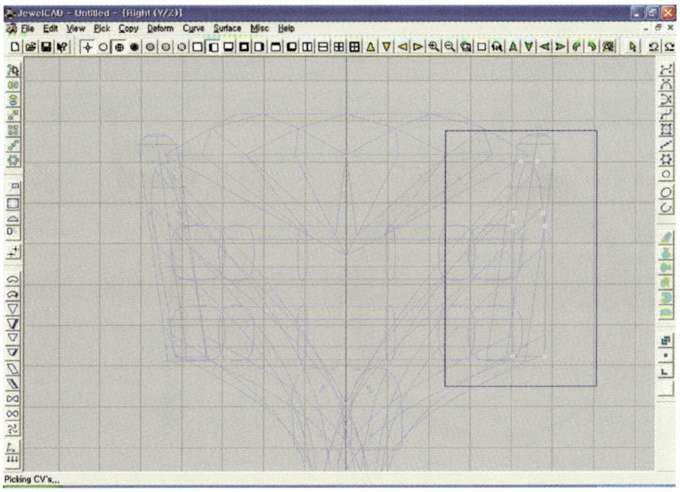

〈22〉
반지의 오른쪽에 있는 정점을 마저 선택하여 부분 수정을 해 준다.

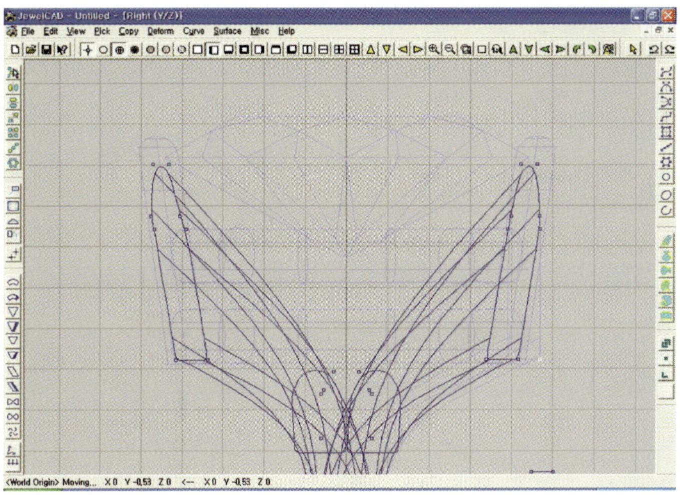

〈23〉
난발과 반지의 끝 부분이 단계적인 정점 수정으로 나란해 진다.

〈24〉
Fast Shading으로 보면 반지 양쪽 끝 부분이 난발과 일치하게 만난다.

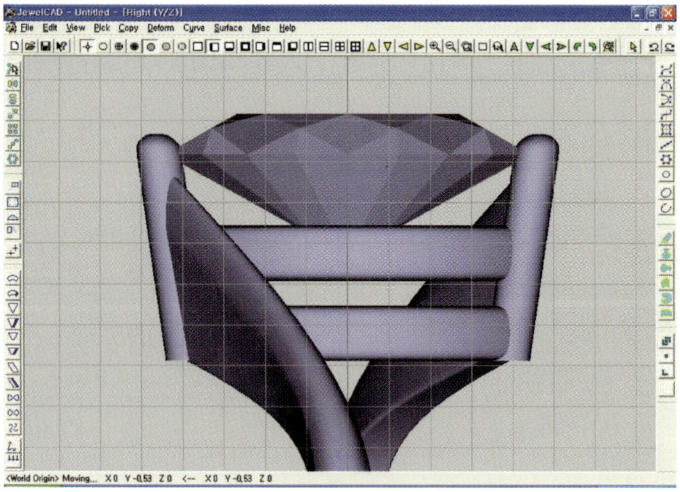

〈25〉
Edit 메뉴의 Material을 선택해 원하는 색상으로 바꾸어 준다.

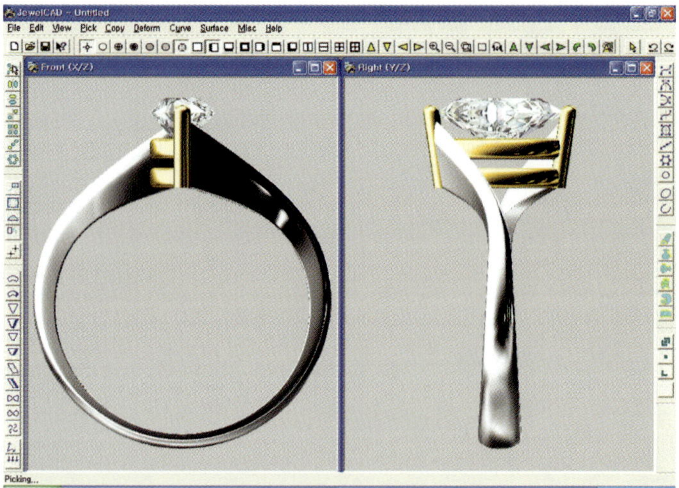

〈26〉
Four Views로 각각의 물체를 확인한다.

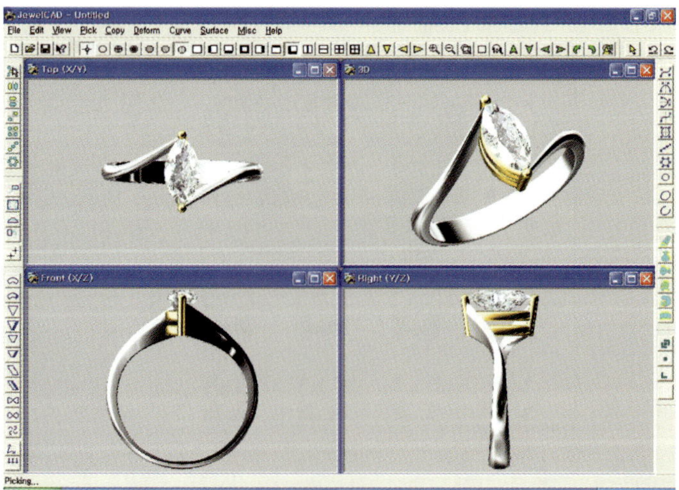

예제5

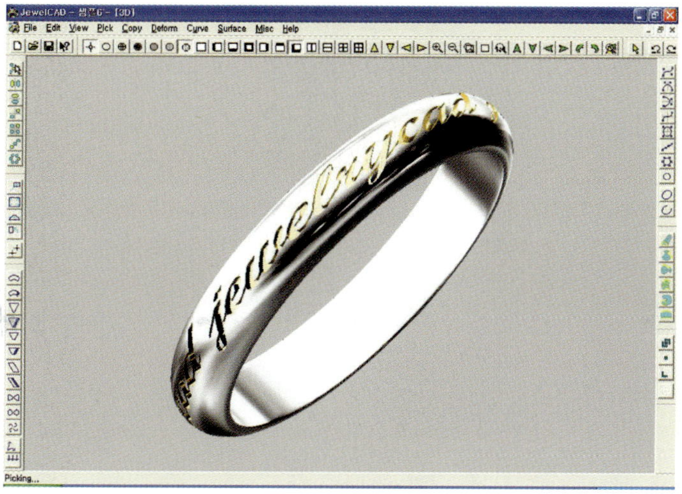

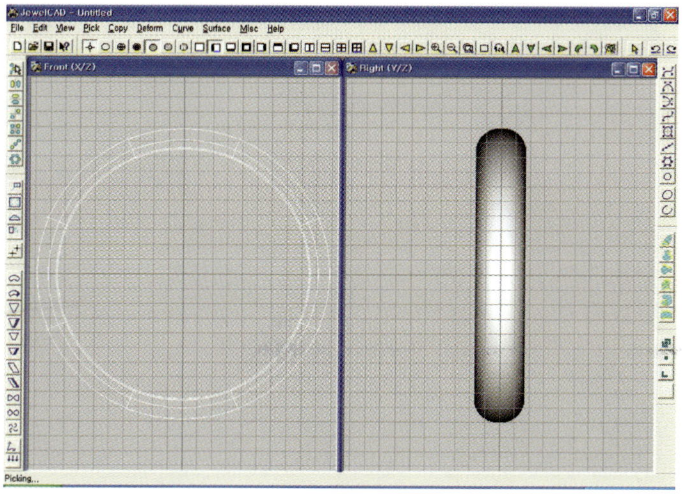

〈1〉

Database의 Rings를 선택한다.
Rings의 Ring1-001을 클릭
하여 화면에 반지를 불러온다.

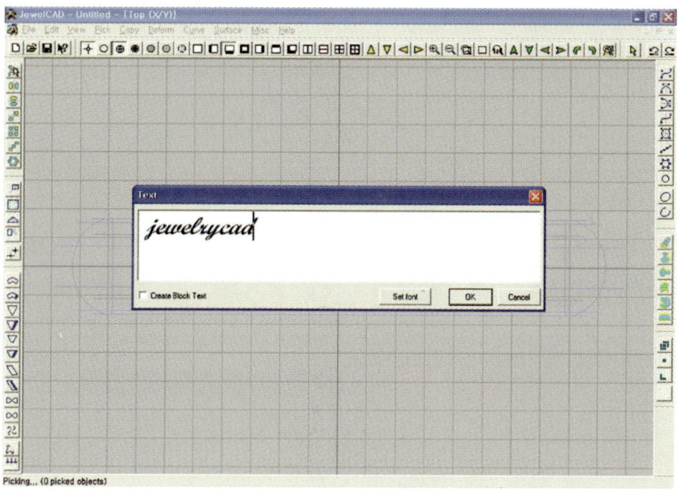

〈2〉

Misc 메뉴의 Text를 선택한다.
Set font에서 글꼴과 크기를 정한 다음 대화상자에 글을 친다.
Create Block Text 체크박스는 해제하고 OK를 누른다.

〈3〉
Top 화면에 글자가 들어온다.

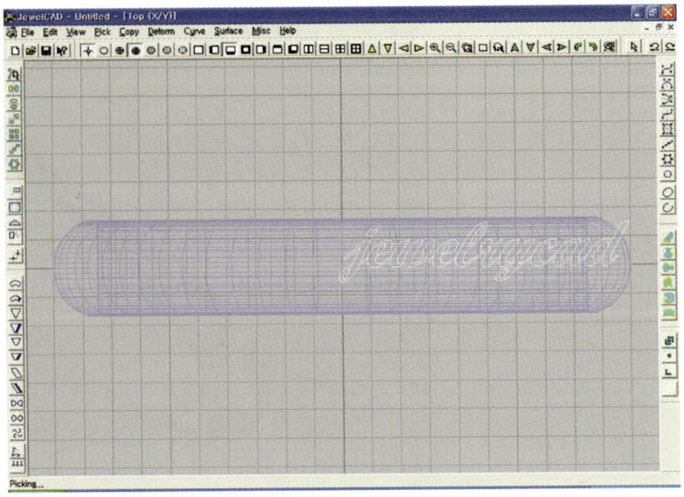

〈4〉
글자를 입체로 만들기 위해 Surface Extend를 선택하여 대화상자를 부른다.
인아웃 축으로 두께를 준다.
(Extend Number의 최소 숫자는 2이다.)

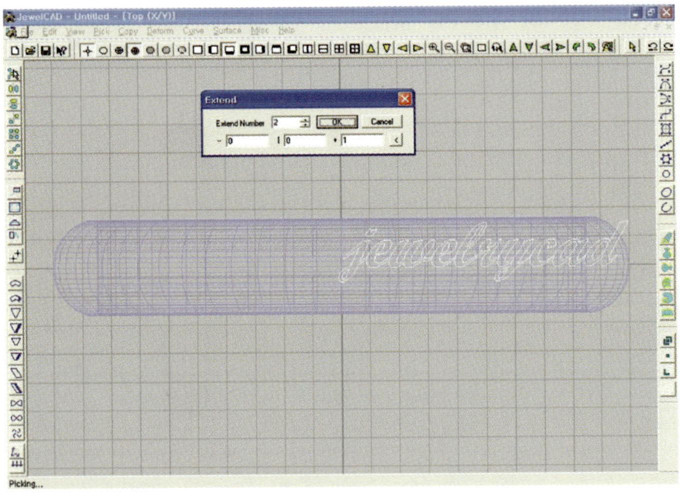

〈5〉
Front 화면에서 글자를 Move로 중심축 아래로 이동 시킨다.
(수평라인에 걸칠 수 있게 한다.)

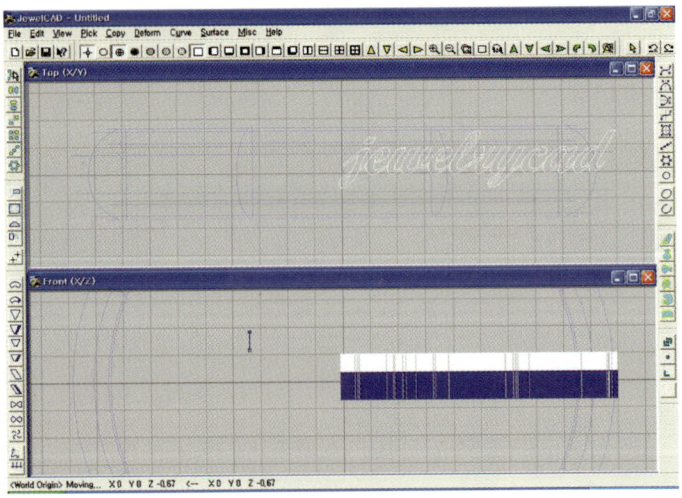

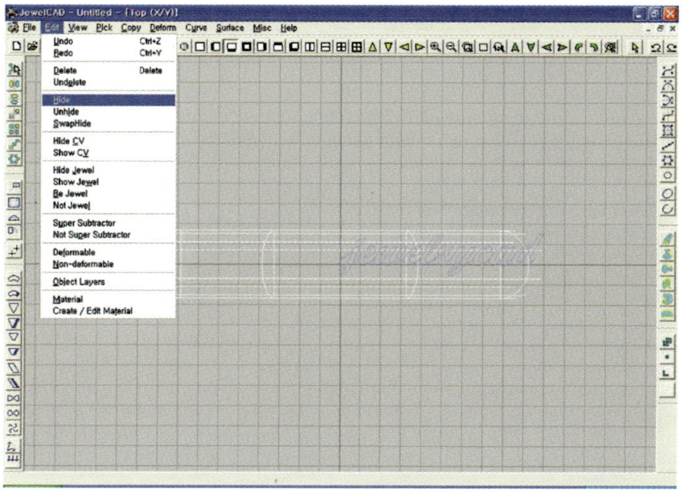

〈6〉
반지를 선택하여 Hide로 감춘다.

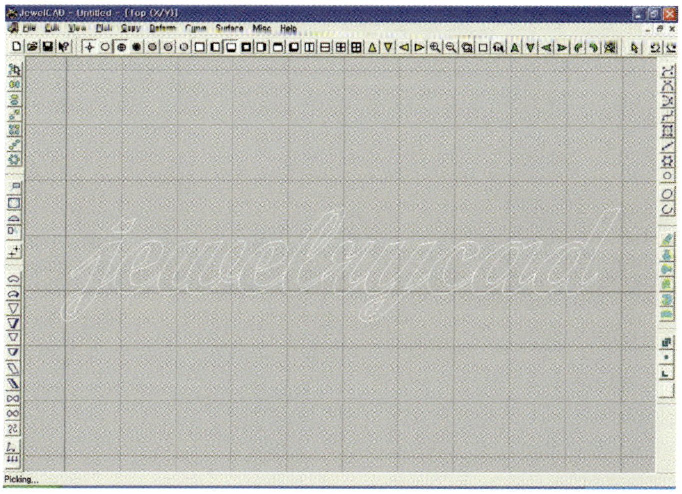

〈7〉
Top 화면에서 글자만 확대하여 준다.

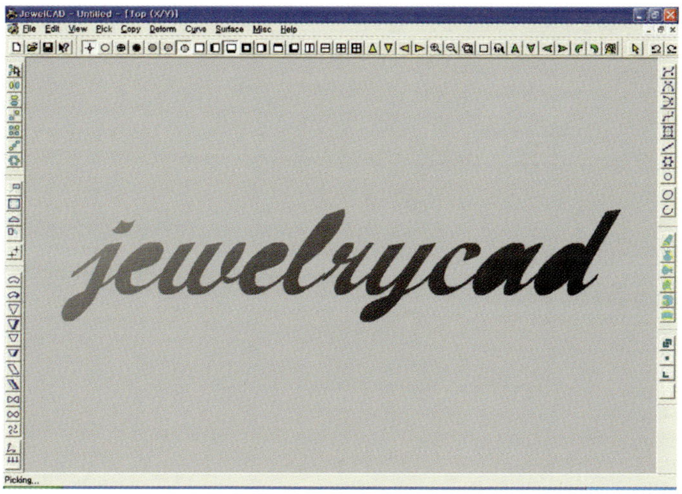

〈8〉
렌더링 모드로 글자를 확인해 보면 글자의 속이 파져 있지 않은 것을 볼 수 있다.

〈9〉
빼낼 글자를 하얗게 선택하고 Boolean 메뉴의 Subtract 명령으로 글자 속을 파준다.

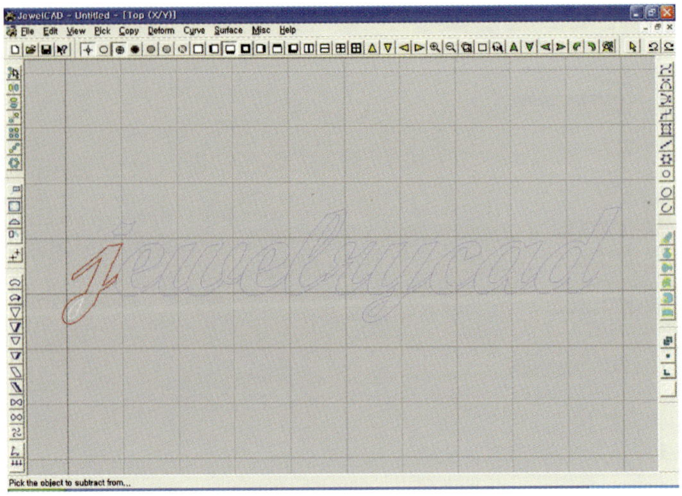

〈10〉
각각의 글자를 모두 빼내고 확인한 렌더링 모습이다.

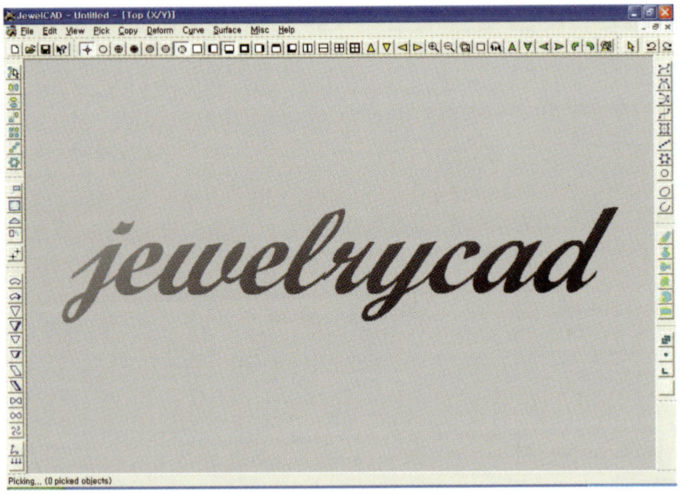

〈11〉
반지의 표면에 글자를 돌릴 수 있도록 글자를 Copy Extend를 선택해 복사를 한다.

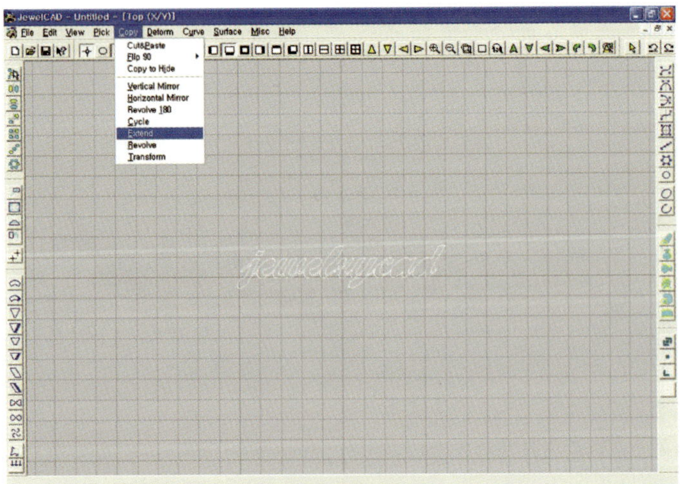

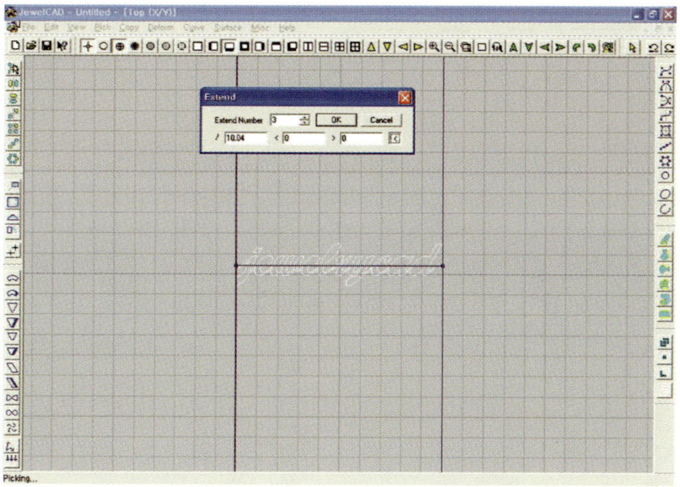

〈12〉
Extend 수는 3으로 정하고 글자의 거리는 체크박스를 사용한다.

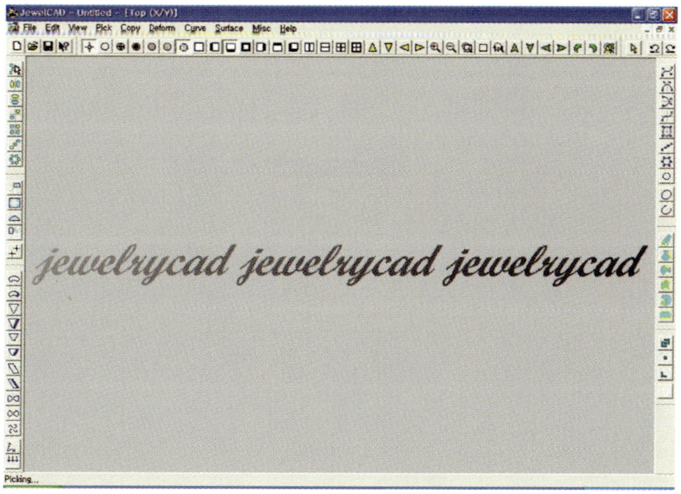

〈13〉
세 개의 글자가 복사되었다.
렌더링 모드로 확인한다.

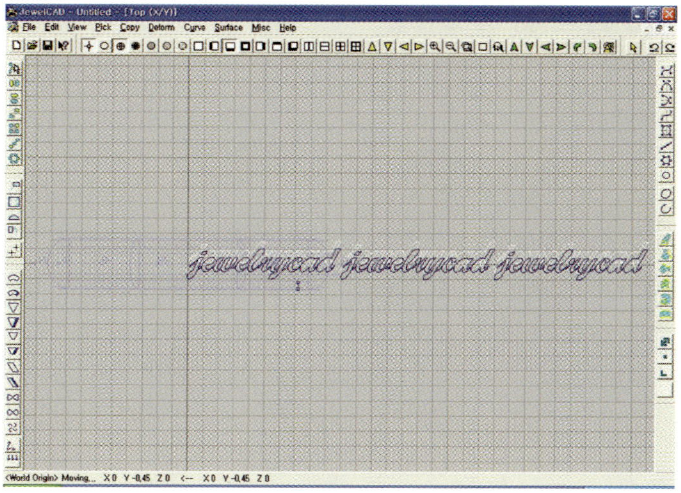

〈14〉
Unhide로 반지를 불러들인다.
글자를 Move로 반지의 중앙에 놓이도록 이동 시킨다.

〈15〉
Front 화면에서의 모습이다.

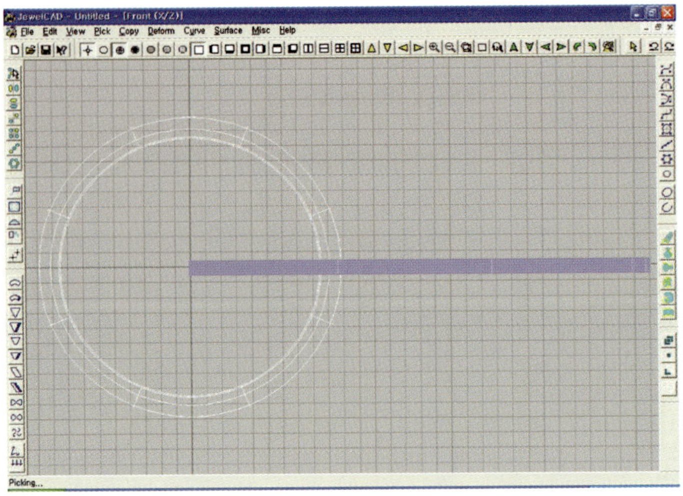

〈16〉
Curve 메뉴의 Circle의 대화상자를 부른다.
지름 20mm, 정점 수 16을 선택하고 OK를 누른다.

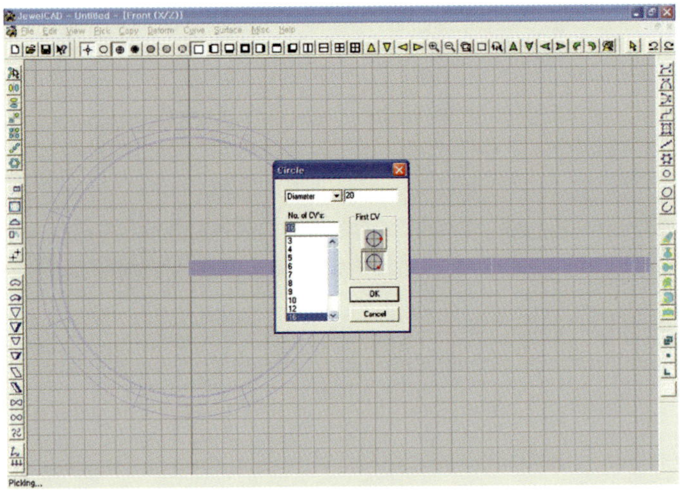

〈17〉
반지의 크기와 같은 원이 화면에 들어온다.

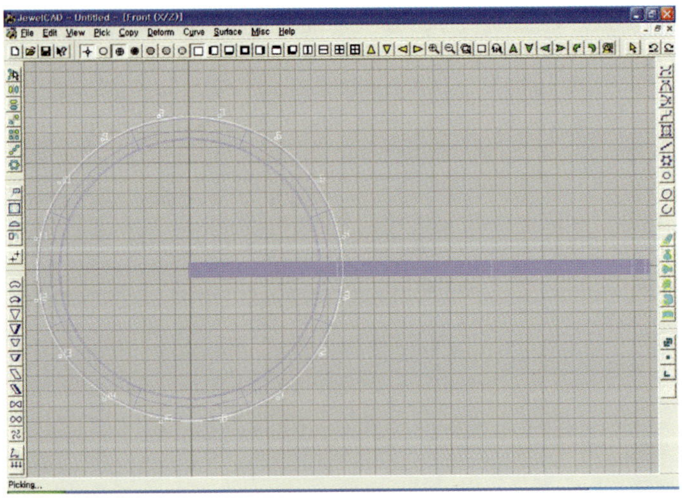

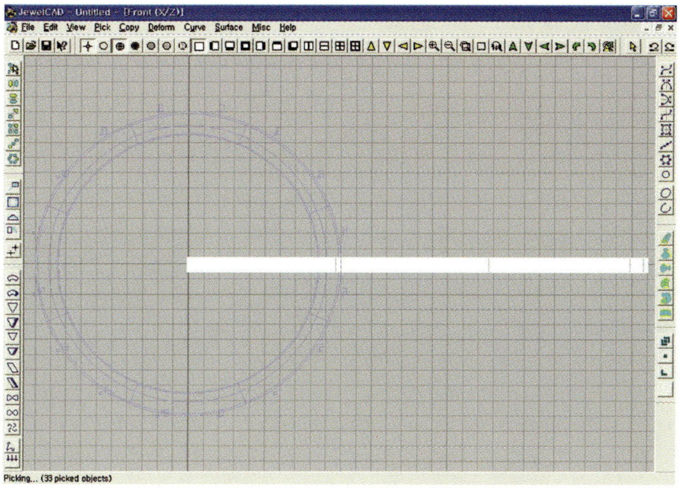

〈18〉
글자를 하얗게 선택하고 나머지는 파랗게 취소시켜 놓는다.

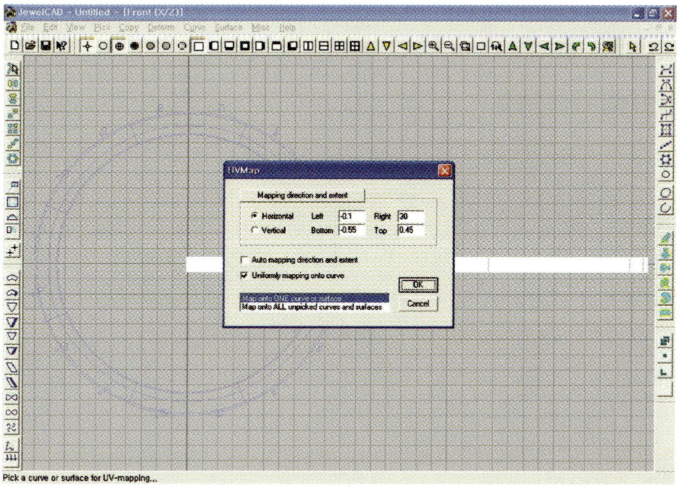

〈19〉
Deform 메뉴의 UV-Map을 선택하면 대화상자가 나온다.
Auto mapping direction and extent의 체크박스를 해제한다.
Mapping direction and extent의 버튼을 누른다.

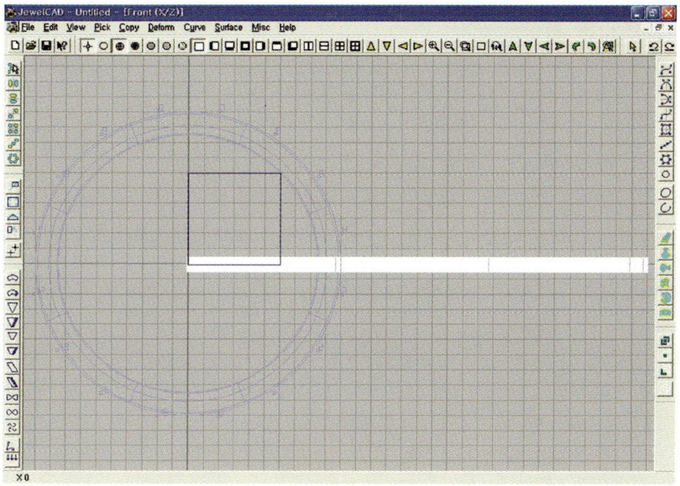

〈20〉
화면에 사각형의 박스가 보이게 된다.

〈21〉
왼쪽마우스로 박스의 상하 좌우를 드래그 하여 글자의 크기에 맞춘 다음 오른쪽마우스를 누른다.

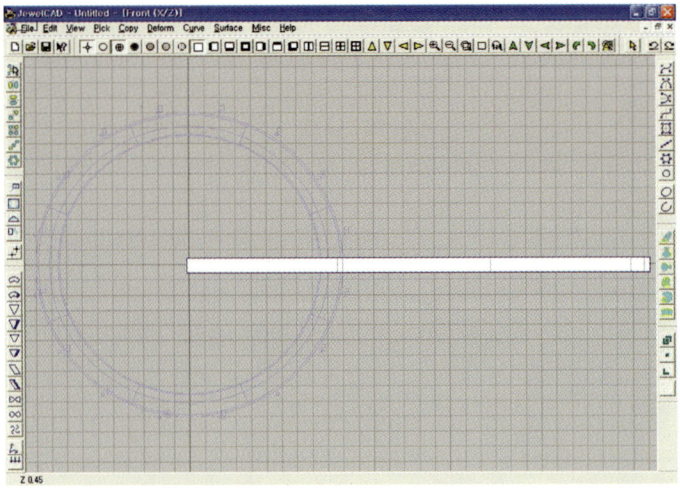

〈22〉
다시 대화상자가 나오고 OK 버튼을 눌러준다.

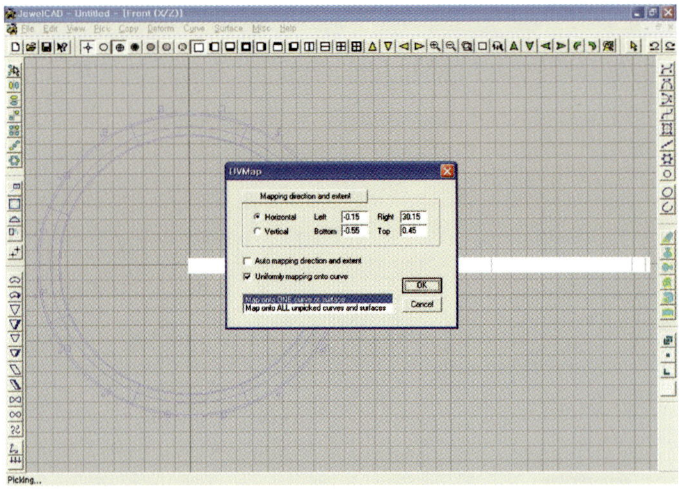

〈23〉
화면 하단의 상태 표시줄에서 지시하는 대로 원하는 커브를 왼쪽마우스로 클릭한다.

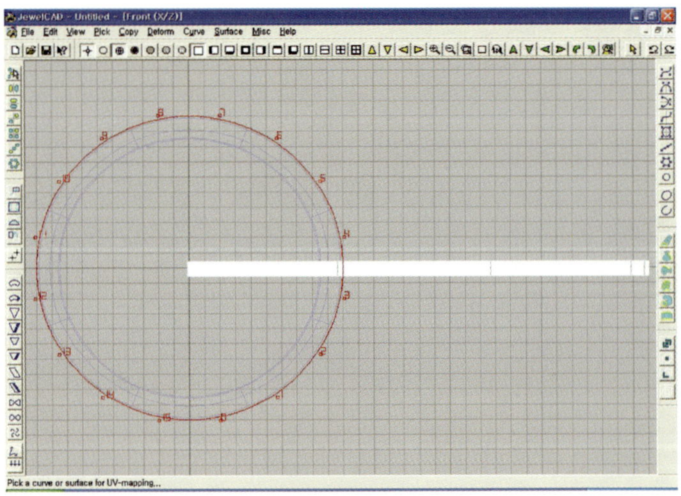

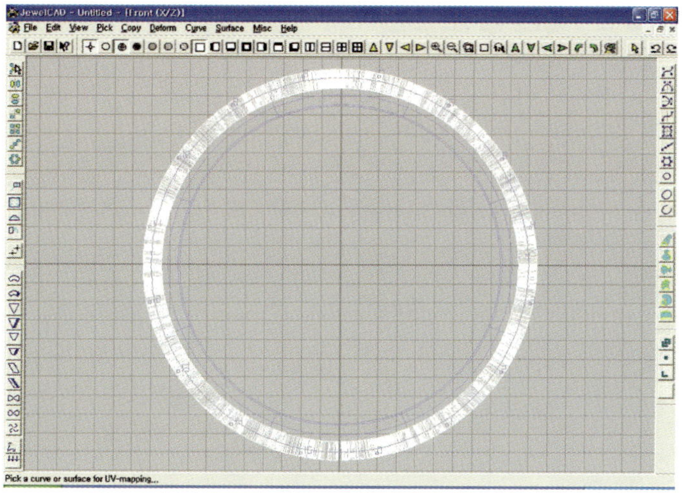

〈24〉
글자가 원을 따라 붙게 된다.

〈25〉
Top에서 칼라 모드로 글자의 모양을 볼 수 있다.

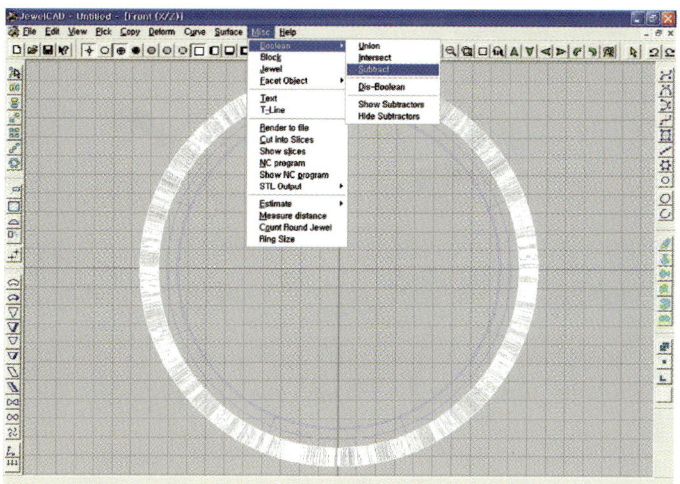

〈26〉
반지에서 글자를 빼내기 위하여 Boolean Subtract 명령을 준다.

〈27〉
반지를 왼쪽마우스로 클릭하면 빨갛게 색이 변하게 된다.

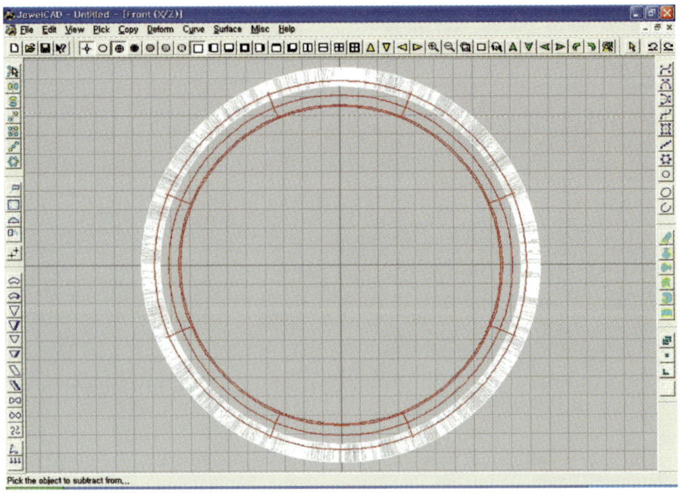

〈28〉
Shading in Color 모드에서나 Rendering 모드에서 빠져나간 글자를 확인할 수 있다.

〈29〉
각각의 화면을 렌더링 모드로 확인할 수 있다.

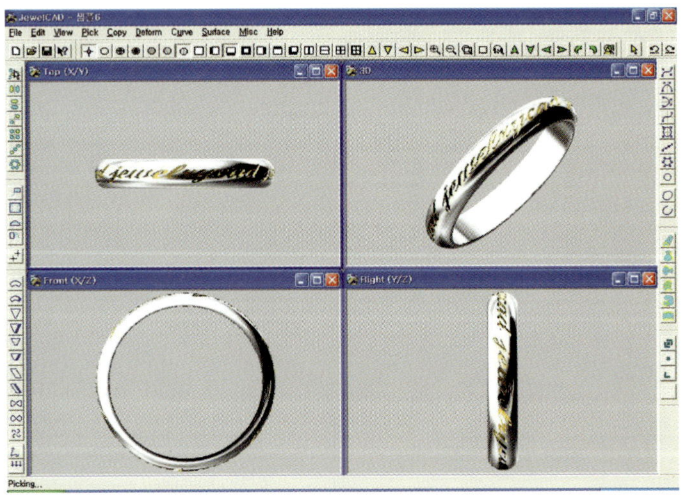

예제6

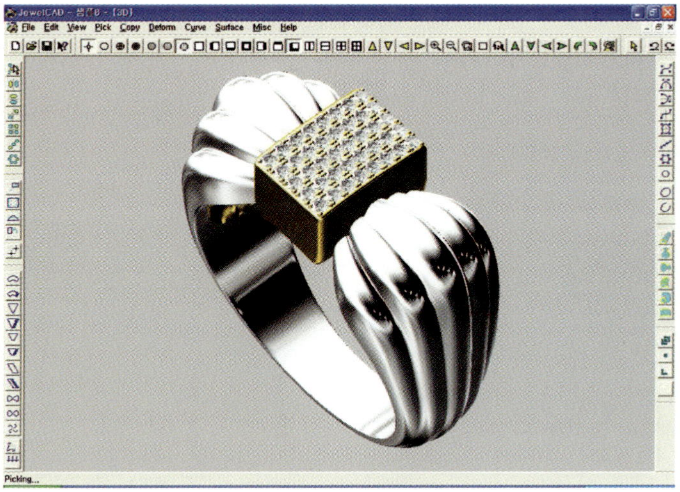

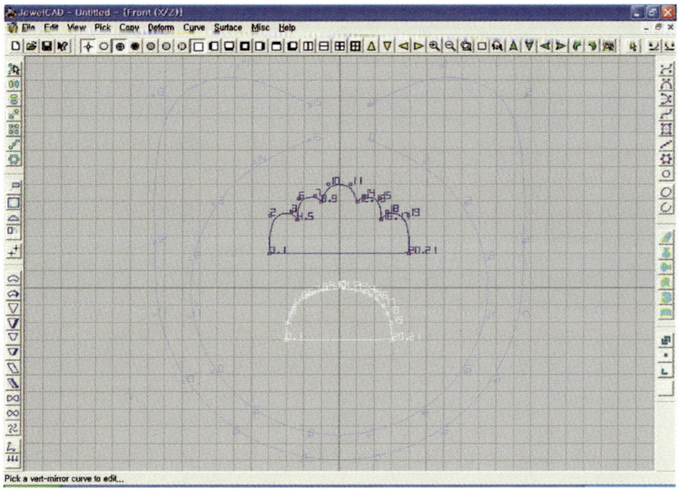

〈1〉

Front 화면에 두 개의 커브와 두 개의 단면을 그린다.

Circle 17mm, 21mm(정점 수 16)

단면 2개 (정점수 동일)

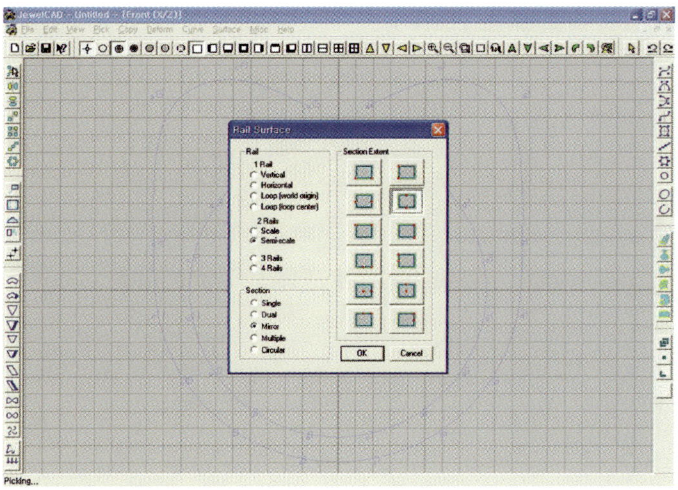

〈2〉

Surface 메뉴의 Rail을 선택하면 대화상자가 나온다.

(Rail-Semi Scale

Section-Mirror

Section Extent-높이)

화면 하단의 상태표시줄의 진행 순서를 따른다.

〈3〉
Rail 명령으로 반지를 만들고 사용한 두 개의 단면은 Hide로 숨긴다.

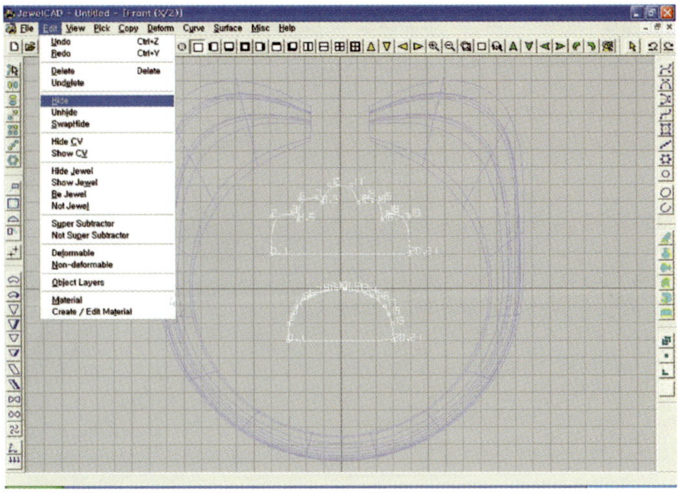

〈4〉
Right 화면에서 Taper 명령으로 반지의 하단을 줄이면 상단은 늘어난다.

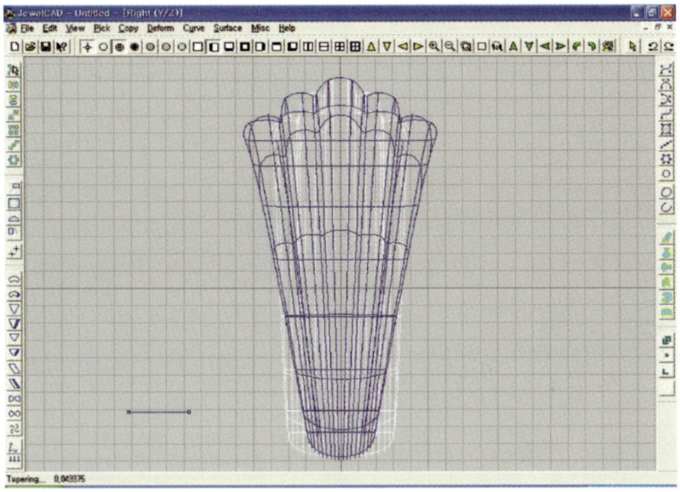

〈5〉
Front 화면에서 물체의 정점을 보이게 Show CV 명령을 한다.
반지 상단 중앙의 정점을 잡는다.

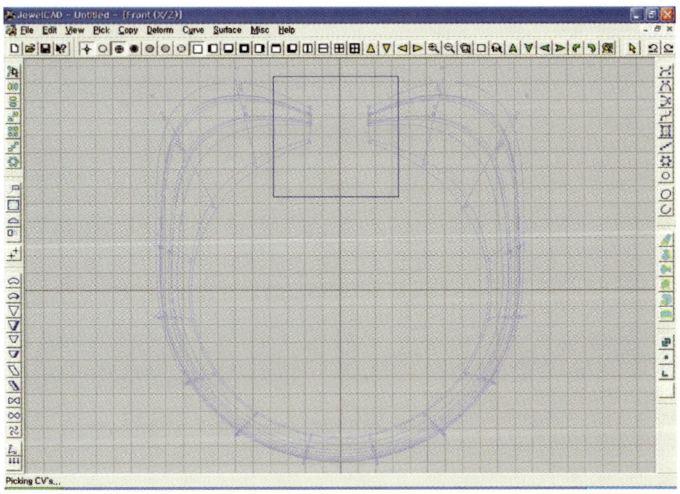

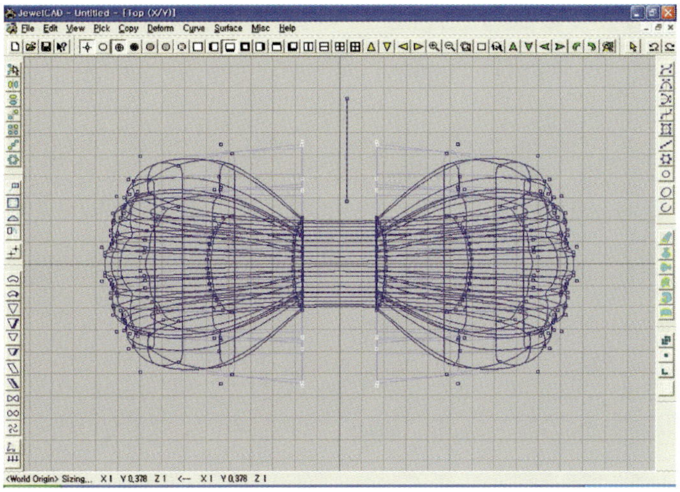

〈6〉
Top 화면에서 Size 오른쪽마우스로 정점의 폭을 줄여 준다.

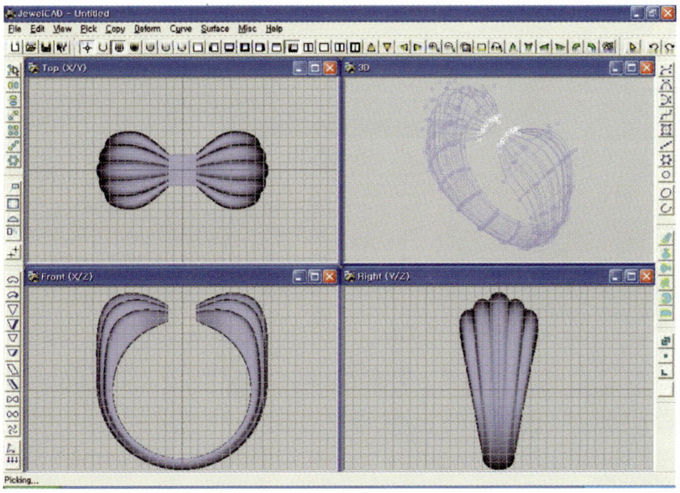

〈7〉
Four Views로 각각의 화면을 통해 작업 중인 반지의 형태를 확인한다.

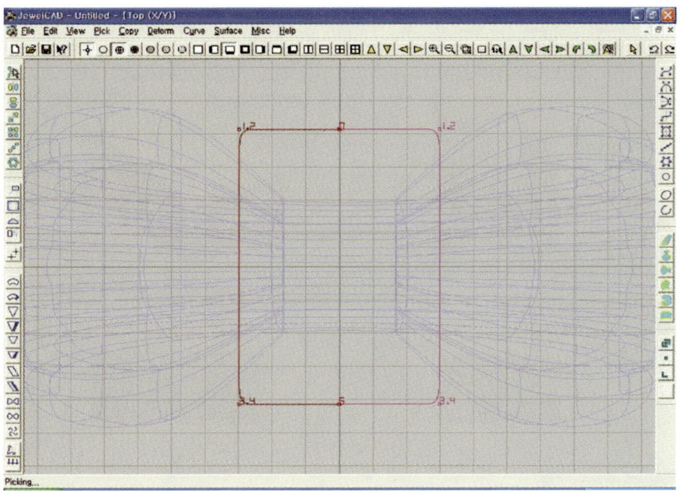

〈8〉
Top 화면에서 두 개의 레일과 단면을 그려 준다.
Front 화면에서 역시 두 개의 레일을 더 그려 준다.
(4개의 레일의 정점 수는 동일)

〈9〉
3D 화면에서 본 각 레일의 모습과 단면의 모습이다.

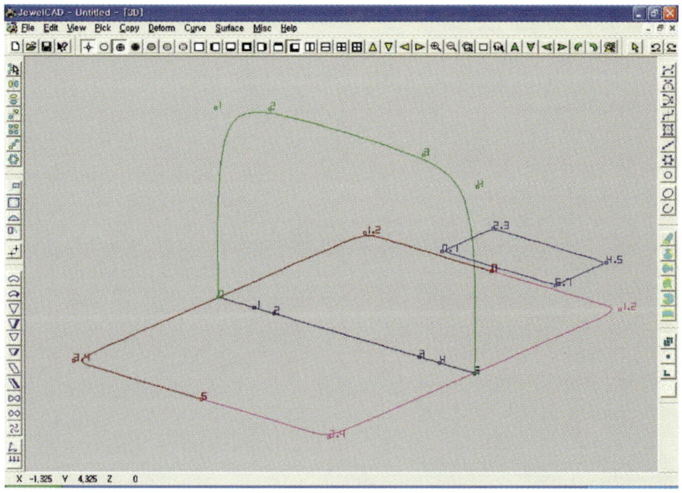

〈10〉
Surface 메뉴의 Rail을 선택하면 대화상자가 나온다.
(Rail-4 Rails
Section-Single
Section Extent-넓이)
화면 하단의 상태표시줄의 진행 순서를 따른다.

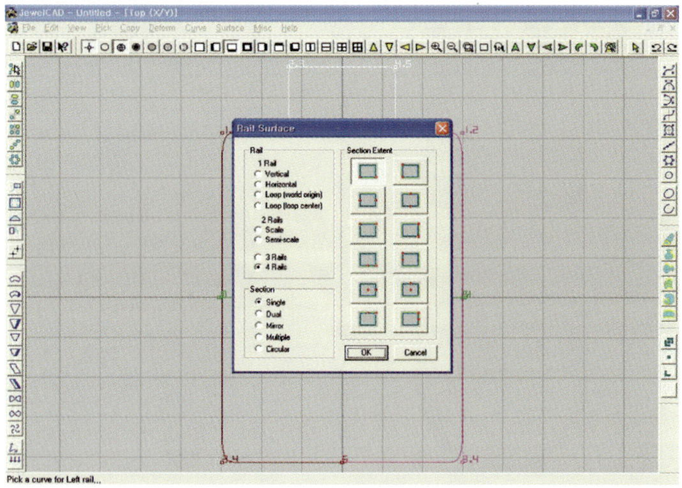

〈11〉
입체로 만들어진 모습을 각각의 화면에서 확인할 수 있다.

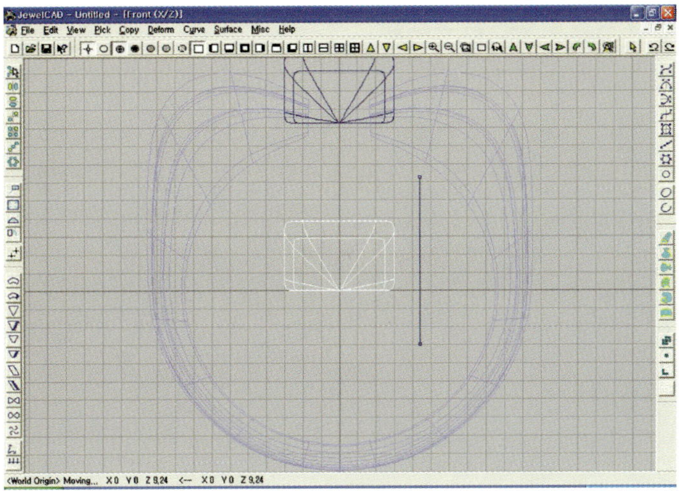

〈12〉
Front 화면에서 Move로 반지의 상단으로 이동 시킨다.

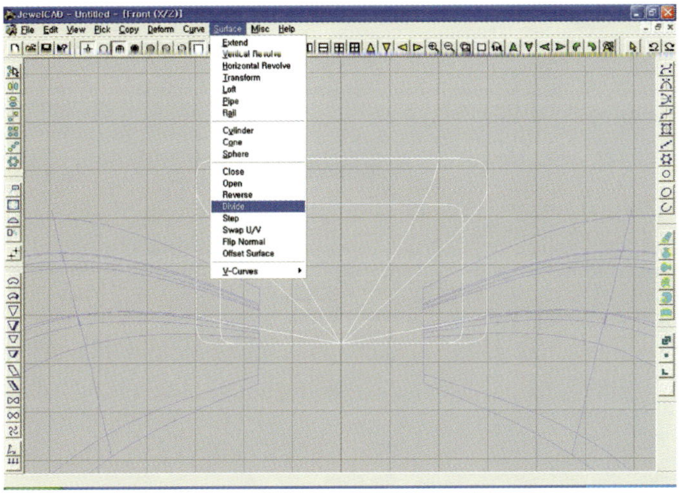

〈13〉
Surface 메뉴에서 Divide를 선택한다.

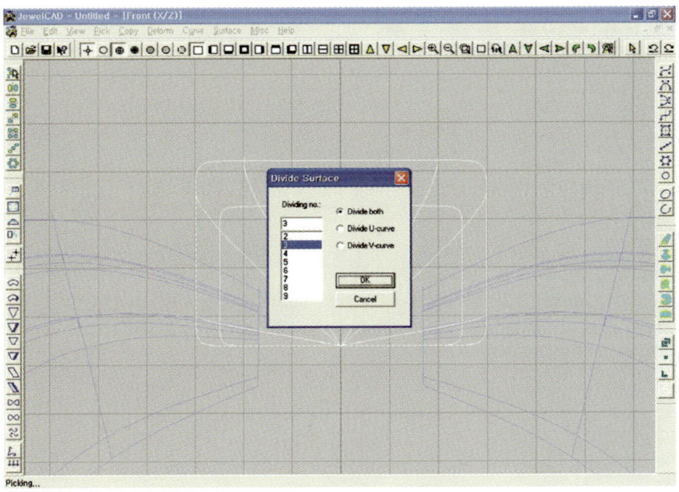

〈14〉
대화상자에서 박스의 마디를 나누어 준다.

〈15〉
Edit 메뉴의 Show CV를 선택하여 박스의 정점을 보이게 한다.

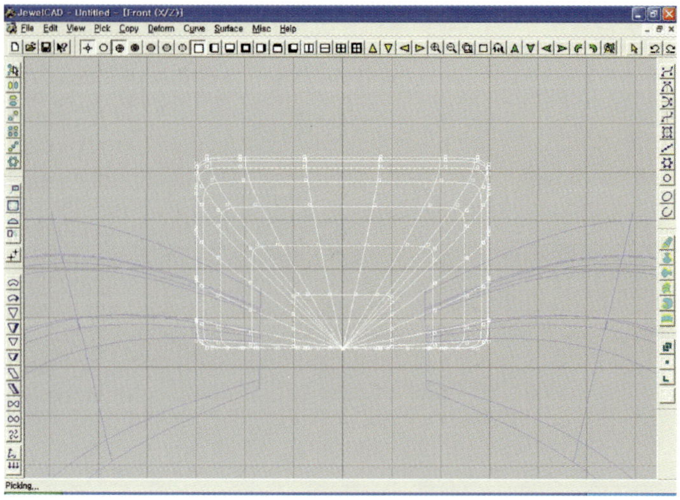

〈16〉
Curve 메뉴의 Circle을 선택하여 대화상자에서 반지의 내경과 같은 17mm 입력한다.

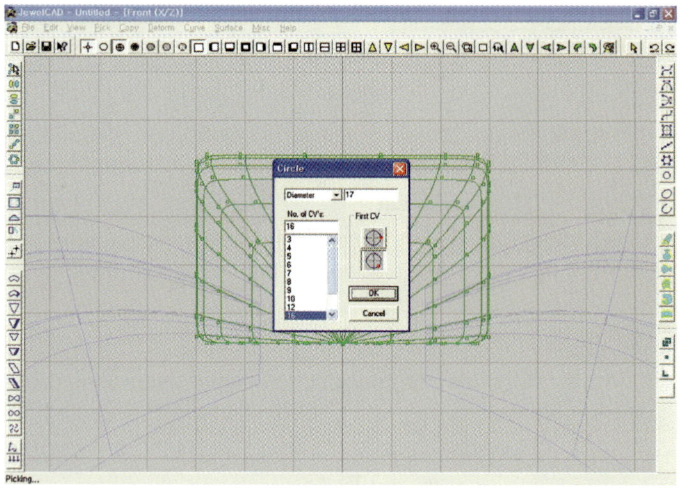

〈17〉
반지의 내경과 같은 크기인 Circle이 화면에 들어온다.

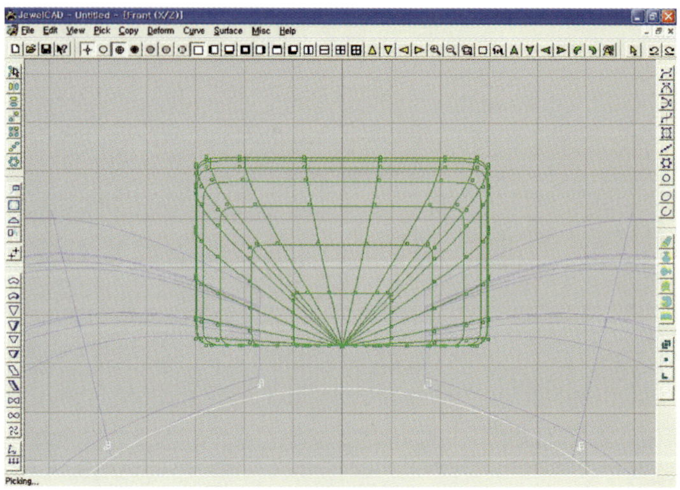

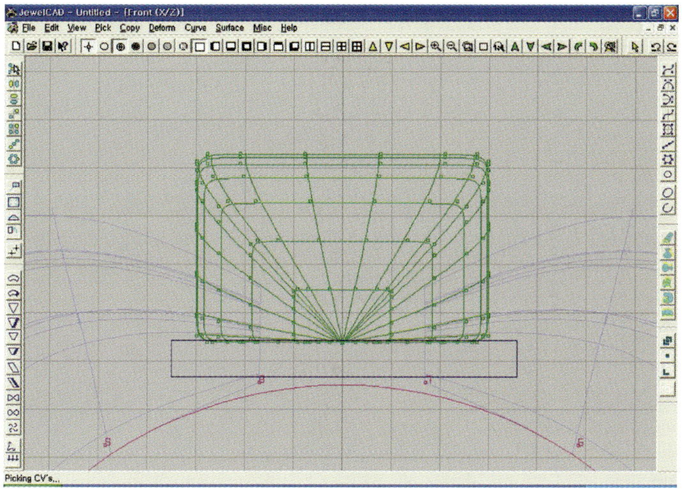

〈18〉

Pick CV를 선택해 박스 하단의 정점을 마우스로 드래그한다.

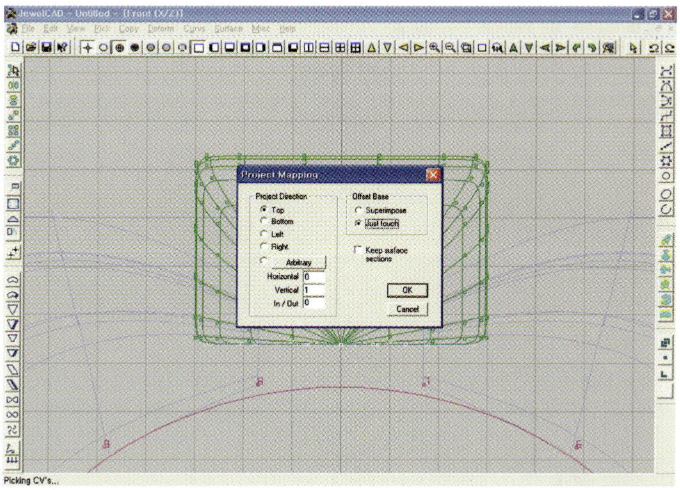

〈19〉

Project Mapping 명령을 이용하여 원의 상단에 박스 하단의 정점을 붙여줄 준비를 한다.

(Offset Base-Just touch 선택)

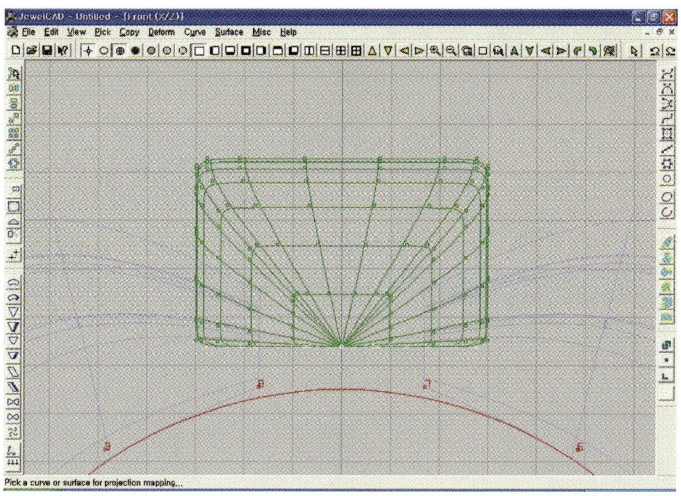

〈20〉

화면 하단의 상태표시줄에 따라 원을 클릭하여 준다.

〈21〉
박스 하단의 정점이 원의 상단에 맞게 붙는다.

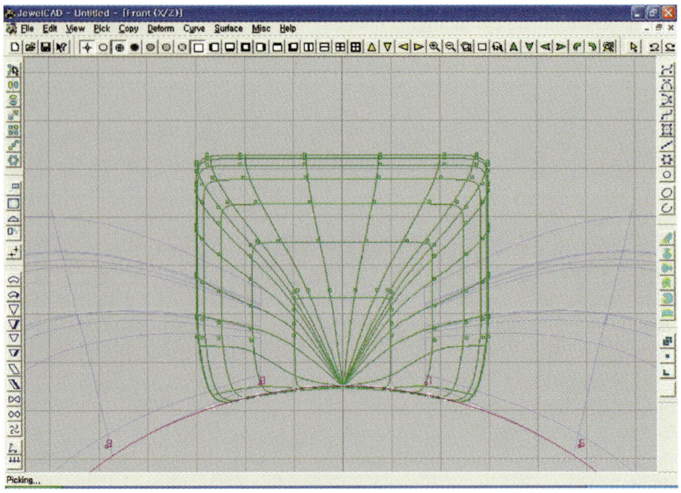

〈22〉
Front 화면에서 반지의 속을 파기 위해 커브를 그려 준다.

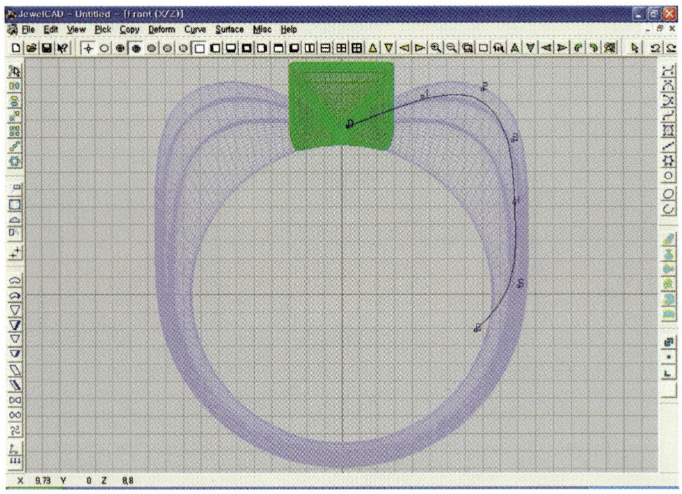

〈23〉
두 개의 커브 선이 정점 수가 같게 그려 준다.

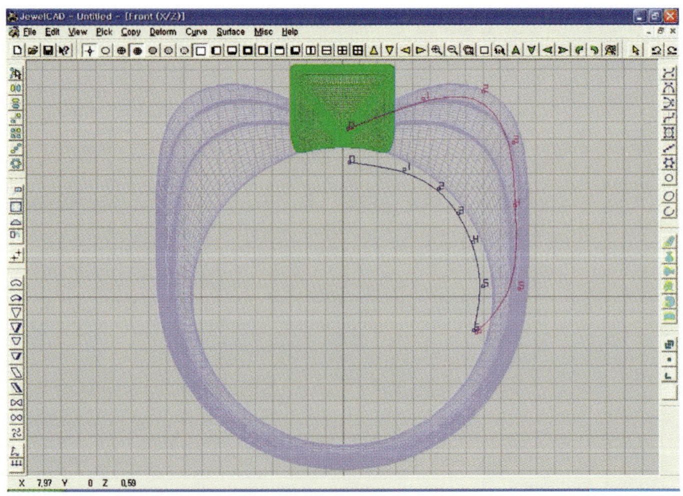

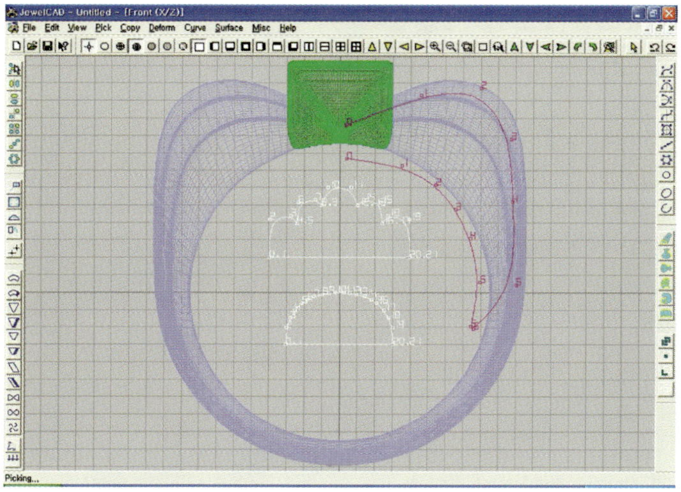

〈24〉

Unhide로 감추었던 두 개의 단면을 불러들인다.

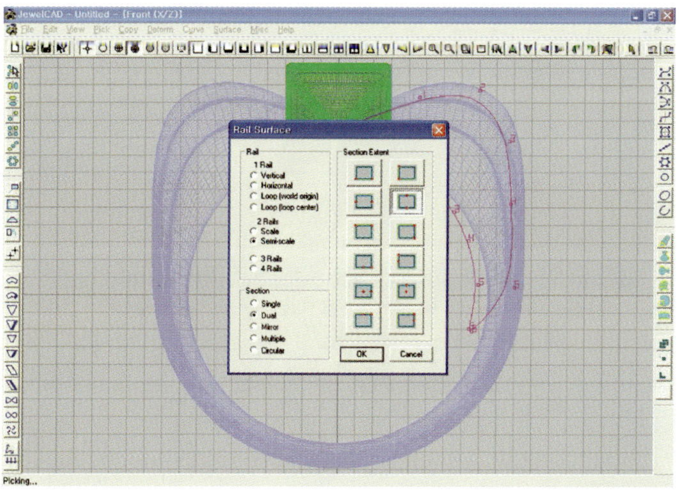

〈25〉

Surface 메뉴의 Rail을 선택하면 대화상자가 나온다.

(Rail-Semi Scale

Section-Dural

Section Extent-높이)

화면 하단의 상태표시줄의 진행 순서를 따른다.

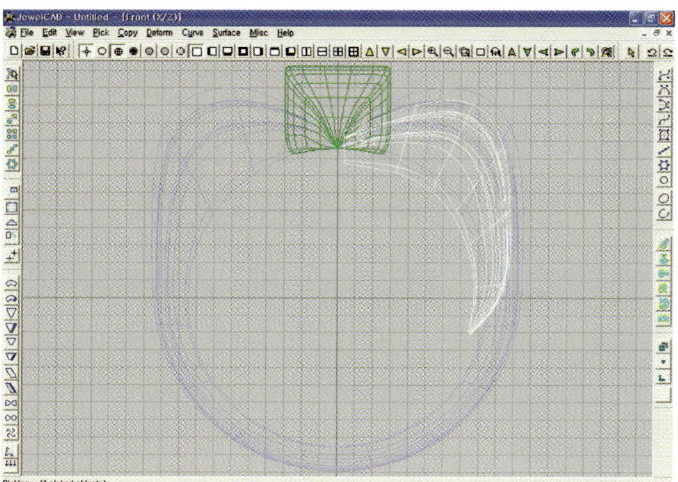

〈26〉

반지의 속 파짐용 물체가 완성되었다.

〈27〉
Right 화면에서 Taper를 이용하여 반지의 외곽선에서 1mm정도 떨어져 있도록 모양을 만든다.

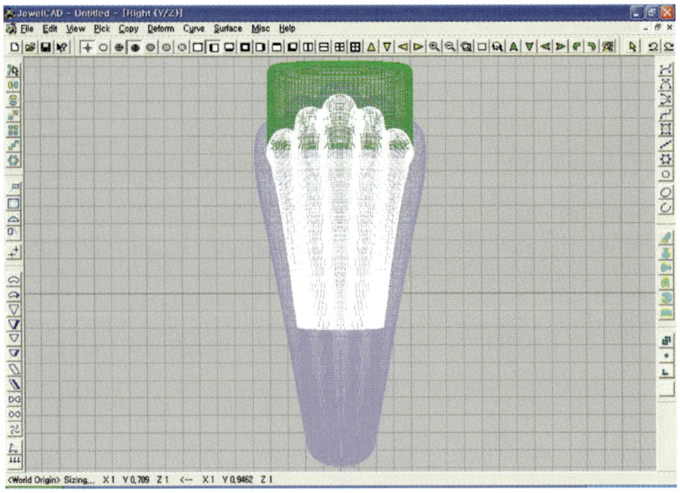

〈28〉
Top 화면에서 속 파짐용 물체의 정점을 보이게 한다.

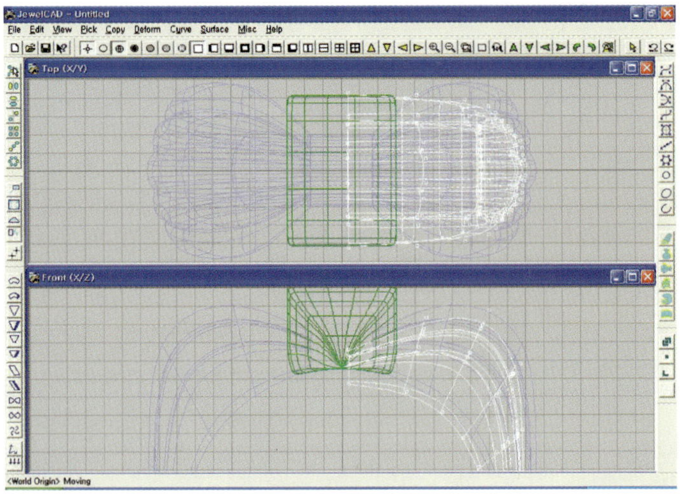

〈29〉
정점을 안쪽에서 부터 조절하여 줄임으로써 외곽선에서 1mm정도 안쪽에 놓이도록 만든다.

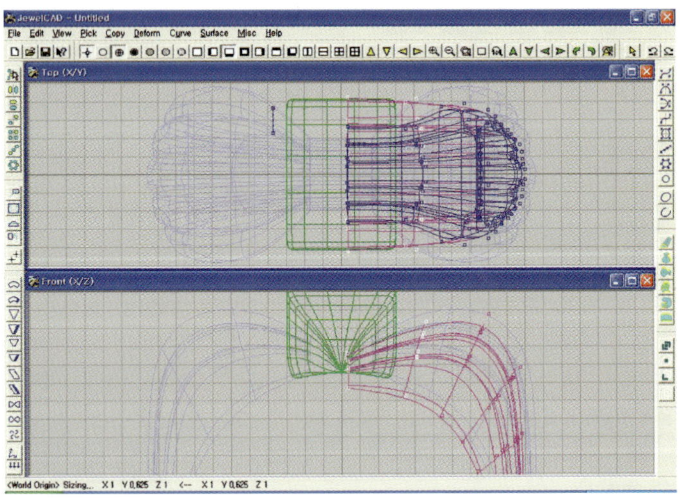

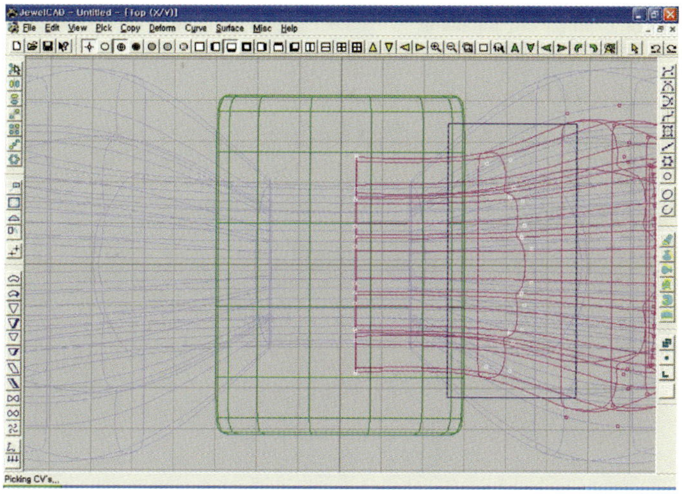

〈30〉
정점을 단계적으로 줄일 때 작업이 끝난 정점은 파랗게 취소한다.

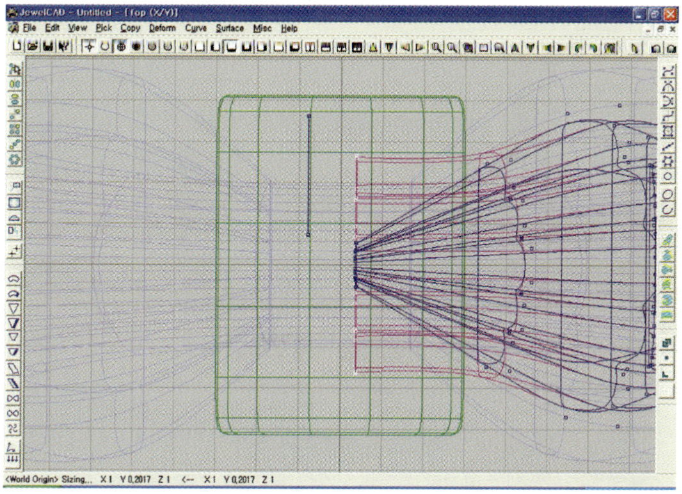

〈31〉
마지막 정점을 줄여 준다.

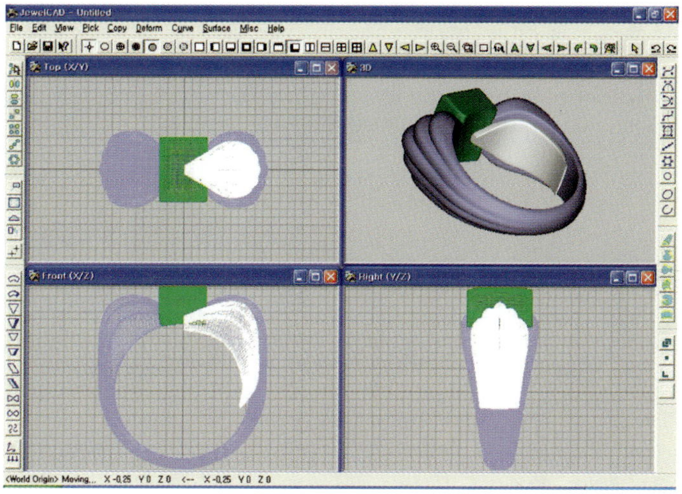

〈32〉
각각의 화면에서 속 파짐용 물체를 확인한다.

〈33〉
Vertical Mirror Copy를 선택하여 수직에 대칭인 물체를 만든다.

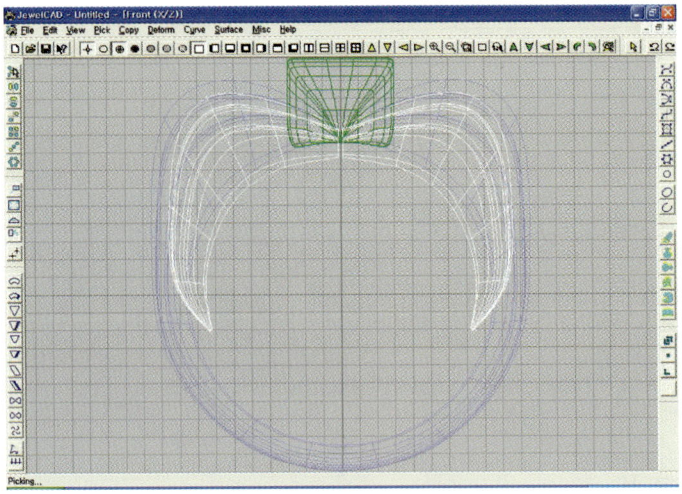

〈34〉
박스도 Copy Transform으로 박스보다 10퍼센트 작게 복사하여 작은 박스를 만들어 준다.

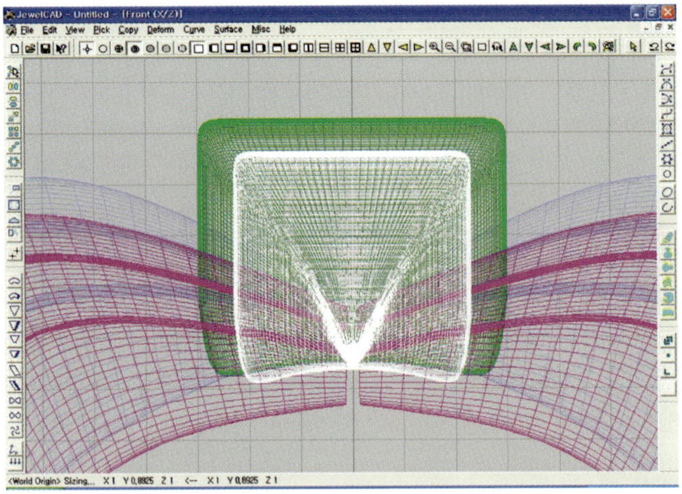

〈35〉
Right 화면에서도 속 파짐용 작은 박스를 외곽에서 1mm정도 떨어져 있게 이동 시킨다.

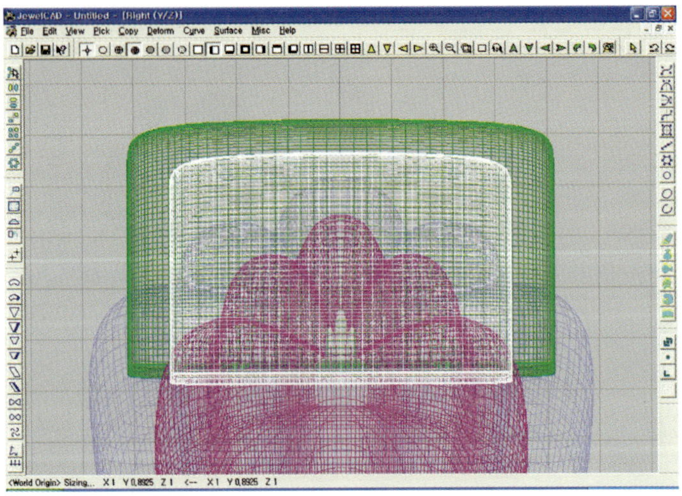

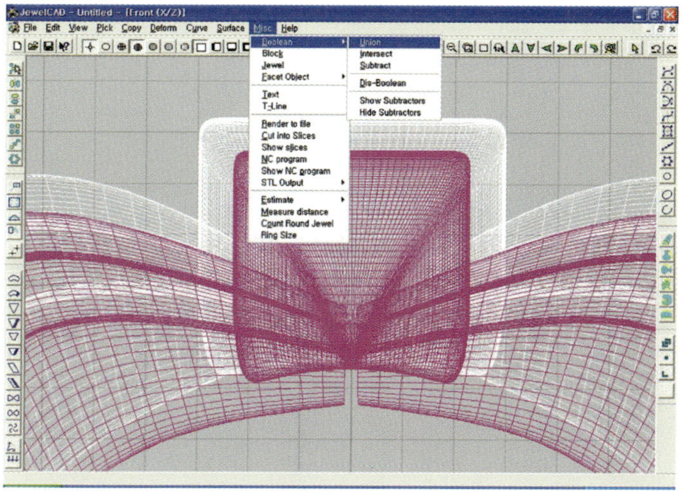

〈36〉
반지와 큰 박스를 Boolean의 Union 으로 합집합 시킨다.

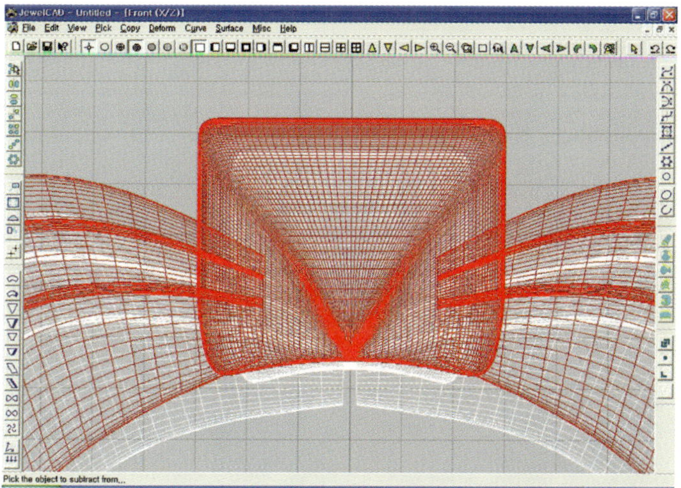

〈37〉
속 파짐용 모두를 선택하여 하얗게 만든 다음 Boolean의 Subtract 명령을 주고 합집합된 반지를 클릭한다.

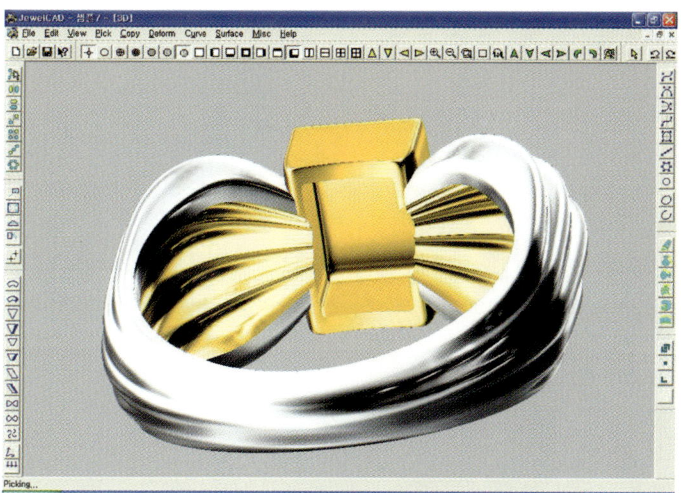

〈38〉
반지의 속이 파져 있음을 3D 화면의 Rendering 모드로 확인할 수 있다.

〈39〉

Top 화면에 Database에서 원형 보석을 가져온다.

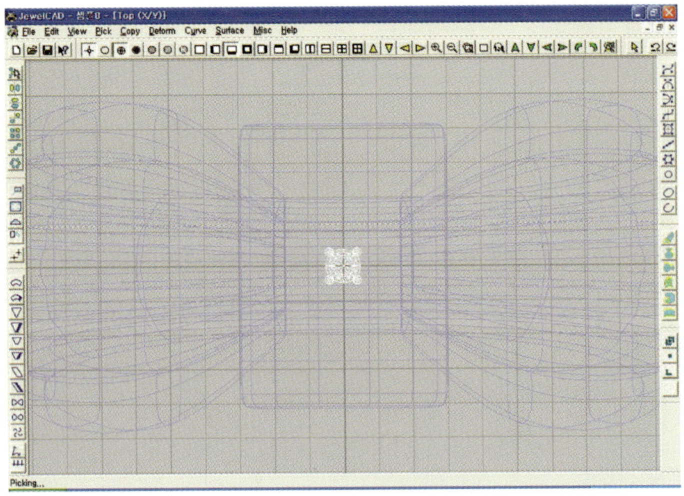

〈40〉

Extend Copy 명령을 통해 수직으로 보석을 복사한다.

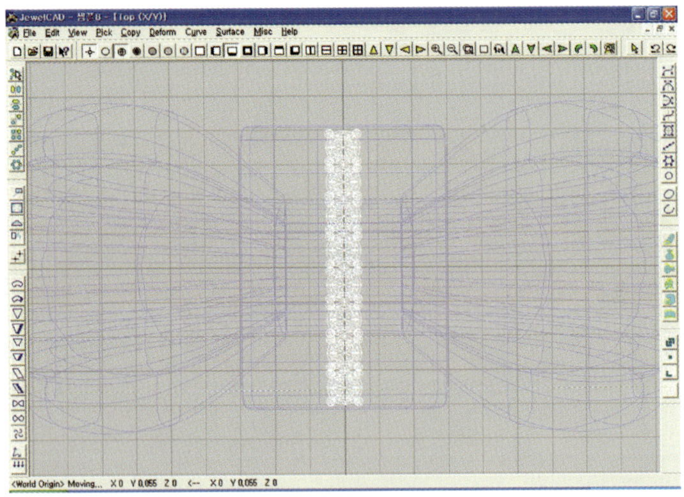

〈41〉

Extend Copy 명령을 통해 수평으로 보석을 복사한다.

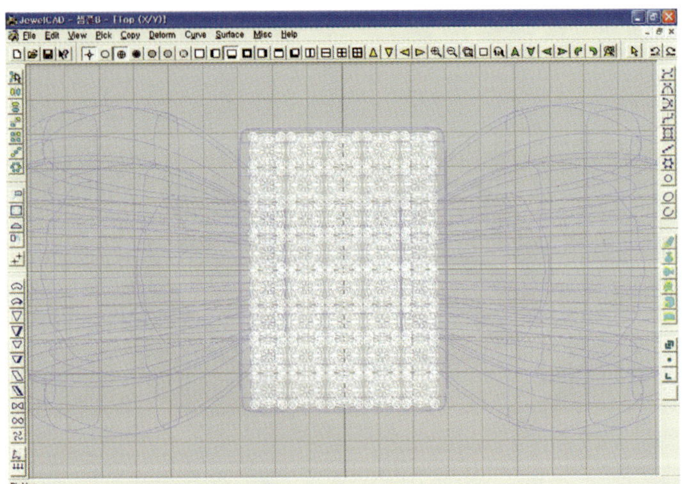

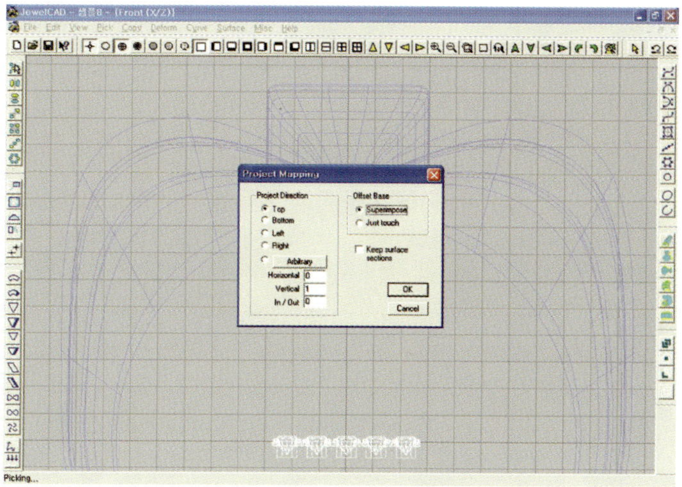

〈42〉
보석을 반지 박스 위에 올리기 위하여 ProjMap 명령을 준다.
대화상자가 나오면 OK를 선택한 다음 박스를 클릭한다.

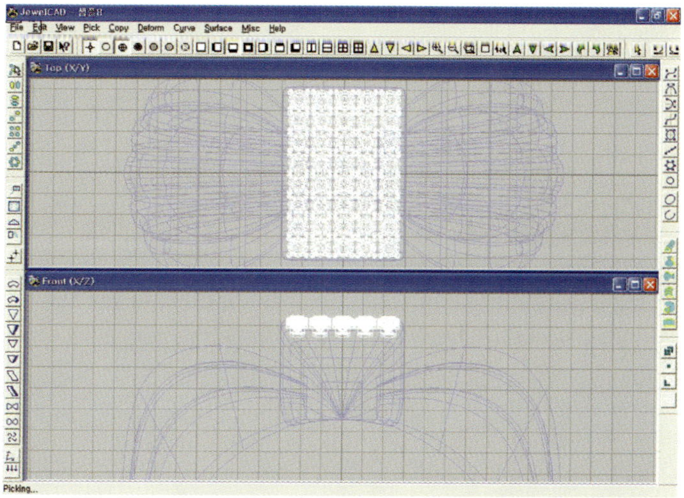

〈43〉
보석들이 박스 위 표면에 붙게 된다.

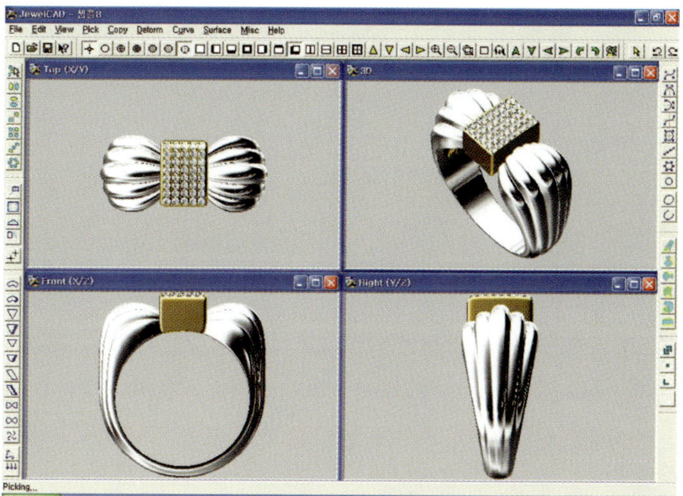

〈44〉
Four Views로 각각의 물체를 확인한다.

06 Chapter

JewelCAD

작품

RING

JEWELRY OF HEART
JEWELRY OF HEA
Y OF HEART

millennium
millennium

주얼리 디자인과

JewelCAD

2008년 1월 05일 제1판 1쇄 인쇄
2008년 1월 10일 제1판 1쇄 발행

저 자 • 남궁 영임
발행자 • 조 승 식
발행처 • (주) 도서출판 **북스힐**
서울시 강북구 라일락길 36
등 록 • 제22-457호
(02) 994-0071~2
(02) 994-0073
bookswin@unitel.co.kr
www.bookshill.com

값 22,000원 (부록 CD 포함)

잘못된 책은 교환해 드립니다.

ISBN 978-89-5526-424-1